# 保险合同诉讼案件

## 应对要点指南与典型案例解析

The Guideline and Typical Case Analysis of Insurance Contract Lawsuits

林岱仁◎主编

法律出版社
LAW PRESS·CHINA

# 编辑委员会

# 编写说明

中国人寿作为国内最大的寿险公司,每年都需要面对和处理大量的保险合同诉讼案件。如何在处理这些诉讼案件时做到既充分维护投保人、被保险人的合法权利,又切实保护保险公司自身的合法权益,做到既忠于法律,又兼顾商业利益,成为全公司法务人员一直思索的问题和努力的方向。

本书即是我们这几年在保险诉讼实践过程中的一些粗浅思考和体会,之所以不揣浅陋出版主要有两个目的:一是我们希望通过这种形式较为系统地总结这几年积累的诉讼应对工作经验,实现隐形知识显性化,对公司法律人员提升诉讼能力和水平有所助益;二是我们也想为保险法实务研究提供一个保险公司的观察视角,以此反映行业的法律适用诉求,为促进行业内外沟通交流贡献绵薄之力。

全书分为上篇、下篇和附录三个部分。

上篇为《保险合同诉讼案件应对要点指南》(以下简称《应对要点指南》),主要侧重保险合同诉讼案件涉及的程序法方面的问题,对保险合同诉讼案件中最常见的诉讼主体资格、管辖、证据、授权委托等十个方面的问题,按照"要点提示—要点详解—法规索引"的体例,简明扼要阐明相关诉讼实务处理规则。

下篇为《保险合同诉讼案件典型案例解析与裁判文书》(包括《典型案例解析》与《裁判文书》),主要侧重保险合同诉讼案件涉及的实体法方面的问题,一共选取40个近年来处理过的保险合同诉讼案例,采用"案情简介—争议焦点—评析意见"的体例,归入到保险合同的效力认定、保险条款的解释规则、保险合同纠纷的举证责任分配等十个大类，分别进行评析释解，并附上相关生效裁判文书。

附录则收入了中国人寿保险股份有限公司内部控制执行手册（2013版）（诉讼部分节选），法律合规条线省级分公司、地市分公司岗位工作流程以供参考。

本书的编写得到了中国人寿保险股份有限公司领导层的高度重视和大力支持。公司党委书记、总裁林岱仁亲自担任本书的主编，总公司法律与合规部前后两任总经理杨传涌和许崇苗在本书的编写思路、写作体例、案例选择等方面都给予了悉心指导，在此一并致以诚挚的谢意。

感谢中国人民大学贾林青教授在百忙之中对书稿进行审阅，并提出了宝贵的指导意见。

感谢法律出版社应用分社戴伟社长，责任编辑李群、李璐女士对出版本书给予的帮助和支持。

本书由中国人寿保险股份有限公司总公司法律与合规部牵头，组织部分分公司法律合规岗人员合作编写完成，最后由总公司法律与合规部姜荐进行统稿。具体写作分工如下（以撰写内容先后为序）：

姜荐（总公司）：《应对要点指南》；《典型案例解析》第 4 章第 1 个案例，第 6 章第 1、3 个案例，第 7 章第 3 个案例，第 8 章第 1 个案例，第 10 章第 2、3 个案例。

李琪（江苏省分公司）：《典型案例解析》第 1 章第 1 个案例，第 7 章第 5 个案例，第 9 章第 3 个案例。

郭宏志（湖南省分公司）：《典型案例解析》第 1 章第 2、4 个案例，第 6 章第 2 个案例，第 9 章第 4 个案例。

赵桥梁（深圳市分公司）：《典型案例解析》第 1 章第 3 个案例，第 2 章第 1 个案例，第 5 章第 2 个案例，第 7 章第 2 个案例。

徐龙平（浙江省分公司）：《典型案例解析》第 2 章第 2 个案例，第 3 章第 1 个案例，第 5 章第 4 个案例，第 8 章第 3 个案例，第 9 章第 1 个案例。

职洁（上海市分公司）：《典型案例解析》第 2 章第 3 个案例，第 4 章第 2 个案例。

丛华程(上海市分公司):《典型案例解析》第3章第5个案例,第5章第5个案例,第7章第4个案例。

陈德昌(福建省分公司):《典型案例解析》第3章第2个案例,第5章第3个案例,第8章第2个案例,第9章第2、5个案例,第10章第1个案例。

张晋江(江苏省分公司):《典型案例解析》第3章第3个案例,第3章第4个案例,第8章第4个案例,第9章第6个案例。

马凌(深圳市分公司):《典型案例解析》第5章第1个案例,第7章第1个案例。

囿于收集资料、写作时间及编者能力之有限,书中必然存在很多不足甚至错误之处,敬请批评指正。

中国人寿保险股份有限公司

2015年11月25日

## 上篇 保险合同诉讼案件应对要点指南


一、诉讼主体资格 …………………………………………………………（3）

1. 保险公司分支机构具备独立的民事诉讼主体资格 ……………（3）

2. 各级分支机构应当以自己的名义参加诉讼，避免将上级公司作为当事人，总公司或上级公司也不应代替分支机构参与诉讼 ……………………………………………………………………（4）

二、管辖 ……………………………………………………………………（5）

1. 人身保险合同诉讼案件如果没有进行约定管辖，则被告住所地法院和被保险人住所地法院都有管辖权 ……………………（5）

2. 对方没有在分公司被告住所地法院起诉，则公司要在收到应诉通知书之日起15日内向法院申请管辖权异议。对于一审法院作出的驳回管辖权异议裁定，公司可以上诉，要求上级法院进行审理。而如果公司直接应诉答辩，视同该法院有管辖权 ……………………………………………………………（6）

三、证据 ……………………………………………………………………（8）

1. 保险合同纠纷案件举证责任的分配 ……………………………（8）

2. 如果需要证人出庭作证，最好事前与证人提前沟通、演练 ……（9）

3. 对司法鉴定意见书的审查 …………………………………………（10）

**四、授权委托** ……………………………………………………（13）

起草授权委托书应注意的几个问题 ……………………………（13）

**五、财产保全** ……………………………………………………（16）

公司如果作为原告，应在提起诉讼之前考虑执行的问题，并采取申请财产保全等适当措施来保证将来的判决能够得到有效执行 ………………………………………………………（16）

**六、一审** ……………………………………………………………（18）

1. 公司作为被告参加诉讼，最好按照法院要求及时提交书面答辩状 ………………………………………………………………（18）

2. 如果本案须以另一案的审理结果为依据，而另一案尚未审结，或者有《民事诉讼法》规定的其他中止诉讼情形，当事公司应当及时向法院提出中止审理的申请。但是，在法院明确中止审理之前，公司仍应当做好答辩工作……………………（18）

**七、二审** ……………………………………………………………（20）

对一审判决、裁定不服，提起上诉应当注意的几个问题 ………（20）

**八、再审** ……………………………………………………………（22）

当事人申请再审应在判决、裁定发生法律效力后六个月内提出 ………………………………………………………………………（22）

**九、争议解决方式的选择** ………………………………………（24）

根据案件具体情况，合理选择诉讼和解、行业调解、诉讼调解、诉讼等方式妥善解决案件争议 ……………………………………（24）

**十、执行问题** ……………………………………………………（26）

人身保险合同存续期间，保险公司配合人民法院协助执行需要注意的几个问题 ………………………………………………（26）

# 下篇　保险合同诉讼案件典型案例解析与裁判文书

## 第一部分　典型案例解析


第一章　保险合同的效力认定 …………………………………… ( 31 )

一、保险合同代签名的法律效力

——丁某某诉江苏省分公司保险合同纠纷案 ………………… ( 31 )

二、被保险人未签名保险合同是否生效

——史某某与湖南省分公司仲裁案 ……………………………… ( 35 )

三、保险合同效力中止期间投保人申请复效,保险公司有无加费权利

——陈某某诉深圳市分公司保险合同纠纷案 ………………… ( 39 )

四、重大疾病保险被保险人在复效观察期内出险,保险人是否承担保险责任

——欧阳某某诉衡阳市分公司保险合同纠纷案 ……………… ( 43 )

第二章　投保人的如实告知义务 ………………………………… ( 47 )

一、保险公司如何证明投保人违反如实告知义务

——雷某诉深圳市分公司保险合同纠纷案 …………………… ( 47 )

二、保险人解约行为需在法定期限内送达

——徐某诉浙江省分公司、衢州市分公司保险合同纠纷案 …… ( 51 )

三、投保人承担如实告知义务应以保险人提出明确、具体询问为前提

——顾某某诉上海市分公司保险合同纠纷案 ………………… ( 56 )

第三章　保险公司的明确说明义务 ……………………………… ( 59 )

一、特别约定条款是否属于免除保险人责任条款

——邵某某等诉金华市分公司保险合同纠纷案 ……………… ( 59 )

二、保险公司履行明确说明义务的认定标准

——俞某某等诉福建省分公司保险合同纠纷案 ……………… ( 62 )

三、投保人签字可证明保险人履行明确说明义务
——吕某某诉江苏省分公司保险合同纠纷案 …………………… (65)
四、保险公司明确说明义务的除外情形
——周某甲等诉仪征支公司保险合同纠纷案 …………………… (69)
五、保险公司手写免责条款效力的认定
——宋某某诉潮州市分公司保险合同纠纷案 …………………… (72)
第四章 保险条款的解释规则 ………………………………………… (74)
一、专业术语在保险合同中的解释方法
——王某某诉北京市分公司保险合同纠纷案 …………………… (74)
二、保险合同格式条款的解释规则
——罗某诉东莞市分公司保险合同纠纷案 ……………………… (77)
第五章 意外伤害保险责任的认定 ………………………………… (80)
一、伴有头部外伤的猝死是否属于意外伤害保险责任
——胡某乙诉深圳市分公司保险合同纠纷案 …………………… (80)
二、意外伤害保险中"意外伤害"的认定
——官某某诉深圳市分公司保险合同纠纷案 …………………… (84)
三、被保险人自杀行为的认定
——郑某某诉邵武支公司保险合同纠纷案 ……………………… (87)
四、被保险人跳楼致死是否属于意外伤害保险责任
——王某某等诉湖州市分公司保险合同纠纷案 ………………… (90)
五、服用蜂皇浆致死是否属于意外伤害保险责任
——吴某某等诉上海市分公司保险合同纠纷案 ………………… (93)
第六章 医疗费用保险 ……………………………………………… (96)
一、医疗费用保险是否适用损失补偿原则
——庄某某诉常州市分公司保险合同纠纷案 …………………… (96)
二、意外伤害医疗保险是否适用损失补偿原则
——伍某诉宁远支公司保险合同纠纷案 ………………………… (99)
三、意外伤害医疗保险能否适用损失补偿原则
——王某某诉安平支公司保险合同纠纷案 ……………………… (103)

**第七章 保险合同的理赔** …………………………………………… (106)
一、保险合同中存在分项保险责任时保险金额的认定
——陈某诉深圳市分公司保险合同纠纷案 ………………… (106)
二、团体保险中投保单位无权领取保险金
——何某某诉珠海市分公司保险合同纠纷案 ……………… (110)
三、驾驶未年审车辆发生交通事故保险公司不承担保险责任
——宗某某诉如皋支公司保险合同纠纷案 ………………… (113)
四、被保险人自杀身亡理赔若干问题探讨
——刘某某等诉上海市分公司保险合同纠纷案 …………… (117)
五、酒后驾驶免除保险人理赔责任的条款是否有效
——高某某等诉盱眙支公司保险合同纠纷案 ……………… (121)
**第八章 保险合同纠纷的举证责任分配** ………………………… (124)
一、如何用事实推定的方法证明待证事实
——詹某某等诉九江市分公司保险合同纠纷案 …………… (124)
二、意外伤害保险纠纷案件的举证责任分配
——刘某某等诉福建省分公司、武平县支公司保险合同纠纷案 ……………………………………………………… (130)
三、死因不明案件中被保险人拒绝尸检应承担不利后果
——张某某诉绍兴市分公司保险合同纠纷案 ……………… (133)
四、保险事故发生后被保险人一方应及时通知保险公司
——李某某等诉江苏省分公司人身保险合同纠纷案 ……… (135)
**第九章 保险合同的解除** …………………………………………… (138)
一、单位出资为员工投保,单位是否有权解除合同
——陈某诉杭州市分公司保险合同纠纷案 ………………… (138)
二、不可抗辩期间的理解和适用
——王某某诉福建省分公司保险合同纠纷案 ……………… (141)
三、保险合同成立两年后保险公司是否可以解除保险合同
——王某某诉江苏省分公司人身保险合同纠纷案 ………… (144)
四、分红型保险合同退保金额的认定
——杨某诉湖南省分公司保险合同纠纷案 ………………… (147)

五、投保人未履行如实告知义务，保险公司应限期解约拒付
——黄某甲等诉福建省分公司保险合同纠纷案 ……………… (150)
六、保险合同解除权与合同撤销权的竞合适用
——杨某某诉沭阳支公司保险合同纠纷案 ………………… (153)

**第十章　保险合同纠纷中的诉讼程序** ……………………………… (157)
一、保险公司分支机构的诉讼地位
——伍某某诉邵武支公司保险合同纠纷案 ………………… (157)
二、保险合同存续期间保单现金价值的执行问题
——郭某某诉临沂市分公司保险合同纠纷案 ……………… (159)
三、保险合同成立与理赔时间跨越新保险法实施之日的法律适用
——吕某某诉长阳支公司保险合同纠纷案 ………………… (162)

## 第二部分　裁判文书

丁某某诉江苏省分公司保险合同纠纷案 …………………………… (164)
史某某与湖南省分公司仲裁案 ……………………………………… (170)
陈某某诉深圳市分公司保险合同纠纷案 …………………………… (175)
欧阳某某诉衡阳市分公司保险合同纠纷案 ………………………… (184)
雷某诉深圳市分公司保险合同纠纷案 ……………………………… (188)
徐某诉浙江省分公司、衢州市分公司保险合同纠纷案 …………… (192)
邵某某等诉金华市分公司保险合同纠纷案 ………………………… (197)
吕某某诉江苏省分公司保险合同纠纷案 …………………………… (202)
周某甲等诉仪征支公司保险合同纠纷案 …………………………… (208)
宋某某诉潮州市分公司保险合同纠纷案 …………………………… (213)
王某某诉北京市分公司保险合同纠纷案 …………………………… (225)
罗某诉东莞市分公司保险合同纠纷案 ……………………………… (235)
胡某乙诉深圳市分公司保险合同纠纷案 …………………………… (242)
官某某诉深圳市分公司保险合同纠纷案 …………………………… (247)
郑某某诉邵武支公司保险合同纠纷案 ……………………………… (251)
王某某等诉湖州市分公司保险合同纠纷案 ………………………… (256)

庄某某诉常州市分公司保险合同纠纷案 …………………………… (264)
伍某诉宁远支公司保险合同纠纷案 ………………………………… (270)
王某某诉安平支公司保险合同纠纷案 ……………………………… (276)
陈某诉深圳市分公司保险合同纠纷案 ……………………………… (289)
何某某诉珠海市分公司保险合同纠纷案 …………………………… (296)
宗某某诉如皋支公司保险合同纠纷案 ……………………………… (305)
刘某某等诉上海市分公司保险合同纠纷案 ………………………… (311)
高某某等诉盱眙支公司保险合同纠纷案 …………………………… (320)
刘某某等诉福建省分公司、武平县支公司保险合同纠纷案 ………… (325)
张某某诉绍兴市分公司保险合同纠纷案 …………………………… (335)
李某某等诉江苏省分公司人身保险合同纠纷案 …………………… (340)
王某某诉福建省分公司保险合同纠纷案 …………………………… (349)
杨某诉湖南省分公司保险合同纠纷案 ……………………………… (354)
黄某甲等诉福建省分公司保险合同纠纷案 ………………………… (361)
杨某某诉沭阳支公司保险合同纠纷案 ……………………………… (366)
伍某某诉邵武支公司保险合同纠纷案 ……………………………… (374)
郭某某诉临沂市分公司保险合同纠纷案 …………………………… (375)
吕某某诉长阳支公司保险合同纠纷案 ……………………………… (379)

## 附　　录

中国人寿保险股份有限公司内部控制执行手册(2013 版)(诉讼部分节选)……………………………………………………………… (385)
中国人寿保险股份有限公司　省－风控－法律合规－003　诉讼案件应对管理工作流程及要求 ……………………………………… (389)
中国人寿保险股份有限公司　地市－风控－法律－002　诉讼案件应对管理工作流程及要求 ……………………………………… (391)
中华人民共和国保险法(2015.4.24 修正) ………………………… (393)
最高人民法院关于适用《中华人民共和国保险法》若干问题的解释(一)(2009.9.21) ……………………………………………… (417)

最高人民法院关于适用《中华人民共和国保险法》若干问题的解释(二)(2013.5.31) …………………………………………………… (418)
最高人民法院关于适用《中华人民共和国保险法》若干问题的解释(三)(2015.11.25) …………………………………………………… (421)

上　篇

# 保险合同诉讼案件应对要点指南

# 一、诉讼主体资格

## 要点提示

### 1. 保险公司分支机构具备独立的民事诉讼主体资格

**【要点详解】** 保险公司一般实行一级法人制度，分支机构不具备独立法人地位。最高人民法院 1992 年颁布的《关于适用〈中华人民共和国民事诉讼法〉若干问题的意见》（以下简称《民诉法意见》）规定，中国人民保险公司设在各地的分支机构具有诉讼主体地位。[1] 最高人民法院当时在作出这条司法解释时，我国的保险公司只有中国人民保险公司一家，而现在国内已经有一百余家保险公司，从司法解释的精神看，应该承认各家保险公司分支机构的诉讼主体资格。所以，保险公司依法成立的分支机构具有独立的民事诉讼主体资格。对于保险公司设立的营销服务部在工商行政管理部门办理工商登记手续并取得《营业执照》的，也应认定属于《民事诉讼法》第四十八条规定的“其他组织”，可以自己的名义参加诉讼。最高人民法院《关于适用〈中华人民共和国保险法〉若干问题的解释》（以下简称《保险法司法解释二》）第二十条进一步确认了这一点，为保险公司分支机构具备独立的民事诉讼主体资格提供了更为直接的法律依据。2015 年最高人民法院《关于适用〈中华人民共和国民事诉讼法〉的解释》（以下简称《民诉法司法解释》）第五十二条对此再次予以确认。

---

〔1〕 2015 年 2 月 4 日起施行的最高人民法院《关于适用〈中华人民共和国民事诉讼法〉的解释》将此条修改为，依法设立并领取营业执照的商业银行、政策性银行和非银行金融机构的分支机构具有诉讼主体地位。

## 2. 各级分支机构应当以自己的名义参加诉讼，避免将上级公司作为当事人，总公司或上级公司也不应代替分支机构参与诉讼

**【要点详解】** 法人分支机构的财产所有权属于法人，但依法设立并已领取营业执照的分支机构作为独立的民事法律关系主体，对自己经营管理的财产有相对独立的支配权，即有相对独立的经营利益。如果债权债务关系发生在分支机构与对方当事人之间，分支机构具备合法的民事主体资格，那么，根据债的相对性原理，法人不是债权债务关系的一方当事人，当然就不能成为诉讼中的当事人。因此，如果法人以自己的名义代替分支机构行使诉讼权利，则其起诉不符合诉讼法规定的起诉条件而应当被法院依法裁定不予受理或者驳回起诉。当法人被对方当事人作为被告提起诉讼时，法院应当告知原告变更被告为分支机构，否则应当依法裁定驳回原告的起诉。

**| 法规索引 |**

**《民事诉讼法》**第四十八条：公民、法人和其他组织可以作为民事诉讼的当事人。法人由其法定代表人进行诉讼。其他组织由其主要负责人进行诉讼。

**《民诉法司法解释》**第五十二条：民事诉讼法第四十八条规定的其他组织是指合法成立、有一定的组织机构和财产，但又不具备法人资格的组织，包括：(一)依法登记领取营业执照的个人独资企业；(二)依法登记领取营业执照的合伙企业；(三)依法登记领取我国营业执照的中外合作经营企业、外资企业；(四)依法成立的社会团体的分支机构、代表机构；(五)依法设立并领取营业执照的分支机构；(六)依法设立并领取营业执照的商业银行、政策性银行和非银行金融机构的分支机构；(七)经依法登记领取营业执照的乡镇企业、街道企业；(八)其他符合本条规定条件的组织。

**《保险法司法解释二》**第二十条：保险公司依法设立并取得营业执照的分支机构属于《中华人民共和国民事诉讼法》第四十八条规定的其他组织，可以作为保险合同纠纷案件的当事人参加诉讼。

# 二、管　辖

## 要点提示

### 1. 人身保险合同诉讼案件如果没有进行约定管辖，则被告住所地法院和被保险人住所地法院都有管辖权

**【要点详解】** 在《民诉法司法解释》出台前，人身保险合同诉讼案件如果没有进行约定管辖，应由被告住所地法院管辖。理由是：《民事诉讼法》第二十四条规定："因保险合同纠纷提起的诉讼，由被告住所地或者保险标的物所在地人民法院管辖。"《物权法》第二条第二款规定："本法所称物，包括不动产和动产。法律规定权利作为物权客体的，依照其规定。"根据上述法律规定，人的寿命和身体不属于物。人身保险合同的保险标的是人的寿命和身体，人身保险合同不存在保险合同标的物。因此，人身保险合同诉讼案件如果没有进行约定管辖，应由被告住所地法院管辖。根据《民诉法司法解释》第三条的规定，法人的住所地是指法人的主要办事机构所在地、注册地或者登记地。但是，《民诉法司法解释》出台后，在第二十一条第二款中规定："因人身保险合同纠纷提起的诉讼，可以由被保险人住所地人民法院管辖。"这就意味着，人身保险合同纠纷发生后，如果保险合同没有进行约定管辖，则被告住所地人民法院或者被保险人住所地人民法院都有管辖权。鉴于现今社会人员流动颇为频繁，为便于公司应诉，最好能够在保险合同中明确约定管辖法院。

**2. 对方没有在分公司被告住所地法院起诉，则公司要在收到应诉通知书之日起15日内向法院申请管辖权异议。对于一审法院作出的驳回管辖权异议裁定，公司可以上诉，要求上级法院进行审理。而如果公司直接应诉答辩，视同该法院有管辖权**

案件管辖异议申请书模板：

> 案件管辖异议申请书
>
> 异议人：
> 住所地：
> 负责人：
> 异议请求：依法裁定将该案件移送××人民法院
>
> 事实与理由：
>
> 此致
> ××人民法院
>
> 异议人：
> 年　月　日

**法规索引**

《**民事诉讼法**》第二十四条：因保险合同纠纷提起的诉讼，由被告住所地或者保险标的物所在地人民法院管辖。

《**民诉法司法解释**》第三条：公民的住所地是指公民的户籍所在地，法人或者其他组织的住所地是指法人或者其他组织的主要办事机构所在地。

法人或者其他组织的主要办事机构所在地不能确认的，法人或者其他组织的注册地或者登记地为住所地。

《**民诉法司法解释**》第二十一条：因财产保险合同纠纷提起的诉讼，如果保险标的物是运输工具或者运输中的货物，可以由运输工具登记注册地、运输目的地、保险事故发生地人民法院管辖。

因人身保险合同纠纷提起的诉讼，可以由被保险人住所地人民法院管辖。

《**物权法**》第二条：因物的归属和利用而产生的民事关系，适用本法。本法所称物，包括不动产和动产。法律规定权利作为物权客体的，依照其规定。本法所称物权，是指权利人依法对特定的物享有直接支配和排他的权利，包括所有权、用益物权和担保物权。

《**民事诉讼法**》第三十四条：合同或者其他财产权益纠纷的当事人可以书面协议选择被告住所地、合同履行地、合同签订地、原告住所地、标的物所在地等与争议有实际联系的地点的人民法院管辖，但不得违反本法对级别管辖和专属管辖的规定。

《**民事诉讼法**》第一百二十七条：人民法院受理案件后，当事人对管辖权有异议的，应当在提交答辩状期间提出。人民法院对当事人提出的异议，应当审查。异议成立的，裁定将案件移送有管辖权的人民法院；异议不成立的，裁定驳回。当事人未提出管辖异议，并应诉答辩的，视为受诉人民法院有管辖权，但违反级别管辖和专属管辖规定的除外。

《**民事诉讼法**》第一百五十四条：裁定适用于下列范围：（一）不予受理；（二）对管辖权有异议的；（三）驳回起诉；（四）保全和先予执行；（五）准许或者不准许撤诉；（六）中止或者终结诉讼；（七）补正判决书中的笔误；（八）中止或者终结执行；（九）撤销或者不予执行仲裁裁决；（十）不予执行公证机关赋予强制执行效力的债权文书；（十一）其他需要裁定解决的事项。对前款第一项至第三项裁定，可以上诉。裁定书应当写明裁定结果和作出该裁定的理由。裁定书由审判人员、书记员署名，加盖人民法院印章。口头裁定的，记入笔录。

# 三、证　据

## 要点提示

### 1. 保险合同纠纷案件举证责任的分配

**【要点详解】** 关于保险合同举证责任的分配问题，既不能机械适用我国《民事诉讼法》"谁主张、谁举证"的一般原则，让投保人、被保险人或者受益人承担全部的举证责任，也不能以保险公司处于绝对优势地位为由，将全部举证责任都分配给保险公司。在司法实践中应当根据公平原则和诚实信用原则，综合当事人的举证能力等因素加以确定。具体到保险诉讼中的证明责任问题，应遵循如下思考进路：

第一，确认保险合同的效力问题。对保险合同效力的确认问题，应由投保人、被保险人、受益人来证明保险合同业已成立、生效。如果保险合同发生了变更，投保人、被保险人、受益人提起诉讼的合同依据是变更之后的保险合同，还必须由投保人、被保险人、受益人证明保险合同变更的事实。当然，保险人若以保险合同关系已经解除、中止、终止、撤销等为理由拒绝赔偿，则应该由保险人对于保险合同的上述事项承担证明责任。

第二，投保人、被保险人、受益人要提供有关初步的证据。投保人、被保险人或者受益人在保险诉讼过程中不应承担苛刻的举证责任，只需提供"其所能提供的与确认保险事故的性质、原因、损失程度等有关的证明和资料"，也就是投保人、被保险人、受益人只要能提供"初步的证据"即为已足。这里"初步的证据"范围以不超越为确定保险事故发生和损失范围等所必要的资料，以及必须以投保人、被保险人或者受益人一方依一般情形可以获得的资料为限。

实践中，有关保险事故的性质、损失程度等往往有客观证据支撑，不会有太多纷争，争议往往发生在事故的发生原因方面。一般来讲，在保险事故发生后，投保人、被保险人或者受益人只要证明保险事故已经发生，且按照通常理解该事故属于保险合同规定的承保范围即可。如果保险合同中关于承保风险的约定采用了列明风险条款的方式，则被保险人、受益人还要证明保险事故属于何种具体的风险。

第三，如保险人认为投保人、被保险人或者受益人提供的“初步的证据”证明的情况不实，则有义务提供进一步相应的证据。如果保险人认为证明的情况与事实不符，则需要提供进一步的证据。另外，如果保险人以除外责任条款、责任免除条款为由进行抗辩，保险人除要证明保险事故属于保险合同规定的除外责任或者其他责任免除条款的适用条件均已经成就，还要证明其已经履行了法定的明确说明义务。

因此，在保险诉讼纠纷中，举证责任的分配较一般合同纠纷实具有一定的特殊性。简言之，投保人、被保险人或者受益人并非不承担任何举证责任，也不是要和保险人承担同等的举证责任，而是只要举出其所能提供的初步证据，这不仅是充分考虑到保险合同双方当事人举证能力的差异，也是公平原则和诚实信用原则在保险合同诉讼中的具体体现。

## 2. 如果需要证人出庭作证，最好事前与证人提前沟通、演练

**【要点详解】**　庭审中，不论证人是由哪一方当事人提供的，法官和对方当事人都会对证人进行提问，并且法官和对方当事人提出的问题都会与己方当事人向证人发问的问题有所差别。这是因为诉讼双方及法官所处的诉讼地位不同，通过对证人询问所要达到的目的不同。所以，证人出庭前，与证人进行适当的沟通或演练是十分必要的。事前沟通的目的是将出庭的程序、有可能遇到的问题等情况向证人进行必要的介绍，防止没有经历过审判程序的证人一到法庭上就头脑发懵，影响证人作用的发挥。另外，沟通后，最好让证人准备一份书面证言，这样证人可以对自己要证明的问题有所准备，利于庭审表达，同时也方便法庭将书面证言入卷。当然，事前沟通要注意尺度，不要引诱、强迫证人作出对自己有利而对对方不利的

证言，因为任何虚假的证言总会有漏洞，而且这样做还有可能触犯法律而承担民事甚至刑事责任。

## 3. 对司法鉴定意见书的审查

**【要点详解】** 在保险合同纠纷案件当中，经常需要就有关医学等专业问题进行司法鉴定。审查一份司法鉴定意见书，至少应关注以下八个方面的内容：

一是鉴定人和鉴定机构是否具有鉴定资质。一份鉴定意见书上载明的鉴定人和鉴定机构任一不具有相应资质的，鉴定结论即为非法，不应作为定案的依据。

二是鉴定人或者鉴定机构是否存在回避的情形。

三是鉴定委托程序是否合法。鉴定的委托分为法院（或仲裁机构）委托和当事人委托。鉴定委托程序的合法性表现在三个方面：第一，鉴定委托人限于法院、仲裁机构和当事人。第二，接受委托的只能是鉴定机构，鉴定人不能直接接受委托。第三，鉴定委托协议不得约定根据鉴定结果的具体情况支付鉴定费用。

四是委托鉴定事项与鉴定意见一致。超出鉴定委托范围的鉴定意见部分不应作为定案的依据。

五是鉴定样本必须是真实的。样本的真实性是鉴定意见准确的基础，千万不要忽视了对样本真实性、合法性的审查。

六是鉴定程序和鉴定方法是否符合规范，鉴定所依据的标准是否正确、有效。

七是鉴定书形式是否合法。最高人民法院《关于民事诉讼证据的若干规定》（以下简称《民事诉讼证据规定》）第二十九条规定："审判人员对鉴定人出具的鉴定书，应当审查是否具有下列内容：（一）委托人姓名或者名称、委托鉴定的内容；（二）委托鉴定的材料；（三）鉴定的依据及使用的科学技术手段；（四）对鉴定过程的说明；（五）明确的鉴定结论；（六）对鉴定人鉴定资格的说明；（七）鉴定人员及鉴定机构签名盖章。"根据前述规定，对鉴定书进行形式审查时至少要关注到以上七项内容。

八是鉴定人出庭。《民事诉讼法》第七十八条规定，当事人对鉴定意见有异议或者人民法院认为鉴定人有必要出庭的，鉴定人应当出庭作证。经人民法院通知，鉴定人拒不出庭作证的，鉴定意见不得作为认定事实的根据；支付鉴定费用的当事人可以要求返还鉴定费用。所以，在当事人对鉴定有异议时，鉴定人出庭作证，并就鉴定方法、程序等事项进行说明，这已经构成鉴定人的法定义务。如果鉴定人没有正当理由拒绝出庭，导致当事人的异议无法查证的，鉴定意见不得作为定案的依据。

## | 法规索引 |

**《民事诉讼证据规定》**第五条：在合同纠纷案件中，主张合同关系成立并生效的一方当事人对合同订立和生效的事实承担举证责任；主张合同关系变更、解除、终止、撤销的一方当事人对引起合同关系变动的事实承担举证责任。对合同是否履行发生争议的，由负有履行义务的当事人承担举证责任。对代理权发生争议的，由主张有代理权一方当事人承担举证责任。

**《民事诉讼证据规定》**第七条：在法律没有具体规定，依本规定及其他司法解释无法确定举证责任承担时，人民法院可以根据公平原则和诚实信用原则，综合当事人举证能力等因素确定举证责任的承担。

**《保险法》**第二十二条：保险事故发生后，按照保险合同请求保险人赔偿或者给付保险金时，投保人、被保险人或者受益人应当向保险人提供其所能提供的与确认保险事故的性质、原因、损失程度等有关的证明和资料。保险人按照合同的约定，认为有关的证明和资料不完整的，应当及时一次性通知投保人、被保险人或者受益人补充提供。

**《民事诉讼法》**第七十六条：当事人可以就查明事实的专门性问题向人民法院申请鉴定。当事人申请鉴定的，由双方当事人协商确定具备资格的鉴定人；协商不成的，由人民法院指定。当事人未申请鉴定，人民法院对专门性问题认为需要鉴定的，应当委托具备资格的鉴定人进行鉴定。

**《民事诉讼法》**第七十七条：鉴定人有权了解进行鉴定所需要的案件材料，必要时可以询问当事人、证人。鉴定人应当提出书面鉴定意见，在鉴定书上签名或者盖章。

**《民事诉讼法》**第七十八条：当事人对鉴定意见有异议或者人民法院认为鉴定人有必要出庭的，鉴定人应当出庭作证。经人民法院通知，鉴定人拒不出庭作证的,鉴定意见不得作为认定事实的根据;支付鉴定费用的当事人可以要求返还鉴定费用。

《**民事诉讼法**》第七十九条:当事人可以申请人民法院通知有专门知识的人出庭,就鉴定人作出的鉴定意见或者专业问题提出意见。

《**民事诉讼证据规定**》第二十九条:审判人员对鉴定人出具的鉴定书,应当审查是否具有下列内容:(一)委托人姓名或者名称、委托鉴定的内容;(二)委托鉴定的材料;(三)鉴定的依据及使用的科学技术手段;(四)对鉴定过程的说明;(五)明确的鉴定结论;(六)对鉴定人鉴定资格的说明;(七)鉴定人员及鉴定机构签名盖章。

# 四、授权委托

## 要点提示

### 起草授权委托书应注意的几个问题

**【要点详解】** 起草授权委托书有以下四项基本要求：

第一，授权内容充分。授权内容充分是指委托人对受托律师在诉讼、仲裁或执行等程序中进行充分的授权，以便于律师灵活处理各事项。特别提示：全权授权的表述在司法实践中会被认定为普通授权，这种概况性的授权实际上并未赋予代理律师代为承认、变更、放弃诉讼请求的权利。

第二，授权内容明确。为确保授权内容既充分又有效，必须将授权委托书的授权内容在充分的基础上尽可能的明确。授权内容明确就是凡能预见到的需要代理律师处理的较为重要、需要特别申明内容的授权，尽量准确列明。

第三，授权内容适当。特定的法律程序对代理律师的授权其实是有区别的，应根据不同的法律程序，给予代理律师相应的授权，做到授权内容适当。

第四，授权形式合法、有效。这里的授权委托书形式合法、有效主要针对的是授权委托书的签章和公证、认证手续。《民事诉讼法》第四十八条第二款规定："法人由其法定代表人进行诉讼。其他组织由其主要负责人进行诉讼。"因此，代表法人或者其他组织进行诉讼的是法定代表人或主要负责人。那么签署授权委托书的应该也是法定代表人或主要负责人。在前述法定代表人和主要负责人签字的基础上，对于境内公司或其他组织，最好加盖公章，以确定法定代表人或授权代理人的代表行为业经公司特别授权和确认。

以下是几个主要法律程序中授权委托书的参考样本，具体适用时可根据具体情况加以取舍：

(1)一审程序原告对律师的授权：代为提出、变更、放弃诉讼请求；代为就被告的反诉进行答辩；代为进行和解、调解；代为起草、签收、转递法律文书；代为调查取证或申请法院依职权调取证据；代为申请延期举证；代为申请、变更及撤销证据保全或诉讼(诉前)财产保全，并参加前述保全的程序；代为申请、办理与案件有关的鉴定事宜；代为出庭；代为就案件程序及实体问题发表口头或书面代理意见、申请、异议，等等。

(2)一审程序被告对律师的授权：代为提出、变更、放弃反诉请求；代为答辩；代为进行和解、调解；代为起草、签收、转递法律文书；代为调查取证或申请法院依职权调取证据；代为申请延期举证；代为申请、变更及撤销证据保全或诉讼、诉前财产保全，并参加前述保全的程序；代为申请、办理与案件有关的鉴定事宜；代为出庭；代为就案件程序及实体问题发表口头或书面代理意见、申请、异议，等等。

(3)执行程序执行申请人对律师的授权：代为提出、变更、放弃强制执行申请；代为调查取证；代为查询被执行人财产线索；代为申请法院采取执行程序中的财产保全措施；代为申请、撤销及参与执行财产的评估、拍卖、变卖、抵债；代为参加强制执行程序的全过程，并就执行程序中的程序和实体问题发表代理意见；代为办理执行案款的领取手续；代为签收、转递法律文书，等等。

(4)执行程序被执行申请人对律师的授权：代为就强制执行申请进行答辩；代为调查取证；代为就执行程序中的财产保全措施及执行措施发表异议或意见；代为参加强制执行程序的全过程，并就执行程序中的程序和实体问题发表代理意见；代为办理执行案款的支付手续；代为签收、转递法律文书，等等。

**法规索引**

《**民事诉讼法**》第四十八条：公民、法人和其他组织可以作为民事诉讼的当事人。法人由其法定代表人进行诉讼。其他组织由其主要负责人进行诉讼。

《**民事诉讼法**》第五十八条：当事人、法定代理人可以委托一至二人作为诉讼代理人。下列人员可以被委托为诉讼代理人：(一)律师、基层法律服务工作者；(二)当事人的近亲属或者工作人员；(三)当事人所在社区、单位以及有关社会团体推荐的公民。

《**民事诉讼法**》第五十九条：委托他人代为诉讼，必须向人民法院提交由委托人签名或者盖章的授权委托书。授权委托书必须记明委托事项和权限。诉讼代理人代为承认、放弃、变更诉讼请求，进行和解，提起反诉或者上诉，必须有委托人的特别授权。侨居在国外的中华人民共和国公民从国外寄交或者托交的授权委托书，必须经中华人民共和国驻该国的使领馆证明；没有使领馆的，由与中华人民共和国有外交关系的第三国驻该国的使领馆证明，再转由中华人民共和国驻该第三国使领馆证明，或者由当地的爱国华侨团体证明。

《**民事诉讼法**》第六十条：诉讼代理人的权限如果变更或者解除，当事人应当书面告知人民法院，并由人民法院通知对方当事人。

## 五、财产保全

### 要点提示

**公司如果作为原告，应在提起诉讼之前考虑执行的问题，并采取申请财产保全等适当措施来保证将来的判决能够得到有效执行**

**【要点详解】** 财产保全，是指人民法院根据利害关系人或当事人的申请，必要时也可依职权对一定财产采取特殊保护措施，以保证将来生效判决有得以实现物质保障的法律制度。财产保全分为诉前财产保全和诉讼中的财产保全。当事人提出财产保全申请，要向法院提交书面申请书以及被申请人的财产线索。需要注意的是，申请财产保全的金额不能超过诉讼请求的金额。对诉前财产保全，申请人在人民法院采取保全措施后30日内不起诉的（注意不是在申请后30日内），法院会主动解除财产保全；对诉讼中的财产保全，则是以被申请人是否提供担保为条件。被申请人提供担保的人民法院应当解除财产保全，被申请人不提供担保的，则实施保全措施。

**法规索引**

**《民事诉讼法》**第一百条：人民法院对于可能因当事人一方的行为或者其他原因，使判决难以执行或者造成当事人其他损害的案件，根据对方当事人的申请，可以裁定对其财产进行保全、责令其作出一定行为或者禁止其作出一定行为；当事人没有提出申请的，人民法院在必要时也可以裁定采取保全措施。人民法院采取保全措施，可以责令申请人提供担保，申请人不提供担保的，裁定驳回申请。人民法院接受申请后，对情况紧急的，必须在四十八小时内作出裁定；裁定采取保全措施的，应当立即开始执行。

**《民事诉讼法》**第一百零一条：利害关系人因情况紧急，不立即申请保全将会使其合法权益受到难以弥补的损害的，可以在提起诉讼或者申请仲裁前向被保全财产所在地、被申请人住所地或者对案件有管辖权的人民法院申请采取保全措施。申请人应当提供担保，不提供担保的，裁定驳回申请。人民法院接受申请后，必须在四十八小时内作出裁定；裁定采取保全措施的，应当立即开始执行。申请人在人民法院采取保全措施后三十日内不依法提起诉讼或者申请仲裁的，人民法院应当解除保全。

**《民事诉讼法》**第一百零二条：保全限于请求的范围，或者与本案有关的财物。

**《民事诉讼法》**第一百零三条：财产保全采取查封、扣押、冻结或者法律规定的其他方法。人民法院保全财产后，应当立即通知被保全财产的人。财产已被查封、冻结的，不得重复查封、冻结。

**《民事诉讼法》**第一百零四条：财产纠纷案件，被申请人提供担保的，人民法院应当裁定解除保全。

**《民事诉讼法》**第一百零五条：申请有错误的，申请人应当赔偿被申请人因保全所遭受的损失。

# 六、一　审

**要点提示**

## 1. 公司作为被告参加诉讼，最好按照法院要求及时提交书面答辩状

**【要点详解】** 根据《民事诉讼法》第一百二十五条的规定，人民法院应当在立案之日起五日内将起诉状副本发送被告，被告应当在收到之日起十五日内提出答辩状。被告不提出答辩状的，不影响人民法院审理。实践中，有人以法律没有强制以及可以避免过早暴露答辩意见为由，主张不提交书面答辩状。我们认为这种做法并不可取。被告不进行书面答辩，表面上确实能起到拖延让原告知悉己方答辩观点时间的作用，但同时也可能会对法官作出对己方有利判决造成一定影响。因为，法官开庭前只了解原告的主张，内心不免形成先入为主的意见，所以被告还不如开庭前就提交答辩意见，对原告的主张进行反驳，让法官对双方争议有一个客观了解，避免提前形成不利己方的倾向性意见。

## 2. 如果本案须以另一案的审理结果为依据，而另一案尚未审结，或者有《民事诉讼法》规定的其他中止诉讼情形，当事公司应当及时向法院提出中止审理的申请。但是，在法院明确中止审理之前，公司仍应当做好答辩工作

**【要点详解】** 实践中经常遇到因保险营销员涉嫌犯罪引发受害人向公司提起民事赔偿诉讼的案件，这属于典型的刑民交叉或刑民互涉案件。如果刑事案件需要查明和最终认定的事实真相，对于民事案件中的处理结

果将产生重大影响，那么民事案件的审理必须以刑事案件的审理结果作为依据，在刑事案件未审结之前，民事案件需要中止审理。这也是因为基于刑事侦查手段作为公权力实施方式的固有特点，与民事诉讼以当事人举证为主的调查方式相比，刑事案件所查清的事实更有可能接近事实真相。所以，在必要的时候中止审理民事案件，等待案件事实的进一步明朗，也可以避免与刑事案件查明的事实相互矛盾。

## ｜法规索引｜

**《民事诉讼法》**第一百二十五条：人民法院应当在立案之日起五日内将起诉状副本发送被告，被告应当在收到之日起十五日内提出答辩状。答辩状应当记明被告的姓名、性别、年龄、民族、职业、工作单位、住所、联系方式；法人或者其他组织的名称、住所和法定代表人或者主要负责人的姓名、职务、联系方式。人民法院应当在收到答辩状之日起五日内将答辩状副本发送原告。被告不提出答辩状的，不影响人民法院审理。

**《民事诉讼法》**第一百五十条：有下列情形之一的，中止诉讼：（一）一方当事人死亡，需要等待继承人表明是否参加诉讼的；（二）一方当事人丧失诉讼行为能力，尚未确定法定代理人的；（三）作为一方当事人的法人或者其他组织终止，尚未确定权利义务承受人的；（四）一方当事人因不可抗拒的事由，不能参加诉讼的；（五）本案必须以另一案的审理结果为依据，而另一案尚未审结的；（六）其他应当中止诉讼的情形。中止诉讼的原因消除后，恢复诉讼。

# 七、二　审

## 要点提示

### 对一审判决、裁定不服，提起上诉应当注意的几个问题

**【要点详解】** 当事人不服一审法院尚未发生法律效力的一审判决、裁定的，在法定期限内可以向上级人民法院提起上诉，由上一级法院对案件进行二审。上诉权是法律赋予当事人的一项诉讼权利。当事人可以依据自己的意愿行使或者放弃。当事人通过行使上诉权可以要求上一级法院对原审判决或裁定进行审查，纠正错误，维护自己的合法权益。根据民事诉讼法的有关规定，当事人行使上诉权必须满足如下条件：

一是须依法享有上诉权的人提起上诉。依法提起上诉的一方当事人为上诉人；被提起上诉的一方当事人为被上诉人。上诉人与被上诉人必须是一审、判决、裁定所指向的当事人。

二是须针对依法可以提起上诉的判决、裁定提起上诉。对适用小额诉讼制度的案件，实行一审终审制，不允许再提起上诉。除了三种裁定（不予受理裁定、对管辖权有异议的裁定、驳回起诉的裁定）可以上诉外，其他八种裁定也不可以上诉。另外，对于适用特别程序审理的六类案件，也是实行一审终审，不能提起上诉。

三是须在法定期限内提起上诉。对一审判决不服要在15日内提起上诉，对一审裁定不服要在10日内提起上诉。上诉期限应从判决书或裁定书送达当事人的第二日起算。

**｜法规索引｜**

《**民事诉讼法**》第一百五十四条：裁定适用于下列范围：（一）不予受理；（二）对管辖权有异议的；（三）驳回起诉；（四）保全和先予执行；（五）准许或者不准许撤诉；（六）中止或者终结诉讼；（七）补正判决书中的笔误；（八）中止或者终结执行；（九）撤销或者不予执行仲裁裁决；（十）不予执行公证机关赋予强制执行效力的债权文书；（十一）其他需要裁定解决的事项。对前款第一项至第三项裁定，可以上诉。裁定书应当写明裁定结果和作出该裁定的理由。裁定书由审判人员、书记员署名，加盖人民法院印章。口头裁定的，记入笔录。

《**民事诉讼法**》第一百六十四条：当事人不服地方人民法院第一审判决的，有权在判决书送达之日起十五日内向上一级人民法院提起上诉。当事人不服地方人民法院第一审裁定的，有权在裁定书送达之日起十日内向上一级人民法院提起上诉。

《**民事诉讼法**》第一百六十五条：上诉应当递交上诉状。上诉状的内容，应当包括当事人的姓名，法人的名称及其法定代表人的姓名或者其他组织的名称及其主要负责人的姓名；原审人民法院名称、案件的编号和案由；上诉的请求和理由。

《**民事诉讼法**》第一百六十六条：上诉状应当通过原审人民法院提出，并按照对方当事人或者代表人的人数提出副本。当事人直接向第二审人民法院上诉的，第二审人民法院应当在五日内将上诉状移交原审人民法院。

《**民事诉讼法**》第一百六十七条：原审人民法院收到上诉状，应当在五日内将上诉状副本送达对方当事人，对方当事人在收到之日起十五日内提出答辩状。人民法院应当在收到答辩状之日起五日内将副本送达上诉人。对方当事人不提出答辩状的，不影响人民法院审理。原审人民法院收到上诉状、答辩状，应当在五日内连同全部案卷和证据，报送第二审人民法院。

《**民事诉讼法**》第一百七十八条：依照本章程序审理的案件，实行一审终审。选民资格案件或者重大、疑难的案件，由审判员组成合议庭审理；其他案件由审判员一人独任审理。

# 八、再　审

## 要点提示

### 当事人申请再审应在判决、裁定发生法律效力后六个月内提出

**【要点详解】** 2012年《民事诉讼法》将当事人申请再审的期限，从之前的判决、裁定生效起两年缩短为六个月。对有新证据，足以推翻原判决、裁定的，原判决、裁定认定事实的主要证据是伪造的，据以作出原判决、裁定的法律文书被撤销或者变更的，审判人员在审理该案件时有贪污受贿，徇私舞弊，枉法裁判行为的，自知道或者应当知道之日起六个月内提出。应当注意的是，《民事诉讼法》规定的申请再审的期间的性质属于不变期间。再审期限的起算时间以判决、裁定生效作为客观标准，不因当事人主观意志改变，不因任何事由中止、中断或延长。

**法规索引**

**《民事诉讼法》**第二百条：当事人的申请符合下列情形之一的，人民法院应当再审：（一）有新的证据，足以推翻原判决、裁定的；（二）原判决、裁定认定的基本事实缺乏证据证明的；（三）原判决、裁定认定事实的主要证据是伪造的；（四）原判决、裁定认定事实的主要证据未经质证的；（五）对审理案件需要的主要证据，当事人因客观原因不能自行收集，书面申请人民法院调查收集，人民法院未调查收集的；（六）原判决、裁定适用法律确有错误的；（七）审判组织的组成不合法或者依法应当回避的审判人员没有回避的；（八）无诉讼行为能力人未经法定代理人代为诉讼或者应当参加诉讼

的当事人,因不能归责于本人或者其诉讼代理人的事由,未参加诉讼的;(九)违反法律规定,剥夺当事人辩论权利的;(十)未经传票传唤,缺席判决的;(十一)原判决、裁定遗漏或者超出诉讼请求的;(十二)据以作出原判决、裁定的法律文书被撤销或者变更的;(十三)审判人员审理该案件时有贪污受贿,徇私舞弊,枉法裁判行为的。

**《民事诉讼法》**第二百零五条:当事人申请再审,应当在判决、裁定发生法律效力后六个月内提出;有本法第二百条第一项、第三项、第十二项、第十三项规定情形的,自知道或者应当知道之日起六个月内提出。

# 九、争议解决方式的选择

**要点提示**

**根据案件具体情况，合理选择诉讼和解、行业调解、诉讼调解、诉讼等方式妥善解决案件争议**

**【要点详解】** 保险合同纠纷案件的解决方式有多种，可以选择诉讼和解、行业协会调解、法庭调解以及法院判决等方式加以解决，具体区别如下：

所谓诉讼和解，是指双方当事人通过自行协商，达成以终结诉讼为目的的协议。双方达成诉讼和解后，一方当事人向法院提起撤诉结案。这种解决方式成本最低，既便于执行也能够继续维系双方的合作关系，但这种和解协议没有法律强制效力。所谓诉讼调解，是指在法院审判人员的主持下，双方当事人通过自愿、平等协商进而解决争议的诉讼活动和结案方式。人民法院制作调解书经双方当事人签收后，具有法律效力，当事人不得再提起上诉。这种解决方式较为便捷高效，但有时可能需要向对方让渡一定的权益，且失去了二审救济的机会。而行业调解，则属于人民调解的一种，属于民间调解。这种调解协议不具有法律强制执行效力，如一方当事人不按照调解协议履行，除非该调解协议已经过法院确认程序，否则另一方当事人不可以向法院申请强制执行，只能通过另行诉讼解决。

综上，这几种解决方式各有优劣，且法律后果殊异，具体可根据实际情况灵活采用最适宜的方式来妥善解决相关争议。

**法规索引**

《**民事诉讼法**》第五十条:双方当事人可以自行和解。

《**民事诉讼法**》第九十三条:人民法院审理民事案件,根据当事人自愿的原则,在事实清楚的基础上,分清是非,进行调解。

《**民事诉讼法**》第九十七条:调解达成协议,人民法院应当制作调解书。调解书应当写明诉讼请求、案件的事实和调解结果。调解书由审判人员、书记员署名,加盖人民法院印章,送达双方当事人。调解书经双方当事人签收后,即具有法律效力。

《**民事诉讼法**》第九十九条:调解未达成协议或者调解书送达前一方反悔的,人民法院应当及时判决。

《**民事诉讼法**》第一百九十四条:申请司法确认调解协议,由双方当事人依照人民调解法等法律,自调解协议生效之日起三十日内,共同向调解组织所在地基层人民法院提出。

《**民事诉讼法**》第一百九十五条:人民法院受理申请后,经审查,符合法律规定的,裁定调解协议有效,一方当事人拒绝履行或者未全部履行的,对方当事人可以向人民法院申请执行;不符合法律规定的,裁定驳回申请,当事人可以通过调解方式变更原调解协议或者达成新的调解协议,也可以向人民法院提起诉讼。

# 十、执行问题

## 要点提示

### 人身保险合同存续期间，保险公司配合人民法院协助执行需要注意的几个问题

**【要点详解】** 近年来，经常有人民法院的执行法官到保险公司要求扣划投保人缴纳的保费或者保险合同项下的现金价值，以清偿其所欠第三人债务的情况。但我国现行法律法规对人身保险合同的强制执行未作明确规定，如果投保人主动提出退保（即解除保险合同），保险公司自应将人民法院扣划裁定范围以内的现金价值交由法院执行。但如果投保人拒不同意退保，人民法院是否有权强制扣划被执行人名下人身保险合同现金价值的问题一直存在争议，不仅理论界有不同的观点，实践中不同法院对这个问题也存在截然不同的理解，从而让保险公司非常困惑并陷于两难境地：如果保险公司配合人民法院的协助执行工作，将保险合同解除后的现金价值交给法院执行，则事后投保人又可以保险公司无权擅自单方解除保险合同为由要求保险公司继续履行保险合同；而如果保险公司不予协助执行，则可能会被有关法院认定为构成妨害民事诉讼，不仅会遭到罚款甚至公司负责人还有被拘留的风险。

在此现实背景下，保险公司在配合人民法院协助执行的具体工作要切实注意以下几个问题：

一是投保人交纳的保费不是其在保险公司的存款，人民法院无权直接予以扣划。实践中，由于有的人身保险合同具有一定储蓄的性质，很多法

院执行人员简单地将投保人缴纳的保费认为是投保人在保险公司的存款。其实，保险合同与存款合同有很大区别，保费也不同于客户在银行的存款。银行存款是存款人把现金存入银行获取利息，定期或随时支取的特殊存储合同；而商业保险合同则是投保人向保险人交付保险费，保险人在合同约定的情况、期限内承担赔偿或给付保险金责任的合同。保险费是保险人承担保险责任的对价，一旦保险人同意承保并接受保险费，则该笔保险费的所有权就转移给了保险公司，构成保险公司的资产。

如果投保人交纳保费的资金来源属于赃款，则要看保险公司在承保时是否明知这一情况以及是否履行了反洗钱义务，如果保险公司承保过程善意且无过错的话，保险公司取得保费在法律上应认定属于善意取得，有关司法机关也无权追索。

二是务必认真审查人民法院要求公司协助执行的法律手续，如有异议，需及时书面提出。根据有关规定，人民法院要求有关单位予以协助执行时，应当作出裁定并发出协助执行通知书，法院执行人员应当出示本人工作证和执行公务证。公司在配合人民法院协助执行公务中，要注意查验有关人员证件及相关法律文书，如对协助执行有异议，要及时通过书面形式提出执行异议。

三是如果人民法院认为保险公司提出的执行异议不成立，继续坚持强制执行，则保险公司要注意收集并保存好有关法律文书，以及提出书面异议的相关证据，证明公司已对强制执行决定行使了充分的抗辩权，以备事后可能发生的索赔或诉讼。此外，如果投保人和被保险人非同一人的话，公司也可考虑将此情况告知被保险人，由其选择是否愿意继续维持保险合同的效力。如果被保险人愿意继续维持保险合同效力，其可以向投保人的债权人支付保单现金价值，并变更为投保人，成为保险合同的当事人，承担继续交纳保险费的义务，以此兼顾投保人的债权人、投保人、被保险人各方主体的利益，实现各方共赢。

## 法规索引

《**保险法**》第十五条：除本法另有规定或者保险合同另有约定外，保险合同成立后，投保人可以解除保险合同，保险人不得解除保险合同。

《**保险法**》第二十条：投保人和保险人可以协商变更合同内容。变更保险合同的，应当由保险人在保险单或者其他保险凭证上批注或者附贴批单，或者由投保人和保险人订立变更的书面协议。

《**民事诉讼法**》第一百一十四条：有义务协助调查、执行的单位有下列行为之一的，人民法院除责令其履行协助义务外，并可以予以罚款：（一）有关单位拒绝或者妨碍人民法院调查取证的；（二）有关单位接到人民法院协助执行通知书后，拒不协助查询、扣押、冻结、划拨、变价财产的；（三）有关单位接到人民法院协助执行通知书后，拒不协助扣留被执行人的收入、办理有关财产权证照转移手续、转交有关票证、证照或者其他财产的；（四）其他拒绝协助执行的。人民法院对有前款规定的行为之一的单位，可以对其主要负责人或者直接责任人员予以罚款；对仍不履行协助义务的，可以予以拘留；并可以向监察机关或者有关机关提出予以纪律处分的司法建议。

《**民事诉讼法**》第二百四十二条：被执行人未按执行通知履行法律文书确定的义务，人民法院有权向有关单位查询被执行人的存款、债券、股票、基金份额等财产情况。人民法院有权根据不同情形扣押、冻结、划拨、变价被执行人的财产。人民法院查询、扣押、冻结、划拨、变价的财产不得超出被执行人应当履行义务的范围。人民法院决定扣押、冻结、划拨、变价财产，应当作出裁定，并发出协助执行通知书，有关单位必须办理。

《**民事诉讼法**》第二百四十三条：被执行人未按执行通知履行法律文书确定的义务，人民法院有权扣留、提取被执行人应当履行义务部分的收入。但应当保留被执行人及其所扶养家属的生活必需费用。人民法院扣留、提取收入时，应当作出裁定，并发出协助执行通知书，被执行人所在单位、银行、信用合作社和其他有储蓄业务的单位必须办理。

## 下　篇

# 保险合同诉讼案件
# 典型案例解析与裁判文书

# 第一部分　典型案例解析

## 第一章

# 保险合同的效力认定

### 一、保险合同代签名的法律效力

——丁某某诉江苏省分公司保险合同纠纷案

**【案情简介】**

2008年2月29日，姜某某以其丈夫丁某某为被保险人，与被告江苏省分公司签订金彩明天两全保险（B款）（分红型）保险合同，保险金额35398.23元，标准保费20000元，保险金给付范围包括生存保险金、满期保险金与身故保险金。丁某某称其于2011年方得知被告姜某某为其办理了保险，保险合同投保单声明与授权部分的被保险人签名为代签名，该以死亡为给付条件的保险合同无效，遂诉至法院要求确认诉争保险合同无效。

一审法院认为：姜某某与丁某某系夫妻关系，其对被保险人丁某某具有保险利益，可以丁某某为被保险人投保本案保险合同。本案双方争议的保险合同，保险人给付保险金的条件并不单纯以死亡为给付保险金条件，还包括生存保险金与满期保险金，所以即使双方争议的保险合同中发生死亡事故给付保险金部分条款未经被保险人认可，也只能导致该部分无效。原告要求确认整个保险合同无效的依据不足，故判决驳回原告的诉讼请求。

原告不服，提起上诉。二审法院经审理认为，尽管诉争保险合同的其他部分还约定了分红等事项，但对保险合同的内容界定应以合同的中心内容为依据，即应以双方约定的保险人主要权利与义务内容作为识别的关键，而合同其他部分约定的条款仅是主要条款的补充，不应成为判断合同属性的依据，因此认定保险合同内容系以被保险人死亡为给付条件。另外，2009 年修订后的《保险法》[1]将导致合同无效的条件由被保险人的书面同意并认可更改为只要被保险人同意即可。基于投保人与被保险人是夫妻关系，且被保险人在合同连续三年的履行期内都未提出异议，本案可以认定丁某某同意并认可保险金额的事实成立。根据最高人民法院《关于适用〈中华人民共和国保险法〉若干问题的解释（一）》（以下简称《保险法司法解释一》第二条，对于保险法实施前成立的保险合同，适用当时的法律认定无效而适用保险法认定有效的，适用新保险法，故本案应适用 2009 年修订后的保险法，应确认案涉保险合同有效，故驳回上诉，维持原判。

**【争议焦点】**

本案的争议焦点主要有两个：一是综合性人身保险合同的性质应如何认定；二是综合性人身保险合同代签名是否影响合同效力。

**【评析意见】**

**一、综合性人身保险合同性质的认定**

关于本案金彩明天两全保险（B 款）（分红型）保险合同的性质问题，一审法院未加详细阐释，二审法院则详细论述了认定保险合同为以被保险人死亡为给付条件的理由：（1）保险公司业务是专项的，是以办理人身健康等为主要保险标的的专业型保险公司，尽管保险公司为拓宽保险业务，不断增加和变化保险类别，但其办理业务的重点仍应以人身健康为范围。（2）案涉保险合同虽命名为金彩明天两全保险（分红型）条款，并在保险人主要义务即保险责任中分别列出生存保险、满期保险与身故保险责任。但上述约定均是围绕被保险人丁某某人身健康为主要内容，生存与期满对应了身故，重点指向了身故。（3）保险合同在约定保险人主要权利时，约定了八种

---

〔1〕 文中引用的是 2009 年版《保险法》，尽管现行《保险法》已经 2014 年、2015 年两次修订，但一方面考虑到本文案例处理当时应适用 2009 年版《保险法》，另一方面 2015 年版的《保险法》相较 2009 年的版本仅针对保险业法部分作出修订，保险合同法部分实际并未修改。因此，本文均采用 2009 年版《保险法》之表述。

情形导致被保险人身故，保险公司不负保险责任。即保险人享有合同主权利的前提亦是以被保险人的身故为条件。(4)尽管保险合同的其他部分还约定了分红等事项，但对保险合同的内容界定应以合同的中心内容为依据，即应以双方约定的保险人主要权利与义务内容作为识别的关键，而合同其他部分约定的条款仅是主条款的补充，不应成为判断合同属性的依据。

具体到本案保险合同的保险责任，金彩明天两全保险(B款)(分红型)第五条的约定采用并列示明的方式，将保险责任明确划分为：(1)生存保险金与满期保险金；(2)身故保险金。因此，我们认为，二审法院以上理由将案涉保险合同的性质认定为以被保险人死亡为给付条件的保险合同有失偏颇，较难令人信服。

**二、综合性保险合同代签名是否影响合同效力**

关于以死亡为给付条件的保险合同代签名的法律效力问题，2002年修订后的《保险法》第五十六条第一款规定，以死亡为给付保险金条件的合同，未经被保险人书面同意并认可保险金额的，合同无效；2009年修订后的《保险法》第三十四条第一款规定，以死亡为给付保险金条件的合同，未经被保险人同意并认可保险金额的，合同无效。从该条内容修订前后的变化可以得知，修订后的保险法将上述情形导致合同无效的条件，由被保险人的书面同意并认可更改为被保险人同意并认可，即2009年修订后的保险法并不要求被保险人必须以书面方式同意，只要被保险人同意即可，从立法角度来看，呈现出由严到宽的趋势。确认以死亡为保险金给付条件时被保险人的同意权的意义在于，在人身保险合同中，被保险人的生命和身体健康是保险合同的标的，被保险人是保险合同的重心，是保险合同保护的对象，其人身利益和人格尊严应该得到充分的尊重，对其保护的途径就是赋予被保险人同意权。该立法重点在于规范投保人与被保险人不为同一人时的情形，即法律规定投保人将第三人作为被保险人而与保险人签订的以死亡为给付保险金条件的合同时必须遵循的特殊有效要件。法律做出这种特殊规定，意在防止投保人将第三者作为被保险人而与保险人订立以死亡为给付保险金条件的合同后，投保人为图谋高额保险金而诱发对被保险人生命不利的危险，故要求这种合同的生效与否完全取决于被保险人的意愿，被保险人同意后方能生效。

具体到本案，非单纯以死亡为给付保险金条件的保险合同代签名的效力如何认定？一审法院认为，不单纯以死亡为给付保险金条件的保险合同，即使双方争议的保险合同中发生死亡事故给付保险金部分条款未经原告认可，也只能导致该部分无效，原告要求确认整个保险合同无效的依据不足；二审法院对此并未加以区分，而是认定保险合同整体有效。应当说，一、二审对此问题的论证思路是有差异的。本案审理中，对于被保险人签名的真实性问题，原告丁某某否认系其所签，被告姜某某陈述原告的签名系被告业务员代签，被告对此予以否认，但陈述无法确认原告签名是否为丁某某所签，一、二审法院均未对此事实作进一步认定。我们认为，二审法院以概而论之的方式认定合同有效，从某种程度上是为了规避继续论证一审法院观点。

本案一审法院区分认定保险合同效力的观点无疑更有利于保险人，且更符合保险法立法意旨。根据中国保监会（保监复〔1999〕154 号）批复，以死亡为给付保险金条件的人身保险合同，是指单纯以死亡为给付保险金条件的人身保险合同。如果未经被保险人同意，该合同无效。含有死亡、残疾、伤残以及医疗费用等保险责任的综合性人身保险合同，如果未经被保险人同意并认可死亡责任保险金额，该合同死亡给付无效。批复并未对合同效力进行明确，在非单纯以死亡为给付保险金条件的保险合同存在代签名的情形下，基于《合同法》第五十六条的规定，认定合同死亡给付部分无效应无异议，但认定部分无效之后如何处理则成为难点。实践中有两种路径可供选择：一是由保险人根据精算规则，区分不同保险责任的保费或现金价值；二是根据举证责任分配诉讼结果的承担，但这两种方式均有待保险学界及司法实践继续探索。

**【生效法律文书】**

（2011）通中民终字第 1672 号民事判决书[1]

---

〔1〕 此生效法律文书见本书第 164 页。

## 二、被保险人未签名保险合同是否生效
——史某某与湖南省分公司仲裁案

【案情简介】

2010年4月,史某某以其女儿王某为被保险人向保险公司投保两份国寿福禄双喜两全保险(分红型),合同成立日期为2010年4月2日,每份保险合同保险金额为22738.5元,保险期间为32年,交费期满日为2015年4月2日,标准保费为15000元。史某某从2010年4月至2012年4月连续3年共缴纳保费90000元,被申请人对申请人缴纳保费情况从未提出异议。2013年1月,王某到保险公司投诉,称其对涉案两份保险合同事先不知情,事后也没有追认,本人未签名,法律规定以死亡为给付保险金条件的保险合同,未经被保险人同意并认可保险金额的,合同无效,要求全额退费,但被保险公司拒绝。于是史某某申请仲裁,请求裁决:确认保险合同无效,退还已交保险费并支付利息。

仲裁庭经审理认为,涉案福禄保险(分红型)属理财类保险产品,不属于以死亡为给付保险金条件的保险合同,被保险人本人是否签名不影响福禄保险合同的效力,且投保人与被保险人为母女关系,史某某对王某具有保险利益,故双方签订的福禄保险合同合法有效。仲裁庭最终裁决驳回申请人的仲裁请求。

【争议焦点】

本案的争议焦点有两个:一是诉争保险合同是否经被保险人同意并认可保险金额;二是诉争保险合同的效力应如何认定。

【评析意见】

### 一、被保险人同意权的理解

人身保险合同需探究"被保险人同意权"。《保险法》第三十四条第一款规定:"以死亡为给付保险金条件的合同,未经被保险人同意并认可保险金额的,合同无效。"所谓被保险人同意权,是指投保人与被保险人不是同一人的情况下,被保险人享有的事先同意投保人以自身之外的其他人作为

被保险人与保险人签订人身保险合同的权利。根据保险法规定,第三人为被保险人订立以死亡为给付保险金条件的保险合同,必须有被保险人明确同意,否则合同无效(父母为未成年子女投保除外)。设置"被保险人同意权"这一制度的目的在于保护被保险人的利益,防范道德风险。

**二、合同生效条件**

《保险法》第十三条规定,保险合同双方当事人意思表示一致,保险合同成立。如果投保人和保险人没有对保险合同的效力约定附条件或附期限,依法成立的保险合同自成立时生效。这是对一般保险合同生效条件的规定。而《保险法》第三十四条第一款对以死亡为给付保险金条件的合同的生效条件作了特别规定,即需要被保险人同意并认可保险金额。因为以被保险人死亡为给付保险金条件的人身保险合同,有为骗取保险金故意谋害被保险人的危险,需要被保险人根据其自身状况及所处环境来作出判断,以避免道德风险。

根据《保险法》的规定,关于被保险人同意的方式,只要双方通过举证证明被保险人实质上已经同意并认可保险金额,保险合同就生效,而非必须以签字等书面方式。

**三、"合同无效"含义**

保险实务中,单纯的死亡保险(即仅以死亡为保险事故的人寿保险)在人身保险业务总量中所占比重很小,但大部分人身保险合同承保事故中都包含死亡责任,实际上属于死亡保险与其他种类的人身保险相结合的险种,如生死两全保险、意外伤害保险等。根据《保险法》第三十四条的立法精神,仅以死亡为给付保险金条件的人身保险合同,如果未经被保险人同意并认可保险金额,该合同无效;第三人为被保险人投保生死两全保险、意外伤害保险等险种,这些险种承保事故中包含死亡责任,一样存在道德风险,应当得到被保险人的同意。换言之,不论险种如何,只要该保险合同中含有以死亡为给付保险金条件的条款,就应当取得被保险人的同意并认可保险金额。

根据上述分析,我们认为对"合同无效"的理解应结合中国保险监督管理委员会《关于对〈保险法〉有关条款含义请示的批复》(保监复〔1999〕154号)文件精神。单纯以死亡为给付保险金条件的人身保险合同,如果未经被保险人同意并认可保险金额,该合同无效;含有死亡、疾病、伤残以及医疗费用等保险责任的综合性人身保险合同,如果未经被保险人同意并认可死亡责任保险金额,该合同死亡给付责任部分无效,其他部分仍然有效。合同无效是指不发生保险合同有效情形下的法律后果,并非指不发生任何法律后果。根据《合同法》第五十八条的规定,保险合同当事人如果对造成保险合同无效有过错的,应当承担相应的责任。

人身保险合同种类和形式多样,按照保障范围可以分为人寿险、健康险和意外险等,其中人寿保险的业务范围包括生存保险、死亡保险和生死两全保险。生死两全保险就是以保险期限内被保险人死亡和被保险人仍然生存为共同保险条件,由保险人给付保险金的保险。按是否分红,人寿保险可以分为分红保险和不分红保险。分红保险是指保险公司将其实际经营成果优于定价假设的盈余,按一定比例向保单持有人分配的人寿保险。这种分红型保险,属于理财类保险产品,购买分红保险的人在获得身故保障和生存金返还的同时,还可以红利的方式分享保险公司的经营成果。

本案中,诉争的保险合同给付保险金的方式有三种:生存保险金、身故保险金和期满保险金。仲裁委认为,虽然被保险人未在投保单上签名,但是诉争的保险合同属于理财类保险产品,不属于单纯的以死亡为给付保险金条件的保险合同,被保险人本人是否签名,不影响保险合同的效力。同时,申请人史某某与被保险人王某为母女关系,投保人对被保险人具有保险利益,因此双方签订的保险合同合法有效。

另外,通过双方当事人举证和质证,双方在签订保险合同时,投保人和被保险人向保险人提供了身份证(复印件)、银行存折等资料。合同成立后,在保险合同中约定的犹豫期满也未请求解除合同,放弃了犹豫期解除合同的权利,并且投保人连续3年履行了交纳保费的义务,应视为被保险人王某同意并认可投保人为其投保。

本案中,仲裁委虽然通过双方举证情况综合认定被保险人实质上已经同意并认可原告为其投保两份保险合同,进而认定保险合同合法有效,保险公司无须返还保险费并支付利息,但是仲裁委认为"分红型保险合同属于理财类保险产品,不属于以死亡为给付保险金条件的保险合同"的观点有待商榷。

**【生效法律文书】**

(2013)长仲裁字第493号裁决书[1]

〔1〕 此生效法律文书见本书第170页。

## 三、保险合同效力中止期间投保人申请复效，保险公司有无加费权利

——陈某某诉深圳市分公司保险合同纠纷案

**【案情简介】**

陈某某于2003年7月5日投保了一份重大疾病保险，保险金额为50000元，年缴保险费4550元，交费期限20年，交费日期为每年的7月5日，合同约定通过银行转账形式交纳续期保险费。陈某某先后交纳了7期保险费，交费金额合计31850元。因陈某某没有在宽限期内交纳第8期保险费，保险公司依据保险合同的约定中止了合同效力。陈某某于2010年12月21日向保险公司申请恢复保险合同效力，并到保险公司处进行健康体检。陈某某体检结果显示其血压高、眼底改变。保险公司根据其身体情况，作出了在标准保险费的基础上加费950元的决定，并于2011年1月30日向陈某某发出《核保加费通知书》，告知了具体加费情况。陈某某对保险公司加费承保的决定存在异议，遂向法院提起诉讼，要求确认保险公司无权增加保险费，请求法院判决保险公司按照原保险费每期4550元的标准恢复与其签订的保险合同效力。

一审法院经审理认为，原告陈某某对其交纳保险费的银行账户负有谨慎注意义务，其逾期未交纳保险费应承担责任。保险公司核保定价行为系自主经营行为，符合合同约定，保险公司有权提高保险费以使涉案保险合同复效，故判决驳回原告的诉讼请求。

原告对一审判决不服，提起上诉。二审法院认为，陈某某有按时交纳保险费的义务，结合本案情况，在投保人不知欠费时，保险公司也有催告责任，涉案保险合同效力中止的责任不完全在投保人一方。涉案保险合同并未约定保险公司有增加保险费以及在何种情况下增加保险费的权利，故保险公司以上诉人血压高、眼底改变为由增加保险费作为保险合同复效的条件缺乏依据，且该行为属于加重投保人责任的行为，有悖诚信原则，不应鼓励。故判决撤销一审判决，保险公司应按原保险费每期4550元的标准恢复与上诉人订立的保险合同的效力。

【争议焦点】

本案的争议焦点有两个：一是保险公司对投保人交纳保险费是否有履行催告的义务；二是保险公司对效力中止保单是否有权以增加保险费作为保险合同复效的条件。

【评析意见】

本案一审法院与二审法院的观点完全相反，判决结果迥异，表明国内司法实践对保险合同复效有关问题的法律理解存在较大分歧。

**一、保险公司对投保人交费是否有履行催告的义务**

2009年《保险法》第三十六条规定："合同约定分期支付保险费，投保人支付首期保险费后，除合同另有约定外，投保人自保险人催告之日起超过三十日未交付当期保险费，或者超过约定的期限六十日未支付当期保险费的，合同效力中止，或者由保险人按照合同约定的条件减少保险金额。被保险人在前款规定期限内发生保险事故的，保险人应当按照合同约定给付保险金，但可以扣减欠交的保险费。"相比之前的保险法，2009年《保险法》有两个变化：一是增加了确定宽限期的方式，即经保险人催告之日起超过三十日内；二是明确宽限期内保险责任的承担。有人据此认为，保险公司对投保人交费应履行催告义务，催告义务是保险公司应履行的法定义务。我们认为，这种理解是片面的，该规定实际上是对宽限期的三种方式分别进行了规定，即保险合同约定的期限、经保险人催告之日起超过三十日内和超过约定的期限六十日内，在这三种期限内发生保险事故的，保险公司均应承担保险责任，但并未规定催告是必经程序。

保险合同是双务合同，投保人按照约定按时交纳保险费，保险公司按照约定承担保险责任。交纳保险费是投保人的法定义务，也是投保人履行合同的最主要义务，同时还是维持保险合同效力的必备条件。投保人不交纳保险费，保险合同的法律效力中止，保险合同失效期间发生保险事故，保险公司不承担保险责任。保险合同的效力中止，并非终止，在一定条件下可予以恢复。

实务中，对保险公司是否负有通知投保人交费的义务存在两种观点。一种观点认为，按时交费是投保人的义务，保险公司不负有通知的义务。另一种观点则认为，按时交费虽是投保人的义务，但保险公司亦负有通知义务。我们认为,遵循诚信原则,保险公司在投保人交费过程中负有协助、通知等善意提醒义务,但该义务是一种合同履行过程中的附随义务,而不是主要义务,该义务的违反并不能免除投保人的交费义务。

本案中,一审法院判决认为某保险公司在保单交费的宽限期内已经履行催告义务,并认为不论保险公司是否履行催告义务,均不能免除原告作为投保人交纳保险费的义务,原告对其交费账户负有谨慎注意义务,其逾期未交纳保险费应承担责任。我们认为,一审判决是正确的。二审判决认为在原告不知欠费时,保险公司有催告责任,从而认定保险公司对保险合同效力中止要承担一定的法律责任,这种观点值得商榷。

**二、保险公司对效力中止保单是否有权以增加保险费作为保险合同复效的条件**

2009 年《保险法》第三十七条规定:“合同效力依照本法第三十六条规定中止的,经保险人与投保人协商并达成协议,在投保人补交保险费后,合同效力恢复。但是,自合同效力中止之日起满二年双方未达成协议的,保险人有权解除合同。”该规定未明确保险公司对效力中止保单是否有权以增加保险费作为保险合同复效的条件,但从其中的“经保险人与投保人协商并达成协议”规定可以看出,保险公司有权对是否加费以及如何加费与投保人进行协商。如果双方就加费事项达成协议,在投保人补交保险费后,保险合同可以复效;如果双方就加费事项不能达成协议,保险合同就达不到复效的条件,保险合同的效力就无法恢复。同时《保险法》规定了超过两年未复效的,赋予保险公司合同解除权。

《保险法》规定,保险人与投保人协商并达成协议,保险合同才能复效。保险实务中,保险公司要求投保人到指定医院进行健康体检,以审核是否符合复效的条件,如果身体健康状况正常,保险公司经过审核同意投保人的复效申请。如果身体健康状况发生变化,明显异常或已经患“重病”,保险公司就会作出加费承保或拒绝承保的决定。本案中,一审法院判决认定,保险公司有权提高保险费以使涉案保险合同复效,与《保险法》上述规定完全吻合。二审法院判决认为,因涉案保险合同并未约定保险公司有权增加保险费以及在何种情况下增加保险费的权利,从而认定保险公司无权以增加保险费作为保险合同复效的条件。对此,我们认为,二审判决与《保险法》现行规定相悖，剥夺了保险公司自主经营权。为有效避免败诉的法律风险，建议保险公司在制订保险条款时，应考虑增加保险合同复效的条件，同时明确在一定条件下保险公司有权增加保险费或拒绝复效。

值得一提的是，2015 年 12 月 1 日起施行的最高人民法院《关于适用〈中华人民共和国保险法〉若干问题的解释（三）》（以下简称《保险法司法解释三》）第八条第一款规定："保险合同效力依照保险法第三十六条规定中止，投保人提出恢复效力申请并同意补交保险费的，除被保险人的危险程度在中止期间显著增加外，保险人拒绝恢复效力的，人民法院不予支持。"这一条从反面论证了如果在宽限期内被保险人的健康状况发生变化，危险程度显著增加的，保险人是有权拒绝恢复保险合同效力或者加费作为复效条件。

**【生效法律文书】**

（2012）深中法民终字第 1214 号民事判决书[1]

〔1〕 此生效法律文书见本书第 175 页。

## 四、重大疾病保险被保险人在复效观察期内出险，保险人是否承担保险责任

——欧阳某某诉衡阳市分公司保险合同纠纷案

**【案情简介】**

2006年1月6日，投保人王某某以其丈夫欧阳甲为被保险人，其女欧阳某某（原告）为受益人，购买主险为国寿康宁终身重大疾病保险（康宁终身风险保险金额30万元、20年交、年交保费8600元）和住院医疗、意外伤害医疗附加险1份，之后，原告按期交纳了2006年至2009年期间的保费合计34400元。2010年至2011年期间未按时交纳保费，导致保险合同效力中止。2012年3月6日，原告交纳了2012年度保费并补交了2010年至2011年所欠的2年保费（共计保费25800元，复效利息1721.06元），办理了合同复效手续。2012年5月25日，被保险人欧阳甲被确诊为肺癌，并于2013年5月1日身故，保险公司按合同约定，于2013年5月3日向被保险人欧阳甲赔付附加医疗保险金13888.89元，同时以被保险人欧阳甲在合同复效180天内患重大疾病免责为由拒绝理赔，并于2013年5月5日退还其所交保费60200元，合同终止。原告欧阳某某不同意保险人赔付方式，于2013年7月2日向法院提起诉讼。

一审法院认为，涉案保险合同中在责任免除条款中约定合同生效（或复效）之日起一百八十日内发生保险事故，保险人免除责任，该免责条款将合同承担责任的期限缩短了1年，免除了被保险人依法享有的权利，该免责条款无效。因此判决被告败诉，判决赔偿原告保险理赔金239800元。

保险公司不服一审判决，提起上诉。二审法院审理认为，该一百八十日约定为观察期是保险行业的特殊性质决定的，符合法律规定，也不违反《保险法》第十九条的规定，原审判决混淆了保险合同生效期间和承担保险责任期间的界限。故判决撤销一审原判，驳回原审原告的诉讼请求。

**【争议焦点】**

本案的争议焦点是保险合同约定从保险合同复效180日后承担保险

责任是否符合法律规定。

【评析意见】

**一、保险合同复效**

保险合同的复效,是指在投保人不能按期交纳保险费的情况下,保险合同的效力中止,投保人一方依据保险法的规定,在法律规定的期间内向保险人申请恢复合同的效力。复效制度是有其积极意义的,对投保人和被保险人而言,可以迅速获得保障,而且可以避免因健康状况改变而难以获得新的保障,或者保险费因年龄增长而提高,避免重复投保手续费的烦琐。因此,复效制度是为投保人和被保险人的利益而设,规定在《保险法》第三十六条和第三十七条。

保险合同效力的恢复只适用于效力中止的合同,应当具备如下要件:(1)投保人向保险人为申请复效的意思表示;(2)投保人补交保险费;(3)投保人和保险人就复效条件达成协议。

**二、保险合同的观察期**

观察期(又称等待期或免责期),是指在医疗保险、重大疾病保险这些健康保险中,被保险人在首次投保时,从合同生效日起算的一段时间内,被保险人患病所发生的费用,保险公司不予赔付。寿险中的观察期,通常是指因疾病引起的死亡是否理赔的问题。观察期是重大疾病险和疾病医疗险所特有的一个期限,任何保险公司对上述保险产品都有规定,只是时间长短不一样。一般而言,在普通住院类医疗保险中,观察期一般为60天或90天;在重大疾病保险中,观察期一般为90天或180天。

由于健康保险的承保条件一般比寿险要严格,疾病又是健康保险的主要风险,因而对疾病产生的因素需要进行相当严格的审查。仅仅依据以前的病历难以判断被保险人是否已经患有某些疾病,为了防止已经患有疾病的客户带病投保,保护广大投保人的利益,有时要在保单条款中规定一个“观察期”。由此可见,在合同中约定“观察期”的目的,主要是防止投保人逆向选择的道德风险,保护其他投保人的利益。2006年8月7日发布的现行有效的《健康保险管理办法》进一步明确规范了保险合同设立疾病保险责任“观察期”的行为。

被保险人观察期内患病遭拒赔后,是否意味着以后均得不到保险合同相应的保障呢？答案当然是否定的。事实上，客户因观察期内的疾病未得到保险公司的赔付，仅是指观察期内的疾病不在保险合同的责任范围。但保险合同仍然有效，只要客户以后发生的保险事故属于保险合同的责任范围，保险公司仍会承担相应的保险责任。所以，观察期的设立并不是保险公司为自己增加的一个拒赔借口，而是为了在更大程度上保护更多投保人和被保险人的利益。观察期的设立从源头上可防范某些道德风险的发生。投保人在选择有观察期类的健康险时要慎重，投保时应看清楚保险条款中的相关规定，以免产生误解。

**三、复效中约定观察期的合理性**

本案中，诉争的保险合同中关于观察期的约定为：被保险人于本合同生效（或最后复效）之日起一百八十日后，初次发生并经专科医生明确诊断患本合同所指的重大疾病（无论一种或多种），本公司按基本保险金额的300%给付重大疾病保险金，本合同终止。实际上，观察期的范围包含保险合同首次投保时和复效时两个阶段。

如前所述，复效应当具备的要件之一是保险人和投保人就复效条件达成协议。由于保险人的解除权限制在合同效力中止之日起二年内，为了平衡当事人之间的权益，《保险法》规定保险人有权利和投保人就复效条件进行协商，双方达成协议后才能复效。在保险合同中止期间，可能会发生动摇原有保险合同基础的事项，或者产生其他严重影响保险费率高低的重大变故。因此，保险人会通过让被保险人重新体检、询问被保险人和约定一定时间的观察期等手段来重新评估风险。这与初次订立保险合同时一样，是为了防范逆向选择，避免保险人利益受损。

在保险合同复效后约定观察期，在健康保险业务中非常常见，其目的是合同再次生效后通过一定的观察期间来防范健康险业务中投保人的不诚信行为，该条款的设置对于减少个人投保中的逆向选择、控制道德风险、降低保险成本具有重要作用，是保险公司有效规避商业风险的合法手段。《保险法》第十三条第三款规定："保险成立的保险合同，自成立时生效。投保人和保险人可以对合同的效力约定附加条件或都附期限。"《保险法》第十四条规定："保险合同成立后，投保人按照约定交付保险费，保险人按照约定的时间开始承担保险责任。"

因此,我们认为,涉案保险合同条款的约定符合法律规定,是合法有效的,应当作为本案争议处理的依据。这一约定是经过保监会审查并遵循保险业界惯例的,是保险行业的一个重要制度,也是保险行业自我保护的重要手段。如果轻易否定这一制度,不仅是对整个保险业界惯例的否定,更会对整个保险行业造成重大影响。

**【生效法律文书】**

(2013)衡中法民二终字第172号民事判决书[1]

〔1〕 此生效法律文书见本书第184页。

# 第二章

# 投保人的如实告知义务

## 一、保险公司如何证明投保人违反如实告知义务

——雷某诉深圳市分公司保险合同纠纷案

**【案情简介】**

2002年11月25日，投保人雷某某为其前夫凌某某在保险公司投保重大疾病终身保险及附加定期A保险，保险金额分别为4.2万元、37万元，年交保险费分别为3418.80元、1169.20元，交费期限为20年。保单受益人为雷某某的儿子雷某。该保险合同业务员为投保人自己。

2008年3月7日，被保险人凌某某因乙肝引起肝硬化腹水、肝性脑病、上消化道出血身故。2008年3月26日，投保人雷某某作为受益人雷某的法定代理人向保险公司提出理赔申请。2008年8月6日，保险公司经调查核实，以被保险人凌某某投保前已患有疾病并在投保时未如实告知为由，拒绝赔付保险金并解除保险合同，退还保单现金价值，保险合同终止。雷某某不认同，遂向法院提起诉讼。

一审法院认为，保险公司提交的病历、死亡注销证明及劳动局出具的证明等证据相互印证，已形成证据链，足以证明被保险人凌某某投保前已患有食道静脉破裂出血、多发性十二指肠溃疡病、肝硬化等疾病，而投保人在投保单询问中均回答否，显然违反了投保人如实告知义务。投保人上述未如实告知事项足以影响保险人对是否承保和确定保险费率作出正确判

断,故判决驳回原告的诉讼请求。

原告不服一审判决,提起上诉,但未按规定交纳诉讼费用,二审法院裁定按自动撤回上诉处理,一审判决生效。2010 年 10 月 29 日,雷某向法院申请再审,2010 年 12 月 13 日,法院作出裁定,驳回其再审申请。

**【争议焦点】**

本案的争议焦点是如何运用证据认定规则认定被保险人使用多个类似名字进行就医实际属于同一人。

**【评析意见】**

本案中,因被保险人"凌某某"先后多次住院使用的姓名不一,造成保险公司举证以及法院认定上的困难,最终法院充分运用证据认定规则,综合各种证据,认定了投保人故意隐瞒被保险人病情的事实,认为其违反了如实告知的法定义务,驳回了其诉讼请求。

**一、关于本案的事实认定**

本案投保人雷某某与被保险人凌某某原系夫妻关系,1994 年 4 月 17 日双方办理离婚手续,离婚后雷某一直由雷某某抚养。2002 年 11 月雷某某向保险公司投保时,对雷某某、凌某某的婚姻状况均填写为"已婚",指定其子雷某为身故保险金的受益人,同时对保险公司投保单中的疾病询问未作任何告知。发生保险事故后,保险公司通过调查发现,被保险人凌某某自 1993 年 5 月至 2008 年 3 月期间在湖南省某县人民医院先后七次住院治疗,其中 2001 年 7 月第二次住院病历患者姓名为"林某某",原告否认被保险人凌某某于 2001 年 7 月患有食道静脉破裂出血、多发性十二指肠溃疡病、肝硬化等疾病。

结合本案全部证据,包括病历、主治医师的证言、某县劳动局的证明、凌某某的婚姻状况证明等关键证据,法院利用证据规则,认为这些证据内容能够互相印证,已形成完整证据链,足以证明被保险人凌某某于 2001 年 7 月患有食道静脉破裂出血、多发性十二指肠溃疡病、肝硬化等疾病。具体理由如下:一是 2001 年 7 月 1 日至 13 日患者"林某某"在某县人民医院住院治疗,出院诊断为"食道静脉破裂出血、多发性十二指肠溃疡、肝硬化"。病历记载患者姓名为"林某某",工作单位为太阳坪卫生院。主治医师李某某确认,此次住院病历中显示的病人名字"林某某"与"凌某某"不同,可能是由于入院时根据同音字写的名字。二是某县劳动局出具的证明显示："经查，凌某某曾在某县太阳坪乡卫生院任职，但未发现名为'林某某'者在太阳坪卫生院任职的记录。"因此，上述住院病历上工作单位为"太阳坪卫生院"的患者只可能为凌某某本人，不可能是其他人。三是住院病历上联系人为"雷某某"，关系为"夫妻"。经查证，雷某某于2001年2月8日与凌某某结婚，2007年4月11日离婚。2001年7月凌某某住院时，其妻子就是雷某某。上述关联的证据以及事实充分证明了被保险人凌某某在投保前即已患有食道静脉破裂出血、多发性十二指肠溃疡病、肝硬化等疾病。

此外，本案的投保人具有双重身份，既是保险合同的一方当事人，同时又是保险公司的业务员，更应懂得如实告知是投保人的重要法定义务。但投保人故意不告知被保险人凌某某投保前的既往病史，法院认定其违反了如实告知的义务，应根据《保险法》相关规定承担相应的责任，因此判决其败诉，并驳回其再审申请。

**二、保险公司如何运用证据规则进行举证**

《民事诉讼证据若干规定》第六十六条规定："审判人员对案件的全部证据，应当从各证据与案件事实的关联程度、各证据之间的联系等方面进行综合审查判断。"保险公司要证明被保险人凌某某投保前已经患有食道静脉破裂出血、多发性十二指肠溃疡病、肝硬化等疾病，这一待证事实是本案的争议焦点，受益人雷某及雷某某对此并不予认可，因为保险公司提供2001年7月的住院病历上记载的患者姓名为"林某某"，与本案被保险人凌某某的名字不同。为证明2001年7月住院病历上的患者即是本案的被保险人凌某某，保险公司不仅调查了凌某某所在单位，而且对当时的主治医生进行了调查，同时对凌某某的婚姻状况、社保情况等进行了调查。通过一系列的调查，获得的各证据之间相互吻合，相互印证，形成完整的证据链，足以证明本案被保险人凌某某曾于2001年7月因患有食道静脉破裂出血、多发性十二指肠溃疡病、肝硬化等疾病而住院治疗，但投保人在投保时未如实告知。法院正是利用这种综合证据认定规则，对保险公司提交的各证据的关联性、一致性进行综合审查分析，认定各证据之间形成有效的证据链，具有充分的证明力。

**【生效法律文书】**

(2009)深福法民一初字第3485号民事判决书(略)

(2010)深中法民一申字第95号民事裁定书[1]

---

〔1〕 此生效法律文书见本书第188页。

## 二、保险人解约行为需在法定期限内送达

——徐某诉浙江省分公司、衢州市分公司保险合同纠纷案

**【案情简介】**

徐某某于2006年8月28日主动前往保险公司咨询医疗保险事项，经柜面人员推荐，为其子徐某投保了康宁终身人身保险一份，基本保险金额5万元，保险期间20年。2006年10月16日，被保险人徐某办理补签名手续。2011年5月31日，徐某向公司申请理赔，称其于2010年2月25日因泡沫尿2年余，被诊断为肾病CKD5期，慢性肾炎等。经核查，被保险人于2006年8月16日至28日在四川大学华西医院住院治疗，当时已确诊为IgA肾炎（Ⅴ级）、慢性肾功能不全（氮质血症期）、肾性高血压，投保时未如实告知。根据《保险法》第十六条的规定，公司通知其解除合同，退还全额保费，但因没有投保人的银行账号，保费一直未成功退回。公司多次打电话通知被保险人徐某理赔结果，并发出了拒绝给付保险金通知书、解除保险合同通知书，但被保险人未签收。保险公司于2011年6月29日在业务系统中将保险合同作了解除处理。被保险人不认同，诉至法院，请求法院判令被告给付保险金10万元并承担案件诉讼费。

一审法院认为，保险公司无证据证明其已将解除保险合同的通知在法定期限内送达投保人或被保险人，自2009年10月1日起保险合同成立已超过两年，根据《保险法》第十六条规定，判决公司承担保险责任。

保险公司不服，提起上诉。二审法院审理认为，保险公司向法院提供的证据系其单方制作，且未提供证据证明上述材料已实际送达被保险人或投保人，即使投保人在订立保险合同时未如实告知，保险公司因超过法定期限依法不再享有合同解除权，判决驳回保险公司的上诉请求。

**【争议焦点】**

本案的争议焦点主要是保险公司是否在法定期限内将拒绝给付保险金及解除保险合同的通知送达至投保人，保险合同是否已经解除。

【评析意见】

《保险法》第十六条第二、三款规定:“投保人故意或者因重大过失未履行前款规定的如实告知义务,足以影响保险人决定是否同意承保或者提高保险费率的,保险人有权解除合同。前款规定的合同解除权,自保险人知道有解除事由之日起,超过三十日不行使而消灭。自合同成立之日起超过二年的,保险人不得解除合同;发生保险事故的,保险人应当承担赔偿或者给付保险金的责任。”本案中,保险公司虽然多次电话通知被保险人徐某,但通知时未使用录音电话,也未留存其代理人领取的签收凭证,无有效证据证明已在法定期间内通知了投保人及被保险人合同解除及拒付的决定,故法院支持了被保险人的诉讼请求。

实践中,保险公司解除保险合同的行为应注意以下几个方面的问题,真正做到正确行使保险合同解除权。

(一)行使的时间

我国《保险法》第十六条、第三十二条规定,投保人故意或重大过失未如实告知,误告被保险人年龄等情形下,保险人享有的合同解除权,自保险人知道有解除事由之日起,超过三十日不行使而消灭。自合同成立之日起超过二年的,保险人不得解除合同;发生保险事故的,保险人应当承担赔偿或者给付保险金的责任。因此,保险人应在法律规定的期限内,及时行使合同解除权。

(二)行使的对象

保险人行使合同解除权,对象是何人,保险法并没有作出明确规定。我国采用民商合一的立法体系,在此种体系中,民法、合同法是保险法的普通法,保险法是特别法。对同一事项,保险法有规定的,应适用保险法,保险法没有规定的,可以适用合同法的规定。根据合同法规定可知,合同解除权应向对方当事人行使。保险合同的双方当事人分别是投保人和保险人,保险人合同解除权的行使对象自然是作为另一方当事人的投保人,投保人死亡时,保险人应向投保人的全体继承人行使解除权。也就是说,解除合同的通知只有送达投保人或其全体继承人,才能发生解除保险合同的效果。当投保人为数人或单位时,若保险合同中规定有代表人的,保险人可以直接向该代表人行使解除权;投保人是单位的,可向其法定代表人行使解除权。如果没有推举代表人或该代表人住所不明确，可以向其中的任何一人行使解除权。如果没有规定代表人的，应当向全体投保人行使解除权。

在人身保险合同中，如投保人、被保险人均身故的，保险人合同解除权的行使对象是否为受益人，理论上存在争议。从保险合同受益人的法律地位分析，受益人属于保险合同的关系人，并非保险合同的当事人。根据合同法原理，附有第三人条款的合同解除时，其解除合同的意思表示应当向当事人表示，向第三人表示解除合同的意思，不发生解除合同的法律效果。除非当事人特别约定可以向受益人行使合同解除权。因此，投保人指定受益人的，保险人一般不能向受益人行使合同解除权，除非保险合同有特别的约定。此时，保险人行使合同解除权的对象应该是投保人的全体继承人。

（三）行使的方式

我国《保险法》并未对保险人合同解除权的行使方式作出规定。保险公司可以参考《合同法》第九十六条的规定，将解除合同的意思表示通知到对方，合同自通知到达对方时解除，也可以通过法院或仲裁机构解除保险合同。

保险人直接行使合同解除权的，自解除合同的意思表示通知到对方当事人时，合同解除即告成立，保险合同即行终止。若对方当事人提出异议而诉至法院或仲裁机构，合同解除则由保险人直接解除转化为法院或仲裁机构裁决解除。法院或仲裁机构如认定解除无效，则合同解除的效力溯及地发生消灭，保险合同仍然有效。保险人直接解除合同时，该采用什么方式，才能确保有确凿的证据证明解除合同的通知已经通知到对方当事人，是保险人在行使合同解除权时需要特别注意的。保险业务实践中经常发生这样的情形，投保人（被保险人或受益人）向保险人提交索赔申请，保险人根据法律规定或合同的约定，拒绝赔付并向其发出拒绝赔付并解除保险合同的通知，引起纠纷后投保人（被保险人或受益人）向法院或仲裁机构提起诉讼，要求赔付保险金。诉讼中，投保人（被保险人或受益人）不承认收到过保险人发出的解除保险合同的任何通知（书面或电话通知）。

本案法院判决所依据的法律规定（自合同成立之日起超过二年的，保险人不得解除合同)是否正确值得商榷,毕竟徐某2010年2月25日已经确诊患条款约定的重大疾病,此时离2009年10月1日尚不足一年。但是,法院认定保险人无法举证证明已经将解除合同的通知送达给投保人,无疑给保险人敲响了警钟。那么解除合同的通知该如何送达方为有效呢?我国《民事诉讼法》规定的送达方式有直接送达、留置送达、委托送达、邮寄送达、转交送达和公告送达六种,下面我们就保险人送达解除合同通知应采用的送达方式逐个进行分析,并就如何规范和完善送达程序进行分析。

1. 直接送达,是指由保险公司的送达人员将要送达的通知书直接交给受送达人或他的成年家属、代收人的送达方式。这种送达方式最为直接有效,但一定要请受送达人或其成年家属签收回证,请签收人签名并注明签收日期。受送达人未签收或其未成年家属签收,则送达无效。

2. 留置送达,是指在向受送达人或有资格接受送达的人送交需送达的通知时,受送达人或有资格接受送达的人拒绝签收,送达人员将通知书留放在受送达人住所的送达方式。作为保险人,如确实需要留置送达,建议通过录音、录像或公证等方式,避免发生举证不能的情况。

3. 委托送达,是指受理的保险公司分支机构直接送达确有困难,而委托其他分支机构将需送达的通知书送交受送人的送达方式。对于异地送达等情形,委托保险公司其他分支机构采用直接送达等方式送达。

4. 邮寄送达,是指在直接送达有困难的情况下,通过邮局以挂号信(特快专递)等方式将需送达的通知书邮寄给受送达人的送达方式。建议采取双挂号方式,注明为解除合同通知书,同时保留寄送凭据。

5. 转交送达,是指基于受送达人的特殊情况(如正在服刑、被羁押、被劳动教养等)将需送达的通知书交有关机关、单位转交受送达人的送达方式。应由有关机关、单位签章,(最好能够注明签收人姓名)并注明签收日期。

6. 公告送达,是指受送达人下落不明或采取上述五种方法均无法送达时,而将需送达的诉讼文书的主要内容予以公告,公告经过一定期限产生送达后果的送达方式。因保险人行使合同解除权的期限仅为30天,无法采用这种形式送达解除合同通知书,建议保险人采用诉讼或仲裁的方式行使合同解除权。

特殊情形下，只能电话通知的，务必保留电话录音，录音应能明确反映拨打方/接听方身份、电话拨打日期（具体到几时几分）、保单/赔案信息、解除保险合同的意思表示明确以及接听方已听清楚整个通知内容等信息，以备诉讼时向法庭举证，解除合同的通知已经通知到投保人。

保险合同解除制度是保险法为均衡保险合同双方当事人之间的利益，维护保险业正常运营而设立的一项补救措施。保险人在行使合同解除权时，应及时、规范、正确、完整地将解除保险合同的通知送达投保人或投保人的继承人，以达到预期的法律效果，保障自身的合法权益。

**【生效法律文书】**

（2013）浙衢民终字第354号民事判决书[1]

---

〔1〕 此生效法律文书见本书第192页。

## 三、投保人承担如实告知义务应以保险人提出明确、具体询问为前提
——顾某某诉上海市分公司保险合同纠纷案

**【案情简介】**

2011年7月20日，投保人施某某为被保险人顾某某在保险公司投保了《国寿瑞鑫两全保险(分红型)》，同时附加《国寿附加瑞鑫提前给付重大疾病保险》。按照合同规定，被保险人在合同生效之日起一年后初次发生并经专科医生明确诊断患特定疾病的，按合同基本保额300%给付重大疾病保险金。

2013年1月，被保险人因“慢性肾脏病，CKD5期(尿毒症)，慢性肾小球肾炎，肾性高血压，肾性贫血，脑梗塞后遗症”住院治疗，事后向保险公司提出重大疾病索赔申请。保险公司在审核被保险人就医病历时，发现被保险人在2006年11月18日有隐性梅毒记录，2007年1月至12月有梅毒复查记录;2011年就诊记录即有“既往泡沫尿数年”“十年前发现蛋白尿，未重视，未治疗”和“慢性肾炎”的诊断内容。根据相关医学资料，梅毒可引发梅毒性肾炎等疾病。被保险人投保前已有梅毒病史6年，反复泡沫尿史10年余。保险公司认为其在保险期间内确诊“慢性肾脏病，CKD5期(尿毒症)，慢性肾小球肾炎，肾性高血压，肾性贫血，脑梗塞后遗症”与上述未告知事项有直接关联，且投保时未告知的事项足以影响公司决定是否承保。因此作出“解除合同，并对于合同解除前发生的保险事故，不承担赔偿或给付保险金的责任”的拒付结论。于是，顾某某向法院提起诉讼，认为保险公司无权解除合同，请求法院判决保险公司恢复合同效力并支付理赔保险金6万元。

经过法院审理，结合本案具体情况，考虑到原告的实际困难，保险公司最终在法院主持下与被保险人进行调解。

**【争议焦点】**

本案的争议焦点主要有两个:一是被保险人既往病史和症状是否属于投保时应该告知的范围;二是投保人主张由于长期无重视、无检查而不知

患病无法告知的情况是否应当得到支持。

【评析意见】

**一、关于投保人的告知义务的范围**

根据《保险法》第十六条的规定，投保人的告知义务限于保险人询问的范围和内容。比照投保单如实告知涉及的选项，“梅毒”并不在保险公司投保单列表项目的范围内，属于公司在投保时没有进行询问的范围和内容，仅有血液化验一项与“梅毒复查”较为接近。

结合被保险人 2011 年就诊记录“既往泡沫尿数年”“十年前发现蛋白尿，未重视，未治疗”和“慢性肾炎”，保险公司认为与投保单告知事项告知为“否”的以下列表内容有悖：

（1）蛋白尿症状体征；

（2）肾炎、肾病、肾功能不全；

（3）血液化验；

（4）以上未列明疾病。

保险公司认为上述几项属于投保人在投保时针对被保险人健康状况应当告知却没有告知的内容。而原告主张因没有重视相关症状从未就诊检查，因此无法告知。对于未列明疾病的告知，《保险法司法解释二》第六条第二款同时规定：“保险人以投保人违反了对投保单询问表中所列概括性条款的如实告知义务为由请求解除合同的，人民法院不予支持……”很明显，仅依据违反对未列明疾病的告知义务无法支持公司与投保人解除合同。

**二、关于询问范围及内容的举证责任**

依据《保险法司法解释二》第六条的规定，保险人对询问范围及内容有争议的，保险人负举证责任。因此保险公司需要举证证明投保人在投保时明知被保险人患病而刻意隐瞒了属于上述范围的告知内容。

保险公司并未在投保人既往病历中发现投保前有蛋白尿、肾炎、肾病、肾功能不全等的确诊记录，这与客户主张的因没有重视症状、没有就诊、不知患病而无法告知相印证，对保险公司抗辩较为不利。另外，在缺少必要线索的情况下，没有客户本人的配合，保险公司因不具备相应的侦查技术和专业力量，无法采用有效的手段对客户既往疾病的就诊情况进行调查取证。

## 三、关于投保人未如实告知的疾病与保险责任的关系

本案中，通过向理赔专家寻求医学病理支持，梅毒是一种由梅毒螺旋体感染人体而发生的疾病，除侵害皮肤黏膜外，更大的危害在于累及内脏器官，包括器官和神经系统损害，这种损害会引起全身多器官血管炎等疾病。被保险人在投保四个月后即被确诊为慢性肾功能不全及神经性梅毒，后慢性肾功能不全逐渐发展为尿毒症期，其投保前的梅毒病史和反复泡沫尿病史与后来确诊的尿毒症有直接关联。但是，由于梅毒和泡沫尿不属于投保单要求告知的事项，而属于告知范围的“血液化验”，与属于保险责任的重大疾病尿毒症又没有直接因果关系，故保险公司的主张较难得到法院支持。

投保单如实告知的询问事项要穷尽所有内容是不具有可操作性的，但是，怎样设计才能更加严谨科学，更好地协助投保人明确具体地进行告知，需要保险公司在实践中不断思考并完善。

**【生效法律文书】**

略

# 第三章

# 保险公司的明确说明义务

## 一、特别约定条款是否属于免除保险人责任条款

——邵某某等诉金华市分公司保险合同纠纷案

**【案情简介】**

被保险人邵某树于2011年8月投保某保险公司吉祥卡(意外险、住院医疗险等险种组合),保额6万元。吉祥卡特别约定载明:被保险人因从事"楼宇拆除"职业或活动发生意外伤害的,公司在保险责任范围内按照保险条款给付保险金的25%承担保险责任。2012年5月10日被保险人在拆老房子时,被倒塌的砖墙压倒,经抢救无效死亡。2012年7月2日,邵某树的法定继承人邵某某、童某某向保险公司提出理赔申请,邵某某一方面提供了邵某树只有邵某某、童某某两个法定继承人的证明,另一方面又试图用虚假的《人民调解协议》以及假证人来掩盖被保险人系从事"楼宇拆除"的时候发生意外伤害的事实。经过调查核实,7月17日保险公司按合同约定给付了保险金额总额的25%保险金1.5万元。

邵某某等四人对理赔结果不满,向法院起诉,主张保险公司没有明确说明免除保险人责任的条款,并且被保险人也不是在拆除旧房时出险,要求保险公司支付保险金未足额赔付部分即4.5万元、逾期利息并承担案件诉讼费。

一审法院经审理认为,投保单系投保人亲笔签名并确认特别约定的内

容，被保险人系在从事拆除旧房活动时出险死亡，因此应认定合同条款及特别约定内容有效，对投保人有约束力，被告已经按照合同约定给付了保险金 1.5 万元，故判决驳回四原告的诉讼请求。

原告不服一审判决，提起上诉，二审法院认为，涉案保险合同中根据被保险人所从事职业或活动的危险程度不同而作出了给付金额比例不同的特别约定，该约定是根据保险产品的特点及保费的多少对保险金计算方法即保险人应承担的赔偿责任的计算方法的规定，其目的在于明确标准、方便计算，并未免除己方责任、加重对方责任、排除对方主要权利。因此，该特别约定条款不属于责任免除条款。邵某树在投保单中已签字确认知悉该特别约定条款，该特别约定对邵某树具有约束力，故判决驳回上诉，维持原判。

【争议焦点】

本案的争议焦点有两个：一是吉祥卡中的特别约定条款是否属于免除保险人责任条款，保险人是否履行了明确说明义务；二是被保险人出险的时候是否从事楼宇拆除活动。

【评析意见】

关于第一个争议焦点，《保险法》第十七条第二款规定："对保险合同中免除保险人责任的条款，保险人在订立合同时应当在投保单、保险单或者其他保险凭证上作出足以引起投保人注意的提示，并对该条款的内容以书面或者口头形式向投保人作出明确说明；未作提示或者明确说明的，该条款不产生效力。"本案中，投保人已在投保人声明栏亲笔签名确认其本人已详细阅读并认可本卡承保重要提示和特别约定的内容，并且由于理赔申请时保单原件丢失，原告在投保单上签字确认同意保单信息以公司系统记录为准。保险公司解释了吉祥卡保险特殊的承保方式，以前是针对不同的职业风险高低交纳不同的保费，现在改成所有投保人交的保费都一样，但是，根据出险时从事活动的风险高低给付相应的比例。之所以这样更改是想使理赔规则更公平，因为按之前的承保方式，从事高风险职业的人在从事低风险活动时出险，赔付的是与其他人相同的保额，却付出了更多的保费。主审法官认可了此种承保方式的合理性。

关于第二个争议焦点，保险公司向法院提交了充分的证据。一是理赔申请资料，包括邵某某提交的《继承人关系证明》和邵某某的《调查笔录》，证明原告邵某某存在隐瞒还有其他法定继承人的事实，使原告邵某某的诚信度下降。二是保险公司向派出所调取了五份询问笔录，证明被保险人是在楼宇拆除的时候出险。三是到村委会开具了被保险人所拆除的房子系二层砖混结构证明，被保险人出险时拆除的房屋属于楼宇。四是到人民调解委员会调取了真实的《人民调解协议书》，该协议书中描述："2010 年 5 月 10 日下午邵某树在拆除房屋过程中不慎被墙体压死。"但邵某觉得该份协议对其不利，又让人民调解委员会重新为其撰写了一份假协议书，将原协议书上述描述更改为"2012 年 5 月 10 日邵某树在该房屋拆迁现场不慎被墙体翻倒压死"。原告来理赔时提交了更改后的假协议书，试图隐瞒被保险人的出险真相，使原告邵某某的诚信度再次下降。此证据又进一步印证了第一个争议焦点中保险人的观点，即原告也了解合同的特别约定，否则就不需要弄虚作假。以上这些证据形成了完整的证据链，证明被保险人系在拆除楼宇的时候出险并导致死亡的，符合保险合同的特别约定。

**【生效法律文书】**

(2013)浙金民终字第 60 号民事判决书[1]

〔1〕 此生效法律文书见本书第 197 页。

## 二、保险公司履行明确说明义务的认定标准

——俞某某等诉福建省分公司保险合同纠纷案

【案情简介】

2009年9月3日,被保险人(投保人)俞某为自己与保险人签订康宁终身保险合同。2010年10月,被保险人因肝癌入院治疗。2011年3月29日,被保险人委托他人向保险人申请重大疾病保险金。2012年1月,被保险人因肝癌医治无效身故。经核查,被保险人在投保前即于2002年8月16日至9月7日因病入住传染病医院治疗,确诊为:1. 病毒性肝炎、乙型代偿性;2. 静止性肝硬化等。投保后即2009年9月24日至10月14日因病入住福建医科大学附属第一医院,出院诊断为“原发性肝癌”。据此,保险人以投保人违反如实告知义务为由作出拒付决定。受益人不服,起诉至法院。

一审法院认为:1. 原告主张诉争投保单签名非投保人本人签名,但原告未提出对笔迹进行鉴定,故应视为投保人本人签名,并据此认定被告已向投保人履行说明义务;2. 投保前被保险人因“肝炎”入院治疗但在投保单上未予告知,违反如实告知义务,保险人有权解除合同并不承担赔付责任;3. 被保险人在投保后180日罹患重大疾病,属于合同免责范畴;4. 被告拒付被保险人重大疾病保险金索赔申请后,原告虽不承认委托索赔事宜,但被告已于2011年4月13日退回投保人已缴纳的保费,表明被告是在知道解除事由之日起30日内行使合同解除权。故判决驳回原告诉讼请求。

原告不服一审判决,提起上诉。二审审理时恰逢《保险法司法解释二》出台,因保险人拒付决定只有拒付通知书而未有解除合同通知书,根据《保险法司法解释二》第八条的规定,保险人未行使合同解除权,直接以存在《保险法》第十六条第四款、第五款规定的情形为由拒绝赔偿的,人民法院不予支持。但当事人就拒绝赔偿事宜及保险合同存续另行达成一致的情况除外,所以保险人以拒付决定解除保险合同在法律效力上有明显瑕疵。经二审法院居中调解,双方达成调解协议,保险人按照保额50%向受益人

支付保险金,双方权利义务终止。

【争议焦点】

本案的争议焦点有三个:一是投保人签名真伪的认定;二是保险人是否履行合同明确说明义务;三是解除合同行为与理赔拒付决定的关系。

【评析意见】

**一、投保人签名真伪的认定**

本案含有投保人签名的文书包括理赔委托书、投保单和投保提示。在理赔委托书中,被保险人即投保人签名,根据肉眼经验判断,明显与投保单签名不一致,法院据此不认可理赔委托书的签名。但对于投保单以及投保提示签名,受益人一方拒绝认可,据此法院再次开庭,要求原告申请笔迹鉴定,原告不愿意出资鉴定,认为应当由被告申请,法庭经法律释明后认定原告自愿放弃鉴定申请。根据《民事诉讼法》相关规定,民事举证责任遵循"谁主张,谁举证"的证明原则,原告既然认为投保单签名非投保人签名,那么应就其主张举证,此时申请鉴定的义务应当归于原告一方,原告就其事实主张应率先承担行为意义上的举证责任。《民事诉讼证据若干规定》第七十二条第一款规定:"一方当事人提出的证据,另一方当事人认可或者提出的相反证据不足以反驳的,人民法院可以确认其证明力。"鉴于原告虽有异议却不同意申请鉴定,故法院依法认定投保单签名系本人所签,并无不当。

**二、保险人是否履行合同明确说明义务**

保险人说明义务,包括免责条款的提示义务和说明义务履行两个方面内容。

1. 提示义务的履行。《保险法》第十七条第二款规定:"对保险合同中免除保险人责任的条款,保险人在订立合同时应当在投保单、保险单或者其他保险凭证上作出足以引起投保人注意的提示,并对该条款的内容以书面或者口头形式向投保人作出明确说明……"诉争的《个人投保单》声明与授权一栏内的文字采用黑体字并加粗,明显区别于其他表述文字,根据《保险法司法解释二》第十一条第一款"保险合同订立时,保险人在投保单或者保险单等其他保险凭证上,对保险合同中免除保险人责任的条款,以足以引起投保人注意的文字、字体、符号或者其他明显标志作出提示的,人民法院应当认定其履行了《保险法》第十七条第二款规定的提示义务”的规定，其符合法律规定的“足以引起投保人注意的提示”，法院可以认定保险人已履行提示义务。

2. 明确说明义务的履行。《保险法司法解释二》第十三条第二款规定：“投保人对保险人履行了符合本解释第十一条第二款要求的明确说明义务在相关文书上签字、盖章或者以其他形式予以确认的，应当认定保险人履行了该项义务。但另有证据证明保险人未履行明确说明义务的除外。”本案中，对于保险人就免除保险人责任的条款提示注意的内容，投保人在投保单末尾予以签名确认。据此，可以认定保险人对免责条款已履行明确说明义务。

**三、关于保险合同解除与拒赔关系**

由于在一审诉讼中，《保险法司法解释二》尚未出台，因此合同解除是否为拒付行为先决条件，法律并未明确。而《保险法司法解释征求意见稿》曾规定：“保险法第十六条规定的合同解除条件成就时，保险人主张解除合同或者直接主张不承担赔偿或不给付保险金责任的，人民法院应予支持。”保险人直接发出拒付决定书可以认定或者涵盖保险人解除合同行为。但这一规定恰恰与现行司法解释大相径庭。《保险法司法解释二》第八条规定：“保险人未行使合同解除权，直接以存在保险法第十六条第四款、第五款规定的情形为由拒绝赔偿的，人民法院不予支持；但当事人就拒绝赔偿事宜及保险合同存续另行达成一致的情况除外。”该规定包括以下含义：(1)保险人解除合同是保险人拒绝承担赔付责任的前提。保险人免予承担保险责任是保险人解除保险合同的法律后果。保险人若不具有合同解除权或未行使合同解除权，不得依据《保险法》第十六条第四款、第五款规定，拒绝承担赔付责任。(2)保险人虽然享有合同解除权，但未行使或未及时行使解除权，则保险人不能依据《保险法》第十六条规定直接拒付。

由于保险公司此前理赔决定只有拒付决定书而无解除合同通知书，因此二审法院依据新司法解释规定不认可保险人拒付决定的法律效力。最终保险公司在二审法院的主持下与对方达成调解协议。

**【生效法律文书】**

略

## 三、投保人签字可证明保险人履行明确说明义务

——吕某某诉江苏省分公司保险合同纠纷案

**【案情简介】**

2002年5月,吕某某投保一份康宁终身保险。2011年3月9日,吕某某因二尖瓣脱垂并关闭不全、三尖瓣关闭不全入院接受治疗,并接受了二尖瓣置换术。吕某某遂申请保险公司给付保险金,但保险公司以此次出险未达到合同约定的重大疾病范畴为由作出拒付决定。吕某某认为其所患的疾病和接受二尖瓣置换术分别属于康宁终身保险条款第二十三条所规定的重大疾病中的心脏病和重大器官移植手术,同时认为保险条款对于"心脏病(心肌梗塞)"和"重大器官移植手术"的约定在理解上有歧义,在责任免除中也未约定二尖瓣脱垂并关闭不全、三尖瓣关闭不全属于免责范围,保险公司通过对心脏病(心肌梗塞)的注释限缩了保险范围实际是对其免责,在投保时未向原告说明,故该免责条款无效。故吕某某诉至法院,要求保险公司给付保险金20000元并免交以后各期保险费。

一审法院认为:一是吕某某作为投保人、被保险人在投保书签字确认保险公司已对保险合同条款履行了说明义务,并对免责条款履行了明确说明义务,据此应认定被告已履行了说明义务。二是关于"心脏病(心肌梗塞)",保险公司以注释的方式明确进行了界定,该格式条款不存在两种以上的解释,原告所患疾病也不符合"心脏病(心肌梗塞)"范畴。三是器官移植是医学术语,应从医学角度理解,原告所进行的手术不属于重大器官移植手术,故判决驳回原告诉讼请求。

原告不服,提起上诉。二审法院经审理认为:一是保险条款中通过释义对所承保疾病进行了明确说明,属保险责任范围约定,而非免责范围的约定。二是吕某某作为投保人和被保险人在投保书签字确认被告已对保险合同条款和免责条款进行了说明。三是保险责任条款对保险责任范围进行了明确约定,而二尖瓣置换术不属于重大疾病的责任范畴,因此驳回上诉,维持原判。

【争议焦点】

本案的争议焦点为三个：一是保险责任条款与免责条款如何正确区分；二是保险公司明确说明义务履行的判断标准；三是不利解释原则应如何正确适用。

【评析意见】

本案在案件审理过程中主要涉及如下三个方面的法律问题：

**一、保险责任条款与免责条款的关系**

保险条款中对于"心脏病（心肌梗塞）"的释义不属于对于保险责任的限缩，不属于免责条款。综观保险条款及"心脏病（心肌梗塞）"释义，其释义目的是明确界定"心脏病（心肌梗塞）"的保险责任范围，并非是从已有的保险责任范围中将其中的一块保险责任划分出去。因此不能因为条款有注释就认为是限定保险责任，属于免责条款，而应区分注释的目的。本案一、二审法院均认为保险条款中通过释义对所承保疾病作进一步明确，属保险责任范围约定，而非免责范围的约定。

此外，原告提出"公司在责任免除中也未约定二尖瓣脱垂并关闭不全、三尖瓣关闭不全纳入免责范围"，其问题实质是未纳入免责范围是否就应属于保险责任范围。一、二审法院的判决书并未对此进行论述，但从判决书的逻辑关系中不难看出，本案法官的审判思路沿用了江苏省高级人民法院2011年出台的《关于审理保险合同纠纷案若干问题的讨论纪要》（以下简称《纪要》）第二条："保险责任范围与免责条款之间的关系不限于包含关系……保险事故不属于保险责任范围的，无需审查事故是否属于免责范围以及相关免责条款效力。"本案的保险事故不属于保险责任范畴，因此无须审核是否属于免责范围。

**二、保险公司说明义务及明确说明义务的履行**

一审、二审法院对此均认为吕某某在《个人投保单》"声明与授权"一栏中进行了签字，确认被告已对保险合同条款履行了说明义务，并对免责条款履行了明确说明义务，法院据此认定被告已履行了明确说明义务。虽然在二审中，销售人员作为证人出庭作证说没有履行明确说明义务，但公司将《销售人员的声明书》作为证据提交，质疑销售人员证词存在矛盾。结合投保情况，二审法院最终采纳了保险公司的观点。而一、二审法院对明确说明义务履行的认定也恰恰与《保险法司法解释二》第十三条第二款之规定“投保人对保险人履行了符合本解释第十一条第二款要求的明确说明义务在相关文书上签字、盖章或者以其他形式予以确认的，应当认定保险人履行了该项义务。但另有证据证明保险人未履行明确说明义务的除外”相一致。

**三、不利解释原则的理解和适用**

根据《保险法》第三十条的规定，采用保险人提供的格式条款订立的保险合同，保险人与投保人、被保险人或者受益人对合同条款有争议的，应当按照通常理解予以解释。对合同条款有两种以上解释的，人民法院或者仲裁机构应当作出有利于被保险人和受益人的解释。因此，不利解释原则适用的前提是保险人使用格式条款和在按照“通常理解”解释后仍存在两种以上的解释。这其中的关键是如何解读“通常理解”。江苏省高级人民法院《纪要》第二十四条规定：“采用保险人提供的格式条款订立的保险合同，保险人与被保险人或者受益人对合同条款有争议的，应当按照合同所使用的词句、合同的有关条款、交易习惯等，确定该条款的真实意思。仍有两种以上解释的，人民法院应作出有利于投保人、被保险人或受益人的解释。”本条对“通常理解”进行了进一步的解释，结合本案，一、二审法院按照合同所使用的词句及条款的释义，认为合同中关于有了注释后“心脏病（心肌梗塞）”的含义明确具体，该格式条款不存在两种以上的解释。因此不适用不利解释原则。

此外，江苏省高级人民法院《纪要》第二十五条规定：“专业术语不适用不利解释原则，但法律之外的专业术语或其解释所体现的表面文义与实质含义有较大差别、不就该差别予以揭示将对投保人构成普遍性误导的，保险人应就上述差别予以揭示。保险人未就上述差别予以揭示的，人民法院应当使用不利解释规则，作出对投保人、被保险人、受益人有利的解释。”此条明确指出对于专业术语应按照其在专业上所具有的意义进行解释，不应适用不利解释原则。本案涉及“器官移植”，一审法院明确指出其是医学专业术语，应从医学角度理解，本案原告所进行的手术不属于医学上规定的重大器官移植手术。

## 【生效法律文书】

(2011)宁商终字第1083号民事判决书[1]

[1] 此生效法律文书见本书第202页。

## 四、保险公司明确说明义务的除外情形

——周某甲等诉仪征支公司保险合同纠纷案

**【案情简介】**

2006年、2007年，周某甲为其子周某向保险公司投保学生平安保险，并附加住院医疗保险。2008年、2009年，周某甲再次为周某向保险公司投保补充医疗保险（学生），其中均包括保险金额为1.5万元的国寿学生儿童定期寿险和保险金额为6万元的国寿附加学生儿童住院费用补偿医疗保险。补充医疗保险（学生）合同中均有“因被保险人在本附加合同生效前的未愈疾病造成被保险人死亡、残疾或者支出医疗费用的，保险公司不负给付保险金责任”的责任免除条款。2007年7月至9月，2007年11月至2008年8月，周某因鞍区混合性恶性生殖细胞瘤住院治疗，后申请理赔。保险公司依据保险条款向原告支付保险金1.8万元。2008年9月至2009年8月，周某因鞍区混合性恶性生殖细胞瘤住院治疗6次，2009年10月9日，原告周某甲再次申请理赔，保险公司于2009年10月26日发出拒绝给付保险金通知书。2010年1月20日，周某因脑瘤死亡。原告诉至法院。

一审法院认为，保险以可能而不确定的事故或危险的发生为前提和条件，要求保险人对已经发生的事故承担责任不符合签订保险合同的目的，故判决驳回原告诉讼请求。

原告不服，提起上诉。二审法院经审理认为，保险公司已就涉案保险合同相关的免责条款履行了明确说明的义务。特别是保险人与同一投保人再次或多次签订同类保险合同的，如保险人有证据证明其以前曾就相关的免责条款向投保人作过明确说明的，应视为保险人对此后所签订的同类保险合同的相关免责条款已履行了明确说明的义务。虽然本案被保险人周某因投保前未治愈疾病（即细胞瘤）所产生的医疗费用，符合免责情形的约定，保险人不应承担保险责任。但本案保险合同除约定的免责情形外，保险责任情形还包括许多不确定的其他疾病或意外，如发生其他保险责任情形，保险人仍应承担保险责任。本案并不能因为被告继续接受周某甲为

周某投保，就应当承担保险责任。故驳回上诉，维持原判。

【争议焦点】

本案的争议焦点有两个：一是保险人明确说明义务应如何认定；二是保险人明知被保险人患有疾病仍承保是否视为保险人弃权。

【评析意见】

**一、保险人明确说明义务应如何认定**

《保险法》第十七条对于保险人的明确说明义务做了明确要求，但实践中对保险人如何证明其履行了"明确说明义务"争议颇大。江苏省高级人民法院2011年出台的《关于审理保险合同纠纷案若干问题的讨论纪要》第六条规定："投保人、被保险人或者受益人以被保险人未履行明确说明义务为由，主张下列情形免责条款不产生效力的，人民法院不予支持：……(二)同一投保人签订二次以上同种类保险合同，且保险人有证据证明曾就同类相同的免责条款向投保人履行过说明义务。"此条规定明确了保险人明确说明义务的除外情形。

设立明确说明义务的目的是矫正保险合同双方当事人之间的信息不对称，而对于有证据证明已能够获得相对信息时，保险人的明确说明义务即可减轻或免除，这并不违反法律本身设置明确说明义务的目的，也能对保险人相对公平。本案中，原告为其子连续多年投保了学平险，并且在首次申请理赔时，公司也再次明确告知如后期因此病所产生的费用，公司是不承担赔偿责任的，但原告仍以被告未对免责条款履行明确说明义务要求被告承担责任，二审法院直接依据《纪要》判定被告已履行明确说明义务，不承担保险责任。

**二、保险人明知被保险人患有疾病仍承保是否视为保险人弃权**

关于原告所称，在前两份保险理赔时，被告已得知周某病情却继续接受周某甲为周某投保，应当承担保险责任的理由，实际在原告投保的保险合同条款的免责条款中明确约定："因被保险人在本附加合同生效前的未愈疾病造成被保险人死亡、残疾或者支出医疗费用的，保险公司不负给付保险金责任。"同时，原告投保的保险险种包括多种保险责任，并非只保细胞瘤一种疾病，而免责排除的也只是被保险人保险合同生效前未愈的疾病。因此，一、二审法院均认定保险合同为射幸合同，通常合同约定有多种保险责任情形，且保险责任情形是否发生具有不确定性。本案中，虽保险公司和周某甲明知被保险人周某在2008年、2009年投保前即患有细胞瘤，但周某甲仍可继续投保，保险公司也无须拒绝其投保。如投保后，被保险人在保险期间内，因另患有其他疾病（非细胞瘤）或遭受意外，符合保险合同约定的保险责任情形，则保险人仍应承担赔付保险金的责任。

**【生效法律文书】**

（2010）扬商终字第0291号民事判决书[1]

---

〔1〕 此生效法律文书见本书第208页。

## 五、保险公司手写免责条款效力的认定
### ——宋某某诉潮州市分公司保险合同纠纷案

【案情简介】

2011年4月27日,宋某某所在单位某县运输总公司向保险公司投保综合意外伤害保险,保险金限额为20万元,投保意外医疗责任保险,保险金限额为2万元,保费260元。投保单备注栏手写注明:"符合报销范围的意外医疗费用,扣除100元免赔额后,按80%比例给付保险金,长途司机职业的被保险人,营运过程中的保险责任属本合同除外责任。"保险生效期间为2011年4月28日起至2012年4月27日止。

2012年1月11日3时5分,宋某某驾驶大客车发生交通事故受伤而受伤致残,其通过所在单位向保险公司提出理赔申请。保险公司根据《团体保险投保单》中约定的"长途司机职业的被保险人,营运过程中的保险责任属本合同的除外责任",即约定合同的投保范围不包括长途司机的营运过程的意外伤害事故为由拒赔,原告宋某某遂向法院提起诉讼。

法院经审理认为,关于投保单手写注明的长途司机属保险合同除外责任,足以引起投保人注意,保险公司已经履行提示和明确说明义务,该免责条款具有法律效力,因此驳回原告的诉讼请求。

【争议焦点】

本案的争议焦点为保险合同手写注明的除外责任是否具有法律效力。

【评析意见】

本案中,投保人与保险公司在投保单备注栏手写注明的"长途司机职业的被保险人,营运过程中的保险责任属本合同除外责任",该条款属于《保险法》第十七条第二款规定的"免除保险人责任的条款"。《保险法司法解释二》第十一条规定:"保险合同订立时,保险人在投保单或者保险单等其他保险凭证上,对保险合同中免除保险人责任的条款,以足以引起投保人注意的文字、字体、符号或者其他明显标志作出提示的,人民法院应当

认定其履行了保险法第十七条第二款规定的提示义务。保险人对保险合同中有关免除保险人责任条款的概念、内容及其法律后果以书面或者口头形式向投保人作出常人能够理解的解释说明的,人民法院应当认定保险人履行了保险法第十七条第二款规定的明确说明义务。”由此,手写条款足以引起投保人注意,保险公司履行了提示义务。此外,投保人及被保险人声明:“贵公司(保险公司)已对保险合同的条款内容履行了说明义务,并对责任免除条款履行了明确说明义务。投保单位已仔细阅知、理解投保提示及保险条款尤其是责任免除、解除合同等规定,并同意遵守。所填投保单各项告知事项均属事实并确无欺瞒。上述一切陈述及本声明将成为贵公司(保险公司)承保的依据,并作为保险合同的一部分。如有不实告知,贵公司(保险公司)有权在法定期限内解除合同,并依法决定是否对合同解除前发生的保险事故承担保险责任。”由于投保人明确声明保险公司已对保险合同的条款内容履行了说明义务,并对责任免除条款履行了明确说明义务,投保单位已仔细阅读、理解投保提示及保险条款尤其是责任免除、解除合同等规定,并同意遵守,并由投保人之授权人签名确认。《保险法司法解释二》第十三条第二款规定:“投保人对保险人履行了符合本解释第十一条第二款要求的明确说明义务在相关文书上签字、盖章或者以其他形式予以确认的,应当认定保险人履行了该项义务。但另有证据证明保险人未履行明确说明义务的除外。”因此保险公司已对其免责条款向投保人履行了《保险法》第十七条第二款规定的提示和明确说明义务,上述免责条款依法发生法律效力。

依照双方签订的保险合同的约定,宋某某属于免责条款中规定的“长途司机职业的被保险人”,其在长途营运过程中的保险责任属保险合同的除外责任,因此应依法免除保险公司的保险责任。

**【生效法律文书】**

(2014)潮湘法民二初字第42号民事判决书[1]

[1] 此生效法律文书见本书第213页。

# 第四章

# 保险条款的解释规则

## 一、专业术语在保险合同中的解释方法

——王某某诉北京市分公司保险合同纠纷案

**【案情简介】**

1998年12月,王某某购买重大疾病定期保险,保险金额13万元,保险期间38年。2004年9月,其到北京阜外医院实施主动脉瓣手术后向保险公司索赔。保险公司经审核认为主动脉瓣手术并非主动脉手术,不属于保险责任范围,因此拒赔。王某某不服,遂向法院提起诉讼。

一审法院认为,从医学角度可以明确"主动脉瓣手术"不属于"主动脉手术",且保险公司在条款中明确了"主动脉手术"的定义,因此被保险人施行"主动脉瓣手术"不属于保险事故,故判决驳回原告诉讼请求。

原告不服,提起上诉。二审法院经审理认为,本案原告与保险公司是就重大疾病的保险事项进行约定,因此对合同中涉及的疾病类型必然是以医学术语来确定,从合同目的的角度,应当适用医学术语来解释合同相关内容。对于"主动脉手术"的理解,应当以医学标准来确定。对于本案保险合同的解释,不适用不利解释原则。故判决驳回上诉,维持原判。

**【争议焦点】**

本案的争议焦点是保险合同涉及的专业术语存在不同理解是否适用不利解释原则。

【评析意见】

保险合同的核心是风险的负担,所以保险合同中往往会包含大量与风险描述相关的专业术语。在财产保险合同中经常出现一些有关自然灾害的术语,如“暴风”“暴雨”“洪水”等;在人身保险合同中则大量出现诸如“主动脉手术”“严重阿尔茨海默病”等术语。对于这些专业术语的解释,是否适用《保险法》第三十条规定的不利解释规则,在审判实践中一直存在争议。

《保险法》第三十条不利解释规则源自《合同法》第四十一条有关格式条款解释的规则。对于格式条款的理解发生争议时,无论是适用《合同法》第四十一条的规定,还是适用《保险法》第三十条的规定,首先都应当按照“通常理解”予以解释。不同的专业术语在日常生活中的使用频率是非常不一样的,据此可将专业术语分为两类:

一是常用术语。所谓常用术语,是指相关学科虽然有确切的定义,但是专业色彩并不突出,普通公众在生活中也会经常使用的术语,如“暴雨”,暴雨在气象学上的定义是“每小时降雨量达 16 毫米以上,或连续 12 小时降雨量达 30 毫米以上,或连续 24 小时降雨量达 50 毫米以上”。但是,“暴雨”一词并非仅在气象专业领域内使用,普通公众日常生活中经常会把“降雨量非常大的雨”称为暴雨。

二是非常用术语。所谓非常用术语,是指主要在相关专业领域内使用,普通公众在生活中基本不会用到的术语。此类术语具有极强的专业色彩,在专业领域有明确的定义,而普通公众对这类术语由于鲜有了解,没有基于生活经验形成通行的认知。

在确定保险合同中专业术语的具体含义时,应当严格根据上述两类术语的不同性质分别作出判断。

对于常用术语而言,由于普通公众在日常生活中普遍使用,有着相对通行的认知,所以投保人在订立保险合同时对于保险合同的保障功能具有相对明确的利益期待。如果保险公司使用此类专业术语,除非将相关专业定义纳入保险条款当中并且在订立合同时向投保人作出说明,否则,一旦发生理解上的分歧,法院一般会作出不利于保险公司的解释。

对于非常用术语而言,投保人不会对使用此类专业术语产生一个明确且合理的利益期待。比如说本案中涉及的医学术语,就是专业性非常强的非常用术语,是特定专业领域内对于有关事物通行的描述和定义,最客观地反映了事物的本质和特征。在相关领域内对于该术语所作出的科学的、专业的解释,本身就是保险法所规定的“通常理解”。由于普通公众对此类术语没有了解,不存在两种以上“通常理解”的可能性,也就不具备适用不利解释规则的前提。《保险法司法解释二》第十七条也规定:“保险人在其提供的保险合同格式条款中对非保术语所作的解释符合专业意义,或者虽不符合专业意义,但有利于投保人、被保险人或者受益人的,人民法院应予认可。”所以,对于这一类专业术语的解释,应当按照相关专业领域的通用定义和理解作出合理解释,不应当适用不利解释规则,一概作出不利于保险人而有利于被保险人或者受益人的解释,否则既违背了事物的本质,也违背了科学的精神。

**【生效法律文书】**

(2005)二中民终字第 8048 号民事判决书[1]

[1] 此生效法律文书见本书第 225 页。

## 二、保险合同格式条款的解释规则

——罗某诉东莞市分公司保险合同纠纷案

**【案情简介】**

原告罗某于2005年6月3日在保险公司投保康宁终身保险,被保险人为其本人,保险金额为50000元,保险期限自2005年6月3日起至被保险人身故之日止,交费时间为20年。保险条款第二十三条“释义”中对“重大疾病”作出如下解释:“是指下列疾病或手术之一:一、心脏病(心肌梗塞);(注1)二、冠状动脉旁路手术;(注2)……”注释1为“心脏病(心肌梗塞)指因冠状动脉阻塞而导致部分心肌坏死,其诊断必须同时具备下列三个条件:①新近显示心肌梗塞变异的心电图;②血液内心脏酶素含量异常增加;③典型的胸痛病状。但心绞痛不在本合同的保障范围之内”;注释2为:“冠状动脉旁路手术指为治疗冠状动脉疾病的血管旁路手术,须经心脏内科导管检查,患者有持续性心肌缺氧造成心绞痛并证实冠状动脉有狭窄或阻塞情形,必须接受冠状动脉旁路手术。其他手术不包括在内。”

罗某于2010年12月7日至20日在广东省某医院住院治疗,病历显示罗某住院期间并行“冠状动脉造影+支架植入术”。罗某在庭审中确认其治疗时的心电图上没有显示心肌梗塞变异字样,但是有显示窦性心律,而病历中显示心脏酶素正常。

2010年12月20日,罗某向保险公司申请重大疾病保险金理赔。保险公司以被保险人所患疾病及所施行手术不属于保险合同承保范围为由予以拒赔。罗某遂将保险公司诉至法院。

法院经审理认为,案涉保险条款中界定“心脏病(心肌梗塞)”时,使用在心脏病后面同时用括号注明心肌梗塞的表述,存在不同理解,构成歧义条款。根据疑义利益解释原则,判决保险公司败诉,判决向被保险人支付重大疾病保险金并豁免后期保费。

**【争议焦点】**

本案的争议焦点为被保险人所患冠心病,并行“冠状动脉造影+支架植入术”是否属于保险合同条款约定的“重大疾病”范围。

【评析意见】

本案中，原、被告双方对于被保险人所患疾病是否属于保险合同约定的“重大疾病”保险范围的争议焦点主要集中于两方面：一是其“冠状动脉造影＋支架植入术”是否属于保险条款第二十三条第二项规定的“冠状动脉旁路手术”；二是其所患“冠心病”是否属于保险条款第二十三条第一项规定的“心脏病（心肌梗塞）”。

关于第一个问题，在案件审理过程中，原告对其是否具备进行冠状动脉旁路移植术的手术指征、选择“冠状动脉造影＋支架植入术”是否比选择冠状动脉旁路移植术更有利于原告等医学专门性问题以及选择“冠状动脉造影＋支架植入术”替代选择冠状动脉旁路移植术是否由于医疗科学技术进步申请了司法鉴定。法院委托广东某司法鉴定所进行鉴定。该鉴定机构出具《司法鉴定意见书》认为：1. 原告不具备行冠状动脉旁路移植术的手术指征，具有冠状动脉造影＋支架移植术的指征；2. 冠状动脉造影＋支架植入术较冠状动脉旁路移植术科学、合理、进步的依据不足。由此，法院认为原告不符合保险条款第二十三条中“重大疾病”解释第二项“冠状动脉旁路手术”的条件。

关于第二个问题，心脏病其实只是一个统称，并非具体的病名。心脏病属于属概念，心肌梗塞则属于种概念。两者之间应当属于从属关系，而非等同关系。本案保险条款第二十三条第一项规定的“心脏病（心肌梗塞）”使用了在心脏病后面同时用括号注明心肌梗塞的表述。法院认为，对此依据一般语法文意存有两种理解：一是该项指代所有心脏病，括号内标注心肌梗塞是对心脏病的例示性列举；二是该项仅指代心肌梗塞，括号内注明心肌梗塞是对心脏病的同一性解释。合同注释 1 虽然约定了三个条件，但是该三个条件均为医学专业表述，非专业人的投保人士难以准确地理解判断其具体含义；且注释 1 中又记明“但心绞痛不在本合同的保障范围之内”，很容易让投保人理解为其意指除心绞痛之外的其他严重的心脏病都可以理赔，最终认定保险条款第二十三条涉及的“心脏病（心肌梗塞）”为歧义条款，根据疑义不利解释原则，作出不利于保险公司的解释，最终判决保险公司败诉。

我们认为,相关条款如果仅仅用括号注释前文确有不同理解的可能,但由于相关条款在注释中明确对心脏病(心肌梗塞)的定义作了明确界定,并通过三个典型医学判断条件限定了疾病的内涵和外延,且符合医学专业意义。因此,该条款通过注释的方式事实上解决了条款正文"心脏病"可能存在的歧义。由于心肌梗塞属于医学专业术语,并非保险术语,根据《保险法司法解释二》第十七条的规定:"保险人在其提供的保险合同格式条款中对非保险术语所作的解释符合专业意义,或者虽不符合专业意义,但有利于投保人、被保险人或者受益人的,人民法院应予认可。"所以,我们认为法院的判决结果值得商榷。

当然,从有利于保险消费者理解的角度,如果相关保险条款直接表述为心肌梗塞,或者在括号中明确仅承保心肌梗塞一种心脏疾病,则肯定会大大减少相关争议发生的可能性。

**【生效法律文书】**

(2011)东一法民二重字第20号民事判决书[1]

---

〔1〕 此生效法律文书见本书第235页。

# 第五章

# 意外伤害保险责任的认定

## 一、伴有头部外伤的猝死是否属于意外伤害保险责任

——胡某乙诉深圳市分公司保险合同纠纷案

**【案情简介】**

2013 年 2 月 6 日，投保人胡某甲为其本人投保绿舟意外伤害保险，附加绿舟意外费用补偿医疗保险，保险金额 20 万元，保险费合计 200 元，指定其女儿胡某乙为受益人。2013 年 4 月 14 日 19 时左右，被保险人胡某甲在小区内不慎从楼梯摔落，导致后脑严重受伤，家人急叫 120 救护车将其送至医院进行治疗，胡某甲经抢救无效，于当日 20 时 50 分左右死亡。2013 年 5 月 2 日，胡某乙向保险公司提出理赔申请，申请意外伤害死亡保险金。保险公司经调查核实，认定被保险人胡某甲的死亡原因为"猝死"，无证据显示被保险人胡某甲系因意外伤害导致死亡，遂于 2013 年 5 月 15 日作出了拒绝给付意外伤害保险金的决定，并出具了《拒绝给付保险金通知书》，告知受益人胡某乙保险公司不承担本次事故的保险责任，涉案保险合同终止。胡某乙不认可，遂向法院提起诉讼。

法院经审理认为，胡某甲摔倒致伤后被送医院抢救，医院出具《死亡医学证明书》载明胡某甲直接导致死亡的疾病或情况为猝死，而引起猝死的原因为特重型颅脑损伤，说明胡某甲死亡的原因系外伤导致的猝死，对此原告已完成初步的举证责任。保险公司若主张被保险人死亡系疾病原因

导致，需进一步进行举证。但保险公司作为专业保险机构，没有至现场勘查，未及时要求尸检，导致被保险人的遗体被火化后无法查明死因，因此保险公司应承担举证不能的法律后果，最终法院判决保险公司败诉。一审判决后，双方当事人未上诉，一审判决生效。

**【争议焦点】**

本案的争议焦点为被保险人猝死是否属于保险条款约定的“意外伤害”范畴。

**【评析意见】**

**一、猝死是否属于保险条款约定的“意外伤害”范畴**

猝死，是指自然发生、出乎意料的死亡。世界卫生组织将发病后6小时内死亡者定义为猝死。而1979年国际心脏病学会、美国心脏学会以及1970年世界卫生组织定义的猝死为：急性症状发生后即刻或者24小时内发生的死亡。中国法制出版社《法医学》[1]第十五章第一节将“猝死”的概念明确如下：“猝死又称急死，是病理性死亡。它是指外表似乎健康的人或疾病症状不明显的人，由于体内潜在性疾病或机能障碍所引起的突然的出人意料的死亡。”该书在同一章第三节“猝死的病因”中对猝死的具体病因进行了详细的阐述。从中可知，很多心血管疾病、呼吸系统疾病、中枢神经系统疾病、消化系统疾病、泌尿生殖系统疾病以及其他不明原因，甚至各器官无致死病变的猝死综合征等，均可导致猝死。需要注意的是，该书第十三章第二节为“猝死的诱因”，其中记载显示：精神因素、剧烈运动、过度疲劳、暴饮暴食、轻微外力作用等均可诱发猝死。《现代汉语词典》[2]将“猝死”定义为：“医学上指由于体内潜在的进行性疾病而引起的突然死亡。”

涉案保险合同《国寿绿洲意外伤害保险利益条款》第四条约定：“在本合同保险期间内，本公司依下列约定承担保险责任”，其中第一款约定：“被保险人遭受意外伤害，并自该意外伤害发生之日起一百八十日内因该意外伤害身故，本公司按本合同约定的保险金额扣除已给付残疾保险金和烧伤保险金后的余额给付身故保险金，本合同终止。”同时，该条款在第十三条

---

〔1〕闵银龙主编：《法医学》，中国法制出版社2007年版，第397～409页。

〔2〕《现代汉语词典》，商务印书馆2005年版，第231页。

第二款对“意外伤害”释义为:“指遭受外来的、突发的、非本意的、非疾病的客观事件直接致使身体受到的伤害。”由此可知,导致“意外伤害”事故发生的客观事件,必须符合“外来的、突发的、非本意的、非疾病”的四个特征。“外来的”是指伤害是由受害者自身以外的原因造成的,如机械性碰撞等;“突发的”是指引起伤害的原因不是早已存在的,而是突然发生的,受害者在面临风险时来不及预防;“非疾病的”是指事件的发生非因被保险人本身疾病所造成,一般情况下,这里所指的“疾病”也包括被保险人身体潜在的弱体能或者一些潜在病变因素。

综上,猝死只是死亡的表现形式,而非死亡的原因。导致猝死的原因可能是疾病,也可能是非疾病(尽管疾病造成猝死的可能性非常大),需要通过对猝死原因的进一步鉴定和分析,才能最终确定是否属于意外伤害的范畴。

需要强调的是,一般人认为猝死属于日常生活经验中的“意外”死亡,是基于死亡发生的突然,出乎人们的意料,这种“意外”与保险条款的“意外”定义是不同的。前者强调的是出乎预料、没有预见,具有突发性;后者则应同时具备“外来的、突发的、非本意的、非疾病的”四个要素。

**二、伴有头部外伤的猝死的死亡性质的认定**

本案中,被保险人胡某甲的门诊病历显示:“2013 年 4 月 14 日 19 时 30 分,晕倒头部受伤出血不省人事 20 分钟,患者约 20 分钟前搬水桶时感头晕不适后突然晕倒从 2 级楼梯上摔下,头部受伤出血,当即不省人事,家属手心外按压并呼 120 到场。”后经抢救无效,于当日 20 时 37 分死亡。从上述情况可以看出,被保险人胡某甲因搬重物时头晕摔倒后不省人事,经抢救无效死亡,法医学诊断为“猝死”,而导致其猝死的具体病因不明,无证据显示其因意外伤害导致身故。

根据胡某甲的《死亡医学证明书》,胡某甲致死的诊断结果为:“直接导致死亡的疾病或情况为猝死;引起猝死的疾病或情况为特重型颅脑损伤;引起特重型颅脑损伤斩疾病或情况为头皮裂伤。”应当说,胡某甲的这份《死亡医学证明书》是关系本案判决结果的至关重要的证据。法院认为,该份《死亡医学证明书》载明胡某甲致死直接原因为猝死,而引起猝死的原因为特重型颅脑损伤,这说明胡某甲死亡的原因系外伤导致的猝死。原告胡某乙在胡某甲死亡后及时通知了保险公司并告知基本情况，事后又向保险公司提交了理赔所需的资料，原告已完成初步的举证责任。保险公司认为被保险人的死亡系自身疾病原因所致，对此应负有进一步的举证义务。同时，保险公司在接到发生保险事故的通知后，负有及时履行勘查、核定等义务，但保险公司没有到现场勘查，未及时要求原告方对被保险人进行尸检，导致无法查明被保险人的具体死因，保险公司应承担举证不能的法律后果。

民事诉讼中，当事人对自己提出的诉讼请求所依据的事实有责任提供证据加以证明，没有证据或者证据不足以证明当事人的事实主张的，应由负有举证责任的当事人承担不利的法律后果。本案中，摔伤虽然不足以导致猝死，但被保险人摔伤后头部有外伤是事实，且原告方提供的《死亡医学证明书》中载明"特重型颅脑损伤"是引起猝死的原因。虽然《死亡医学证明书》中"特重型颅脑损伤"是未确定的猝死原因（其后打了"?"），但法院仍认定这"说明被保险人死亡的原因系外伤导致的猝死"，从而做出了有利于原告的判决。导致猝死的诱因有很多种，如果被保险人生前患有高血压，且保险公司已调取到被保险人高血压病史的治疗和确诊病历，则通常法院会做出有利于保险公司的判决。这也说明在猝死索赔意外伤害保险金的诉讼纠纷中，虽然案情会有所不同，但保险公司要主张猝死不属于意外伤害责任，举证责任显得尤为重要。本案中，被保险人猝死伴有头部外伤，且有"特重型颅脑损伤"的诊断，保险公司主张被保险人猝死系因被保险人自身所患疾病所导致，应提供有力的证据支持，否则，就不会得到法院的支持。

**【生效法律文书】**

（2013）深福法民一初字第3466号民事判决书[1]

〔1〕 此生效法律文书见本书第242页。

## 二、意外伤害保险中“意外伤害”的认定
——官某某诉深圳市分公司保险合同纠纷案

**【案情简介】**

2010年11月2日,投保人黄某某为其本人投保绿洲意外伤害保险,保险金额为10万元,保险期间一年,年交保险费合计为130元,受益人为官某某。黄某某于2011年7月21日因不慎跌倒并伴头痛、呕吐、意识障碍被送医院就诊,经抢救无效于2011年7月22日死亡。官某某向保险公司索赔,保险公司以黄某某死亡属于非意外伤害导致的身故为由拒付。官某某遂起诉至法院。

法院经过审理后认为,被保险人黄某某的死亡系自身疾病导致,外伤只是其自身疾病的诱因,进而认定本案不属于意外伤害的范围,被保险人的死亡不属于保险事故,保险公司无须承担保险责任,故判决驳回原告官某某的诉讼请求。一审判决作出后,原告未上诉,一审判决生效。

**【争议焦点】**

本案的争议焦点是被保险人黄某某跌倒导致死亡是否属于保险合同约定的意外伤害事故,保险公司是否应承担保险责任。

**【评析意见】**

保险业务实践中,对于意外伤害的范围认定存在较大争议,并引起诸多纠纷。本案一审判决的认定事实清楚,论据充分,有较强的说服力。

本案争议的焦点是被保险人黄某某的死因认定,即被保险人是死于疾病还是意外伤害。根据涉案保险合同约定,只有属于意外伤害,才属于保险事故的保障范围。本案《绿洲意外伤害保险利益条款》对“意外伤害”的释义为:“指遭受外来的、突发的、非本意的、非疾病的客观事件直接致使身体受到伤害”。其中“外来的、突发的、非本意、非疾病”是意外伤害事故的认定标准,只有同时符合上述四个条件,才可被认定为“意外伤害”。具体而言,成立意外伤害事故应具备如下因素:(1)外来性,即必须是外来的或

外界原因造成的事故。美国全国权威保险商协会对意外伤害的阐述是：被保险人所遭受的意外身体伤害，发生于保险期间，并且意外事故是伤害的直接起因，即伤害与疾病、体弱或其他原因无关。我国《保险法》对这个问题还没有明确的解释。我国学者认为，外来的或外界原因造成的事故强调事故发生的原因不是来自于体内，而是身体外部，是身体外部的原因起作用引起事故的发生。如果是由于被保险人身体内在的原因造成的，如因心脏病跌倒而死亡就不属于意外伤害保险合同的范畴，而应当属于疾病保险合同的范畴。(2)突发性，即必须是突然发生，且在一瞬间发生剧烈变化的事故。此处对"意外"的认定，应具有突然性和剧烈性，而不应是因持续处在可能造成危险的状态下而最终导致损害结果的发生。比如交通事故造成的死亡或伤残，就具有突然性和剧烈性，属于意外伤害。如果长期在有毒的环境下工作致慢性中毒死亡，因不具有突然性和剧烈性，就不是意外伤害。对于一个人因中暑死亡是否构成意外伤害，用突然性和剧烈性原理来分析，应不属于意外伤害，因为中暑是一个人长期处在高温环境下，逐渐导致体内的变化，被保险人完全可以回避或采取措施预防中暑，并不具有突然剧烈性，不能认定为意外伤害。(3)非本意或偶然性，即必须是不可预见的意外事故造成，而不是故意造成的事故。凡是被保险人的故意行为使自己身体所受的伤害，均不属于意外伤害。意外是相对被保险人的主观状态而言的，必须是不可预见的，非主观故意造成的事故才属于意外伤害。(4)非疾病或非健康因素，即事故不是因自己身体内的疾病或疾病因素引起的。

本案中，被保险人黄某某死后未进行法医鉴定和检验，无法凭法医鉴定认定死因，仅能凭医院的病理记载以及分析来确定被保险人黄某某的死因。被保险人黄某某摔倒后即被送医院治疗，因抢救无效在短时间内死亡，黄某某到底是摔倒在地导致受伤死亡，还是因重病导致摔倒而致死？根据日常经验法则，健康的人一般性的摔倒不会引起死亡的后果，黄某某摔倒在地导致受伤死亡的依据不足，很显然，黄某某极有可能是因重病导致摔倒而致死。本案中，就诊医院对黄某某的死亡诊断为："1. 右侧颞叶脑出血、脑疝形成；2. 蛛网膜下腔出血；3. 右侧大脑中动脉分叉部动脉瘤；4. 高血压病3级(极高危组)；5. 右侧顶部头皮血肿；6. 电解质紊乱；7. 高血糖症。”死亡原因为：“脑疝形成、中枢性呼吸循环衰竭。”因此，本案中被保险人黄某某的死因为“右侧颞叶脑出血，脑疝形成”，即右侧大脑中动脉分叉部动脉瘤破裂，导致脑出血是黄某某死亡的最直接、起主导作用的原因，摔倒只是其自身疾病的诱发因素。因此，黄某某因疾病原因死亡，不属于涉案保险合同中意外伤害的范畴，保险公司无须承担保险责任。

**【生效法律文书】**

(2012)深福法民一初字第4358号民事判决书[1]

[1] 此生效法律文书见本书第247页。

## 三、被保险人自杀行为的认定

——郑某某诉邵武支公司保险合同纠纷案

【案情简介】

2011年3月17日，郑某丙为其本人投保国寿小额贷款借款人意外伤害保险，保额120万元，保险期限一年，第一受益人为某农村信用合作联社，第二受益人为其法定继承人。2011年9月5日，被保险人郑某丙因失火死亡。某农村信用合作联社书面放弃了本保险第一受益人的权益，原告郑某某是唯一的第一顺序继承人，后郑某某在没有向保险公司申请理赔的情况下径行向法院提起诉讼，请求法院判决保险公司向其支付保险金120万元。

诉争保险合同由某农村信用合作联社代理销售出单，使用的保险单一式四联，分别为保险公司留存联、保险公司财务联、信用社留存联、客户联，其中仅客户联背面附有保险责任、责任免除简介，其他联背面没有附保险条款。原告起诉时向法庭提交的证据中的“保险合同”系“信用社留存联”复印件。

涉案保险单证客户联背面的保险条款中，没有对“意外伤害”的含义进行约定，以后新版的单证则进行了约定。

一审法院认为，被保险人郑某丙作为某公司的法定代表人，因企业背负巨额债务无力清偿，把自己锁闭在汽车内并点燃车内存放的汽油，其行为应认定为自杀，保险人不承担保险责任，故判决驳回原告诉讼请求。

原告不服，提起上诉。二审法院经审理认为，公安消防部门的火灾事故调查报告已明确起火原因为“汽车内人员用打火机点燃车内汽油引起火灾”，因此车内人员点火行为是客观的，该点火行为明显出自故意，无论其动机是自焚或纵火，均为法律所不容。在其动机不明的情形下，法院择轻认定其自杀，因此判决驳回上诉，维持原判。

【争议焦点】

本案的争议焦点为被保险人的死亡原因是否属于自杀以及被保险人

自杀身故,保险人能否免除保险责任。

【评析意见】

**一、被保险人自杀身故的事实依据是否充分**

火灾发生后,某市公安消防大队出具了火灾事实调查报告。起火原因调查认定:“起火原因系汽车内人员用打火机点燃车内汽油引起火灾……不排除放火引起火灾的可能性。”另外,某市公安局于2011年9月10日6时41分在网上公布的火灾《情况通报》:“……起火原因系汽车内人员用打火机点燃车内汽油引起火灾。”“经公安机关调查,目前已确定死者郑某,男,某公司法人代表……”

从以上事实分析,某市公安消防大队出具的火灾事实调查报告已明确起火原因为“汽车内人员用打火机点燃车内汽油引起火灾”,而“不排除放火引起火灾的可能性”的表述,应理解为对行为人主观意识的评估,也即车内人员点火行为是客观的,但动机不确定。某市公安局在网上发布的《情况通报》也进一步明确了点燃车内汽油的行为人系郑某丙。进而论之,郑某丙为完全民事行为能力的成年人,其对点燃车内汽油所产生的后果,即造成自己死伤或危及公共人身财产安全,应当明了。该点火明显出自故意,无论动机是自焚或纵火,均为法律所不容。经查,郑某丙具有厌世轻生的动机,一是本人已离婚;二是经商失败,欠债累计4000万元,放高利贷者不时上门催债。因其没有留有遗书且死亡时无旁人在场,在其行为动机不明的情形下,法院择轻认定其自杀是正确的。

从证据理论上分析,法院运用了优势证据规则。《民事诉讼证据若干规定》第七十三条第一款规定:“双方当事人对同一事实分别举出相反的证据,但都没有足够的依据否定对方证据的,人民法院应当结合案件情况,判断一方提供证据的证明力是否明显大于另一方提供证据的证明力,并对证明力较大的证据予以确认。”法院运用逻辑推理和日常生活经验,借鉴现代自由心证规则,认为被保险人有意点火引发火灾事实虽然无法完全确认,但与被保险人不慎失火行为相比,显然更具有高度盖然性,更接近于客观真实,而无论其点火动机是出于自焚或纵火。

**二、保险人免责的法律依据**

《保险法》第四十四条第一款规定:“以被保险人死亡为给付保险金条

件的合同,自合同成立或者合同效力恢复之日起二年内,被保险人自杀的,保险人不承担给付保险金的责任,但被保险人自杀时为无民事行为能力人的除外。”第四十五条规定:“因被保险人故意犯罪或者抗拒依法采取的刑事强制措施导致其伤残或者死亡的,保险人不承担给付保险金的责任……”上述法条对被保险人自杀或故意犯罪导致其自身死亡的情形,明确作出了“保险人不承担给付保险金责任”的规定。

诉争合同为“意外伤害保险”,是以被保险人身体为保险对象,以其遭受意外伤害致残、致死为给付保险金的条件。可见,伤害应来自于非己方的原因,非己方故意才是求偿保险金的基本条件,而郑某的自杀行为显然出于己方的故意,因而不具备求偿的要件。

诉争合同中,保险人将被保险人两年内自杀情形列入合同免责条款,其与法律禁止性规定在实质内容上并无冲突,只是二者的效力存在先后问题,无疑要优先适用法律强制性规定。据此,法院选择援引保险法规定,并无不当。

**【生效法律文书】**

(2012)南民终字第690号民事判决书〔1〕

〔1〕 此生效法律文书见本书第251页。

## 四、被保险人跳楼致死是否属于意外伤害保险责任

——王某某等诉湖州市分公司保险合同纠纷案

**【案情简介】**

2007年11月17日至2008年7月14日，裘某某作为投保人和被保险人共投保4份人身意外伤害保险，保险总金额达165万元。2008年8月12日晚，被保险人裘某某在农家乐饭店参与赌博，遇公安机关突击检查，被保险人裘某某从三楼坠落死亡。其丈夫和女儿于2009年1月13日向保险公司申请理赔。经保险公司调查核实，公安机关出具了排除他杀，无证据表明自杀，符合高坠致胸部严重损伤死亡的情况说明。保险公司委托司法鉴定机构进行鉴定，根据裘某某坠落地点推算，鉴定机构认为裘某某从三楼离空瞬间有2.1～2.5m/s的向前速度且有跨越式动作，证明裘某某系主动跳楼而非失足坠落。据此，保险公司认为被保险人裘某某在可预见自己行为结果的情况下，仍故意实施该行为，不构成保险合同约定的意外伤害，不属于保险责任，作出拒赔的决定并向申请人出具了拒绝赔偿通知书，申请人不服拒付结果，认为被保险人从三楼坠落，属于保险合同条款约定的意外伤害保险责任，遂向法院提起诉讼，要求保险公司给付意外伤害死亡保险金165万元。

一审法院认为，被保险人裘某某系具有完全民事行为能力人的成年人，应预见其跳楼行为可能造成的伤害，故该伤害不是外来的、突发的客观事件，不属于保险合同约定的意外伤害。因此，不属于保险合同约定的意外伤害保险责任范围，判决驳回原告诉讼请求。

原告不服，提起上诉，二审法院审理认为，从农家乐饭店三楼阳台的位置和栏杆的高度可以推定，裘某某在逃离过程中有跨越阳台栏杆的行为，上述行为并未脱离裘某某的本意，故其死亡并非保险合同约定的意外伤害所致，故判决驳回上诉，维持原判。

最后，原告向浙江省高院提出申诉，省高院驳回其再审申请。

【争议焦点】

本案的争议焦点为被保险人坠楼死亡是否属于保险合同约定的意外伤害保险责任范围。

【评析意见】

通常情况下所理解的意外，是指事件的发生出乎意料，而人身保险条款中的“意外伤害”则要根据条款中对“意外伤害”的定义进行理解和判断。在人身意外伤害保险合同条款中，意外伤害是指外来的、突发的、非本意的、非疾病的使被保险人身体遭受伤害的客观事件。即一个客观事件要构成“意外伤害”需要满足“外来的、突发的、非本意的、非疾病的”这四个要件。本案中，保险公司拒付抗辩也需要从这四个要件入手。尽管造成裘某某高坠死亡的原因符合突发的、非疾病的两个要件，但是，要构成意外伤害还必须满足另外两个要件：外来的和非本意的。如果是本意的自主行为造成的伤害，那么这种伤害显然不属于条款约定的意外伤害。保险公司正是从证明裘某某系自己主动跳楼且跳楼导致的死亡结果属于其可预见的范围之内进行答辩，取得了审判机关的认可。其中，保险公司委托司法鉴定机构进行鉴定，该鉴定结果发挥了重要作用。当然，保险公司并不是对所有的“跳楼”事件都不承担意外伤害保险责任，如果是因为火灾、地震等危险情形，被保险人跳楼逃生，造成伤残或死亡的，保险公司就应该承担意外伤害保险责任，即“原因因意外、结果意外”也是保险公司判断某事件是否属于意外伤害事件的一个标准。本案中，裘某某的高坠死亡之起因并不属意外，裘某某等赌徒在面临公安机关的突击检查时，作为被检查对象，应该做的是配合检查，而非跳楼逃避。因此，现场并不存在其他危急情况迫使被保险人非得“跳楼”以达到自救的目的。本案中，裘某某系具有完全民事行为能力人的成年人，应预见其跳楼行为可能造成的伤害，故该伤害不是外来的客观事件造成，不属于保险合同约定的意外伤害。因此，不属于意外伤害保险责任范围。

根据我国保险法的规定，保险事故发生后，按照保险合同请求保险公司赔偿或者给付保险金时，投保人、被保险人或者受益人只向保险公司提供其所能提供的与确认保险事故的性质、原因、损失程度等有关的证明和资料，而保险公司如果认定其不属于合同约定的保险事故而拒付，必须承担相应的举证责任。在很多情况下,保险公司常常因为举证困难而承担不利后果。本案中,保险公司从理赔调查阶段,就有针对性地通过查勘案发现场、走访证人、查阅公安机关调查笔录、司法鉴定等多种形式,证明被保险人系主动跳楼,最后保险公司的抗辩主张得到了法院的认同。

**【生效法律文书】**

(2009)浙湖民终字第491号民事判决书[1]

(2010)浙民申字第1106号民事裁定书[2]

〔1〕 此生效法律文书见本书第256页。

〔2〕 此生效法律文书见本书第262页。

## 五、服用蜂皇浆致死是否属于意外伤害保险责任

——吴某某等诉上海市分公司保险合同纠纷案

**【案情简介】**

2011年10月1日，徐某所在单位为其投保团体保险，保额为40万元，保费为25元，保险期限为自2011年10月1日至12月31日三个月。2011年10月11日深夜，被保险人徐某在家服用蜂皇浆后出现胸闷、呕吐，经医院抢救无效死亡。某市公安局物证鉴定中心检验报告确认："送检徐某心血中未检常见安眠镇静药物、常见农药、毒鼠强、成分"，抢救的某医院出具死亡医学证明书证明徐某直接死亡原因为"窒息"，引起窒息的疾病或情况栏目中为空白。保险公司认为徐某患有哮喘病史，其在饮用蜂皇浆时没有尽到注意义务，导致过敏窒息，因其死亡原因不属于条款约定的"意外伤害"的定义而拒绝理赔。2012年5月，原告吴某某将保险公司、投保公司诉讼至黄浦区人民法院，要求按照投保公司出具的员工保障计划的约定，给付赔偿金100万元。

一审法院认为，徐某服用蜂皇浆之后在短短二十分钟之内引发胸闷、呕吐乃至心音和呼吸全无这一客观事件符合意外伤害保险定义中"突发的"、"外来的"、"非本意的"、"非疾病的"四个要件。因此，其死亡属于意外伤害保险责任范围，故判决保险公司需支付原告40万元保险金。

保险公司不服，提起上诉。最后，双方当事人在法院的主持下达成调解协议。

**【争议焦点】**

本案的争议焦点为被保险人服用蜂皇浆导致死亡事件是否属于保险条款约定的"意外伤害"范围。

**【评析意见】**

如何理解和适用保险条款中关于构成"意外伤害"四大要件——"外来的、突发的、非本意的、非疾病的"的释义，应该结合具体案情对四要素逐一

分析。

我们认为本案被保险人徐某的“意外身故”并不符合保险合同条款中关于“意外伤害”的释义，即并不属于意外伤害保险责任范围，理由为以下几点：

1. 不符合“外来的”条件：本案中的外来因素只有一个，即一勺流质蜂皇浆的服用，这一外来因素不会直接或者单独导致被保险人的死亡。按照一般的常理以及医学常识，少量的流质物，如果排除中毒的可能，并不会成为致害物，就算是流质物误入气管，也会在人体生理机能自我保护功能的作用下呛咳出来，而不会被“呛死”。本案被保险人徐某所服用的蜂皇浆已证明没有有毒成分，其服用后也并没有发生呛咳现象，所以一勺蜂皇浆的服用并不符合意外伤害释义所要求的“外来的”条件。

2. 不符合“突发的”条件：本案中服用一勺蜂皇浆，这唯一的外来因素，常理上，并不会产生剧烈和突然的致害作用。被保险人徐某的反应，是服用一段时间后感到胸闷至窗口处透气，而并没有出现因外服蜂皇浆而招致突然而剧烈的致害。

3. 本案近因的分析判断：被保险人“意外身故”发生过程中，有内服一勺蜂皇浆、胸闷、呕吐物窒息，以及急救医生到来后发现的呼吸道痉挛，其父母告知的重要哮喘病史等一连串的法律事实。在这些事实中，我们认为，内服一勺蜂皇浆因为并不符合意外伤害“外来的”“突发的”的要件，所以应该排除在近因之外；有哮喘病史并且有在医院的过敏原测试的记录，足以证明被保险人徐某是过敏性体质，服用的蜂皇浆是同事赠送的从蜂场直接拿来的，在这一过敏原的诱发下，有过敏性体质的徐某发生了胸闷、呼吸道痉挛、呕吐等病态性反应，因为身体机能的紊乱导致了最后的死亡结果。可见，“意外身故”真正的近因是被保险人徐某内在的身体机制，而内服蜂皇浆只不过是一个诱因，呕吐窒息则是近因引发的临死前的一个症状而已。

争议保险合同的第二十一条约定，意外伤害是指遭受外来的、突发的、非本意的、非疾病的客观事件直接致使身体受到的伤害。这一释义，是目前中国保险市场上几乎所有的商业保险公司都在采用的意外伤害定义。

“意外”概念的界定目标是能够囊括各种人们日常生活中所能经历的

不可预料的不幸事件，如果采用描述性的语言去勾勒无限可能的不幸事件的特征，无疑是一项不可能完成的任务，在这种情况下，采用排除法来界定是明智的选择。只有被保险人主观上是处在“意外”状态，并且同时造成了客观伤害，主客观统一才属于保险责任的范围。这种定义模式体现的因果组合是要求导致意外伤害的原因和结果都是意外的，采用这种双意外的标准源于保险理赔领域寄与度的原则，能够体现保险理赔的科学、公正、公平、合理。

释义中的“意外伤害”是由“意外”和“伤害”两个有内在近因联系的概念组成的。“意外”是指被保险人所遭受的外来的、突发的、非本意的、非疾病的客观事件；“伤害”是指由于该客观事件导致被保险人身体受到保险合同约定的损害、残疾或者死亡；“近因联系”是指意外事件是导致被保险人身体受到损害直接的、单独的原因。

所谓“意外”和“伤害”的内在近因联系，2003 年最高人民法院《关于人民法院审理保险纠纷案件若干问题的解释（征求意见稿）》第十九条规定：“人民法院对保险人提出的其赔偿责任限于以承保风险为近因造成的损失的主张应当支持。近因是指造成承保损失起决定性、有效性的原因。”根据这一意见，我们在判断是否应当按照意外伤害进行赔付的时候，一是要对整个因果关系链进行整体考量，充分考虑致损的诱因，衡量原因对结果发生的作用；二是在存在多个原因时，应当认真分析每一原因对损害发生的作用力，并根据作用力确定是否应当承担保险责任。

因此，我们认为一审判决否定了保险条款中关于意外伤害“外来的、突发的、非本意的、非疾病的” 排除法的界定，割裂了“意外”和“伤害”主客观统一的内在联系。

**【生效法律文书】**

略

# 第六章

# 医疗费用保险

## 一、医疗费用保险是否适用损失补偿原则

——庄某某诉常州市分公司保险合同纠纷案

**【案情简介】**

2008 年 9 月 1 日，庄某某由所在学校为其统一投保了“学生平安保险”的主险以及“附加意外伤害医疗保险”和“附加住院医疗保险”的附加险。保险合同约定，如被保险人遭受意外伤害或者因疾病住院治疗，保险人在保险限额内，按照分级累进、比例给付医疗保险金。

2009 年 3 月 4 日，庄某某发生交通意外并受伤住院，共花费医疗费用 18936.48 元。庄某某通过诉讼从致害人处就医疗费用获得赔偿，之后，其向保险公司申请理赔。保险公司认为庄某某在本次事故中所用去的医疗费已经得到了全额赔偿，在本次事故中不存在损失，不应当再要求保险公司进行赔偿，故拒绝理赔。庄某某遂诉至法院，请求判令保险公司给付医疗保险金 15150 元。

一审法院认为，原告投保的附加险属于损失补偿性保险，保险公司不应再对其医疗费用进行赔偿，故判决驳回原告诉讼请求。

原告不服，提起上诉。二审法院认为，附加险是基于人身发生意外伤害或疾病而形成的保险，不能因涉及经济损失而将其归属于财产保险。附加险应当属于人身保险范畴。损失补偿原则是适用于财产保险的一项重

要原则,并不适用于人身保险。因此,判决撤销原判,改判保险公司向原告给付保险金13428元。

**【争议焦点】**

本案的争议焦点是医疗费用保险是否适用损失补偿原则。

**【评析意见】**

保险理论界和实务界普遍认为,损失补偿原则是财产保险的一项重要原则,但对于医疗费用保险是否适用损失补偿原则,则存在很大的争议。

我国《保险法》第十二条第三款、第四款分别规定,人身保险是以人的寿命和身体为保险标的的保险;财产保险是以财产及其有关利益为保险标的的保险。由此可见,我国保险法划分保险类别的依据是保险标的,并且依据保险标的将保险业务划分为人身保险和财产保险这两类。《保险法》第九十五条第一款又规定,人身保险业务包括人寿保险、健康保险、意外伤害保险等保险业务;财产保险业务包括财产损失保险、责任保险、信用保险、保证保险等保险业务。按照保险法的前述规定可以进行以下逻辑推理:人身保险的保险标的是人的寿命和身体(大前提),健康险与意外伤害险属于人身保险(小前提),因此健康险与意外伤害险的保险标的只能是被保险人的寿命和身体,不能是与被保险人有关的财产或者财产利益(结论)。所以,我国保险法规定的损失补偿原则只适用于财产保险,不适用于健康保险、意外伤害保险等人身保险。

根据不同的分类标准,可以对保险合同进行多种分类。如按照保险标的性质的不同,可分为人身保险合同与财产保险合同;如依据保险金给付方法的不同,又可以将保险合同分为定额给付保险和损失补偿保险。定额给付型的保险,保险人在保险事故发生后按照约定的金额给付保险金;费用补偿型的保险,保险人在保险事故发生后按照约定的范围与标准补偿被保险人的医疗费用支出或收入减少。费用补偿型保险的保障功能,主要在于填补保险事故造成的被保险人财产损失,因而具有财产保险的属性与特征。随着现代保险业的发展,人们逐渐认识到人身保险中也存在具有损害补偿性质的保险,既不属于传统意义上的财产保险,也不是纯为定额给付性的人身保险,学者将之称为“中间性保险”。目前,德、日等大陆法系国家在修订保险法时,均摒弃了依保险标的性质来划分保险合同的传统分类方法，而是将保险合同分为补偿保险与定额保险。保监会《健康保险管理办法》也明确规定，医疗保险按照保险金的给付性质分为费用补偿型医疗保险和定额给付型医疗保险。两种保险的保险费率不同，消费者可根据自身需求选购。由此可见，我国保险监管部门允许保险公司可以销售两种不同性质的医疗费用保险。

所以，上述逻辑推理的结论明显与保险业务实践脱节。保险法与实务之间存在如此矛盾的原因不在于大前提的错误，而在于小前提的错误。即我国保险法采取的上述保险分类方法具有明显的缺陷，没有区分健康险与意外伤害险分别具有定额给付型保险与费用补偿型保险的现实情形，抹杀了费用补偿型的健康险与意外伤害险的保障功能在于填补被保险人财产损失的本质属性。一概而论地将全部健康险与意外伤害险均规定为人身保险业务，是导致上述逻辑推理不能成立的根本原因。

我们认为，实务处理中，对医疗费用保险是否适用损失补偿原则应当遵循合同“有约定从约定”的原则。如《国寿住院费用补偿医疗保险》，从保险合同名称上就显著表明其适用补偿原则。当然，如果保险合同对此没有约定或者约定不明，投保人在投保时，保险人没有向其详细披露不同类型医疗费用保险不同的精算基础、不同保险费率所对应的不同保险保障范围等信息，投保人未根据这些信息作出投保选择的，尽管保险人确系依据补偿性保险来收取的保费，但由于合同未约定或约定不明导致消费者对保险合同的保障产生合理期待的，保险人对于在条款中没有明确说明不赔的保险责任，保险公司应当予以赔付。值得一提的是，《保险法司法解释三》对此作出明确规定，该司法解释第十八条规定：“保险人给付费用补偿型的医疗费用保险金时，主张扣减被保险人从公费医疗或者社会医疗保险取得的赔偿金额的，应当证明该保险产品在厘定医疗费用保险费率时已经将公费医疗或者社会医疗保险部分相应扣除，并按照扣减后的标准收取保险费。”说明最高院已经明确了医疗费用保险在一定前提下是可以适用损失补偿原则的。

**【生效法律文书】**

（2009）常少民终字第 23 号民事判决书[1]

---

〔1〕 此生效法律文书见本书第 264 页。

## 二、意外伤害医疗保险是否适用损失补偿原则

——伍某诉宁远支公司保险合同纠纷案

【案情简介】

伍某于2007年8月25日投保了学生、幼儿平安保险（Y型），保险金额为意外伤害金8000元，附加意外医疗金3000元，附加住院医疗金20 000元，保险期限为一年。2008年6月9日，伍某被第三人驾驶货车撞伤，花费医疗费20 809.55元，交警认定货车司机负事故全责。2008年8月，货车司机赔付医疗费等经济损失40 082.88元。后伍某向保险公司索赔保险金，保险公司以肇事司机已向原告赔偿医疗费为由拒不给付保险金，伍某遂诉诸法院，请求判令保险公司依照保险单支付附加意外医疗金3000元、附加住院医疗金20 000元，并承担本案诉讼费用。

一审法院认为，保险合同系双方真实意思表示，合法有效。依照保险合同约定，附加意外医疗金和附加住院医疗金都是按比例支付，伍某请求数额过高，予以部分支持。但是被保险人是否获得意外伤害赔偿既不属于法定的保险责任免除情形，也不属于合同约定的保险责任免除情形，因此判决保险公司支付附加意外医疗金3000元，附加住院医疗金14 767.64元，合计17 767.64元，案件受理费500元由被告负担。

保险公司不服提起上诉，二审法院审理认为，人寿保险中的附加住院医疗保险具有补偿性特点，伍某住院期间所花医药费不应重复赔偿，但是考虑到伍某确实受到意外伤害构成十级伤残，应酌情考虑补偿，故判决变更一审判决为被告补偿原告人民币6000元。

原告不服二审判决，向检察机关申诉。2011年某省人民检察院向该省高级人民法院提出抗诉，认为二审民事判决适用法律错误，关于"人寿保险中附加住院医疗保险具有补偿性特点"没有法律依据。某省高级人民法院提审审理后认为保险公司据以免责理由的依据应当是法律规定和保险合同的约定。诉争合同系人身意外伤害保险的附加险，同样具有人身保险之性质，不适用补偿原则，故保险公司不具备法律规定的免责理由。从双方

约定来看，保险公司提供的格式合同存在两种解释，应采用对保险公司不利的解释；从双方约定来看，保险公司也不能以肇事司机的赔付作为拒绝承担保险责任之理由。因此二审法院判决撤销二审判决，维持一审民事判决。

【争议焦点】

本案的争议焦点是意外伤害医疗保险是否适用损失补偿原则。

【评析意见】

**一、免责理由是否符合法律规定**

我国保险法将保险分为人身保险和财产保险。人身保险又包括人寿、健康、意外伤害等保险。意外伤害医疗保险属于人身保险范畴。人身保险是以人的身体、寿命为其保险标的，因其标的的无价性，故不以被保险人人身遭受的实际损害为依据，而是支付定额的保险金。医疗险是对被保险人实际所支出的合理医疗费用进行偿付，其保险标的不是被保险人的身体健康，因而具有财产性质。

损失补偿原则是指投保人与保险人订立保险合同，将特定危险转移给保险人承担，当保险事故发生时，保险人给予被保险人的经济赔偿恰好填补被保险人遭受保险事故的经济损失。“填补损失”在保险关系中即称为“补偿”。补偿原则适用于财产保险，而对人身保险合同是否适用补偿原则存在很大的争议。按照《保险法》第四十六条“被保险人因第三者的行为而发生死亡、伤残或者疾病等保险事故的，保险人向被保险人或者受益人给付保险金后，不享有向第三者追偿的权利，但被保险人或者受益人仍有权向第三者请求赔偿”，以及中国保险监督管理委员会《关于界定责任保险和人身意外伤害保险的通知》第二条的规定，法律并不禁止人身保险的被保险人获得双倍赔偿或超过实际损失的赔偿。这与财产保险是有区别的。

目前，法院通常对于医疗险是否适用补偿原则的判决依据是保险合同是否载明补偿原则以及是否对补偿原则进行了明确说明。若保险合同约定了补偿原则且作了明确说明，则法院会根据私法自治原则，认定该约定合法有效，因而做出适用补偿原则的判决。若保险合同未载明补偿原则，保险人往往承担相应的不利后果。学术界倾向于将保险分为损害填补保险与定额给付保险，该种分类是以保险金之给付性质为标准做出的。其中损害填补保险是指保险事故发生后保险人依据被保险人的实际损失而支付保险金的保险,通常以财产保险居多。定额给付保险则是双方当事人预先协议一定数额的保险金额,保险事故发生后,由保险人按照该保险金额承担责任的保险,大多数人身保险都是定额给付型的保险。此种分类方式契合了保险的基本原理与精神,对规范保险活动,保护保险活动当事人的合法权益,维护经济秩序及社会利益有着重要意义。这在上述的《关于界定责任保险和人身意外伤害保险的通知》中也有一定的体现。

本案中审理法院认为,附加意外伤害医疗金和附加住院医疗金系人身意外伤害保险的附加险,具备人身保险之性质,不适用补偿原则,被告并不具备法律规定的免责理由。

**二、免责理由是否符合合同约定**

保险合同中的免责条款,是指当事人约定的用以免除或限制其未来合同责任的条款。在人身保险合同中约定补偿原则,实际上是免除了保险人就被保险人或受益人已获赔偿部分的保险责任,应当被认定为免责条款。

从双方保险合同的约定来看,学生、幼儿平安保险(Y 型)保险单背书的《国寿学生、幼儿平安保险附加意外医疗保险条款》与《国寿学生、幼儿平安保险附加住院医疗保险条款》摘要均未将侵权人的赔付作为被告的免责理由。同时,法院认为被告保险责任条款中有两种理解,"被保险人在二级以上(含二级)或者本公司认可的医院诊疗所支出的,符合当地社会医疗保险主管部门规定可报销的医疗费用"。第一种理解为保险公司仅对被保险人自身实际支出的医疗费用承担保险责任。第二种理解为保险公司对被保险人医疗所支出的全部费用承担保险责任,而不论该费用是否有被保险人自身所支付。根据《合同法》第四十一条之规定,对格式条款发生争议的,应当按照通常理解予以解释,对格式条款有两种解释的,应当作出不利于提供格式条款一方的解释。该格式条款是由被告作出的,因此采用第二种解释。因此,从双方保险合同约定而言,被告亦不能适用补偿原则,即不能以肇事司机的赔付作为拒绝承担保险责任的理由。

综上,审理法院从法律规定和合同约定两方面均认为补偿原则不适用于意外伤害医疗保险和意外住院医疗保险。但是从保险实践来看,医疗保险产品存在两种类型,即费用补偿型和定额给付型。中国保险监督管理委员会制定的《健康保险管理办法》认可和支持了实践中的这一做法。对于费用补偿型的医疗保险产品而言,保险人仅对被保险人未受补偿的部分进行赔付。保险作为一种商事行为,应尊重当事人意思自治原则,允许当事人在不违反法律禁止性规定的前提下,自行创设权利义务。因此,保险公司根据市场需求推出的费用补偿型的保险产品并不违反法律的禁止性规定。

**【生效法律文书】**

(2012)湘高法民再终字第191号民事判决书[1]

〔1〕 此生效法律文书见本书第270页。

## 三、意外伤害医疗保险能否适用损失补偿原则

——王某某诉安平支公司保险合同纠纷案

**【案情简介】**

2010年2月，王某某向保险公司购买了一份意外伤害保险，保险代理人在保险卡上代王某某进行了签名。2011年7月，王某某在公司上班时左手意外挤伤，经工伤评定为10级伤残，共支出医疗费5422.77元。王某某在社保报销了5236.07元，并领取伤残补助金9000元。随后，王某某又向保险公司申请理赔，保险公司认为，该保险合同为费用补偿型保险，由于被保险人医疗支出已经由社保全额补偿，被保险人不能额外受益。另外，被保险人的伤情也未达到保险条款《人身保险残疾程度与保险金给付比例表》中的伤残等级标准，其伤残程度不在保险责任范围之内，因此拒赔。王某某不服，向法院提起诉讼。

一审法院认为，保险公司虽然向原告提供了格式条款，但附上合同中涉及的《人身保险残疾程度与保险金给付比例表》，足以说明被告未尽到提示或明确说明义务，故该条款不产生效力。根据保险法相关规定，被保险人因第三者的行为发生保险事故的保险人支付保险金后，被保险人仍有权向第三者请求赔偿，故判决保险公司败诉。

保险公司不服，提起上诉。二审法院审理认为，由于保险公司没有对责任免除条款尽到解释说明义务，故保险责任条款中约定的免除保险公司责任的条款对投保人不发生法律效力。但原审法院选择适用最高人民法院《关于审理人身损害赔偿案件适用法律若干问题的解释》的相关标准，替代保险合同中伤残保险金理赔标准也没有依据，故判决变更一审判决赔偿金额。

**【争议焦点】**

本案的争议焦点有三个：一是代理人代签保险合同是否导致合同无效；二是意外伤害医疗保险能否适用损失补偿原则；三是保险条款中的《人身保险残疾程度与保险金给付比例表》是否有效。

【评析意见】

**一、代理人代签保险合同是否会导致合同无效**

由于保险代理人在代替投保人签名的时候没有取得投保人的授权，其签名行为显然属于无权代理。但是，无权代理并不必然导致合同无效，而是合同属于效力待定状态。只要被代理人认为该合同对其有利且事后予以追认，该合同就生效。具体到本案，尽管该保险合同系保险代理人替投保人进行代签名，但投保人在庭审时明确表示对保险代理人的代签名行为进行追认，因此涉案保险合同是有效的。

**二、意外伤害医疗保险能否适用损失补偿原则**

根据我国《保险法》第九十五条之规定，人身保险业务包括人寿保险、健康保险、意外伤害保险等保险业务。因此，意外伤害医疗保险显然属于人身保险范畴。从我国保险法的规定来看，人身保险既没有重复投保的限制，也不适用损失补偿原则。但是从保险实践来看，现实医疗保险产品存在两种类型，即费用补偿型和定额给付型。保监会制定的《健康保险管理办法》也充分认可和支持了实践中的这一做法。对于费用补偿型的医疗保险产品而言，保险人仅对被保险人未受补偿的部分进行赔付。我们认为，保险作为一种商事行为，应尊重当事人意思自治原则，允许当事人在不违反法律禁止性规定的前提下，自行创设权利义务。因此，保险公司根据市场需求推出的费用补偿型的保险产品并不违反法律的禁止性规定，应认定为有效。当然，保险公司应就相关条款事先充分向投保人尽到说明义务，以让投保人在综合考虑各种因素后，根据自身需要自主作出是否投保的决定。

造成理论界和司法实务界对此问题争执不休的根本原因在于保险法没有明确区分费用补偿型保险与定额给付型保险在保障功能上的差别，将上述两种类型的健康险和意外险都笼统规定为人身保险业务，由此导致司法适用的混乱。因此，我们建议立法机关尽快修订保险法相关规定，明确损失补偿原则对于费用补偿型保险的适用。

**三、保险条款中的《人身保险残疾程度与保险金给付比例表》是否有效**

由于保险合同是格式合同，对于保险公司而言，在订立合同时向投保人交付全部保险合同条款文本是当然的义务。本案中，保险公司尽管向投保人提供了保险条款，但却未交付《人身保险残疾程度与保险金给付比例表》（以下简称《比例表》），更未对相关内容进行说明和解释。因此从法律上而言，该《比例表》并未被订入保险合同之中，不能成为保险合同的组成部分，因此该《比例表》依法不应生效。本案二审判决尽管认为该《比例表》对投保人不产生法律效力，但理由是认为该《比例表》减轻、免除了保险公司责任，在性质上属于责任免除条款，因保险人没有向投保人履行明确说明义务所以不产生效力。我们认为，这个理由值得商榷。事实上，该《比例表》[1]是确定保险公司承保危险的范围，显然应当属于责任条款的范畴。

**【生效法律文书】**

（2012）安民二初字第1232号民事判决书[2]

（2012）衡民二终字第188号民事判决书[3]

---

〔1〕 根据保监会《关于人身保险伤残程度与保险金给付比例有关事项的通知》（保监发〔2013〕46号），新的保险条款中已经不再适用《人身保险残疾程度与保险金给付比例表》，特此说明。

〔2〕 此生效法律文书见本书第276页。

〔3〕 此生效法律文书见本书第283页。

# 第七章

# 保险合同的理赔

## 一、保险合同中存在分项保险责任时保险金额的认定

——陈某诉深圳市分公司保险合同纠纷案

**【案情简介】**

2005年3月11日，投保人黄某为其妻陈某投保重大疾病定期保险，保险金额为5万元，年交保费1150元。保险合同于2005年3月12日生效。2007年12月24日，陈某骑自行车被机动车撞伤，到医院接受近7个月治疗，仍昏迷，不能说话，未能起床，基本生活需他人帮助。经鉴定，其伤残等级分别为：二级、三级、四级。2008年7月22日，黄某作为陈某的代理人向保险公司提出理赔申请，要求给付保险金。保险公司经审核资料后，根据涉案保险合同约定，作出了给付高残保险金人民币5万元，保险合同终止的处理决定。

2013年1月9日，陈某对保险公司的理赔结果不满，认为其因交通事故受伤并身体右侧瘫痪，既符合身体高度残疾又符合重大疾病的条件，根据保险合同条款约定，保险公司除赔付其高残保险金以外，还应赔付其重大疾病保险金5万元和住院医疗保险金1万元，遂向法院提起诉讼。

一审法院认为，陈某在遭受交通事故导致高度残疾后，保险公司依据合同赔偿5万元的保险金，陈某再行主张重大疾病保险金5万元和所谓可得利益，没有合同和法律依据。住院医疗保险属于附加保险，在主险效力

终止的前提下，附加险合同不能单独继续履行，保险公司应当依据被保险人实际支出的医疗费用，在保险额度5000元范围内赔偿原告的住院医疗费用。故判决保险公司给付原告住院医疗保险金5000元，驳回原告的其他诉求。

原告陈某不服，提起上诉。二审法院审理认为，从文义解释来看，条款不存在歧义，无论根据法律规定还是约定，陈某均无权再主张重大疾病保险金及可得利益。故判决驳回上诉，维持原判。

2014年5月14日，陈某向高院提起再审申请，最终法院做出驳回陈某再审申请的民事裁定。

**【争议焦点】**

本案的争议焦点在于涉案保险合同条款是否存在歧义，即保险公司除依据保险合同赔付被保险人高度残疾保险金以外，是否还应赔偿其所主张的重大疾病保险金。

**【评析意见】**

**一、关于保险合同条款的解释**

涉案保险合同《康宁定期保险利益保障条款》第三条“保险责任”条款约定：“在本条款有效期内，本公司负下列保险责任：1. 被保险人在本条款生效（或复效）之日起一百八十日后初次发生，并经本公司指定或认可的医疗机构确诊患重大疾病（无论一种或多种）时，本公司按保险金额给付重大疾病保险金，本条款的效力终止。2. 被保险人身故，本公司按保险金额给付身故保险金，本条款的效力终止。3. 被保险人身体高度残疾，本公司按保险金额给付高度残疾保险金，本条款的效力终止。4. 被保险人生存至七十周岁的生效周年日，本公司按所交付的保险费（不计利息）给付满期保险金，本条款的效力终止。”本案中原告方主张，依据保险条款的约定，上述四项保险责任（重大疾病、身故、高度残疾、满期给付）是同时并存的，条款中均注明保险公司承担每一项保险责任后“本条款的效力终止”，是指该条款的效力终止，其他条款仍然有效，因而保险公司无权终止合同，应继续承担其他同时并存的保险责任（包括高度残疾、满期给付以及身故等）。而被告保险公司方认为，四项保险责任无法同时并存，特别是其中的身故责任与其他重大疾病、高度残疾显然无法同时存在，此处的本条款是指《康宁定期保险利益保障条款》，保险公司承担其中的一项保险责任后，保险合同即终止。可见，双方当事人在对保险合同的责任理解方面产生了不同意见，本案涉及对于保险条款内容的解释问题。

本案保险事故的发生及理赔均发生于2009年10月1日以前，依据《保险法司法解释一》第一条和第三条的规定，本案保险合纠纷应当适用2002年《保险法》。广东省高级人民法院《关于审理保险合同纠纷案件若干问题的指导意见》第二十六条规定："保险人与投保人、被保险人以及受益人对保险合同的格式条款存在争议时，应从保险合同的用词、相关条款的文义、合同目的、交易习惯以及诚实信用原则，认定条款的真实意思。"本案《康宁定期保险利益保障条款》第一条、第三条、第四条、第七条至第十条中均出现了"本条款"的表述，联系上下文意思可以看出，第三条各项保险责任中"本条款的效力终止"在各处出现时意思表示一致，均系指《康宁定期保险利益保障条款》终止，它的含义是明确的。同时，涉案《人寿保险合同基本条款》第一条"保险合同构成"中约定："本保险合同由保险单、现金价值表、条款等共同构成。"综上，"本条款"三字应从前后文的意思、合同的有关条款、合同所使用的词句以及合同的目的来看，内容非常明确，就是指整个《康宁定期保险利益条款》并不存在歧义。

**二、关于涉案保险合同约定的保险金额**

本案保险合同明确约定康宁定期保险的保险金额为人民币5万元，涉案《人寿保险合同基本条款》中约定，保险金额"系指列明于保险单内的保险金额数，有关的保障利益均以此金额为基础计算"。原告方据此认为，保险金额是合同计算保障利益的基数，并未约定是保险公司支付保险金的最高限额，因此其有权得到超过5万元的保险赔付。2002年《保险法》第二十四条规定："保险金额是指保险人承担赔偿或者给付保险金的最高限额。"上述约定与《保险法》的规定并不矛盾。同时涉案保险合同中关于保险责任的约定中，保险公司在保险有效期内负有重大疾病、身故、高度残疾和满期生存给付四项责任，但每一款均约定按保险金额给付保险金后，"本条款的效力终止"。即合同载明的5万元保险金额是保险公司承担保险责任的最高赔付金额，一旦被保险人发生上述保险责任条款所列四种情况中任何一种时，保险公司的最高给付额度为5万元。因此，法院的判决是正确的。

**【生效法律文书】**

(2013)深中法民终字第2577号民事判决书[1]

〔1〕 此生效法律文书见本书第289页。

## 二、团体保险中投保单位无权领取保险金

——何某某诉珠海市分公司保险合同纠纷案

【案情简介】

何某某是A电器公司的员工,2007年4月17日,A电器公司为公司员工投保团体人身意外伤害保险,附加意外伤害医疗保险。意外伤害保险金额每人人民币100 000元,医疗保险金额人民币12 000元。2007年5月19日,被保险人何某某在工作中意外压伤右手,经市劳动能力鉴定委员会认定,何某某工伤残疾等级6级。2008年4月2日和2010年4月30日,A电器公司按合同约定向保险公司提出理赔申请,支付方式是根据《声明书》和《垫付说明》要求转账支付,保险公司分别于2008年4月、2010年5月向A电器公司支付医疗保险金12 000元及伤残保险金10 800元。何某某认为《声明书》和《垫付说明》非其本人签名,本人未同意将保险金转入A电器公司的账户,且至今未收到保险金,遂于2013年9月9日诉至法院,要求A电器公司和保险公司连带支付上述保险金。

【争议焦点】

本案的争议焦点是团体保险中投保人能否领取保险金,在投保人已经领取保险金的情况下,投保人是否应退还给公司员工,保险公司是否应承担连带责任。

【评析意见】

保险实务中,有部分投保单位为被保险人代为办理理赔并要求将理赔金转入投保单位账户,一则方便投保单位管理,二则方便投保单位解决与被保险人之间的纠纷。而此类情况无形中给保险公司的经营管理带来了一定的风险。《保险法》第三十九条规定:"人身保险的受益人由被保险人或者投保人指定。投保人指定受益人时须经被保险人同意。投保人为与其有劳动关系的劳动者投保人身保险,不得指定被保险人及其近亲属以外的人为受益人。被保险人为无民事行为能力人或者限制民事行

为能力人的，可以由其监护人指定受益人。”本案中保险公司因将保险金转入投保单位账户导致被诉，且从一审判决来看，有部分法官认为保险公司需尽到审核义务，必须确认理赔金的转入是否为被保险人的真实意愿。

**一、A 电器公司是否应将收取的保险赔偿金支付给被保险人**

何某某作为电器公司员工，在保险合同中处于被保险人的法律地位，有权依据保险合同约定获得保险赔偿金。A 电器公司作为投保人，既非被保险人，亦非保险合同指定的受益人，其收取保险理赔款后应按照保险合同约定转交何某某。涉案理赔款为商业保险的保险赔偿金，应依照保险合同以及法律规定确认所得，A 电器公司与何某某之间并未就该款的处置作出特别约定，A 电器公司辩称可从中抵扣为何某某支付的医疗费，既无合同约定，也无法律依据，所以 A 电器公司应将收取的理赔款返还给何某某。

从法律关系上来看，我们认为，本案是保险合同纠纷，解决的是保险理赔款的权属问题，如果 A 电器确有为何某某支付医疗费的问题，那也是另外一个法律关系，应在另外一个诉讼中解决。

**二、保险公司是否应承担连带支付保险赔偿金责任**

保险合同特别约定了由投保人获取被保险人或受益人授权后办理理赔事宜并领取理赔款，理赔款由投保人转交给被保险人。A 电器公司提交的很多申请资料有“何某某”的签名授权，且加盖了 A 电器公司的公章，保险合同并未明确约定授权手续的具体形式，何某某到现场确认理赔并非 A 电器公司代办理赔事宜并领取理赔款的必要条件，保险公司根据投保人 A 电器公司提交的有“何某某”签名的申请资料向 A 电器公司支付理赔金，已尽到合理审查义务，符合保险合同约定。何某某对申请资料中授权签名的真实性提出异议，但没有提出笔迹鉴定申请，也没有提交其他证据证实。且即便签名真实性存在问题，在保险公司已尽到合理审查义务的情况下，亦应由 A 电器公司承担无授权收取理赔款的法律后果，所以保险公司不应承担连带支付保险赔偿金的责任。

因此，在理赔过程中若将理赔金转入投保单位，保险公司应确认被保险人真实意愿并留存相关证据，避免出现被保险人不认可，导致出现重复给付保险金的风险。

【生效法律文书】

(2014)珠中法民二终字第34号民事判决书[1]

〔1〕 此生效法律文书见本书第296页。

## 三、驾驶未年审车辆发生交通事故保险公司不承担保险责任
### ——宗某某诉如皋支公司保险合同纠纷案

**【案情简介】**

2002年8月12日，投保人洪某某为自己投保了终身保险，基本保额10000元，年交保费680元，保险受益人为宗某某。保险条款中保险责任约定，若被保险人身故，保险公司按基本保额的三倍给付身故保险金；责任免除中约定被保险人驾驶无有效行驶证的机动交通工具导致被保险人身故，保险公司不负保险责任。洪某某在投保单最后的格式条款“贵公司已对保险合同的条款内容履行了说明义务，并对责任免除条款履行了明确说明义务……”下方投保人栏和被保险人栏分别签名。

2011年8月19日，被保险人洪某某驾驶二轮摩托车（检验合格至2007年6月）与一辆小型轿车相撞，导致受伤，经抢救无效于8月20日死亡。2011年9月28日，交警作出道路交通事故责任认定书，认定洪某某驾驶未定期检验的机动车通过没有交通信号灯控制也没有交通警察指挥的交叉路口，拐弯时未让直行的车辆优先通行，与对方分别承担事故的同等责任。2011年9月16日，如皋市车辆安全技术检测站对二轮摩托车检测后认为该车因撞击导致前刹车把手损坏，制动无法检验，转向合格，喇叭合格。

后宗某某到某保险公司申请赔偿保险金，根据受益人提供的理赔申请资料（交通事故认定书、驾驶证、行驶证等），保险公司审核发现被保险人出险时驾驶的摩托车检验合格只到2007年6月，此后一直未再按规定进行年审。于是，保险公司根据保险条款中的“被保险人驾驶无有效行驶证的机动车导致被保险人身故的，保险公司不承担保险责任”之规定，认定本次事故属于条款规定的责任免除范围，因此拒赔，作出解除保险合同并退还所交保险费的决定。受益人不服，将保险公司诉至法院。

一审法院经审理认为，洪某某在投保时在投保单中确认了保险公司对免责条款已向其履行了明确说明义务。洪某某驾驶四年未定期检验的机动车发生保险事故后，相关部门对事故车辆的制动无法检验，对保险公司

依据保险合同条款提出免除保险责任的抗辩意见应予支持，判决驳回原告诉讼请求。

一审判决作出后，原告不服提起上诉。二审法院审理认为，行驶证已明确载明有效期至2007年6月，2007年6月之后未进行检验该行驶证当然失效，洪某某驾驶无有效行驶证的案涉车辆发生交通事故，符合案涉免责条款约定的免责情形，故判决驳回上诉，维持原判。

**【争议焦点】**

本案的争议焦点有两个：一是行驶证未按期年检是否属于免责条款范围；二是保险公司是否对免责条款履行了明确说明义务。

**【评析意见】**

**一、行驶证未按期年检是否属于免责条款范围**

《道路交通安全管理条例》第二十条规定："机动车必须按车辆管理机关规定的期限接受检验，未按规定检验或检验不合格的，不准继续行驶。"因此，本案中被保险人驾驶的摩托车必须按规定接受安全技术检验，即年检，否则不能上路行驶。每次机动车年检后都会在行驶证上加盖年检章，以证明该机动车辆已按规定接受年检，能合法上路行驶；反之，机动车辆如未按规定接受年检，那么即使持有行驶证也不能驾驶该机动车辆上路行驶。这意味着形式上行驶证本身在其有效期之内，但从其所对应的机动车辆未按规定接受年检不能合法上路行驶这一角度看，该行驶证实质上并非法律上有效的行驶证。

经法院审理查明，事故车辆只检验合格至2007年6月，事故发生时已四年未检验，行驶证的有效期仅到2007年6月。既然行驶证已明确载明有效期至2007年6月，2007年6月之后便未进行检验，该涉案车辆行驶证当然处于失效状态。另外，行驶证按期年检是车辆合法上路的先决条件之一，保险公司在保险条款中将酒后驾驶、无证驾驶及驾驶无有效行驶证的车辆等行为作为免赔范围，实际上是保险行业的一种通行做法并构成一项良性保险惯例。如果否认这些良性惯例，必将直接导致保险合同法规范与道路交通安全法规范的体系违反，并间接鼓励违法行为。

此外，有人主张保险公司要想免责还需证明被保险人驾驶无有效行驶证车辆与被保险人死亡、伤残有因果关系。对此，我们认为，要求保险公司在每个事例中举证证明驾驶无有效行驶证的机动车辆与导致被保险人死亡、残疾等有因果关系不仅是极其困难的，也是极其不合理的。如同酒后驾驶一样，即使被认定为发生事故时属于酒后驾驶，但酒后驾驶与事故发生是否具有因果关系是很难加以论证的。事实上，无论是酒后驾驶、无证驾驶还是驾驶无有效行驶证的机动车辆发生事故都属于危险状态免责，而不是事故原因免责，只要保险事故发生时被保险人处于酒后驾驶、无驾驶证或行驶证驾驶这种责任免除条款所规定的危险状态之下，保险公司就可免予其保险责任，而无须证明保险事故是由酒后驾驶或无证驾驶这种危险状态所导致的。

**二、保险公司是否对免责条款履行了明确说明义务**

经法院审理查明，在投保单中的“声明与授权”中，保险公司已用黑体加粗字体提示投保人注意免责条款，投保人已在该处签字确认。投保人作为完全民事行为能力人应当知道自己签字所产生的法律后果。《保险法司法解释二》第十一条第一款规定：“保险合同订立时，保险人在投保单或者保险单等其他保险凭证上，对保险合同中免除保险人责任的条款，以足以引起投保人注意的文字、字体、符号或者其他明显标志作出提示的，人民法院应当认定其履行了保险法第十七条第二款规定的提示义务。”《保险法司法解释二》第十三条第二款规定：“投保人对保险人履行了符合本解释第十一条第二款要求的明确说明义务在相关文书上签字、盖章或者以其他形式予以确认的，应当认定保险人履行了该项义务。但另有证据证明保险人未履行明确说明义务的除外。”所以，保险人在保险合同订立时采用足以引起投保人注意的文字、符号、字体等特别标识对免责条款进行提示，且投保人对保险人已履行了符合前款要求的明确说明义务签字或者盖章认可的，除非有相反证据证明保险人未履行明确说明义务，人民法院应当认定保险人履行了明确说明义务。

此外，就保险代理人对免责条款是否履行明确说明义务的问题，诉讼中原、被告均向法庭提供了保险代理人的书面证词，但证词内容完全相反。由于双方都没有向法庭申请该保险代理人出庭作证，法庭考虑到保险公司向保险代理人询问时该代理人已经离开公司，与保险公司已经没有利害关系；而该代理人与投保人却是妯娌关系，存在利害关系。综合权衡各种因素,法庭最终没有采信原告方提供的保险代理人证言。

**【生效法律文书】**

(2012)通中商终字第0462号民事判决书[1]

〔1〕 此生效法律文书见本书第305页。

## 四、被保险人自杀身亡理赔若干问题探讨

——刘某某等诉上海市分公司保险合同纠纷案

**【案情简介】**

2008年1月1日，刘某与上海某外服公司签订劳动合同，约定根据《派遣协议书》确定英国某机构上海代表处为刘某的用工单位。2009年7月至2011年4月，外服公司为被保险人刘某等所属员工连续投保团体意外伤害保险，每份保险合同的期限为三个月，保险金额100万元。2011年4月21日，刘某自缢身亡。刘某的父母向保险公司申请理赔，保险公司以被保险人"自杀"不属于保险责任范围为由拒赔。刘某的父母遂以保险公司和其所在单位为被告诉至法院，要求两被告连带承担保险赔偿金100万元。

一审法院认为，被保险人刘某在合同期内自杀身亡，而非遭受意外伤害导致死亡。同时，原告未能提供证明被保险人自杀时无民事行为能力的证据，故判决驳回原告诉讼请求。

原告不服一审判决，提起上诉。二审法院审理认为，从上诉人提供的刘某的就医材料等证据来看，不能证明刘某在自杀时属无民事行为能力人，而且本案现有证据亦不能证明刘某自杀系"外来的、突发的、非本意的、非疾病的"客观事件所致。被保险人的自杀身亡难以认定为意外事件，故判决驳回上诉，维持原判。

**【争议焦点】**

本案的争议焦点有两个：一是系争保险合同的投保人如何认定；二是保险公司以被保险人自杀身亡拒赔是否具有合同和法律依据。

**【评析意见】**

本案的关键在于被保险人自杀身亡是否属于诉争保险合同约定的责任范围，经过双方举证、质证，法院审理后认为，根据现有证据不能证明被保险人身故属于保险条款所约定的"外来的、突发的、非本意、非疾病的客观事件所直接导致的伤害"，据此不支持原告的诉讼请求。关于原告所提

出的保险期间问题，法院认为投保单、保单、条款等投保资料是认定双方保险合同关系的依据，因此，保险期间应以投保记载为准。同时，前述已对被保险人身故不属于条款所载“意外伤害”作出认定，故保险期间也不对理赔产生影响。

## 一、投保人身份的认定

原告认为，真正的投保人是英国某机构上海代表处而非外服公司，因为保费系由英国某机构上海代表处交纳，外服公司具有保险兼业代理的资质，其具有双重身份，既是刘某的人事代理，又是保险公司的代理人。外服公司和保险公司均认为投保人为外服公司。保险公司向法院提交了九份团体保险投保单，投保人为外服公司，被保险人包括刘某在内，保费的交纳人是外服公司。我们认为，投保人身份的认定应当依据保险法的规定并结合当事人订立保险合同的事实予以确定。投保人是与保险人订立保险合同并支付保费之人。对于原告主张的每月 70 元的“保费支出”，我们认为其性质属于向外服公司缴纳的管理费，与被保险人刘某三个月 62.5 元的保费并不对应，也没有直接的关联，外服公司并非刘某的保险代理人。

外服公司尽管有保险兼业代理资质，但是在本案中其投保人的身份并无不当，刘某每月多交的管理费没有依据认定为保险公司应支付给外服公司的兼职代理费用。因此，从刘某与外服公司订立的《劳动合同》以及《派遣协议书》来看，刘某与外服公司之间系劳动关系，外服公司对刘某有保险利益，涉案保险合同的投保人应为外服公司。

## 二、保险公司以被保险人自杀身亡拒赔是否具有合同和法律依据

### （一）原告的索赔依据

原告对保险公司提供的九份投保单都不予认可，认为索赔依据为《中国员工团体健康保障计划》，由于外服公司没有开展保险业务的资质，作为保险公司的兼业代理人，保险公司应与外服公司承担连事责任。外服公司认为索赔依据应为国寿绿洲团体意外伤害保险；保险公司认为，如果以保障手册作为索赔依据，保险公司不是适格的诉讼主体，不应该成为被告。

保险公司虽然参与了外服公司 2009 年版保障计划的制订，但是并不能以此认定保障计划即保险合同，原告方不能依据保障计划主张外服公司

与保险公司的连带保险赔偿责任。保障计划仅为外服公司向其员工就健康保障的范围、内容进行的介绍和说明，其保障内容有待于外服公司投保某保险公司，以保险合同的形式予以固定。

本案中涉及的国寿绿洲团体意外伤害保险，就是外服公司与保险公司就被保险人刘某等的意外伤害保障达成的合意，如果被保险人发生保险合同约定的保险事故，保险公司需要按照约定承担给付保险金的责任。

（二）刘某的连续投保行为超过两年，是否可以适用投保超过两年的自杀应当要理赔的法律规定

原告认为，保障计划中约定“人身意外伤害保障有效期从中国员工上岗且参保单位开始支付首期保障费起生效，并至参加保障的参保单位与外服公司签订《劳动合同》中约定的参保单位终止或解除中国员工聘用关系之日失效”。被保险人从2008年入职便一直参加此保障计划，2011年的自杀行为已经超过了投保两年的时间，所以应该获得理赔。保险公司认为，国寿绿洲约定的保险期间最长为一年，被保险人出险时的保险期间为2011年4月1日至2011年6月30日，投保性质为新保，另外自杀也不符合意外伤害导致死亡的理赔要求，因此不能适用保险法关于投保超过两年的自杀应该理赔的规定。

本案中，从2009年4月1日初次投保到2011年4月21日被保险人自杀，时间确实超过两年。但是连续投保是否能够适用保险法关于投保超过两年自杀应该承担赔偿责任的规定？关于这个问题，我们认为涉及的两份保险都属于短期的消费型保险，最长的期限都为一年，其保险费率的设定与短期内发生意外伤害的概率息息相关，将投保人连续投保的行为简单相加，有违保险合同的约定，也不符合保险费与保险责任分担的精算原理。

（三）被保险人抑郁症倾向是否可以认定为无行为能力

受益人主张被保险人自杀时属无行为能力人的，应承担相应举证责任。在案件审理过程中，原告提供了大量被保险人怀疑自己抑郁的就诊记录，以此证明在自杀前，被保险人已经丧失行为能力，属于保险合同条款中约定的无行为能力人自杀。保险公司认为，无行为能力需要通过相应的程序予以确认，被保险人的就诊记录甚至没有确诊为抑郁症的记录，无行为

能力更无从认定。因此,原告应承担举证不能的不利法律后果。

【生效法律文书】

(2013)沪二中民六(商)终字第44号民事判决书[1]

〔1〕 此生效法律文书见本书第311页。

## 五、酒后驾驶免除保险人理赔责任的条款是否有效

——高某某等诉盱眙支公司保险合同纠纷案

### 【案情简介】

2012年,高某作为投保人在保险公司购买了2份畅行卡(B款)保险,被保险人为其本人,保费200元。畅行卡(B款)采用《国寿通交通意外伤害保险》(A款)条款和《国寿附加通泰交通意外费用补偿医疗保险》条款,于2012年7月30日激活生效,保险期间为1年,保险金额共计12万元。保险责任约定,被保险人驾驶或搭乘合同约定的交通工具时遭受意外伤害,公司给付身故保险金;责任免除条款约定,因被保险人酒后驾驶、无合法有效驾驶证驾驶或驾驶无有效行驶证的机动车造成身故的,公司不承担给付保险金责任。2012年12月,高某发生交通事故死亡,公安机关认定其酒后驾驶车辆,负事故次要责任。高某某、高某甲、王某甲三人向保险公司申请理赔,保险公司以高某酒后驾车属于免责范围为由拒赔。高某某等遂诉至法院,请求判令被告向原告支付保险赔偿金12万元,并承担本案的诉讼费用。

法院认为,本案投保人高某作为一名取得合法驾驶资格的驾驶员,其理应知道饮酒后驾驶系违法行为。保险单中该免责条款已经用黑体字标注,被告已经履行了提示义务。此外,从保险公司提供的该保险激活程序来看,已包含了要求投保人阅读保险条款的程序。被告已经履行了提示、说明义务,免责条款对保险人以及投保人均产生约束力。故判决驳回原告诉讼请求。

一审宣判后,原告未提起上诉。

### 【争议焦点】

本案的争议焦点为激活卡业务保险公司如何证明向投保人履行了明确说明义务以及保险条款中关于酒后驾驶免除保险人理赔责任的条款是否有效。

【评析意见】

**一、关于激活卡的激活流程问题**

激活卡是指保险金额、保险费及保险责任固定,投保人在对保险卡完成投保(激活)后,保单按照双方约定或按卡面上载明的时间开始生效的一种保险合同。激活卡分为实物激活卡和电子激活卡两类,目前保险公司通过销售人员销售的均为实物激活卡。本案投保人购买的畅行卡(B 款)保险,属于电子保单中的自助式保险卡,投保人受领保险卡后,按照自助卡的模式通过电话或网络方式激活保险卡,即经保险公司自动核保并确定保险责任开始时间。

本案所涉保险合同系通过网络方式激活生效,投保人登录指定网站选择"激活卡激活",按照相关提示完成激活,激活步骤具体包括:输入卡号密码、阅读条款、填写详细资料、完成激活。投保人激活时需提供手机号码,激活成功后,公司短信平台 95519 自动发送成功激活的短信通知;投保人激活时提供邮箱的,激活成功后,公司网络平台自动发送成功激活的邮件通知。激活程序中的"阅读条款"步骤,要求投保人阅读保险条款,其中用黑体字标注了责任免除条款,勾选后才可进入下一步骤。

**二、关于激活卡保险案件中明确说明义务的履行问题**

根据《保险法司法解释二》第十二条的规定,通过网络、电话等方式订立的保险合同,保险人以网页、音频、视频等形式对免除保险人责任条款予以提示和明确说明的,人民法院可以认定其履行了提示和明确说明义务。同时,《保险法司法解释二》第十三条规定,保险人对其履行了明确说明义务负举证责任。具体到本案:一方面,原告主张保险单上投保人的签名不是高某本人所签,激活程序也非高某本人操作,但因未提供相关证据证明没有被法院采信;另一方面,被告通过向法庭陈述和展示激活卡保险的网上流程,积极争取了法官对激活过程具体情况的了解,最终法官支持了被告的意见,认为"从被告提供的该保险激活程序来看,该程序中已包含了要求投保人阅读保险条款的程序。被告已经履行了提示、说明义务,免责条款对保险人以及投保人均产生约束力"。

**三、关于酒后驾驶免除保险人理赔责任的条款效力问题**

庭审前,被告及时调取了交警部门出具的《道路交通事故认定书》,证明高某系酒后驾驶。《道路交通安全法》第二十二条第二款规定，饮酒、服用国家管制的精神药品或者麻醉药品，或者患有妨碍安全驾驶机动车的疾病，或者过度疲劳影响安全驾驶的，不得驾驶机动车；《保险法司法解释二》第十条规定，保险人将法律、行政法规中的禁止性规定情形作为保险合同免责条款的免责事由，保险人对该条款作出提示后，投保人、被保险人或者受益人以保险人未履行明确说明义务为由主张该条款不生效的，人民法院不予支持。据此，本案投保人高某作为一名取得合法驾驶资格的驾驶员，其理应知道饮酒后驾驶系违法行为，酒后驾车属于保单明确用黑体字标注的责任免除条款之一，并且保险合同已在投保过程中对投保人进行了提示说明，因此，投保人高某酒后驾车属于保险合同免责范围。

**【生效法律文书】**

(2014)盱商初字第0159号民事判决书[1]

---

〔1〕 此生效法律文书见本书第320页。

# 第八章

# 保险合同纠纷的举证责任分配

## 一、如何用事实推定的方法证明待证事实

——詹某某等诉九江市分公司保险合同纠纷案

**【案情简介】**

李某某以自己为被保险人与保险公司签订了多份意外伤害保险合同，总金额达80余万元。某日，李某某的家属詹某某到保险公司报案，称李某某在对自家果树喷洒农药时不幸中毒，经医院抢救无效身故，要求保险公司按保险合同的约定支付保险金。

保险公司接到报案后，感到案情重大，且对方有诈保嫌疑，遂向公安机关报案。经公安机关侦查，排除了他杀可能。为进一步查明死亡原因，公安机关先后委托四家司法鉴定机构作了四次司法鉴定：第一次委托J省A鉴定中心进行尸检。因家属拒绝对死者食管进行解剖，A鉴定中心只提取了死者的胃、肝等部位进行检验，结果检测出死者胃组织有甲胺磷农药成分，胃内容物、肝组织、心脏血中则没有检测出农药成分。第二次重新委托某部B鉴定中心进行鉴定，结果在胃组织、胃内容物、肝组织中均检测出甲胺磷农药成分。第三次委托C鉴定中心做甲胺磷的定量分析，结果是死者胃组织甲胺磷成分含量为3.23ug/g。第四次委托D鉴定中心对死者中毒途径进行法医学鉴定，送检基础材料是B鉴定中心的结论，鉴定结果是死者系口服农药死亡。

保险公司也单方委托了E鉴定机构作了鉴定,该鉴定机构出具了《法医学文证审查意见书》称“死者口服有机磷农药中毒可能性大”。根据这一鉴定结论,保险公司认为被保险人中毒原因并非因喷洒农药出现意外导致,故作出拒赔决定。李某某的家属不服,向法院起诉。

在法院的主持下,双方达成调解协议。

**【争议焦点】**

本案的争议焦点有三个:一是保险合同纠纷案件的举证责任应如何分配;二是相互冲突的鉴定结论应该如何取舍;三是如何运用事实推定的方法来认定案件事实。

**【评析意见】**

此案虽然最终以双方达成调解协议的方式结案,但这起案件所涉及的几个法律问题却非常典型,殊值研究。

**一、保险合同纠纷案件的举证责任应如何分配**

此案的关键在于确定被保险人李某某的死亡是否属于意外导致,在死亡原因并不是显而易见的情况下,如何合理分配诉讼双方的举证责任,将直接决定案件的审理结果和公平正义能否在个案中得到实现。

我国《民事诉讼法》对证据方面的规定比较原则,尽管《民事诉讼证据若干规定》对于民事诉讼证据规则作了进一步的细化,引入了很多证据适用规则,但由于一些法院程序意识的淡薄,加之对保险诉讼的认识存在一定的误区,法官在审理保险诉讼纠纷中往往存在两种极端的倾向:要么机械适用我国民事诉讼法“谁主张、谁举证”的一般原则,让投保人、被保险人或者受益人承担全部的举证责任;要么以保险公司处于绝对优势地位为由,将全部举证责任分配给保险公司。

我们认为,这两种做法都是有失偏颇和不足取的。对保险合同纠纷案件不能简单按照普通的民事合同纠纷适用的证据分配原则,而应考虑保险合同的特殊性以及双方当事人的具体情况。简言之,投保人、被保险人或者受益人并非不承担任何举证责任,也不是要和保险人承担同等的举证责任,而是只举出其所能提供的初步证据。这不仅是充分考虑到保险合同双方当事人举证能力的差异,也是公平和诚实信用原则在保险合同诉讼中的具体体现。

本案中,受益人拿出被保险人的死亡证明、医生的诊断证明(系甲胺磷农药中毒导致呼吸系统衰竭死亡)等证据,应该认为其已经提供了初步的证据。但是受益人最终能否赢得诉讼,还要看保险人进一步提供证据的情况。保险人如想拒赔,则必须承担证明被保险人死亡的原因属于非意外的证明责任。

**二、相互冲突的鉴定结论该如何取舍**

本案中,5 家鉴定机构先后做出了 5 份鉴定结论,其中公安机关委托鉴定 4 次,当事人一方自行委托鉴定 1 次。在这 5 次鉴定中,由于 D 和 E 鉴定机构所用的鉴定基础材料不是原始证据,而是 B 机构做出的鉴定结论,因此不具有独立性,而 C 鉴定机构的鉴定结论主要是对胃组织的甲胺磷含量做定量分析,与案件性质本身的直接关联度也不是很大,故对这 3 家的三份鉴定结论不予讨论。核心问题是 A、B 两家鉴定机构的两份鉴定结论,这两家鉴定机构对死者胃内容物中是否存在甲胺磷的成分做出了完全相反的结论,由于这两次鉴定均是公安机关委托有权鉴定机关作出的,且鉴定程序都合法,故这两份鉴定结论都具有法定的证明力。由于我国各鉴定机构之间并没有隶属关系,法律亦没有明文规定各鉴定结论证明力大小的判断规则,所以对这两份鉴定结论应如何取舍,成为本案一个非常关键的问题。

我们认为,对发生冲突的鉴定结论进行取舍,不能单纯考虑鉴定结论本身的效力问题,必须将鉴定结论中的有关问题与案件的其他证据进行比较考虑,小心求证,以助于发现鉴定结论自身的问题和鉴定结论与其他证据之间存在的矛盾,从而确定鉴定结论的证明力。如果鉴定结论与其他证据之间存在矛盾,且矛盾得不到合理的排除,对这种鉴定意见应当进行谨慎地审查,绝不能简单认定鉴定结论而否认其他证据。

当然,在法律没有明确规定的情况下(实际上也不好制定),这个判断属于法官自由裁量权的范畴,应交由法官自由心证。但为了防止法官恣意专断,我们建议在程序上至少要从以下两个方面加以限制:一是鉴定人必须出庭作证,接受双方当事人的质证;二是法官在判决书上要公开"心证确信"的全过程,接受双方当事人的监督。

**三、如何运用事实推定的方法来认定案件事实**

美国大法官霍姆斯有句名言,"法律的生命不在于逻辑而在于经验",

可见经验在法律适用中的重要性。近年来，随着司法理论界和实务界对民事诉讼证明标准问题认识的不断成熟，追求“客观真实”逐步为追求“法律真实”所代替，高度盖然性标准已经成为我国民事诉讼法领域公认的证明标准。最高院司法解释甚至还明确赋予了法官运用日常生活经验，使用事实推定的方法来认定案件事实的权利。

所谓事实推定，是指按照经验法则从已知的某一事实推断另一不明事实的存在，并允许当事人提出反证加以推翻的一种证据法则。其中，前一种事实称为基础事实，后一种事实称为推定事实。经验法则实际上是人们在日常生活中感知到的一种事物之间高度盖然的常态联系，即除个别特殊情况外，有A则大多数情况下就有B，或者有A则大多数情况下就没有B。一旦基础事实得到证明，法院即可根据基础事实直接认定推定事实，无须再对推定事实加以证明。因此，正确运用经验法则进行合理推定，不仅有利于正确认定案件事实，防止诉讼僵局，也有利于降低诉讼成本，提高诉讼效率。

本案中，原告方提出被保险人系喷洒农药意外中毒而死，而保险人则认为被保险人系口服农药自杀身亡。基于前文所述，保险人应承担举证责任。应当说，保险人想要找到证据直接证明被保险人系口服农药自杀的难度是相当大的，因为：其一，被保险人尸体已经火化，重新检验已不可能。即便不火化，由于诉讼时被保险人死亡已有相当时间，很难满足尸检的要求。其二，被保险人事发当时并无其他人员在场，现场没有目击证人见证当时的整个过程。其三，从被保险人在医院的救治、诊疗情况看，被保险人确实是因为农药中毒身亡，但到底是何种途径中毒，医生无法作出确切判断。事实上，医生是根据被保险人主述，按皮肤吸收中毒采取治疗措施的。

本案的争议焦点（待证事实）是被保险人李某某是皮肤吸收农药中毒还是口服农药中毒。对于该争议事实，双方都没有直接有力的证据，也没有其他证据材料能够单独对待证事实加以证明。因此，只能举出其他相关证据材料，通过它们（小前提）与经验法则（大前提）之间的逻辑联系，来证明待证事实的存在与否。法官也只能运用事实推定的方法来对案件事实进行判断。

以下从三个不同的角度就本案事实推定的具体适用过程分析如下：

1. 关于被保险人的中毒发作时间和中毒医学机理

基础事实：据原告诉称，被保险人李某某出现中毒症状的时间在中午12时左右，而事发当天曾有三名村民看见被保险人李某某在上午11时左右从县城回到家中。

经验法则：根据医学有关甲胺磷农药的人体中毒机理，如果是经皮肤吸收引起中毒的话，一般从接触到出现中毒症状的间隔时间为3至4个小时以上。而口服该种农药中毒的话，由于肠胃吸收远比皮肤吸收的速度快，因此出现中毒症状的间隔时间为1个小时左右。

被保险人李某某从接触农药到出现中毒症状的时间为1个小时左右，结合该种农药人体中毒的医学机理，被保险人李某某更符合口服甲胺磷快速出现中毒症状的特征，由此可以推定出被保险人李某某系口服农药中毒。

2. 关于被保险人喷洒农药的行为和正常人的生活常识

基础事实：根据原告在公安机关所作的侦查笔录，被保险人的家中种有两棵桃树，所结果实为自家食用。李某某中毒时，该桃树果实已经成熟，且病虫害也不严重。另外，李某某平时很少做农活，曾在给自家水稻喷洒甲胺磷农药时中过毒，故自此之后不再从事喷洒农药的工作。

经验法则：一个在农村长期生活且有过甲胺磷农药中毒史的人，对甲胺磷的适用范围及毒性肯定是明知的，一般不会随意使用这种剧毒农药，更不会将这种农药喷洒在水果、蔬菜上。

李某某作为一个平时不怎么做农活，且有过甲胺磷农药中毒史的人，应当深知该农药的毒性。况且甲胺磷作为一种常见剧毒农药，绝大多数在农村生活的人均知晓该农药只能用于棉花、水稻等作物而绝不能用于蔬菜和水果。面对已经结满果实且病虫害又不严重的桃树，李某某怎么可能会想去喷洒具有高毒性的甲胺磷农药呢？因此，原告所称的被保险人李某某给自家果树喷洒农药的行为与其平时的生活习惯、当地人的生活常识均存在明显矛盾，是不足信的。

3. 关于被保险人购买巨额保险的行为和正常人的保险需求

基础事实：被保险人李某某在其死前不足一年的时间里，先后在J省几个地方的某家保险公司连续投保总保额达80余万元的意外伤害保险，且可能为了规避该保险公司业务系统对个人投保意外险保险金额的限制，分别以新、旧身份证（身份证号码分别为18位和15位）进行投保。此外，李某某还在J省、H省其他多家保险公司投保意外伤害保险，总保额达100余万元。

根据经验法则，意外伤害保险是以被保险人的身体作为保险标的，以被保险人因遭受意外伤害造成死亡或残疾为基本保险责任的人身保险合同，是一种缴费较低、保障程度较高的险种。如果被保险人在保险期间不发生保险事故，保险公司是不退还保险费的，该险种显然不具备储蓄、保值、分红及养老等功能。投保人选择是否购买意外伤害保险以及购买多少额度的意外伤害保险往往是和被保险人的职业危险程度、是否经常外出、经济收入及生活水平密切相关。

被保险人李某某生前系一名在农村生活的普通妇女，家境一般，也没有从事危险的职业，而其却投入大量资金在多家保险公司购买巨额意外伤害保险，显然与常人的保险需求相悖。因此，被保险人李某某的投保动机非常令人怀疑，有十分浓厚的自杀嫌疑。

从以上三方面的情况分析，保险公司的上述多个推定事实能够相互印证，形成完整的证据链条，达到了高度盖然性的证明标准。因此，应当认定被保险人的死亡原因系其口服农药中毒所致，而非意外中毒。

由于事实推定依据的经验法则本身具有有限性和盖然性的特点，并不具有绝对排他的必然性，因此事实推定作出的结论并不具有百分之百的真实性，应允许对方进行反驳，反驳既可以针对基础事实，也可以针对经验法则。令人遗憾的是，从学术研究的角度来看，由于本案双方以调解的方式结案，从公开资料中看不到双方针锋相对的法庭交锋与抗辩情况，故我们无从知晓如果保险公司说服法官作出上述事实推定，原告是否有能力举出证据予以反驳。

**【生效法律文书】**

略

## 二、意外伤害保险纠纷案件的举证责任分配

——刘某某等诉福建省分公司、武平县支公司保险合同纠纷案

**【案情简介】**

2009年8月,被保险人肖某丙通过某县农行为自己向保险公司投保意外伤害保险,保额6万元,保险期限3年。2012年2月,被保险人肖某丙在家中摔倒,不治而亡,经医师诊断为:死因为猝死,但因摔伤致死可能性不大。保险人遂以猝死属于疾病身故为由予以拒付。受益人不服,诉至法院。

一审法院认为,本案诉争合同为意外伤害保险合同,诊治医师也未能确定被保险人死因,当事人双方就被保险人死因存有争议情况下,根据举证责任分配原则,原告负有举证证明其为意外伤害死亡的义务,但其所举的证据不足以证明被保险人属意外身故。同时,根据现有对猝死的学理解释,猝死原因为自然性疾病或机能障碍,其本质为自然疾病死亡,故判决驳回原告诉讼请求。

原告不服,提起上诉,二审法院经审理维持原判。原告又向福建省高院申请再审,高院经审查,驳回再审申请。

**【争议焦点】**

本案的争议焦点有两个:一是"猝死"是否属于意外伤害保险事故;二是若被保险人死因不明,由谁承担不利后果。

**【评析意见】**

**一、"猝死"是否属于意外伤害保险事故**

司法实践中存在两种观点:

第一种观点是猝死即为疾病死。

保险合同约定的意外伤害是指:遭受外来的、突发的、非本意的、非疾病的客观事件直接致使身体受到的伤害。《司法部司法鉴定科学技术研究所咨询意见书》(司鉴所〔1999〕病咨字第01号)认为猝死原因必为自然性

疾病或机能障碍。因此，猝死虽具有“突发的”和“非本意的”的特点，但显然不是“外来的”和“非疾病”，据此，猝死不应属于“人身意外伤害保险”这一险种的保险责任范围。龙岩市法医鉴定中心2005年1月做出的《咨询意见》进一步明确了“（猝死）其本质是自然疾病死亡”。但司法实践中，持此观点的法院并不多。

第二种观点是猝死只是死亡表现形式，而非死亡原因。

国际心脏病学会和世界卫生组织将猝死定义为：急性症状发生后即刻或者是24小时内发生的意外死亡。据此认为，猝死只是一种死亡表现形式，而非死亡原因。导致死亡的原因可能是疾病，也可能是非疾病。司法实践中，持此观点的较为普遍。

综合上述两种观点，我们认为争议的核心问题在于：是否可以把“猝死”合理地排除在意外伤害之外。对此，我们认为要视不同案情进行不同分析。刑事诉讼证据证明力追求的是“排除一切合理怀疑”，民事诉讼证据证明力追求的是“高度盖然性”。本案中，除了被保险人《死亡医学证明》证明是猝死外，没有其他证明死因的材料。因此，并不能充分合理地将“猝死”排除在意外伤害范围之外。

**二、若被保险人死因不明，由谁承担不利后果**

在“猝死”原因无法确认为死者死因情况下，解决的关键在于确定被保险人死因的证明责任，究竟应当由哪一方当事人承担。《民事诉讼法》第六十四条规定，当事人对提出自己的主张，有责任提供证据。《保险法》第二十二条也规定，保险事故发生后，受益人等应当向保险人提供其所能提供的与确认保险事故的性质、原因、损失程度等有关的证明和资料。本案中，双方对被保险人是否意外致死各执一词，而抢救医师也未确诊被保险人的死因，医院出具的《死亡医学证明》只写明死因为猝死。因此在被保险人死因存有争议情况下，鉴于诉争合同为意外伤害保险合同，索赔人举证义务为：被保险人在保险期限内死亡；被保险人死因是遭受意外伤害致死的。即受益人负有举证证明被保险人为意外伤害死亡的义务，但其举证尚不足以证明主张，故应承担举证不能责任。

根据合同条款约定，受益人负有及时将保险事故通知保险人的义务。本案中，被保险人发生死亡事故时间为2012年2月8日，次日即被火化，直至2月14日才通知保险人。鉴于受益人一方无法提供证据证明被保险人死亡系意外伤害所致,而死者家属又在报案之前先行火化,致使保险人无法对被保险人死因性质进行鉴定,根据《保险法》第二十一条规定:"投保人、被保险人或者受益人知道保险事故发生后,应当及时通知保险人。故意或者因重大过失未及时通知,致使保险事故的性质、原因、损失程度等难以确定的,保险人对无法确定的部分,不承担赔偿或者给付保险金的责任,但保险人通过其他途径已经及时知道或者应当及时知道保险事故发生的除外。"所以,造成死因无法确定责任在于受益人一方,因此受益人应承担不利法律后果。

**【生效法律文书】**

(2012)岩民终字第835号民事判决书[1]

(2013)闽民申字第1098号民事裁定书[2]

〔1〕 此生效法律文书见本书第325页。

〔2〕 此生效法律文书见本书第331页。

## 三、死因不明案件中被保险人拒绝尸检应承担不利后果

——张某某诉绍兴市分公司保险合同纠纷案

### 【案情简介】

2013 年 1 月 25 日李某在保险公司投保了一份国寿绿洲意外伤害保险，被保险人为其本人，受益人为其配偶张某某，意外伤害保险金额 48 万元，一次性交纳保费 999 元。2014 年 1 月 15 日上午 9 时左右，调查人员接到报案称：被保险人李某于 2014 年 1 月 13 日晚 10 时左右在某工厂门口因不明原因死亡。2014 年 1 月 15 日下午，调查人员前往被保险人家中调查，未发现被保险人身上有明显伤痕。根据初步调查，被保险人李某死亡原因不明，调查人员要求家属对被保险人李某进行法医学死因鉴定，在送达死因鉴定通知书时，李某妻子张某某拒绝拍照、录音。调查人员回公司后再次电话联系李某的妻子张某某，要求对被保险人李某进行死因鉴定，张某某仍拒绝，致使被保险人死亡原因无法查明。2014 年 1 月 28 日，受益人张某某向保险公司申请领取意外伤害死亡保险金，公司以李某死因无法查明，现有证据无法证明被保险人系遭受意外伤害死亡为由拒付，张某某不服向法院提起诉讼。

法院审理认为，被保险人李某与保险公司签订的保险合同合法有效，原告张某某申请保险金的前提应以李某遭受意外伤害致死为前提条件，在李某死亡原因不明，而保险公司又提出尸检以判断死亡原因遭拒的情况下，再将举证责任分配给保险公司承担明显不公，判决驳回张某某的诉讼请求。

### 【争议焦点】

本案的争议焦点是被保险人李某死亡原因是意外伤害还是疾病，举证责任应由哪一方承担。

### 【评析意见】

意外伤害保险是指当被保险人由于遭受意外伤害时，保险人承担保险责任，给付保险金的一种保险。所谓意外伤害，是指被保险人遭受外来的、

突发的、非本意的、非疾病的使身体受到伤害的客观事件。本案被保险人的死亡原因不明，原告未能举证证明其系遭受何种意外伤害导致死亡，又不同意尸检查明死亡原因。根据《民事诉讼证据若干规定》第二条规定，当事人对自己提出的诉讼请求所依据的事实或者反驳对方诉讼请求所依据的事实有责任提供证据加以证明。没有证据或者证据不足以证明当事人的事实主张的，由负有举证责任的当事人承担不利后果。本案中，原告主张被保险人遭受意外伤害死亡，但未能提供相应证据，原告应该承担举证不能的不利后果。

类似该案件的情况如猝死案件的理赔，在意外伤害保险理赔纠纷中发生较多。医学上定义的猝死，是指貌似健康者因内在疾病发作或恶化而发生的急骤死亡。猝死的发生具有如下特点：(1)可发生于任何年龄，但有两个高峰期，出生后至6个月及30岁至50岁；(2)多发生于夜间凌晨零点到凌晨五点之间；(3)男性显著多于女性；(4)成人猝死以心血管系统疾病占首位。从猝死的定义可以看出，猝死具有死亡急速、意料之外及死因必为潜在的内在疾病或机能障碍的特点，猝死的本质是疾病死亡。由于猝死的发生往往急骤、突然且在人们的意料之外，因此死者家属、亲朋往往认为猝死属于意外伤害死亡，要求赔付意外伤害保险金。

根据《保险法》第二十二条的规定，保险事故发生后，按照保险合同请求保险人赔偿或者给付保险金时，投保人、被保险人或者受益人应当向保险人提供其所能提供的与确认保险事故的性质、原因、损失程度等有关的证明和资料。保险人按照合同的约定，认为有关的证明和资料不完整的，应当及时一次性通知投保人、被保险人或者受益人补充提供。本案中，原告申请理赔，应举证证明被保险人死亡系意外伤害导致，属于保险责任范围，尸检无疑是唯一直接有效的证明途径。作为被保险人的家属与受益人的张某某拒绝死因鉴定，如果要求保险公司举证证明被保险人的死因，对保险公司明显不公平。因此，法院判决由原告承担死因不明的不利法律后果，判决驳回原告的诉讼请求。

**【生效法律文书】**

(2014)绍越民初字第2393号民事判决书[1]

---

〔1〕 此生效法律文书见本书第335页。

## 四、保险事故发生后被保险人一方应及时通知保险公司

——李某某等诉江苏省分公司人身保险合同纠纷案

**【案情简介】**

2009年5月，陈某甲作为投保人及被保险人在保险公司投保了国寿鸿富两全保险（分红型），每年缴纳保费10万元，保险期间6年，基本保额为105900元。条款规定："在保险期间内被保险人因意外伤害身故，保险人按基本保险金额的3倍予以赔偿。"2009年5月，陈某甲交纳了首期10万元保费，5月20日，保险合同生效。2009年8月2日，被保险人陈某甲因航班延误，与中国国航及南通兴东机场员工发生激烈争吵，8月3日早晨7时，被保险人陈某甲在南通兴东机场安排住宿的吉华酒店离世。南通市公安局物证鉴定所对陈某甲进行了法医尸检，鉴定结论为意外死亡。2009年10月10日，被保险人的丈夫向如皋支公司申请理赔，公司认为公安鉴定的意外死亡不属于公司条款规定的意外伤害死亡责任范围，因此按照保险合同第五条第二项"被保险人于本合同生效之日起一年内因疾病身故，本公司按所交保费（不计利息）给付身故保险金，本合同终止"，给付保险理赔金10万元至被保险人丈夫的存折。同时，原告李某某等四人与陈某甲之夫徐某某、子徐某因遗产继承纠纷诉至法院，经调解本案所涉及保险合同收益归原告李某某等四人。原告李某某等四人不认可公司的理赔决定，诉至法院。

一审法院认为：一是陈某甲的死因为意外死亡，应属于保险责任范围。二是陈某甲的死因已由国家有权部门鉴定，且并未发生保险合同第十三条约定致保险事故性质、原因等无法确定情形，因此投保人或受益人并未因延迟通知造成上述情况，因此不支持保险公司抗辩。二审法院认为：一是依据《保险法》第二十一条规定及保险条款第十三条约定，投保人或受益人在知道保险事故发生后，应当及时通知保险人。而四原告并未及时履行通知义务导致事故原因无法确定，因此保险公司对此不承担责任。二是四原告认为陈某甲死因属于保险合同约定的意外，四原告对此应负举证责任，

尸检报告并不能达到证明目的,而原告又无其他证据证明其诉求,因此要求保险人承担责任的诉求不应支持。再审法院与二审法院观点一致。

**【争议焦点】**

本案的争议焦点为被保险人陈某甲的死亡是否属于公司保险合同约定的意外伤害死亡的范畴。

**【评析意见】**

本案在案件审理过程中的争议焦点涉及如下三个方面的法律问题:

1. 意外死亡与意外伤害死亡并非同一概念

在本案中,公安局物证鉴定所对陈某甲进行了法医尸检,鉴定结论为意外死亡。但值得注意的是,法医尸检报告是公安机关为确定是否属于刑事案件而作出,主要目的是确定是否属于他杀范畴。鉴定过程也仅是对机械性暴力打击这一可能涉及刑事犯罪的问题排除,并未对陈某甲死亡的真实原因进行科学分析和判别。尸检报告中的意外死亡按照通常理解是指非人为故意的暴力造成的伤亡事件,既可能是因突发未预料的疾病死亡,也可能是意外伤害死亡。因此,不能直接将意外死亡等同于意外伤害死亡。而被告对于意外伤害死亡在保险合同中有明确的定义:“外来的、突发的、非本意的、非疾病的客观事件直接致使身体受到伤害而死亡。”从本案中的鉴定过程来看,被保险人陈某甲的死亡并非有外来的因素,且不能排除疾病的因素。因此其死亡原因并不符合公司条款约定的保险责任范畴。一审法院简单地将意外死亡等同于意外伤害死亡;而二审法院并未直接适用不利解释原则,而是在对保险合同术语解释时依据保险合同本身的条款进行解释,并分析了意外与意外伤害并非同一概念,较好地展现了法官对于保险合同解释原则在实践中的运用。

2. 保险事故发生后的及时通知义务

《保险法》第二十一条规定:“投保人、被保险人或受益人知道保险事故发生后,应当及时通知保险人。故意或者因重大过失未及时通知,致使保险事故的性质、原因、损失程度等难以确定的,保险人对无法确定的部分,不承担赔偿或给付保险金的责任。”本条是对于保险事故的通知义务的要求:一是要及时,即在保险事故发生后合理的期限内通知保险人;二是投保人违反通知义务的后果并不是保险公司必然不承担责任,而是只有在故意或重大过失致使保险事故的性质、原因、损失程度等难以确定的，保险人对无法确定的部分，不承担赔偿或给付保险金的责任。在本案中，原告在保险事故发生两个月后，且被保险人已被火化，才向保险人报案。同时在庭审中，原告承认在公安鉴定后其对于真正的死亡原因并未要求继续鉴定。由于原告存在重大的过失，导致保险人已无法查明被保险人死亡的真实原因，因此这种不利后果应由原告承担。二审法院对此的认定对于社会有正面的引导作用，可以督促受益人能够及时地履行自己应尽的义务，并对自己的过错负责。

3. 举证责任的分配

在意外险保险合同纠纷中举证责任的分配是至关重要的，究竟应该让哪方承担意外的举证责任成为保险案件审判的难点，也是学界与实务界讨论的热点。实践中，同一个案件因举证责任的分配不同，结果也会不同。较多的法院认为保险人比合同的受益人有更强的举证能力，因此在此类案件中多将举证责任分配给了保险公司。但在二审法院审理时，一方面法官根据《民事诉讼法》第六十四条“当事人对自己提出的主张，有责任提供证据”，明确原告承担陈某意外伤害死亡的举证责任，认为原告具有举证的能力；另一方面法院对其主张的证据进行认真的剖析，否定了其证明的目的，因此未支持原告的诉求。同时法官也并未放弃让被告对非意外进行举证，但由于原告的过错导致了被告的举证不能。本案的法官较为合理地分配了举证责任，这与德国及我国台湾地区的保险法中，依据意外举证责任的内容和原被告的举证能力而决定举证责任的分配的观点是一致的。

**【生效法律文书】**

(2013)通中商终字第0047号民事判决书[1]

(2013)通中商申字第0014号民事裁定书[2]

---

〔1〕 此生效法律文书见本书第340页。

〔2〕 此生效法律文书见本书第346页。

# 第九章

# 保险合同的解除

## 一、单位出资为员工投保，单位是否有权解除合同

——陈某诉杭州市分公司保险合同纠纷案

**【案情简介】**

2001年12月，某物资公司出资为员工投保商业养老保险，保险合同的投保人、被保险人均为员工个人，保险费交付方式为趸交。物资公司就该保险发布了公司文件以及于2001年11月形成了经理办公会议纪要，对保险收益作了规定，内容为“属组织调动，调动时可提前领取保险单证，非组织调动，自行离开总公司或因各种原因而被总公司解除劳动合同者即办理退保手续”。2003年年初，员工陈某因所在单位改制，自动辞职离开了原工作单位，2004年4月和2005年1月，物资公司以投保单未经投保人、被保险人亲笔签名，保险合同无效为由向保险公司提出退保申请，解除了保险合同并领取了退保金。2008年，陈某知悉此事后，以保险公司为被告向法院提起诉讼，要求确认该保险合同合法有效，被告继续按保险合同的约定履行保险责任。物资公司作为第三人参加诉讼。

法院审理后认为，原被告之间签订了保险合同，原告是投保人、被保险人，被告是保险人，因此，原、被告是保险合同的双方当事人，第三人物资公司不是合同的当事人。被告未经原告同意也未通知原告，擅自终止了双方的保险合同并将保险费退回给第三人的行为不具有合法性。原告陈某要

求确认与被告签订的保险合同有效,被告继续按保险合同的约定履行保险责任,本院予以支持。

保险公司败诉后,以物资公司为被告,提起诉讼,要求物资公司返还不当得利,最后调解结案,物资公司返还了所领取的退保金。最后物资公司提起诉讼,要求该员工根据2001年11月的经理办公会议纪要规定,返还该保险合同的退保金,也得到了法院的支持。

**【争议焦点】**

本案的争议焦点是单位出资为员工投保,单位未经投保人(员工)授权是否有权解除保险合同,保险公司作为保险合同的当事人,未经投保人同意或授权,同意单位代替投保人办理解除保险合同手续是否有效。

**【评析意见】**

单位出资为员工投保商业人身保险,如投保人为单位的,则属团体人身保险,根据中国保险监督管理委员会《关于规范团体保险经营行为有关问题的通知》(保监发〔2005〕62号)中有关团体人身保险的定义,团体人身保险是指投保人为其5人以上特定团体成员(可包括成员配偶、子女和父母)投保,由保险人用一份保险合同提供保险保障的一种人身保险。特定团体的参保成员应占团体中符合参保条件成员总数的75%以上(含75%)。团体人身保险包括团体定期寿险、团体终身寿险、团体年金保险、团体健康保险和团体意外伤害保险等。另外一种像本案一样,是单位出资交纳保险费,保险合同的投保人为员工个人,这实际上是一份个人保险合同,保险合同的当事人是员工个人和保险公司,单位并不享有保险合同的任何权益。因此,本案中,法院判决保险公司败诉,要求保险公司按合同约定继续履行保险合同义务也就顺理成章了。

在寿险公司运营实务中,比较多地遇到这种情形,特别是在经济下行时期,企业资金紧张,发现以前为员工投保的保险,找到保险公司要求由单位退保领取退保金。有的单位提出由单位出具承诺书,今后如果发生纠纷由单位负责处理,与保险公司无关。实际上,员工如果不同意的话,要维护其保险合同权益,他们找的还是保险公司,因此,出资单位出具或不出具承诺书其实都一样,保险公司肯定脱不了干系。

人身保险合同特别是寿险、养老险保单具有较为明显的储蓄性质,在解除合同时投保人可按保险合同约定领取保单现金价值。从这点看，持有这类保单类似于持有银行存单。在保险事故发生之前，保险合同的相关财产权利归属于投保人，那么投保人申请解除保险合同，是否需要征得被保险人的同意呢？保险公司是否有义务告知被保险人？

投保人作为人身保险合同的当事人，负责支付保险费，有权解除保险合同，在保险合同解除时有权取得退保金（或保单现金价值）。人身保险合同的被保险人是指其人身受保险合同保障，享有保险金请求权的人。我国《保险法》第十五条规定："除本法另有规定或者保险合同另有约定外，保险合同成立后，投保人可以解除合同，保险人不得解除合同。"根据法律规定，投保人有权解除人身保险合同，无须征得被保险人的同意，仅通知保险人即可。因此，在解除人身保险合同时，不需要征得被保险人的同意，保险人也没有义务通知被保险人关于保险合同解除事宜。但是，对于团体人身保险合同的解除，根据中国保险监督管理委员会《关于规范团体保险经营行为有关问题的通知》（保监发〔2005〕62 号）第四条规定："保险公司应要求投保人提供被保险人名单并提供有效证明确认被保险人同意投保团体保险事宜。投保人退保时保险公司应要求投保人提供有效证明表明被保险人知悉退保事宜，退保金应通过银行转账方式支付并退至原缴款账户。"从该通知下发之日起，办理团体人身保险退保事宜时，投保人需要提供有效证明表明被保险人知悉退保事宜，否则，不能办理退保手续。但是保险人仍然没有通知被保险人的义务。

对于团体人身保险合同的退保，与个人保单的处理应该进行必要的区分。在大多数情况下，团体人身保险合同投保人与被保险人之间存在雇佣关系，单位为员工投保人身保险，是企业激励员工工作积极性的一种激励措施。有的团体保单的投保人虽然是企业，但个人也有一定比例的缴费，如果任由投保人退保或变更，站在被保险人的立场，确实不合理，加强对被保险人权益的保护确有必要。但是在法律、法规及保险合同没有相关规定的情况下，投保人有权处理保单的投保、退保、减保、转保等手续，只要投保人提出申请，保险公司没有理由不予办理，无法进行任何抗辩。

**【生效法律文书】**

略

## 二、不可抗辩期间的理解和适用

——王某某诉福建省分公司保险合同纠纷案

**【案情简介】**

2010年7月19日、2011年2月24日，投保人王某为其母高某某先后投保两份国寿康宁终身重大疾病，死亡保额分别为15万元和4.8万元，受益人为被保险人丈夫王某某。2012年11月25日，被保险人病故。经查，被保险人在投保前即2007年7月20日至8月30日、2008年1月3日至11日、2010年3月5日至17日等期间先后五次入住某医院治疗，出院诊断为：血栓性闭塞性脉管炎、冠状动脉粥样硬化性心脏病、脑梗塞、系统性红斑狼疮、高血压病等病症。被保险人第一次投保后不久即2010年12月14日至次年1月28日期间入住某医院，诊断为：宫颈腺癌化疗后、高血压病等。据此，保险人对第一份合同以合同生效之日起180日罹患重大疾病为由拒付；对第二份合同则以违反如实告知义务为由拒付。受益人不服拒付决定，将保险公司诉至法院。

一审法院认为，保险合同是最大诚信合同，合同订立时，投保人负有如实告知义务。本案中，王某作为投保人明知其母亲自2007年开始患有多种疾病，其于2010年7月、2011年2月与被告签订保险合同时，在所有患病史栏目中均填“否”，可见投保人没有履行如实告知义务。另外，被保险人于2010年12月14日至次年1月因病入院治疗，出院诊断为宫颈腺癌化疗后等病症，表明被保险人在首份合同生效后180日内罹患重大疾病，属于合同约定的免责范畴。故判决驳回原告诉讼请求。

原告不服，提起上诉。二审法院审理认为：1. 个人保险投保单“声明与授权”部分下，投保人和被保险人均有签名确认，故上诉人关于免责条款不发生效力的理由依据不足。2. 投保人明知被保险人罹患多种疾病但在订立第二份合同时未予告知，且该诉争合同从生效至解除之日未超过二年。故判决驳回上诉，维持原判。

【争议焦点】

本案的争议焦点有两个：一是免责条款是否具有法律效力；二是保险人解除保险合同是否超过不可抗辩期间。

【评析意见】

**一、免责条款是否具有法律效力**

根据《保险法》第十七条第二款的规定，保险人负有就免责条款履行明确说明的义务，否则免责条款不产生效力。《保险法司法解释二》第十三条第一款规定："保险人对其履行了明确说明义务负举证责任。"

首先，作为投保要约的《人身保险投保单》末尾"声明与授权"处用黑体字写明："贵公司所提供的投保单已附保险条款，已对保险合同的条款内容履行了说明义务，并对责任免除条款履行了明确说明义务。本人已仔细阅知、理解客户保障声明、产品说明书及保险条款尤其是责任免除、解除合同等规定，并同意遵守。"王某作为投保人、高某某作为被保险人分别在两签名栏处对上述内容予以签名确认。其次《人身保险投保提示》第3条规定："请你详细了解保险合同的条款内容"，其中提示"重点关注保险责任、责任免除、投保人及被保险人权利义务，免赔额或免赔率计算等"以及第十条规定："请你如实填写投保资料，如实告知有关情况并亲笔签名。"投保人王某和被保险人高某某均在签名栏处予以签名确认。王某作为合同一方当事人，是完全民事行为能力人，具备正常的判断和辨识能力，应对自身签名确认的内容负责。

根据《保险法司法解释二》第十三条第二款之规定，投保人对保险人履行了符合本解释第十一条第二款要求的明确说明义务在相关文书上签字、盖章或者以其他形式予以确认的，应当认定保险人履行了该项义务。但另有证据证明保险人未履行明确说明义务的除外。本案中，投保人对保险人履行了符合要求的说明义务在投保单末尾部分签名，可以认定保险人已就免责条款履行明确说明义务，免责条款对投保人和受益人发生法律效力。因此，被保险人在首份合同生效之日起180日罹患重大疾病，属于合同约定的免责情形，保险人得以免责。

**二、保险人解约是否超过法定的除斥期间**

1. 关于诉争合同是否超过2年除斥期间问题。第二份合同生效日期

(2011 年 2 月 24 日)至保险人发出解除通知之日(2013 年 1 月 23 日),未超过 2 年法定除斥期间。

2. 关于保险人知道解除事由是否超过 30 日除斥期间问题。受益人于 2012 年 12 月 12 日向保险人申请理赔,保险人于 2013 年 1 月 23 日书面发出解除合同通知。因受益人在提交理赔申请时未向保险人告知被保险人在投保前已罹患诸多病症并接受入院治疗,保险人当时并不知悉诉争合同具有解除事由,需要接案受理后再行调查被保险人是否存在投保前罹患疾病情形。虽然本案理赔时间超过 30 日,但并不意味着保险人知悉解除事由已超过 30 日。

**三、违反告知义务条款无须明确说明**

《保险法司法解释二》第九条第二款规定,保险人因投保人、被保险人违反法定或者约定义务,享有解除合同权利的条款,不属于《保险法》第十七条第二款规定的"免除保险人责任的条款"。因此,本案中,保险人因投保人违反告知义务而享有解除合同权利条款不属于"免除保险人责任的条款",无须就此履行明确说明义务,法院予以支持,并无不当。

**【生效法律文书】**

(2013)榕民终字第 3110 号民事判决书[1]

---

[1] 此生效法律文书见本书第 349 页。

## 三、保险合同成立两年后保险公司是否可以解除保险合同

——王某某诉江苏省分公司人身保险合同纠纷案

【案情简介】

2009年4月7日，王某某以自己为被保险人向保险公司投保康宁终身保险(2007修订版)，重大疾病保险金额10万元、身故保险金额15万元(需扣除已给付的重大疾病保险金)，保险合同于2009年4月9日生效。2010年10月25日，王某某因病住院，经南京军区总医院诊断为慢性肾小球肾炎及慢性肾功能不全(晚期)，即尿毒症。2011年10月10日，王某某向保险公司申请理赔，保险公司以投保人没有如实告知为由拒绝给付重大疾病保险金10万元，退还所交保费，合同终止。王某某遂起诉至法院，要求保险公司给付重大疾病保险金10万元，确认合同继续有效。

一审法院认为：一是自保险合同成立之日起至被告出具《拒绝给付保险金通知书》已超过二年，根据《保险法》第十六条第一款至第三款的规定，被告不得解除合同；发生保险事故的，被告应承担赔偿或给付保险金责任。二是原告于2011年10月10日申请理赔，并提交2006年江北医院门诊病历等理赔材料，故自该日起被告已知原告投保前患有肾炎，而被告于2011年11月9日出具《拒绝给付保险金通知书》，原告于2011年11月10日在《拒绝给付保险金通知书》上签字，被告解除合同的通知到达原告时间为2011年11月10日，自被告知道有解除事由之日起，已经超过三十天，根据法律规定，被告的合同解除权消灭。一审法院支持原告诉讼请求，判决保险合同继续有效，被告向原告支付保险金10万元。

保险公司不服，提起上诉。最终在二审法院的主持下，双方达成调解协议，保险合同解除。

【争议焦点】

本案的争议焦点为投保人存在未如实告知的情况，合同成立超过两年，保险公司是否可解除保险合同。

【评析意见】

**一、不可抗辩条款适用的例外问题**

不可抗辩条款设立初衷是为增强投保人对长期性人身保险合同的信任度，通过限制保险人部分抗辩权利以保障投保人一方的合理期待和信赖，但由于法条中并未对不可抗辩的除外情形加以规定，客观上增加了投保逆选择概率及保险欺诈风险。本案即是典型，原告王某某作为投保人在订立保险合同的过程中隐瞒其投保前患有肾炎的事实真相，故意未履行如实告知义务。同时其在保险合同成立生效不足二年的期限内即已发生保险事故，但原告故意隐瞒该保险事故，不予报案理赔，而拖延至保险合同成立二年后才向保险公司申请理赔。庭审中被告主张认为原告的上述行为已构成法律上的欺诈，不宜简单适用《保险法》规定的不可抗辩条款，而应根据《合同法》第五十四条关于撤销保险合同的规定，但一审法院仍直接适用了《保险法》第十六条第三款规定，判定保险公司不能解除合同，并应承担赔偿责任。

本案集中反映了不可抗辩条款设置的不完善：一是我国的社会诚信体系尚不健全，若不明确不可抗辩条款适用的例外情形，不仅保险人与投保人之间可能陷于失衡状态，保险人的正当权益难以得到维护，也为投保人不履行如实告知义务提供强大动因，不利于社会诚信体系的建设。二是如果保险事故发生在保险合同成立两年内，但是受益人拖延到两年后报案并申请理赔，则即使保险人调查后发现投保人存在故意不如实告知的情况，也无法解除合同。这样一来，极容易负面激励隐瞒保险事故，拖延通知保险人保险事故的发生，也使得保险公司依据保险法规定享有的在投保人未履行如实告知义务情形下解除保险合同的权利在事实上成为不可能。因此，确有必要在司法解释层面进一步明确不可抗辩条款的适用限制和例外情形。

**二、保险合同解除权的期限计算问题**

《保险法》第十六条第三款规定，保险人行使保险合同解除权的起算点为"自保险人知道有解除事由之日起"。对于该起算点的理解，被告认为，保险合同解除权的三十日的期间是自保险人知道解除事由之日起计算，而非自投保人申请理赔时起计算。但一审法院认为，因原告申请理赔时的材料中已有肾炎病史的相关记载，被告就应当知道具有解除事由，因此，自被告知道解除事由之日（2011 年 10 月 10 日）起，至解除合同的通知到达原告之日（2011 年 11 月 10 日）已超过三十日，被告丧失合同解除权。

事实上，被告出具的《拒绝给付保险金通知书》落款日期为 2011 年 11 月 9 日，根据合同法相关规定，当事人一方解除合同，应当通知对方，合同自通知到达对方时解除。为避免纠纷，解除合同的通知可采用专人送达或邮寄送达（挂号信）的方式，若采用电话通知，应注意保留证据（如录音，并在电话中与相对人确认通话日期），否则会承担不利的法律后果。而本案诉讼过程中，被告工作人员虽表示当日已电话告知原告解除合同的意思表示，但却未能提供充分证据加以证明，故法院对此未予采信。

**三、保险合同解除权的行使形式问题**

根据本案当时的司法实践与审判观点，被告发出《拒绝给付保险金通知书》视为保险人已行使合同解除权。但脱离本案来看，关于此种情形下保险合同解除权的行使形式，根据《保险法司法解释二》第八条的规定，保险人未行使合同解除权，直接以存在《保险法》第十六条第四款、第五款规定的情形为由拒绝赔偿的，人民法院不予支持。但当事人就拒绝赔偿事宜及保险合同存续另行达成一致的情况除外。因此，保险人仅以投保人违反如实告知义务为由拒绝赔偿，但未在法定期间内解除合同的，将丧失保险合同解除权。

**【生效法律文书】**

略

## 四、分红型保险合同退保金额的认定

——杨某诉湖南省分公司保险合同纠纷案

【案情简介】

2011年10月10日，杨某投保一份国寿松鹤颐年年金保险(分红型)，保险金额为4989元，保险期间为终身，年交保费10000元，交费期10年，年金领取年龄为55周岁，首期领取金额为4989元。10月13日合同成立后，杨某交纳了第一期保费10000元。杨某在第二个保单年度发现红利很低，认为其受到销售误导，故未继续交纳保费，后诉至法院，请求法院判决解除保险合同，保险公司返还保费并赔偿利息。

法院审理认为，在签订合同过程中，保险公司已经明确告知保单利益的不确定性，杨某也在接受保险公司电话回访时明确表示清楚分红的不确定性，被告尽到了对格式条款的提示、说明义务。故法院判决解除原被告双方的保险合同，保险公司退还一期保费的现金价值2338元，驳回原告的其他诉讼请求。

一审宣判后，双方当事人均未上诉，一审判决生效。

【争议焦点】

本案的争议焦点有两个：一是涉案保单是否存在销售误导或欺诈行为；二是涉案保险合同退保金额如何计算。

【评析意见】

**一、保险公司是否存在销售误导或欺诈行为**

双方签订的保险合同虽为被告事先拟定、采用保险人提供的格式合同订立的保险合同，但是内容不违反法律和行政法规的强制性规定，合法有效。签订保险合同是双方真实意思的表示，合同依法成立，并自原告交纳第一期保费后生效。一是在《个人投保单》中可体现。被告在《个人投保单》上明确告知“一切与本投保单各项内容及保险条款相违背或增减的销售人员说明及解释均属无效，一切告知均以书面为准”，原告亲自签署了

《个人投保单》，并在个人投保单上明确书写了“本人已阅读保险条款、产品说明书和投保提示书，了解本保险的特点和保单利益的不确定性”，因此原告应当了解该说明。二是电话回访可体现。被告95519客服人员进行电话回访时，原告明确表示自己清楚保险分红的不确定性，客服人员同时电话告知原告在犹豫期后解除《保险合同》时，被告将仅退还合同当时的现金价值。在《保险合同》第2页有现金价值的详细说明，并一再提示原告仔细阅读保险责任、责任免除、保险期间、费用补偿等有关规定，被告已经切实履行了对格式条款的提示说明义务。三是保险营销员推销行为无误导。在销售保险合同时，保险营销员仅仅表示如果效益好，可能有七八十万元收益，但是未表示肯定有七八十万元，即已告知原告分红的不确定性。

综上，双方在签订保险合同时，保险公司未进行销售误导，保险合同是双方真实意思的表示，依法成立；原告如期交纳第一期保费且在犹豫期内未提出解除合同，保险合同生效，双方均应严格履行。

**二、涉案保险合同退保金额如何计算问题**

根据《保险法》第十五条规定，除本法另有规定或者保险合同另有规定外，保险合同成立后，投保人可以解除合同，保险人不得解除合同。本案中，原告杨某要求退保，是在行使其法定保险合同解除权。《保险法》第四十七条规定：“投保人解除合同的，保险人应当自收到解除合同通知之日起三十日内，按照合同约定退还保险单的现金价值。”依照该规定，投保人退保的，保险公司应退还保险单的现金价值。《保险法》对现金价值如何计算没有明确规定。实务中，现金价值的计算方式由各保险公司自行规定，且必须在保险合同条款中标明。本案中原告杨某交纳了标准保费为10 000元，且只交纳了一年基本保费，按照保险合同第2页关于国寿松鹤颐年年金保险（分红型）的现金价值“现金价值以每1000元标准保费为标准，第一个保单年度末的现金价值为233.8000元……”的约定，至原告起诉之日，诉争保险合同的现金价值为2338元。

随着社会的不断发展，保险产品也适时推新。分红型保险就是一种新型的保险产品，相对于传统保障性的寿险保单，保险人对分红型保单提供的是不确定的保险利益，即保单持有人在享有保险人经营成果外还要承担一定风险，分红收益是不确定的。有些客户在购买此类保险合同后发现红利低于预期，或者低于银行储蓄理财产品收益，从而产生反悔之念要求保险人全额退保是得不到法院支持的。

**【生效法律文书】**

（2013）芙民初字第2807号民事判决书[1]

〔1〕 此生效法律文书见本书第354页。

## 五、投保人未履行如实告知义务，保险公司应限期解约拒付
——黄某甲等诉福建省分公司保险合同纠纷案

**【案情简介】**

2009年1月20日，黄某某为自己向福建省分公司投保康宁定期保险以及附加定期保险，死亡保额12万元。2011年8月30日，被保险人因患高血压心脏病病故。原告于当年11月提出索赔申请。经查，被保险人在投保前于2008年12月27日至28日因病住院治疗，诊断为：(1)双下肺炎；(2)高血压3级；(3)高血压心脏病；(4)肾功能不全等。随后被保险人于2008年12月28日至2009年1月16日再次因同类疾病入住另一家医院治疗，确诊为：(1)扩张型心肌病：心律失常，频发室早，心功3级；(2)慢性肾功能不全(CKD4期)，双肾结石，左肾萎缩；(3)肾性高血压，高血压性心脏病等病症。对于上述事实，投保人在订立合同时予以隐瞒，保险人遂以违反告知义务为由作出拒付决定。受益人黄某甲等不服，诉至法院。

一审法院审理认为：首先，投保人在订立合同时隐瞒病史，足以影响保险人作出承保决定，保险人有权解除合同；其次，保险事故发生于2011年8月30日，根据保险法司法解释，自2009年10月1日起算，保险人解约拒付未超过两年可抗辩期。据此，一审法院驳回原告诉请。受益人不服，提起上诉。

二审法院认为：(1)投保人违反告知义务属实，且根据保险法司法解释规定，保险人解约时效未超过二年；(2)保险人拒付通知书已表达终止合同意思表示，而终止合同方式包括解除合同情形，因此保险人拒付决定有效。据此，二审法院维持原判。受益人不服，又向福建省高院申请再审。高院审查认为，保险人拒付决定未超出法定的解除期间，其书面通知终止合同的内容和处理，具有解除合同的含义，据此驳回黄某甲等人再审申请。

**【争议焦点】**

本案的争议焦点是保险人解除合同是否超过法定的除斥期间以及理赔拒付决定书是否具有解除合同的效力。

【评析意见】

**一、保险人解除合同是否超过法定的除斥期间**

首先，保险人享有的合同解除权自2009年10月1日起算2年。根据《保险合同司法解释一》第五条规定，保险法施行前成立的保险合同，下列情形下的期间自2009年10月1日起计算：……（三）保险法施行后，保险人按照保险法第十六条第二款的规定请求解除合同，适用保险法第十六条规定的二年的。即保险法实施前成立的保险合同，保险人在2009年保险法施行后请求解除合同，保险人享有的合同解除权自2009年10月1日起算二年，而非自合同生效之日起算二年。

其次，保险人享有的合同解除截止期限应以保险事故发生之日为标准。本案中，诉争保险合同于2009年1月20日生效，被保险人于2011年8月30日因患高血压心脏病、尿毒症等疾病身故，被保险人家属于2011年11月22日提出索赔申请。受益人一方强调，即便自2009年10月1日起计算至受益人索赔之时止，本案具有的解除时效已超过二年期限，保险人已丧失合同解除权。保险法以及司法解释均未明确规定二年不可抗辩期间的截止日期应以哪一个事件或行为发生为标准。在司法实践中，对此问题主要有两种观点：一是以保险事故发生之日；二是以申请理赔发生之日。我们认为，第二种观点即以受益人理赔申请行为发生之日为截止日期，具有极大的主观性和不确定性。受益人若为规避二年不可抗辩期间的规定，虽在合同生效后不久便发生保险事故，却可刻意拖延至合同生效二年后再来申请理赔，这不仅有悖诚信原则，也使二年不可抗辩规则法律设置形同虚设。第一种观点即以事故发生之日作为截止日期，具有客观唯一性，有可衡量和可操作的标准，对合同双方更为公平与合理，符合不可抗辩规则立法本意。

**二、理赔拒付决定书是否具有解除合同的效力**

《保险法司法解释二》第八条规定："保险人未行使合同解除权，直接以存在保险法第十六条第四款、第五款规定的情形为由拒绝赔偿的，人民法院不予支持。但当事人就拒绝赔偿事宜及保险合同存续另行达成一致的情况除外。"《保险法司法解释二》第二十一条规定："本解释施行前尚未终审的保险合同纠纷案件，适用本解释；本解释施行前已经终审，当事人申请再审或者按照审判监督程序决定再审的案件,不适用本解释。”本案二审终审时间是 2013 年 5 月,而《保险法司法解释二》的施行日期是 2013 年 6 月 8 日,因此《保险法司法解释二》施行前本案已终审,故本案不适用该司法解释。

退一步说,《保险法司法解释二》规定解除合同为拒付决定前置条件,否则拒付行为无效。但我们认为不能机械理解和适用该规定,理赔拒付决定书是否有效应取决于其内容意思表示,而非局限于决定书名称本身。本案中,保险人送达给受益人的《拒绝给付保险金通知书》写明:“本事故我公司不承担保险责任。根据保险合同约定,该合同效力终止,我公司将退还保单所交保费。”根据上述文字,可以看出保险人已明确表达了终止保险合同并退还保费意思表示。合同解除属于合同终止的一种方式,以终止履行合同来解约,虽然不够明确,但不失为解约的一种形式,法院对此予以支持,并无不当。

**【生效法律文书】**

(2013)榕民终字第 633 号民事判决书[1]

〔1〕 此生效法律文书见本书第 361 页。

## 六、保险合同解除权与合同撤销权的竞合适用

——杨某某诉沭阳支公司保险合同纠纷案

**【案情简介】**

杨某某于2011年2月投保了康宁终身重大疾病保险，截至2013年3月原告共交纳三年保费。2013年3月，杨某某因自感身体不适入院治疗，临床诊断为脑胶质瘤。其出院后向保险公司申请理赔遭到拒赔。杨某某认为保险合同自成立之日起已超过两年，保险公司的合同解除权已经消灭，应承担给付保险金的责任。因此诉至法院，要求被告向原告支付保险金3万元并承担本案诉讼费。

一审法院认为：一是原告投保时患有重大疾病且存在未如实告知。二是根据保险法的规定，原告虽投保前患有重大疾病未履行如实告知义务，但合同已成立两年，被告不得解除合同。三是原告所患疾病属于重大疾病双方均无异议，但根据保险法关于保险的定义，保险合同是射幸合同，其约定的承担保险责任的保险事故应属尚未发生状态，如在投保时已经发生保险合同约定的事故，该事故就不应属于保险合同约定的应承担保险责任的事故范围。原告以其在投保时已患有的疾病要求被告支付保险金，故判决驳回原告诉讼请求。

一审宣判后，原告未提起上诉。

**【争议焦点】**

本案的争议焦点有三个：一是原告投保时是否属于故意不履行如实告知义务；二是如果原告在投保时故意不履行如实告知义务，是否构成欺诈；被告能否要求解除合同或者根据合同法规定撤销合同；三是原告所患疾病是否属于保险责任范围。

**【评析意见】**

### 一、投保人未如实告知情形下保险人的合同解除权

（一）保险人的合同解除权

根据《保险法》的规定，保险人具有合同解除权的情形主要包括五种：

一是投保险人未如实告知的情形。《保险法》第十六条第二款规定:“投保人故意或因重大过失未履行前款规定的如实告知义务,足以影响保险人决定是否同意承保或者提高保险费率的,保险人有权解除合同。”二是被保险人和受益人谎称发生保险事故的情形。《保险法》第二十七条第一款规定:“未发生保险事故,被保险人或者受益人谎称发生了保险事故,向保险人提出赔偿或者给付保险金请求的,保险人有权解除保险合同,并不退还保费。”三是投保人或被保险人故意制造保险事故的情形。《保险法》第二十七条第二款规定:“投保人或被保险人故意制造保险事故的,保险人有权解除合同,不承担赔偿或给付保险金的责任……”四是投保人申报的被保险人年龄不真实且真实年龄不符合合同约定的年龄限制。《保险法》第三十二条第一款规定:“投保人申报的被保险人年龄不真实,并且其真实年龄不符合合同约定的年龄限制的,保险人可解除合同,并按照合同约定退还保单的现金价值……”五是自合同效力中止之日起满两年投保人和保险人未达成效力恢复协议的。《保险法》第三十七条第一款规定:“……自合同效力中止之日起满二年双方未达成协议的,保险人有权解除合同。”

(二)投保人未如实告知情形下保险人的合同解除权的限制条件

若保险人要以投保人未如实告知事项行使合同解除权必须同时满足三个要件:一是保险人必须就相关未告知事项在投保时进行过书面询问;二是对于其未如实告知的事项,投保人存在故意或重大过失;三是未如实告知的事项必须足以影响保险人决定是否同意承保或者提高保险费率。

在本案中,通过公司方面调取的被保险人在2010年及2013年的住院确诊的相关证据,有力地证明了被保险人在2010年就患有脑胶质瘤。其在2011年投保时,对于保险公司书面询问的“病史询问”中关于“脑部疾病”一项勾选的“否”,并在投保人、被保险人处签名确认。因此,投保人在投保前对于保险人询问的其已知晓的事项未如实告知,且其未如实告知的事项足以影响保险人决定是否同意承保或者提高保险费率,因此依据《保险法》的规定,被告享有解除合同的权利。

**二、两年不可抗辩权的适用与突破**

《保险法》第十六条规定:“订立保险合同,保险人就保险标的或者被保险人的有关情况提出询问的,投保人应当如实告知。投保人故意或者因重大过失未履行前款规定的如实告知义务,足以影响保险人决定是否同意承保或者提高保险费率的,保险人有权解除合同。前款规定的合同解除权,自保险人知道有解除事由之日起,超过三十日不行使而消灭。自合同成立之日起超过二年的,保险人不得解除合同;发生保险事故的,保险人应当承担赔偿或者给付保险金的责任……保险事故是指保险合同约定的保险责任范围内的事故。"

(一)两年不可抗辩适用中存在的问题

2009年《保险法》出台后,设置两年不可抗辩权的初衷是为增强投保人对长期性人身保险合同的信任度,通过限制保险人部分抗辩权利以保障投保人一方的合理期待和信赖,但由于法条中并未对不可抗辩的除外情形加以规定,客观上增大了投保逆选择概率及保险欺诈风险。在司法实践中,主要表现为以下两种情形:

一是投保时故意未如实告知,合同满两年后病发,保险公司不能解除合同。本案即是此种情况,投保人在明知被保险人已患疾病的情况下,故意隐瞒,两年后,被保险人因同一疾病病发了向保险公司索赔。在此类情况下,江苏区域保险公司的抗辩一般有两种:一种是主张投保人故意未如实告知,要求适用江苏省高级人民法院《讨论纪要》第二十条,"保险合同订立时事故已发生,投保人就此向保险人作了不实告知,保险合同成立两年后,被保险人或者受益人以可抗辩期已过为由,要求保险人对该项隐瞒的事故赔偿或者给付保险金的,人民法院不予支持"不承担保险责任并解除合同。此类情况江苏部分法院认为《讨论纪要》只是审判参考,因依据保险法规定,超过两年就不能解除合同并应承担责任。另一种是主张投保人故意未如实告知,存在欺诈,要求撤销合同。此类主张往往会因公司方面举出投保人欺诈的证据不足无法得到支持。

二是投保时故意未如实告知,在合同成立两年内病发,但两年后申请理赔,保险公司不能解除合同并承担责任。

在司法实践中,此类情况呈高发的趋势,在审判阶段争议较多,但多以合同成立超过两年判决保险公司败诉或调解结案。但从立法本意上,《保险法司法解释二》对此问题的解读为:依据《保险法》第十六条的规定,自合同成立之日起超过二年的,保险人不得解除合同;发生保险事故的,保险人应当承担赔偿或者给付保险金的责任。从语义上分析,自合同成立之日起超过二年的,发生保险事故的,保险人应当承担赔偿或者给付保险金的责任。而对于两年内发生保险事故的,保险人不应该承担保险责任

(二)丧失了合同解除权,保险公司是不是必须要承担保险责任

在本案中,保险合同成立已超过两年,因此保险公司丧失合同解除权,但是否就一定承担保险责任呢?根据《保险法》第十六条的规定,发生保险事故的,保险人应当承担赔偿或者给付保险金的责任。……保险事故是指保险合同约定的保险责任范围内的事故。而本案的突破点就在于保险公司规定的保险责任是合同成立后"初次"发生的,而被保险人所患的疾病显然并非初次发生,因此以不在保险责任范围内不承担责任的抗辩得到了法院的支持。

保险合同是射幸合同,约定的保险事故在投保时属未发生状态。如在保险合同成立前已经发生保险事故再投保的,投保人属于恶意骗保,亦违反保险合同法理,此时不应机械地固守不可抗辩期间的限定,应赋予保险公司合同解除权,并且两年不可抗辩期间适用的前提是保险合同成立两年后新发生的保险事故,保险合同成立前已发生保险事故的,保险公司不应赔偿。本条的裁判对于遏制恶意骗保并拖延理赔的不诚信行为,进一步规范保险秩序,净化保险环境具有积极意义。

**【生效法律文书】**

(2014)沭商初字第0061号民事判决书[1]

---

〔1〕 此生效法律文书见本书第366页。

# 第十章

# 保险合同纠纷中的诉讼程序

## 一、保险公司分支机构的诉讼地位

——伍某某诉邵武支公司保险合同纠纷案

**【案情简介】**

2009年12月2日，投保人伍某某在邵武市以电话激活形式为本人投保意外伤害保险，2009年12月3日合同生效，保险期间为一年。该意外险产品系由中国移动南平分公司向中国人寿南平分公司集中采购，再以赠品形式赠送给客户。2010年1月7日，伍某某意外受伤住院治疗，随后被诊断为“尿道狭窄致排尿困难”。伍某某向保险人申请理赔意外伤害医疗保险金和残疾保险金。

2010年8月，南平分公司向伍某某给付了意外伤害医疗保险金2000元，但同时认为，“尿道狭窄致排尿困难”不在合同约定的《人身保险残疾程度与保险金给付比例表》范围内，被保险人未达到伤残等级，据此拒赔残疾保险金部分。伍某某不服，将邵武支公司诉至法院，要求邵武市支公司给付意外伤害残疾保险金1.8万元。

法院经审理认为，原告起诉被告要求支付保险金，但原告没有证据证明被告是与原告签订保险合同的保险人一方。因此，原告起诉的被告主体不适格，裁定驳回原告的起诉。

【争议焦点】

本案的争议焦点为保险公司分支机构是否具备独立的民事诉讼资格。

【评析意见】

**一、如何确认保险公司分支机构的诉讼资格**

诉争的保险合同系南平市分公司与投保人订立,由投保人在邵武市用电话激活方式激活生效。南平市分公司和邵武市支公司都是保险公司的分支机构,南平分公司下辖邵武市支公司。

虽然《公司法》第十四条规定分公司不具有法人资格,其民事责任由公司承担,但本案的诉讼主体应为南平市分公司,理由如下:

1. 分支机构具有实体权利,当事人为南平市分公司。根据上级公司的法人授权,分支机构取得订立保险合同、履行保险合同权利义务的实体权利。本案订立保险合同的当事人为南平市分公司。

2. 保险公司分支机构具有独立的诉讼地位。根据《民诉法司法解释》第五十二条规定,保险公司的各分支机构属于《民事诉讼法》第四十八条规定的"其他组织",可以独立参加诉讼活动。

《保险法司法解释二》对保险公司分支机构诉讼地位作出明确规定,第二十条规定:"保险公司依法设立并取得营业执照的分支机构属于《中华人民共和国民事诉讼法》第四十八条规定的其他组织,可以作为保险合同纠纷案件的当事人参加诉讼。"

**二、法人承担的责任是最终赔偿责任**

如果分支机构无偿付能力或偿付能力不足,法人应承担最终赔偿责任。可以参照最高人民法院《关于贯彻执行〈中华人民共和国民法通则〉若干问题的意见(试行)》第一百零七条的规定,财产责任分支机构如有偿付能力的,应当自行承担;如无偿付能力的,应由企业法人承担。

【生效法律文书】

(2011)邵民初字第1043号民事裁定书[1]

---

〔1〕 此生效法律文书见本书第374页。

## 二、保险合同存续期间保单现金价值的执行问题

——郭某某诉临沂市分公司保险合同纠纷案

【案情简介】

1998年4月25日,郭某某向保险公司投保鸿寿养老保险,保险责任起止时间为1998年4月25日至终身。保险合同签订后,郭某某按约交纳10年保险费合计896963元。2007年,郭某某与案外人王某因借贷纠纷发生诉讼,临沂中院于2007年9月6日作出一审判决,判令郭某某偿还王某借款50万元及利息。该判决生效后,郭某某未履行生效法律文书确定的义务,王某向法院申请强制执行。法院查明郭某某在保险公司投保了包括鸿寿养老保险在内的10份人身保险合同,认为其在保险公司有46万余元的保险金收入,遂作出民事裁定,要求保险公司协助提取郭某某的保险金收入46万余元。保险公司按照法院的民事裁定书,配合法院强制执行,根据临沂中院执行人员刘某某填写的解除保险合同的申请,解除了鸿寿养老保险合同,并将解除合同后退还的保单现金价值75989元转账至临沂中院。

郭某某得知后起诉至临沂市兰山区法院。法院认为,保险公司根据案外人的申请解除保险合同的行为,违反了相关法律规定和合同约定,故该解除行为不具有法律效力,判决保险公司继续履行相关保险合同。

【评析意见】

近年来,经常有人民法院的执行法官到保险公司要求扣划投保人保险合同项下的现金价值,以清偿其所欠第三人债务的情况。对此,如果投保人主动提出退保(即解除保险合同),保险公司自应将人民法院扣划裁定范围以内的现金价值交由法院执行。但如果投保人拒不同意退保,人民法院是否有权强制执行该保单的现金价值?实践中,不同法院对这个问题存在截然不同的理解,从而让保险公司非常困惑并陷入两难境地:如果保险公司配合人民法院的协助执行工作,将保险合同解除后的现金价值交给法院执行,则事后投保人又可以保险公司无权擅自单方解除保险合同为由要求保险公司继续履行保险合同;而如果保险公司不予协助执行,则可能会被

有关法院认定为构成妨害民事诉讼，不仅会遭到罚款甚至公司负责人还有被拘留的风险。

保单现金价值，也称为解约金或者解约返还金，是指在保险期间内，投保人中途解除合同时，保险人所应当返还的金额。寿险合同的交费期一般比较长，随着被保险人的年龄增加，其死亡的可能性将越来越高，保险费率也必然逐渐上升，然而投保人的交费能力却会因年龄的增长不断下降，因此保险公司在实际操作中往往采用“均衡保费”的办法，通过精算将投保人需要交纳的全部保费在整个交费期内予以均摊，使投保人每期交纳的保费都相同。被保险人年轻时，死亡概率低，投保人交纳的保费比实际需要的多，多交的保费将由保险公司逐年积累。被保险人年老时，死亡概率高，投保人当期交纳的保费不足以支付当期赔款，不足部分将正好由被保险人年轻时多交的保费予以弥补。这部分多交的保费连同其产生的利息，每年滚存累积起来，就是保单的现金价值。

可见，保险单现金价值实质上来源于保险费的累积，而实际承担交费义务的是投保人而非被保险人或者受益人。同时，在保险事故发生之前，受益人可以由投保人、被保险人随时变更，处于不稳定的地位，受益人所享有的权益在性质上仅为期待，甚至都不是期待权。因此，保险单现金价值无疑应当归属于投保人。

《保险法》第十五条规定：“除本法另有规定或者保险合同另有约定外，保险合同成立后，投保人可以解除合同，保险人不得解除合同。”第四十七条规定：“投保人解除合同的，保险人应当自收到解除合同通知之日起三十日内，按照合同约定退还保险单的现金价值。”根据上述规定，投保人在人身保险合同订立后，可以随时通知保险人解除合同，保险人应当按约向其返还保险单的现金价值，这是投保人的法定任意解除权。合同解除权是合同上的权利，不具有专属于人身的性质，投保人的债权人可以代为行使。另外，投保人在保险合同存续期间，还可以保险单现金价值为限进行质押贷款。所以，保险单的现金价值具有明确的财产属性和权利归属主体，是属于投保人的债权性质的财产，可以由投保人自行处分。

目前中国保险业涌现出大量的投资型人身保险，如投连险、分红险、万能险等，对投保人而言，既是保险，也是投资。如果一概禁止投保人的债权人对保险单现金价值申请执行的话,则投保人身保险极有可能成为债务人恶意规避债务的一种有效途径。所以,既然保险单现金价值是投保人的财产,投保人的债权人自然应有权要求以此来清偿债务。当然,考虑到投保人为他人订立保险合同,被保险人、受益人会产生一定的信赖,可能不会因此再订立其他保险合同。如果为保护债权人的利益由其径行解除合同以现金价值清偿债务,则被保险人、受益人可能会失去保障。因此,从债权人、投保人、被保险人以及受益人利益平衡角度考虑,我国保险法可以考虑借鉴德国、日本保险法设立的介入权制度,要求债权人解除保险合同以获取保单现金价值清偿债务时必须告知被保险人和受益人,由其选择是否继续维持保险合同的效力;如果要继续维持合同效力,则被保险人、受益人应当向投保人的债权人支付以债权范围为限的保险单现金价值,并取代原投保人成为新的投保人,承担继续交纳保险费的义务。

目前,正是由于上述法律制度的缺失导致司法实践中不同的理解和做法,因此,亟须在我国的法律框架下有效引入并完善该制度,以充分平衡投保人、被保险人、受益人以及相关债权人的合法权益。值得一提的是,《保险法司法解释三》第十七条规定:“投保人解除保险合同,当事人以其解除合同未经被保险人或者受益人同意为由主张解除行为无效的,人民法院不予支持,但被保险人或者受益人已向投保人支付相当于保险单现金价值的款项并通知保险人的除外。”这说明,最高人民法院已经开始在这一方面作探索性的努力。

**【生效法律文书】**

(2008)临兰商初字第2675号民事判决书[1]

〔1〕 此生效法律文书见本书第375页。

## 三、保险合同成立与理赔时间跨越新保险法实施之日的法律适用

——吕某某诉长阳支公司保险合同纠纷案

【案情简介】

工商个体户吕某某长期雇用孔某某为其工作，并数次出资以孔某某为被保险人投保意外伤害保险。2009 年 4 月 15 日，吕某某以孔某某为被保险人在保险公司投保了一份意外伤害保险卡，保单上受益人写的是吕某某，保险金额 20 万元，保险期间一年。合同签订后，保险卡由吕某某保管。该保险卡正面的被保险人和业务员签名栏中内容由保险公司营销员张某书写，其反面的被保险人签名系孔某某书写，对正面受益人栏中吕某某签名的书写时间各方陈述不一，无法确定书写人。

2010 年 2 月 10 日，孔某某在村中心卫生室输液过程中意外死亡。吕某某申请理赔遭保险公司拒赔，吕某某不服向法院提起诉讼。

一审法院认为，保险合同虽然成立于保险法修改前，但被保险人死亡于保险法修改后，因此，被保险人死亡所产生的法律关系应适用修改后的保险法。投保人与被保险人系雇佣关系，即使受益人栏中吕某某签名的真实性能够确定，该指定亦违反了修改后保险法的禁止性规定，其指定内容应属无效，故判决驳回原告的诉讼请求。

一审判决后，原告不服提起上诉。二审法院经审理驳回上诉，维持原判。

【争议焦点】

本案的争议焦点有两个：一是本案应否适用现行保险法；二是本案受益人应如何确定。

【评析意见】

关于第一个问题，本案中吕某某和孔某某之间存在劳动关系，吕某某与保险公司签订的保险合同成立且生效。涉案保险合同的成立时间是 2009 年 4 月 15 日，在现行保险法施行日期之前；而保险事故发生的时间是

2010年2月10日，在现行保险法施行日期之后。根据《保险法司法解释一》第三条之规定，保险合同成立于保险法施行前而保险标的转让、保险事故、理赔、代位求偿等行为或事件，发生于保险法施行后的，适用保险法的规定。因此，本案应适用于现行保险法。

关于第二个问题，尽管保单上载明的受益人是吕某某，但根据《保险法》第三十九条相关规定，投保人为与其有劳动关系的劳动者投保人身保险，不得指定被保险人及其近亲属以外的人为受益人。因此，即使被保险人孔某某同意指定吕某某为受益人，该指定也违反了法律的强制性规定，属于无效指定。根据《保险法》第四十二条之相关规定，对于没有指定受益人，或者受益人指定不明无法确定的，保险金作为被保险人的遗产，由保险人依照《继承法》的规定履行给付保险金的义务。因此，本案的保险金应该给付给被保险人的法定继承人。

**【生效法律文书】**

（2011）宜中民二终字第00342号民事判决书[1]

〔1〕 此生效法律文书见本书第379页。

# 第二部分　裁判文书

## 丁某某诉江苏省分公司保险合同纠纷案

### 江苏省南通市中级人民法院民事判决书

(2011)通中民终字第1672号

上诉人(原审原告):丁某某。

委托代理人:吴甲。

被上诉人(原审被告):中国人寿保险股份有限公司江苏省分公司,住所地南京市中山东路298号。

负责人:刘某某,总经理。

委托代理人:吴乙。

原审被告:姜某某。

上诉人丁某某因与被上诉人中国人寿保险股份有限公司江苏省分公司(以下简称人寿保险江苏省分公司)、姜某某保险合同纠纷一案,不服如皋市人民法院(2011)皋民初字第0662号民事判决,向本院提起上诉。本院于2011年11月21日立案受理后,依法组成合议庭审理了本案,现已审理终结。

一审法院经审理查明,丁某某与姜某某系夫妻关系。2008年2月29日,姜某某以丁某某为被保险人与人寿保险江苏省分公司签订编号为2008-320622-412-01510537-0国寿金彩明天两全保险(B款)(分红型)保险合同一份,保险合同约定保险金额为35398.23元,保险期间31年,缴费期满日2013年2月28日,标准保费20000元。该合同第二条约定,凡出生三十日以上五十七周岁以下，身体健康者均可以作为被保险人，由本人或对其具有保险利益的人作为投保人向中国人寿保险股份有限公司投保本保险。第四条约定，本合同的保险期间为本合同生效之日起至被保险人年满八十周岁的年生效对应日止。第五条约定，在本合同保险期间内，本公司负以下保险责任：一、生存保险金与满期保险金。自本合同生效之日起，被保险人生存至每满三个保单年度的年生效日，本公司按照基本保险金额的 9% 给付生存保险金。被保险人生存至年满六十五周岁的年生效对应日，本公司按照基本保险金额的 100% 给付生存保险金。被保险人生存至保险期间届满，本公司按基本保险金额的 180% 给付期满保险金。本合同终止。二、身故保险金。被保险人于本合同生效之日起一年内因疾病身故，本公司按所交保险费（不计利息）给付身故保险金，本合同终止。被保险人于年满六十五周岁的年对应生效日前因意外伤害身故，或者被保险人于本合同生效之日起一年后、年满六十五周岁的年生效对应日前因疾病身故，本公司按基本保险金额的 300% 给付身故保险金，本合同终止。被保险人于年满六十五周岁的年生效对应日后身故，本公司按基本保险金额的 200% 给付身故保险金，本合同终止。保险合同还对红利事项、保险费等其他事项作出了约定。

在该保险合同投保单声明与授权部分投保人栏姜某某签名，丁某某否认被保险人处签名系其本人所签，姜某某陈述丁某某的签名系人寿保险江苏省分公司业务员代签，人寿保险江苏省分公司对此予以否认，但无法确认丁某某签名是否为其本人所签。

一审法院审理中，丁某某陈述，一直到 2011 年，其儿子拿保单到人寿保险江苏省分公司取不到钱时，才知道姜某某办理了案涉保险。姜某某陈述其自己也办理了和丁某某一样的保险，2008 年至 2010 年合计每年交 4 万元保险费的事情，均未告知丁某某。

丁某某一审诉称，其常年随建筑公司在外打工，年初外出年底回来，其妻子姜某某在家务农，收入很少。2008 年 2 月 27 日，丁某某随建筑公司在无锡打工，人寿保险江苏省分公司与姜某某签订国寿金彩明天两全保险时，均未告知丁某某订立保险合同的事实，故丁某某一直不知情。因人寿保险江苏省分公司业务员刘某某当时告知姜某某该保险合同只要缴费 3 年，第四年即还本付息。2011 年春节前，丁某某在其儿子丁某拿保险单到人寿保险江苏省分公司如皋营业网点去领本息时才知道还要缴费两年。此时,姜某某才将买保险的情况告知丁某某。因案涉保险合同内容中以被保险人丁某某死亡为给付条件,丁某某从未表示过同意,该合同约定违反相关法律规定,请求法院确认2008－320622－412－01510537－0号保险合同无效。

人寿保险江苏省分公司一审辩称,丁某某陈述的合同无效的理由不能成立,合同中有出现意外死亡给付的条件,这种约定是针对出现意外事故的处理办法,依法不可以确认合同无效。请求驳回丁某某的诉讼请求。

姜某某一审辩称,订立保险合同时,人寿保险江苏省分公司业务员均告知交费期限为三年。后其儿子丁某回来查阅保险合同内容时,才知道需要交费五年。其交保险费的情况丁某某一直不知道,保险合同中丁某某的签名非其本人所签,也不是姜某某所签。请求依法作出判决。

一审法院认为,姜某某以丁某某为被保险人在人寿保险江苏省分公司投保国寿金彩明天两全保险(B款)(分红型)保险的事实存在。现丁某某认为其对签订该保险合同的事实不清楚,本案保险合同为以死亡为给付保险金条件的合同,未经丁某某书面认可,该保险合同无效。姜某某也认为其投保时未将投保事实告知丁某某。人寿保险江苏省分公司则认为丁某某清楚投保的事实,本案合同也不是丁某某所称以死亡为给付保险金条件的保险合同,即使丁某某没有签字,只是说条款不具有约束力,并不导致合同无效。一审法院认为,相关法律规定,人身保险的投保人在保险合同订立时,对被保险人应当具有保险利益。姜某某与丁某某系夫妻关系,其对被保险人丁某某具有保险利益。姜某某以丁某某的身体或者寿命为保险标的订立保险合同可以不征得丁某某的同意,故姜某某可以丁某某为被保险人投保本案保险合同。2002年修订的《中华人民共和国保险法》(以下简称《保险法》)规定,以死亡为给付保险金条件的合同,未经被保险人书面同意并认可保险金额的,合同无效。2009年修订的《保险法》规定,以死亡为给付保险金条件的合同,未经被保险人同意并认可保险金额的,合同无效。以死亡为给付保险金条件的保险是指被保险人在规定期间内发生死亡事故,保险人负责给付保险金。本案双方争议的保险合同,保险人给付保险金的条件并不单纯以死亡为给付保险金条件,还包括生存保险金与期满保险金,所以即使双方争议的保险合同中发生死亡事故给付保险金部分条款未经丁某某认可，也只能导致该部分无效，丁某某要求确认整份保险合同无效依据不足。据此，一审法院依据《中华人民共和国保险法》第十二条、第三十一条、第三十四条之规定，作出如下判决：驳回丁某某要求确认2008－320622－412－01510537－0号保险合同无效的诉讼请求。案件受理费80元，由丁某某负担。

上诉人丁某某向本院提起上诉称，1. 保险合同中丁某某的签名非本人所签，该签名是何人所签一审法院未能查清。2. 一审法院认定姜某某与丁某某系夫妻关系，对丁某某具有保险利益，从而确定姜某某以丁某某的身体或寿命为保险标的订立保险合同，可以不征得丁某某同意的结论错误。保险合同条款中包含了以丁某某死亡为给付保险金条件的条款，根据《保险法》的相关规定，未经被保险人丁某某书面同意并认可保险金额的，合同无效。综上，请求二审法院查明事实后，依法改判支持丁某某的一审诉讼请求。

被上诉人人寿保险江苏省分公司辩称，本案所涉保险为两全保险，死亡仅仅是保险合同约定的一种情形，因此并不属于单纯以死亡为条件的保险合同，丁某某请求确认无效的理由不能成立。一审认定事实与理由正确，请求二审法院驳回上诉，维持原判。

姜某某辩称，同意丁某某的上诉陈述及理由，请求二审法院依法作出判决。

本院经审理，对一审法院采信的证据及据此认定的案件事实予以确认。

本院认为，根据一审法院所作判决以及二审中当事人的诉辩主张，本案争议焦点为案涉保险合同的性质及法律效力如何确定。

一、关于案涉保险合同的性质问题。保险合同内容应认定以被保险人死亡为给付条件，具体理由如下：1. 中国人寿保险股份有限公司业务是专项的，是以办理人身健康等为主要保险标的专业型保险公司，尽管该公司为拓宽保险业务，不断增加和变化保险类别，但其办理业务的重点仍应以人身健康为范围。2. 案涉保险合同虽命名为国寿金彩明天两全保险（分红型）条款，并在保险人主要义务即保险责任中分别列出生存保险、满期保险与身故保险责任。但上述约定均是围绕被保险人丁某某人身健康为主要内容，生存与期满对应了身故，重点指向了身故。3. 保险合同在约定保险人主要权利时，约定了八种情形导致被保险人身故，保险公司不负责保险责任。即保险人享有合同主权利的前提亦是以被保险人的身故为条件。4. 尽管保险合同的其他部分还约定了分红等事项，但对保险合同的内容界定应以合同的中心内容为依据，即应以双方约定保险人主要权利与义务内容作为识别的关键，而合同其他部分约定的条款仅是主条款的补充，不应成为判断合同属性的依据。综上，上诉人丁某某主张保险合同内容是以被保险人死亡为给付条件的上诉理由成立，本院予以采纳。

二、关于案涉保险合同的效力问题。虽然案涉保险合同是以被保险人死亡为给付条件，但合同仍应确认合法有效。1. 2002 年修订的《保险法》第五十六条第一款规定，以死亡为给付保险金条件的合同，未经被保险人书面同意并认可保险金额的，合同无效。而 2009 年修订后的《保险法》第三十四条第一款规定，以死亡为给付保险金条件的合同，未经被保险人同意并认可保险金额的，合同无效。从该条内容修订前后的变化可以得知，修订后的《保险法》将上述情形导致合同无效的条件，由被保险人的书面同意并认可更改为被保险人同意并认可，即 2009 年修订后的《保险法》并不苛求被保险人必须以书面方式同意，只要被保险人同意即可。2. 本案可以认定丁某某同意并认可保险金额的事实成立。首先，投保人姜某某是被保险人丁某某的妻子，姜某某投保时的身份系在家务农的普通家庭妇女，姜某某同时办理两份保险合同，需要每年交纳保险费额 4 万元，该行为系对家庭重大事项的决策与处理，对于家庭主要收入来源的成员丁某某而言，姜某某不可能也无法做到对其隐瞒上述事实发生的过程。其次，如果丁某某拒绝成为保险合同的被保险人，应及时向人寿保险江苏省分公司或姜某某提出异议，而案涉保险合同已连续履行三年，姜某某亦为两份合同共交纳了 12 万元保险费用，在该情形下，丁某某主张不知情并不同意订立保险合同，显违常理，令人难以置信。再者，姜某某当庭陈述，因将交费期间 5 年误解成 3 年，现在没钱再交保险费用。由此可以判断，丁某某及其家人主观上并非拒绝继续履行合同，而是生活状况所致才形成本案讼争，但家庭经济状况的变化无法掩盖也不能代替丁某某对姜某某办理保险合同的事实。3. 案涉保险合同订立于 2008 年 2 月 29 日，发生在 2009 年修订的《保险法》之前，原则上应适用当时的法律规定。按照 2002 年修订的《保险法》规定，因人寿保险江苏省分公司无证据证明丁某某签名是本人所签，故不能证明保险合同中被保险人丁某某书面同意并认可保险金额，合同应归于无效。但按照2009年修订的《保险法》规定，只要丁某某同意并认可保险金额，合同合法有效。由此可见，本案适用2002年修订的《保险法》与2009年修订后的《保险法》认定合同效力在客观上存在冲突。对此种情形如何适用法律，最高人民法院《关于适用〈中华人民共和国保险法〉若干问题的解释（一）》第二条规定，对于保险法实施前成立的保险合同，适用当时的法律认定无效而适用保险法认定有效的，适用保险法的规定。故本案应适用2009年修订后的《保险法》，确认案涉保险合同有效。

综上所述，一审认定事实清楚，判决结果正确，但确认保险合同中以被保险人死亡为给付条件的内容无效不当，应予以纠正。上诉人丁某某要求确认保险合同无效的上诉理由无法律依据，本院不予采纳。据此，依照《中华人民共和国民事诉讼法》第一百五十三条第一款第（一）项之规定，判决如下：

驳回上诉，维持原判。

二审案件受理费80元，由上诉人丁某某负担。

本判决为终审判决。

审　判　长　陆久斌

审　判　员　戴志霞

代理审判员　吴　科

二〇一一年十二月十三日

书　记　员　顾　星

# 史某某与湖南省分公司仲裁案

## 长沙仲裁委员会裁决书

(2013)长仲裁字第493号

申请人:史某某。

委托代理人:石某某。

被申请人:中国人寿保险股份有限公司湖南分公司。

住所:长沙市芙蓉区韶山路178号中国人寿大厦。

负责人:刘某某,总经理。

委托代理人:洪某某。

委托代理人:王甲。

长沙仲裁委员会根据《中华人民共和国仲裁法》、《长沙仲裁委员会仲裁规则》的规定以及申请人史某某(以下称申请人)与被申请人中国人寿保险股份有限公司湖南分公司(以下称被申请人)之间签订的《保险合同》中的仲裁条款和申请人提出的仲裁申请,于2013年7月15日依法受理了双方当事人之间的保险合同纠纷一案。因在法定期限内,双方当事人未就本案独任仲裁员人选达成共识,故本会主任依法指定蒋太和担任本案独任仲裁员,组成仲裁庭。仲裁秘书由谭洁担任。

仲裁庭于2013年8月28日依法开庭审理了本案,申请人的委托代理人石某某、被申请人的委托代理人洪某某、王甲到庭参加了仲裁活动,本案现已仲裁终结。

申请人述称:2010年3月28日,申请人在被申请人的业务员的游说下,在被申请人处投保了两份国寿福禄双喜两全保险,并于2010年3月28日按规定缴纳了首期保险费3万元,后分别缴纳了两期保险费6万元。我国保险法规定以死亡为给付保险金条件的合同,未经被保险人同意并认可保险金额的,合同无效。在两份保险投保单上被保险人王某的签名系他人假冒。事实上,申请人在投保时,未通知被保险人王某,王某既不知情也没有事后追认。在王某知道申请人为其投保后,表示强烈反对,并多次前往被申请人处阐述不同意为其投保。2012 年 11 月,被申请人还为王某做了笔录,王某还在笔录上签名确认。因双方所签订的合同违反法律强制性规定而无效,被申请人应退还所收取的 9 万元保险费并支付利息。但被申请人拒绝退还。为维护其合法权益,故请求裁决:1. 确认双方所签订的保险合同无效;2. 被申请人立即退还申请人已交保险费 9 万元并按银行贷款利率标准支付利息;3. 被申请人承担本案仲裁费用。

被申请人辩称:一、申请人的投保符合承保要求,双方签订的保险合同合法有效,应按合同约定履行义务。二、保险合同上既有申请人的名字,也有王某的名字,且都是本人签名,申请人提出签名是仿冒的不是事实。三、保险合同无须取得被保险人的签字,申请人以此认为合同无效没有依据。四、申请人未按要求填写投保单,存在明显过错,应承担过错责任。被申请人在投保单上已明确告知申请人,被申请人不存在过错。请求驳回申请人的仲裁请求。

仲裁庭经审理查明:2010 年 4 月 2 日,申请人在被申请人处为其女儿王某投保了国寿福禄双喜两全保险(分红型)(以下简称福禄保险),并向被申请人提供了申请人和被保险人王某的身份证(复印件)。被申请人向申请人出具了保险单,载明:合同成立日期为 2010 年 4 月 2 日,合同生效日期为 2010 年 4 月 3 日,交费方式:年交,投保人为申请人,被保险人为王某,投保单号:1108430900389169,险种名称:福禄保险,保险金额:22738. 50 元,保险期间为 32 年,交费期满日为 2015 年 4 月 2 日,标准保费为 15000 元。个人保险投保单载明:投保人为申请人,被保险人为王某。2010 年 3 月 28 日,申请人、被保险人王某,分别在投保单上签名。2010 年 4 月 2 日,被申请人向申请人出具保险发票,载明:险种名称为福禄保险,交费方式年交,交费期间 5 年,交费起止日期 2010 年 4 月 3 日至 2011 年 4 月 2 日,交费金额:15000 元。2010 年 4 月 2 日,申请人在被申请人处又投保了一份福禄保险,被申请人向申请人出具了保险单,载明:合同成立日期为 2010 年 4

月2日,合同生效日期为2010年4月3日,交费方式:年交,交费日期:每年的4月3日,投保单号:1108430900120166,投保人为申请人,被保险人为王某,险种名称:福禄保险,保险金额:22738.50元,保险期间为32年,交费期满日为2015年4月2日,标准保费为15000元。个人保险投保单与第一份相同。2010年4月2日,被申请人向申请人出具的保险发票与第一份保险发票的内容相同。个人保险基本条款载明:第四条,订立本合同时,保险公司应向投保人明确说明本合同内容。对保险条款中免除保险公司责任的条款,保险公司在订立合同时应当在投保单、保险单或者其他保险凭证上作出足以引起投保人注意的提示,并对该条款的内容以书面或者口头形式向投保人作出明确说明。保险公司可以就投保人、被保险人的有关情况提出询问,投保人亦应当如实告知。申请恢复本合同效力时,投保人应如实告知被保险人当时的健康状况。投保人故意或者因重大过失未履行前款规定的如实告知义务,足以影响保险公司决定是否同意承保或者提高保险费率的,保险公司有权解除合同。前款规定的合同解除权,自保险公司知道有解除事由之日起,超过三十日不行使而消灭。自本合同成立之日起超过二年的,保险公司不得解除合同,发生保险事故的,保险公司承担给付保险金的责任。投保人故意不履行如实告知义务的,保险公司对于合同解除前发生的保险事故,不承担给付保险金的责任,并不退还保险费。第十四条,本合同成立后,除本合同另有约定外,投保人可以要求解除本合同。投保人要求解除本合同时,应填写解除合同申请书,并提交保险合同和投保人法定身份证明。本合同自保险公司接到解除合同申请书时终止。投保人于签收保险单后十日内要求解除本合同的,保险公司在接到解除合同申请书之日起三十日内向投保人退还已收全部保险费。投保人于签收保险单后十日后要求解除本合同,保险公司于接到解除合同申请书之日起三十日内向投保人退还本合同的现金价值(详见现金价值表)。福禄保险利益条款规定:第一条,保险合同构成。福禄保险合同由保险单及所附福禄保险条款、个人保险基本条款、现金价值表、声明、批注、批单以及与本合同有关的投保单、复效申请书、健康声明书和其他书面协议共同构成。第五条,保险责任。在本合同保险期间内,保险公司承担以下保险责任:一、生存保险金,自本合同生效之日起,被保险人生存至每满两个保单年度的年生效对应日,保险公司按基本保险金额的10%给付生存保险金。二、身故保险金,被保险人在保险期间内身故,保险公司按身故保险金额给付身故保险金,本合同终止。三、期满保险金,被保险人生存至保险期间届满的年生效对应日,保险公司按期满保险金额给付期满保险金,本合同终止。第十一条,投保人解除合同的处理与个人保险基本条款的投保人解除合同的处理基本相同。申请人从2010年4月2日起至2012年4月2日止,连续3年共缴纳保费90000元,被申请人对申请人缴纳保费情况未提出异议。2013年1月11日,客户投诉案件访谈记录表载明:被保险人王某到被申请人的投诉部提出在投保人与被申请人签订保险合同时,被保险人不在场,且被保险人与投保人未住在一起,被保险人根本不晓得投保人为其投了保险,在投保单上被保险人没有签名,投保人与被保险人双方要求退保等。后申请人申请仲裁。

另查明:被保险人王某,女。申请人与被保险人王某系母女关系。

以上事实有个人保险投保单、保险单、客户服务指南、现金价值表、个人保险基本条款、国寿福禄双喜两全保险(分红型)利益条款、保险发票2张、保险合同送达书、被保险人王某的说明书、申请人工商银行存款折、申请人与被保险人王某身份证复印件、客户投诉案件访谈记录表等证据予以证实。

仲裁庭认为:申请人与被申请人签订的保险合同由保险单及所附福禄保险条款、个人保险基本条款、现金价值表、声明、批注、批单以及与本合同有关的投保单、复效申请书、健康声明书和其他书面协议共同构成。本案的焦点是双方签订的福禄保险合同是否有效。一、申请人与被申请人签订保险合同时,王某是否知道申请人为其投保了福禄保险。双方签订的保险合同成立于2010年4月2日,申请人在被申请人处以其女儿王某作为被保险人投保了两份福禄保险,申请人分别在两份投保单上签名,并代被保险人王某签名,申请人与被保险人王某还向被申请人提供了身份证(复印件)、银行存折等相关资料。并从2010年4月3日起连续三年履行了缴纳保险费义务。被保险人王某向被申请人提供了身份证(复印件)表明,申请人在为王某投保两份福禄保险,且长达近三年,应视为王某同意并认可申请人为其投保两份福禄保险。故应认定王某知道为其投保。申请人提出:申请人在购买本款保险时,未通知王某,王某既不知情也没有事后追认。因与事实不符,仲裁庭不予采信。

二、福禄保险对其保险金的给付方式有三种:即生存保险金、身故保险金和期满保险金。根据《中华人民共和国保险法》第三十四条第一款规定:以死亡为给付保险金条件的合同,未经被保险人同意并认可保险金额的,合同无效。本案中虽然被保险人王某未在投保单上签名,但该福禄保险(公红型)属理财类保险产品,不属于以死亡为给付保险金条件的保险合同,被保险人本人是否签名,不影响福禄保险合同的效力,且申请人与王某为母女关系,申请人对王某具有保险利益,故双方签订的福禄保险合同合法有效。综上,申请人与被申请人签订的福禄保险合同合法有效。申请人要求确认双方签订的福禄保险合同无效、退还已交保险费9万元并按银行同期贷款利率标准支付利息的仲裁请求,仲裁庭不予支持。据此,依照《中华人民共和国保险法》第十条、第十二条、第十三条第一款以及《中华人民共和国仲裁法》第五十一条第一款之规定,裁决如下:

一、驳回申请人史某某的仲裁请求;

二、本案仲裁受理费4210元,处理费632元,合计4842元,由申请人史某某承担。

本裁决为终局裁决。

独任仲裁员　蒋太和

二〇一三年十月十七日

仲裁秘书　谭　洁

# 陈某某诉深圳市分公司保险合同纠纷案

## 广东省深圳市中级人民法院民事判决书

(2012)深中法民终字第1214号

上诉人(原审原告):陈某某,男。

委托代理人:盛某某。

被上诉人(原审被告):中国人寿保险股份有限公司深圳分公司,住所地广东省深圳市福田区振兴路6号建艺大厦21层,组织机构代码89230719-7。

法定代表人:周某某,总经理。

委托代理人:赵某某。

委托代理人:马某某。

上诉人陈某某因与被上诉人中国人寿保险股份有限公司深圳分公司(以下简称人寿保险公司)人身保险合同纠纷一案,不服广东省深圳市福田区人民法院(2012)深福民一初字第18号民事判决,向本院提起上诉。本院依法组成合议庭审理了本案。现已审理终结。

原审法院查明,2003年7月5日,原告陈某某为其本人向被告人寿保险公司处投保(W522)康宁终身保险,保险合同保单号2003440300000030221170,保额5万元,年缴保费4550元,缴费期限20年,保费缴费日期为每年的7月5日,约定通过银行转账形式缴纳续期保费。该保险合同所附《人寿保险合同基本条款》第四条第一款约定:“分期交付保险费的,自首期保险费交付后,从每次保险费的到期日的次日起有六十日的宽限期间,在此期间内本合同仍然有效。若超过此期间仍未交足保险费,本合同效力中止。”第五条第一款规定:“若本合同因超过宽限期间未交足保险费而效力中止,投保人可在本合同效力中止之日起两年内,填妥复效申请书……经本公司审核同意,自投保人交足所欠的保险费及利息起,本合同效力恢复。"第五条第二款规定:"前项复效申请,经本公司审核同意,自投保人交足所欠的保险费及利息起,本合同效力恢复。"投保人原告于2009年7月5日缴纳了续期保费4550元,保费缴至2010年7月4日,共缴费7期,缴费金额合计31850元。之后,投保人原告未再继续缴纳保费,银联代收转账清单显示约定的扣款账户因"余额不足"24次扣款不成功。根据深圳市邮政局爱国支局于2012年2月8日开具的证明,2010年7月2日收到被告人寿保险公司发来的7月份客户缴费通知书,此缴费通知书在2010年7月3日由深圳市邮政局商函制作中心打印制作完成,在2010年7月10日发出邮件。收件人姓名陈某某,邮寄地址深圳市深南中路3027号嘉汇新城汇商中心3008,缴费日期2010-07-05,缴费年期第08年第01期,本期保费4550元,邮寄编号ZGY-0702-1-016391。2010年9月4日保单失效。

2010年2月21日,原告陈某某向被告人寿保险公司提交涉案保单复效申请书,原告说明单位体检出尿路结石;2010年2月22日,被告人寿保险公司发出保全核保面见通知书,要求原告至被告人寿保险公司面见,了解诊疗过程,并查血压、尿常规+泌尿系超声。原告申请复效时的体检结果显示:三次血压值分别为:收缩压130/舒张压100,收缩压120/舒张压100,收缩压130/舒张压100;进一步检验眼底,发现眼底改变。根据原告复效时的体检情况,被告按照承保要求,作出在标准保费的基础上加费950元的承保决定。根据瑞士再保险公司重大疾病评点中的高血压标准,原告年龄介于40~49岁,收缩压90~135间,舒张压98~102间,指标介于标准体和拒保体之间,根据其具体情况,为CMO(即咨询首席医疗官),表明被告人寿保险公司有权先咨询医疗人员的意见后再做出核保决定,其医疗人员给出的意见是在标准分的基础上最低加上50分。被告人寿保险公司最终评分为150分(按最低档加分)。依据被告人寿保险公司《康宁终身保险次标准体加费表》,核定加费950元/年(46岁男性每1000元保额加费19元),以此计算,原告保额5万元,加费金额即为:19×50=950元。

原审法院认为,本案属于人身保险合同,其中原告系投保人和被保险人,被告系保险人,原告与被告人寿保险公司之间的保险合同包括投保单、保险单、保险条款。本案争议焦点之一系被告人寿保险公司在涉案保险合同效力中止后有无向原告履行催告义务。2010年7月4日开始,被告在原告的账户上共计扣款24次,均因账户余额不足而未能扣款成功。2010年7月10日,在涉案保单缴费的宽限期内,被告人寿保险公司及时向投保人原告寄送了《缴费通知书》,足以证明被告履行了催告义务。另,不论被告人寿保险公司是否以短信或电话方式履行其催告义务,均不能免除原告作为投保人有关缴纳保费的义务。原告对其缴费账户负有谨慎注意义务,其逾期未交纳保费应承担责任。

本案争议焦点之二系被告保险公司是否有权提高保费以使涉案保险合同复效。《中华人民共和国保险法》第三十七条规定:"合同效力依照本法第三十六条规定中止的,经保险人与投保人协商并达成协议,在投保人补交保险费后,合同效力恢复。但是,自合同效力中止之日起满二年双方未达成协议的,保险人有权解除合同。"可见,保险合同是否复效必须建立在双方达成协议的基础上。本案中,涉案保险合同所附《人寿保险合同基本条款》第五条第一款的约定赋予被告人寿保险公司对于保险合同复效审核权,即在保险合同效力中止之时,被告人寿保险公司有权审核原告的复效申请。被告人寿保险公司在审核时必定要采取一定的方式,即核保体检。复效是否加费、加费多少要视被保险人的体检情况而定。被告人寿保险公司要求被保险人原告到其指定的验体中心体检并无不当;被告人寿保险公司采用瑞士再保险公司的评定标准。鉴于原、被告并未约定相关评定标准,目前国内保监会、保险行业对此亦无评定标准,依据被告人寿保险公司《康宁终身保险次标准体加费表》,核定加费950元/年,原告不予同意,经法院调解双方对此未达成补充协议。但被告人寿保险公司核保定价系其自主经营行为,符合合同约定,与法不悖,并无不当,法院予以认可。据此,被告保险公司有权提高保费以使涉案保险合同复效。根据合同约定,原告要求被告按照原保险费每期4550元的标准恢复与原告签订的保险合同效力的诉讼请求缺乏事实依据,法院不予支持。综上所述,现原告以投保人身份,要求确认被告无权增加保险费;被告按照原保险费每期4550元的标准恢复与原告签订的保险合同效力的诉讼请求,依法不成立,法院对原告的诉讼请求予以驳回。依照《中华人民共和国保险法》第三十六条，《中华人民共和国民事诉讼法》第一百二十八条的规定，判决：驳回原告陈某某的诉讼请求。案件受理费100元（已由原告预交），收取50元，由原告负担。

上诉人陈某某不服原审判决，向本院提起上诉。请求：1.撤销原审判决；2.将本案发回重审或者改判确认被上诉人无权增加保险费，被上诉人按照原保险费费每期4550元的标准恢复与上诉人保险合同的效力；3.本案一审、二审诉讼费用全部由被上诉人承担。事实与理由：一、上诉人对原审判决第3页"经综合诉辩双方的述称及其在庭审中共同确认的证据与陈述，归纳出如下双方当事人均无异议之事实"的部分内容有异议，具体如下：1.原审判决第4页："之后，投保人原告未再继续缴纳保费，银联代收账清单显示约定的扣款账户因'余额不足'24次扣款不成功。"上诉人对此不知情。2.原审判决第4页"根据深圳市邮政局爱国支局于2012年2月8日开具的证明……邮寄编号ZGY－0702－1－016391。"上诉人没有收到过该缴费通知书。3.原审判决第5页："根据原告复效时的体检情况，原告按照承保要求，作出在标准保费的基础上加费950元的承保决定。根据瑞士再保险公司重大疾病评点中的高血压标准……以此计算，原告保额5万元，加费金额即为：19×50＝950元。"被上诉人在承保时没有向上诉人提示、说明，保险合同中也没有任何约定。二、原审判决第6页认定"原告与被告人寿保险公司之间的保险合同包括投保单、保险单、保险条款"。该认定有遗漏。上诉人与被上诉人之间的保险合同除了包括投保单、保险单、保险条款外，还应包括《客户服务指南》。三、原审判决第6页第二段认定被上诉人履行了催告义务是错误的。上诉人没有收到过《缴费通知书》，被上诉人提供的《深圳市邮局爱国支局的证明》证明不了邮局有将该缴费通知书送达至上诉人。上诉人在投保单中留的地址是上诉人单位的办公地址，从未变更过，正常工作日均有人在上班，并有专门的文员负责收件，但上诉人根本没有收到过被上诉人寄送的《缴费通知书》。被上诉人提供的《深圳市邮局爱国支局的证明》证明不了邮局有将该缴费通知书送达至上诉人。被上诉人辩称是以挂号信的形式邮寄的，为何没有上诉人的签收回执？被上诉人提供不了上诉人签收回执，这说明邮局没有将该缴费通知送达至上诉人。再者,《个人保险投保单》中上诉人选择的信息通知方式为手机短信、电话。即在本案中具有法律效力的送达方式为手机短信及电话,而非邮件送达。上诉人在《个人保险投保单》中预留了两个电话号码,一个是上诉人的手机号:13802284868,该手机号上诉人一直在使用,从未改变;另外一个号是83297861,该号是上诉人办公电话,一直正常使用至今,而且该号正常上班时均有专门工作人员负责接听。被上诉人为何不致电通知上诉人扣缴保费银行账号资金不足,提醒上诉人交费呢?四、原审判决第6页第二段认定"另,不论被告人寿保险公司是否以短信或电话方式履行其催告义务……其逾期未交纳保费应承担责任。"该认定是错误的。"客户服务指南记载,尊敬的客户:您好,感谢您购买我公司的产品,我们将以诚挚的服务、专业化的经营回报您的支持和信赖。为更好地为您提供服务,请您在购买产品后,仔细阅读本服务指南"。第五条规定:"在合同约定的保险费交费日到期前或宽限期内,您可能收到我公司通过电话、书面或业务员上门等形式发出的交费通知,该通知仅作善意提醒。"虽然法律没有将提醒缴费作为保险人强制性义务进行规定,但被人诉人以"客户服务指南"的形式规定自己有"善意提醒"的服务,提高自己的服务标准,那么"善意提醒"就成为了被上诉人的合同义务之一,被上诉人就必须做到"善意提醒",如果没有做到,就是违约,同时也是欺骗消费者。"善意提醒"并不是"无须提醒"。上诉人基于对被上诉人"善意提醒"的信赖,作为一份长达20年的长期性保险合同,被上诉人进行后续跟踪及提醒交费服务,对上诉人来说是极其重要的,也是非常必要的。因此,虽然支付保费是上诉人的义务,但是相对被上诉人提醒缴费义务而言,上诉人支付保费是后义务,被上诉人提醒缴费是先义务。被上诉人在没有履行提醒缴费、催告义务的情况下过了缴费宽限期,过错在于被上诉人,应由被上诉人承担,而不应由上诉人承担。因此,原审判决作出上述认定是错误的。

另外,在投保时,被上诉人还让上诉人在投保单上预留了联系电话及选择了通知方式。如果按被上诉人现所说其没有通知、提醒交费的义务,那么被上诉人为何要让上诉人在投保单上预留联系电话及选择通知方式?五、与其他保险公司相比,被上诉人公司服务质量太差。在上诉人购买涉案保险后长达七年多的时间里,被上诉人从未有员工跟上诉人联系过,更没有人上门回访过。其他的保险公司，如泰康人寿保险公司、平安保险公司每年均会安排专门人员负责跟踪回访，及时提醒投保人交费，而被上诉人最起码的电话提醒都没有做到，服务质量太差……六、被上诉人为了达到变相增加保费的目的，恶意促使保险合同效力中止条件成就。被上诉人该恶意行为是不正当的。依据《合同法》第四十五条第二款规定，视为保险合同中止条件不成就，也即保险合同效力没有中止。上诉人已连续交纳了七年的保费，而且上诉人的经济状况一直良好，不存在因为无支付保费能力而故意欠付保险费。造成保险合同效力中止主要原因是被上诉人没有提醒、告知上诉人银行账户资金不足。而在保险合同中止后不久，被上诉人就通知上诉人保险合同已中止，复效要增加保费。被上诉人为何在保险合同中止之前不电话通知、提醒上诉人交费，要等到中止后才来通知呢？这就不得不让上诉人认为，被上诉人是恶意促使保险合同效力中止，然后再利用复效来达到变相增加上诉人保费的目的。《合同法》第四十五条第二款规定：当事人为自己的利益不正当地阻止条件成就的，视为条件已成就；不正当地促成条件成就的，视为条件不成就。七、原审判决第7页认定"据此，被告保险公司有权提高保费以使涉案保险合同复效。"该认定是错误的。被上诉人要求上诉人增加保费没有法律依据，是消费欺诈行为。1."客户服务指南"第7条（效力中止，可以复效）：保险合同效力中止起二年内，您可填写《保险合同效力恢复申请书》，并提供投保人（被保险人）的健康声明书或体检报告书，申请恢复合同效力。从该条可知，申请复效是投保人当然权利，除需提供体检报告书之外，没有附其他之条件，更没有说到需要增加保费。因此，只要上诉人要求复效，被上诉人就应按原保费的标准恢复保险合同效力，否则就是欺诈消费者行为。2.保险合同中没有任何一条约定复效时被上诉人有权增加保费。3.订立保险合同时，被上诉人没有向上诉人提示过复效需要或者可能需要增加保险费。被上诉人没有依法尽到明确说明义务。被上诉人是消费欺诈，违背了《保险法》、《消费者权益保护法》中"诚实守信"基本原则。4.被上诉人计算每期增加保费950元没有任何法律依据，也不合理。（1）上诉人是与被上诉人之间发生保险合同关系，又不是与瑞士再保险公司发生保险合同关系，被上诉人以瑞士再保险公司高血压重大疾病评点依据来对上诉人健康状况评分是错误的，没有法律依据的。瑞士是发达国家,中国是发展中国家,两国对人身健康评定的标准显然不同。(2)即便根据瑞士再保险公司高血压重大疾病评点依据对应表中的内容为“CMO”(即咨询首席医疗官)而不是“+50”,被上诉人做出+50分的评分又是如何而来,依据何在?不能将“CMO”直接等同于+50分。再者,本案中没有任何关于首席医疗官作出需要增加+50分的证据。(3)订立保险合同时,被上诉人没有说明过体检评分时需按瑞士再保险公司高血压重大疾病评点依据来评分,显然是消费欺诈。(4)上诉人申请复效当时是被上诉人业务员带上诉人去的体检,体检完时上诉人问医生眼底有无问题,医生还说没有问题。八、被上诉人是同意上诉人复效的,仅是一再无理要求增加保费。前文已得出,被上诉人要求增加保费没有法律依据,因此,在上诉人申请复效的情况下,被上诉人应按原保费标准恢复与上诉人保险合同效力。九、关于《个人保险投保单》声明“贵公司已对保险合同的条款内容履行了说明义务。本人已仔细阅知、理解客户保障声明及保险条款尤其是责任免除、解除合同等规定,并同意遵守。”该声明依法系无效声明。《消费者权益保护法》第二十四条规定:经营者不得以格式合同、通知、声明、店堂告示等方式作出对消费者不公平、不合理的规定,或者减轻、免除其损害消费者合法权益应当承担的民事责任。格式合同、通知、声明、店堂告示等含有前款所列内容的,其内容无效。

被上诉人人寿保险公司答辩称,原审认定事实清楚,适用法律正确,请求二审法院驳回上诉,维持原判。

本院经审理查明,原审查明的事实清楚,本院予以确认。

本院认为,依法成立的合同受法律保护。上诉人与被上诉人订立的涉案保险合同系双方真实意思的表示,未违反法律及行政法规的强制性规定,合法有效,双方均应严格履行。本案双方当事人在涉案个人保险投保单中的约定,上诉人续期交费形式为银行转账,信息通知方式为手机短信及电话。据此,在上诉人银行账号余额不足,未能及时交纳续期保费的情况下,被上诉人应当首先依约选择手机短信或电话的方式通知上诉人缴费,在穷尽该两种方式尚无法通知上诉人的情况下,才适宜选择其他联系方式。被上诉人未提供证据证明已按约定的手机短信或电话方式通知上诉人缴费,同时被上诉人也未能提供其他已向上诉人送达缴费通知书的证据。在没有邮寄回执等证据的佐证下,深圳市邮政局爱国支局出具的证明,并不能直接证明上诉人已收到被上诉人的缴费通知书,而深圳市邮政局爱国支局也未出庭作证,证明其是以什么方式邮寄缴费通知书给上诉人,以及上诉人是否已收到其邮寄的缴费通知书。原审认定被上诉人在涉案保险合同宽限期内已履行了催告义务缺乏理据,处理不当。上诉人有按时交纳保险费的义务,结合本案以银行转账方式缴纳续期保费及被上诉人善意提醒的约定及行业惯例,在上诉人不知欠费时,被上诉人也有催告责任。因此,涉案保险合同效力中止的责任不完全在于上诉人一方。根据涉案保险合同第五条约定,在合同效力中止之日起二年内,上诉人可提出复效申请,被上诉人对此虽有审核权,但也仅约定被上诉人审核同意的,自上诉人交足所欠保险费及利息起,合同效力恢复。涉案保险合同并未约定,被上诉人有增加保费及在何种情况下增加保费的权利,故被上诉人以上诉人血压高、眼底改变为由增加保费作为涉案保险合同复效的条件缺乏依据,且该行为属于加重投保人责任的行为,有悖诚信原则,不应鼓励。原审认定被上诉人有权提高保费以使涉案保险合同复效欠妥。综上所述,基于涉案保险合同效力中止的责任不完全在于上诉人一方,以及被上诉人增加保费无合同依据的事实,上诉人请求被上诉人按照原保险费每期 4550 元的标准恢复与被上诉人订立的保险合同效力,其上诉理由成立,本院予以支持。原审认定事实不当,适用法律有误,应予纠正。依照《中华人民共和国保险法》第三十六条、《中华人民共和国民事诉讼法》第一百七十条第一款第(三)项的规定,判决如下:

一、撤销广东省深圳市福田区人民法院(2012)深福法民一初字第 18 号民事判决;

二、被上诉人中国人寿保险股份有限公司深圳市分公司应于本判决发生法律效力之日起十日内按照原保险费每期 4550 元的标准恢复与上诉人陈某某订立的保险合同效力;

三、驳回上诉人陈某某的其他诉讼请求。

本案一审受理费 50 元、二审受理费 100 元,均由被上诉人中国人寿保险股份有限公司深圳市分公司负担。

本判决为终审判决。

审　判　长　　赖建华
审　判　员　　李小丽
审　判　员　刘付伟贤
二〇一三年一月十七日
书　记　员　　徐嘉希

# 欧阳某某诉衡阳市分公司保险合同纠纷案

## 湖南省衡阳市中级人民法院民事判决书

(2013)衡中法民二终字第172号

上诉人(原审被告):中国人寿保险股份有限公司衡阳分公司,住所地:湖南省衡阳市华新开发区解放大道20号。

负责人:钟某,该公司总经理。

委托代理人:何某某。

委托代理人:李某某。

被上诉人(原审原告):欧阳某某,又名欧阳某,女。

委托代理人:全某某。

上诉人中国人寿保险股份有限公司衡阳分公司(以下简称人寿保险衡阳分公司)因与被上诉人欧阳某某人身保险合同纠纷一案,不服湖南省衡阳市蒸湘区人民法院作出的(2013)衡蒸民二初字第110号民事判决,向本院提起上诉。本院于2013年10月9日立案受理后,依法组成合议庭,于同年11月11日公开开庭审理了本案。上诉人人寿保险衡阳分公司的委托代理人何某某、李某某,被上诉人欧阳某某的委托代理人全某某到庭参加诉讼。本案现已审理终结。

原审查明:2006年1月6日,欧阳某某之母王某某以欧阳某某之父欧阳甲为被保险人、欧阳某某为受益人,在人寿保险衡阳分公司处购买主险为康宁终身保险和住院医疗、意外伤害医疗附加险一份。该保险合同约定,欧阳某某应交纳主险康宁终身保险的保费为8600元/年,身故保险理赔金最高为300 000元,另该保险合同《康宁终身保险条款》第五条第一款第(七)项约定“被保险人在本合同生效(或复效)之日起一百八十日内患重大疾病、或因疾病而身故或造成身体高度残疾，本公司不负保险责任，该情形发生时，本合同终止。”保险合同签订后，欧阳某某按期交纳了 2006 年至 2009 年期间的保费。但在 2010 年 1 月 6 日后 2 个月的宽限期内，欧阳某某未交纳主险康宁终身保险的保费（附加险的保费在欧阳某某银行账号所剩余的存款中自动收取），造成主险的保险合同效力中止。2012 年 3 月 6 日，欧阳某某补交了 2010 年至 2011 年所欠的 2 年保费，该保险合同效力恢复。2012 年 5 月 25 日，被保险人欧阳甲被确诊为癌症，并于 2013 年 5 月 1 日身故。人寿保险衡阳分公司对附加险的理赔金予以了赔付并退还欧阳某某主险保费 60 200 元，对欧阳某某的身故保险理赔金 300 000 元拒绝理赔。因此，引发纠纷。

原审认为：该案系人身保险合同纠纷。人身保险合同是以人的寿命和身体为保险标的的保险合同。该案中，欧阳某某与人寿保险衡阳分公司签订的人身保险合同是双方的真实意思表示，合法有效。处理该案的关键是人寿保险衡阳分公司提供的合同生效（或复效）之日起一百八十日内责任免除的格式条款的效力问题。对此，该院认为，涉案保险合同中明确约定承担保险责任的开始日期是合同生效日期，但又在责任免除条款中约定合同生效（或复效）之日起一百八十日内发生保险事故，保险人免除责任，依该免责条款推算，将整个合同承担责任的期限缩短了 1 年，排除了被保险人依法享有的权利。根据《中华人民共和国保险法》第十九条“采用保险人提供的格式条款订立的保险合同中的下列条款无效：（一）免除保险人依法应承担的义务或者加重投保人、被保险人责任的；（二）排除投保人、被保险人或者受益人依法享有的权利的”之规定，人寿保险衡阳分公司提供的该免责条款无效。另《中华人民共和国合同法》第五十六条规定“合同部分无效，不影响其他部分效力的，其他部分仍然有效”，因此该案双方当事人仍应按合同有效部分的约定履行义务。诉争保险合同在发生保险事故并作出赔偿后即自行终止，人寿保险衡阳分公司无须退还欧阳某某已交纳的保险费。综上，依照《中华人民共和国合同法》第三十九条、第四十条、第五十六条、第一百零七条，《中华人民共和国保险法》第十一条、第十九条之规定，判决：一、人寿保险衡阳分公司于判决生效后十日内赔偿欧阳某某 239 800元保险理赔金；二、驳回欧阳某某的其他诉讼请求。如果未按该判决指定的期间履行给付金钱义务,应当依照《中华人民共和国民事诉讼法》第二百五十三条之规定,加倍支付迟延履行期间的债务利息。一审案件受理费4897元,由人寿保险衡阳分公司负担。

上诉人人寿保险衡阳分公司不服上述民事判决,向本院提起上诉称:一、保险合同约定从生效(或复效)一百八十日后承担保险责任符合法律规定;二、原审法院作出的保险合同承担保险责任的期限缩短了1年,免责条款无效的认定错误。综上,请求二审法院:一、依法撤销湖南省衡阳市蒸湘区人民法院(2013)衡蒸民二初字第110号民事判决,依法改判上诉人不承担保险赔偿责任;二、由被上诉人承担一、二审诉讼费用。

被上诉人欧阳某某辩称:原审判决认定事实清楚,适用法律正确,请求二审法院依法驳回上诉,维持原判。

二审期间,上诉人人寿保险衡阳分公司、被上诉人欧阳某某均未向本院提交新证据。

本院经审理查明,一审法院查明的事实清楚,证据确实充分,本院依法予以确认。

另查明,诉争保险合同《康宁终身保险条款》第三条约定:"本合同自本公司同意承保、收取首期保险费并签发保险单的次日开始生效。除另有约定外,本合同生效的日期为本公司开始承担保险责任的日期。"

本院认为:本案系人寿保险合同纠纷。上诉人人寿保险衡阳分公司与被上诉人欧阳某某签订的《保险合同》系双方当事人的真实意思表示,不违反国家法律、法规的强制性规定,应当认定为合法有效。双方争议的主要焦点是该保险合同《康宁终身保险条款》第五条第一款第(七)项约定的"被保险人在本合同生效(或复效)之日起一百八十日内患重大疾病、或因疾病而身故或造成身体高度残疾,本公司不负保险责任"的效力问题。

首先,该一百八十日的约定为观察期,这是保险行业的特殊性质决定的,保险是对未知风险的分散,在重大疾病保险中,保险公司约定在保险合同开始生效的一段时间内对被保险人患病的情况可根据约定不予赔付,这是符合法律规定的。根据《中华人民共和国保险法》第十一条和第十四条的规定,双方当事人自愿订立保险合同,保险人按照约定的时间开始承担保险责任。其次,该一百八十日的约定不违反《中华人民共和国保险法》第十九条的规定。保险合同的生效不同于保险责任期间的开始，依据诉争保险合同《康宁终身保险条款》第三条和第五条的约定，对于重大疾病的情形，保险人于诉争保险合同生效（或复效）之日起一百八十日后开始承担保险责任。本案被保险人在一百八十日的观察期内患重大疾病，并非保险人应当赔付保险金的情形，而是属于保险合同终止的事由。故原审判决混淆了保险合同生效期间和承担保险责任期间的界限，上诉人提出的保险合同约定从生效（或复效）一百八十日后承担保险责任符合法律规定，原审法院作出的保险合同承担保险责任的期限缩短了1年，免责条款无效的认定错误的上诉理由成立，本院予以采纳。

综上，一审判决认定事实清楚，但适用法律错误，应予纠正。依照《中华人民共和国保险法》第十一条、第十四条，《中华人民共和国民事诉讼法》第一百七十条第一款第（二）项之规定，判决如下：

一、撤销湖南省衡阳市蒸湘区人民法院（2013）衡蒸民二初字第110号民事判决；

二、驳回被上诉人欧阳某某的诉讼请求。

一审案件受理费4897元，二审案件受理费4897元，合计9794元，由被上诉人欧阳某某负担。

本判决为终审判决。

审　判　长　罗　源
审　判　员　关德超
代理审判员　周　宏
二〇一三年十二月十六日
书　记　员　李玉娟

# 雷某诉深圳市分公司保险合同纠纷案

## 广东省深圳市中级人民法院民事裁定书

(2010)深中法民一申字第95号

申请再审人(原审原告):雷某。

被申请人(原审被告):中国人寿保险股份有限公司深圳市分公司,住所地深圳市福田区振兴路6号建艺大厦21楼,组织机构代码89230719-7。

法定代表人:周某某,该公司副总经理。

委托代理人:赵某某,该公司职员。

委托代理人:马某,该公司职员。

雷某与中国人寿保险股份有限公司深圳市分公司人身保险合同纠纷一案,深圳市福田区人民法院于2010年1月16日作出(2009)深福法民一初字第3485号民事判决,已经发生法律效力。2010年10月29日,雷某向本院申请再审。本院依法组成合议庭对本案进行了审查,现已审查终结。

雷某申请再审称,原审判决认定事实不清。第一,李某某的证言不能证明"林某某"即"凌某某",其无不出庭作证的理由,而不出庭其证言不能采信;第二,"病历、死亡注销证明、凌某某与罗某某的离婚登记审查处理表及离婚协议书、靖州苗族侗族自治县劳动局出具的证明"也无法证明被申请人提交的住院号0062171号叫"林某某"病历系"凌某某"的住院病历,故不能证明凌某某在投保前患有食道静脉破裂出血、多积习难改十二指肠溃疡、肝硬化等疾病;第三,本案的投保人雷某某同时也是该保险单的制单人和出售人,亦即雷某某在保险合同的订立和生效过程中是一个具有双重身份的特殊主体。造成这一现象的原因是因为雷某某刚刚从事保险销售业务,在不完成任务便无法领取工资报酬的压力之下,只得与自己的亲友签署保单,而这样的现象在保险行业内十分普遍。换言之,这是一份投保人"雷某某"必须向制单人"雷某某"如实陈述的特殊案例,保险公司在保单上盖章确认的行为,就是对于特殊身份的投保人已经履行告知义务的认可!且该保险合同订立时,雷某某已经与被保险人凌某某离婚多年,一个在湖南、一个在深圳,即使凌某某在投保以前就真的已经患有肝硬化等疾病,雷某某也无从知晓。故意隐瞒或未如实告知一说难以成立。综上所述,原审认定"投保人在投保时未履行如实告知义务"系事实不清,而本案又因为种种原因导致不能进行第二审,请求本院审查后依法再审。

被申请人中国人寿保险股份有限公司深圳市分公司称,原审判决认定事实清楚,适用法律正确,请求本院驳回申请再审人的再审申请。

本院审查查明,申请再审人雷某系雷某某与凌某某之子,雷某某与凌某某原系夫妻关系,1994 年 4 月 17 日双方办理离婚手续。离婚后雷某一直由雷某某抚养。2002 年 11 月 22 日,雷某某作为投保人,以凌某某为被保险人,雷某为受益人向被申请人投保,投保单写明:被保险人姓名凌某某,已婚,1968 年 7 月 1 日出生,身份证号码 433030680701001;投保人姓名雷某某,投保关系夫妻,已婚,1965 年 4 月 17 日出生,身份证号码 430404196504171044;投保寿险种类为康宁终身(投保金额 42000 元)及附加定期 A(370000 元);受益人雷某,与被保险人为父子关系。此外,该投保单被保险人告知事项下有问及被保险人是否有"肝炎、肝功能异常、乙肝病毒携带、肝硬化、肝腹水或其他消化系统疾病"等疾病及症状,投保单填写"否",投保须知第三条写明:保险合同是最大诚信合同,根据《中华人民共和国保险法》第十六条规定,投保人故意或者因过失不履行如实告知义务,足以影响保险人决定是否同意承保或者提高保险费率的,保险人有权解除保险合同,对保险合同解除前发生的保险事故,不承担给付保险金的责任。该投保单投保人签名处署名雷某某,被保险人签名处署名凌某某,投保人及被保险人签名日期均为 2002 年 11 月 22 日。投保人雷某某于 2002 年 11 月 25 日向被申请人缴纳首期保费,被申请人于同日出具了缴费发票。被申请人于 2002 年 11 月 28 日向投保人雷某某送达了上述保险合同。2008 年 3 月 7 日，凌某某因肝硬化腹水、肝性脑病、上消化道出血、乙肝死亡。投保人雷某某向被申请人申请理赔并提交了相关书面材料，被申请人于 2008 年 8 月 6 日以被保险人投保前已患有的疾病，在投保时未向被申请人如实告知为由，决定不承担给付保险金责任，并退还保单现金价值人民币 11617.65 元，合同即行终止。另查明，本案一审判决后，雷某不服，向本院提起上诉，但未按规定交纳诉讼费用，本院作出(2010)深中法民一终字第 1372 号民事裁定书，裁定按雷某自动撤回上诉处理。

本院认为，本案争议焦点有二：一是本案证据记载的名字“林某某”和“凌某某”是否为同一人；二是如果“林某某”即系“凌某某”，其因患病死亡，是否符合保险合同约定给付保险金的条件。综合本案全部证据，包括病历、死亡注销证明、凌某某与罗某某的离婚登记审查处理表及离婚协议书、靖州苗族侗族自治县劳动局出具的证明、李某某于 2008 年 8 月 6 日出具的证言，内容相互印证，已形成证据链，足以证明“林某某”与“凌某某”系同一人所使用的名字，且足以证明被保险人凌某某投保前已患有食道静脉破裂出血、多发性十二指肠溃疡、肝硬化等疾病。由于投保人雷某某在投保单询问被保险人是否有“肝炎、肝功能异常、乙肝病毒携带、肝硬化、肝腹水或其他消化系统疾病”等疾病及症状时，回答“否”，显然违反了如实告知的法定义务，投保人上述未如实告知的事项足以影响保险人对是否承保、如何确定承保条件和保险费率做出正确判断。申请再审人主张投保人对被保险人的病情并不知情，所以并不存在故意或过失未告知的理由，对该主张，申请再审人没有证据予以证实，本院不予采纳。申请再审人在再审申请中也明确表示，投保人雷某某同时也是该保险单的制单人和出售人，亦即雷某某在保险合同的订立和生效过程中是一个具有双重身份的特殊主体，那么更应当明白如实告知的重要性，雷某某以“否”作答，显然与被保险人已经患病的事实不符。因此，由于本案投保人在投保时未履行如实告知义务，申请再审人要求被申请人给付保险金的请求于法无据。综上，原审法院所作判决认定事实和适用法律均无不当，审理程序合法。依照《中华人民共和国民事诉讼法》第一百八十一条第一款的规定，裁定如下：

驳回雷某的再审申请。

审 判 长 马 瑛
审 判 员 叶克潜
审 判 员 李 祥
二〇一〇年十二月十三日
书 记 员 谢晓丹

# 徐某诉浙江省分公司、衢州市分公司保险合同纠纷案

## 浙江省衢州市中级人民法院民事判决书

（2013）浙衢民终字第354号

上诉人（原审被告）：中国人寿保险股份有限公司衢州分公司。住所地：衢州市柯城区劳动路95号。

诉讼代表人：叶某某，总经理。

上诉人（原审被告）：中国人寿保险股份有限公司浙江省分公司。住所地：杭州市中河路80－82号。

诉讼代表人：祝某，总经理。

两上诉人共同委托代理人：郭某。

两上诉人共同委托代理人：严某某。

被上诉人（原审原告）：徐某。

委托代理人：戴某某。

上诉人中国人寿保险股份有限公司衢州分公司（以下简称人寿衢州公司）、中国人寿保险股份有限公司浙江省分公司（以下简称人寿浙江公司）为与被上诉人徐某人身保险合同纠纷一案，不服浙江省衢州市柯城区人民法院（2013）衢柯民初字第83号民事判决，向本院提起上诉。本院依法组成合议庭，审理了本案。现已审理终结。

原审法院认定：2006年8月28日，徐某父亲徐某某向被告投保了康宁终身保险和附加住院医疗保险，被保险人为其子徐某，康宁终身保险金额为50000元，保险期间为终身，保费为3100元。附加住院医疗保险金额为

10000 元,保险期间为 1 年,保费为 350 元。交费方式为年交。个人保险投保单、人身保险投保提示上均由投保人徐某某签名。保险单由人寿浙江公司签发,注明保险合同于 2006 年 8 月 30 日生效。投保人徐某某于 2006 年 8 月 28 日交纳保费 3450 元,2007 年至 2010 年每年交纳保费 3100 元,交费形式有现金也有银行代收。保险费的收款凭证,收款单位有人寿衢州公司,也有人寿浙江公司。2006 年 10 月 16 日,徐某在投保要约补充告知/确认申请书上补充签名,其中声明和保证栏中注明:本人已仔细阅知、理解客户保障声明及保险条款,尤其是责任免除条款、解除合同规定,并同意遵守。谨以此确认书对原投保单所告知事项进行补充/更正与确认,同意贵公司依本确认书对投保单重新核保,若因不如实告知事项影响贵公司决定是否同意承保上述保险或提高保险费率的,贵公司有权根据《保险法》有关规定进行处理。其中,康宁终身保险条款第四条规定,被保险人在本合同生效(或复效)之日起一百八十日后初次发生、并经本公司指定或认可的医疗机构确诊患重大疾病(无论一种或多种)时,本公司按基本保额的二倍给付重大疾病保险金,本合同的重大疾病保险金给付责任即行终止。第二十三条释义中规定的重大疾病包括慢性肾衰竭(尿毒症)。2006 年 8 月 16 日,徐某到四川大学华西医院住院治疗,入院诊断为慢性肾小球肾炎,慢性肾功能不全,于 2006 年 8 月 28 日出院,被诊断为 IgA(Ⅴ级),慢性肾功能不全。2010 年 2 月 25 日,徐某到龙游县人民医院住院治疗,于 2010 年 3 月 19 日出院,出院诊断为 IgA 肾病、CKD5 期、慢性肾炎等。2011 年 5 月 31 日,徐某向被告报案,称其于 2010 年 2 月 25 日在龙游县人民医院被确诊患有慢性肾炎(CKD5),并向被告提出理赔申请。

原审法院认为:投保人徐某某与被告签订的保险合同,系双方当事人真实意思表示,为有效合同,双方均应按照约定履行各自义务。因该保险合同发生在保险法施行之前,被告在保险法施行后,按照《保险法》第十六条第二款的规定请求解除合同,适用《保险法》第十六条规定的二年,期间自 2009 年 10 月 1 日起计算。现被告主张,其于 2011 年 6 月 29 日以投保人因重大过失未履行如实告知义务,对保险事故的发生有严重影响,而作出不承担保险责任,解除保险合同,并退还所交保险费的通知。但被告现无证据证明其已将解除保险合同的通知在 2011 年 10 月 1 日前送达给徐某及投保人。根据《中华人民共和国保险法》第十六条规定,保险合同自合同成立之日起超过二年的,发生保险事故的,保险人应当承担赔偿或者给付保险金的责任。故对徐某以被保险人在保险合同有效期内患有保险合同约定的重大疾病而要求被告支付保险金的诉讼请求,理由正当,法院予以支持。据此,根据《中华人民共和国保险法》第十六条、最高人民法院《关于适用〈中华人民共和国保险法〉若干问题的解释(一)》第五条之规定,判决:中国人寿保险股份有限公司衢州分公司、中国人寿保险股份有限公司浙江省分公司于判决生效之日起三日内支付徐某保险金 100000 元。如果未按判决指定的期间履行给付金钱义务,应当按照《中华人民共和国民事诉讼法》第二百五十三条的规定,加倍支付迟延履行期间的债务利息。案件受理费 2300 元,减半收取 1150 元,由中国人寿保险股份有限公司衢州分公司、中国人寿保险股份有限公司浙江省分公司负担,于判决生效之日交纳。

判决后,中国人寿保险股份有限公司衢州分公司、中国人寿保险股份有限公司浙江省分公司不服,向本院提起上诉称:一、一审法院适用法律错误。被上诉人徐某于 2010 年 2 月 25 日在龙游县人民医院被诊断为肾病 CKD5 期(重大疾病),2011 年 5 月 31 日来上诉人公司申请理赔,未超过两年,上诉人公司拒付并解除保险合同,符合法律规定。二、被上诉人与其父亲带病投保合伙欺诈保险公司。被上诉人父亲作为投保人于 2006 年 8 月 28 日前往龙游县支公司营业厅向柜面人员咨询医疗保险项目,经柜面人员推荐投保了康宁终身保险,在承保过程中,柜面人员就投保人、被保险人的健康情况向投保人作了询问,并将保险免责事项向投保人进行了说明,投保人在健康告知内容上确认没有任何疾病并在个人保险投保单上签名,被上诉人徐某于 2006 年 10 月 16 日补办投保签名手续。投保时徐某正好在四川大学华西医院住院关于 2006 年 8 月 28 日出院,并被诊断为 IgA 肾炎(Ⅴ级)慢性肾功能不全、肾性高血压。被上诉人徐某去龙游支公司报案、申请理赔时均隐瞒在华西医院住院治疗的事实。三、借鉴相关法律,江苏省高级人民法院审判委员会会议纪要苏高法审委〔2011〕1 号江苏省高级人民法院印发《关于审理保险合同纠纷案件若干问题的讨论纪要》的通知第二十条,“保险合同订立时事故已发生,投保人就此向保险人作了不实告知，保险合同成立两年后，被保险人或者受益人以可抗辩期已过为由，要求保险人对该项隐瞒的事故赔偿或者给付保险金的，人民法院不予支持。被保险人或者保险标的因前款规定的事故之外的其他原因发生新的保险责任范围内的事故的，无论该保险事故是否发生在保险合同成立后两年期间内，保险人应当依据保险合同的约定赔偿或者给付保险金。”请求：撤销原判，并予以改判。

经审查，本院查明的案件事实与原审认定的事实基本一致。

本院认为：本案二审的争议焦点有二：一是上诉人是否在法律规定的期限内行使了合同解除权；二是上诉人是否应当对被上诉人所患疾病承担理赔责任。

一、上诉人是否在法律规定的期限内行使了合同解除权。根据《中华人民共和国保险法》第十六条的规定，投保人故意或因重大过失未履行如实告知义务，足以影响保险人决定是否同意承保或者提高保险费率的，保险人有权解除合同，但是，自合同成立之日起超过二年的，保险人不得解除合同，发生保险事故的，保险人应当承担赔偿或给付保险金的义务。最高人民法院《关于适用〈中华人民共和国保险法〉若干问题的解释（二）》第八条规定，保险人未行使合同解除权，直接以存在保险法第十六条第四款、第五款规定的情形为由拒绝赔偿的，人民法院不予支持。因本案保险合同成立于新保险法施行之前，根据最高人民法院《关于适用〈中华人民共和国保险法〉若干问题的解释（一）》第五条第（三）项的规定，保险人依新《保险法》第十六条行使合同解除权的二年期限应自2009年10月1日起算。上诉人上诉称被上诉人及其父亲故意带病投保，隐瞒相关病情，上诉人已于2011年6月29日拒付并解除合同，未超出二年期限。本院认为，上诉人向法院提供的证据系其单方制作、显示落款日期均为2011年6月29日的《拒绝给付保险金通知书》及《解除保险合同通知书（个人）》，但上诉人未提供证据证明上述材料已实际送达被上诉人或投保人，其声称已电话通知并由对方代理人取走的单方陈述，无相应证据证明，亦未见相应的委托代理手续。综合上述情况，即使被上诉人和投保人在订立保险合同时未如实告知不属于重大疾病范围内的疾病，上诉人现已超过法定期限，依法不再享有合同解除权。

二、上诉人是否应当对被上诉人所患疾病承担理赔责任。双方于2006

年8月29日签订的保险合同第四条保险责任第一款约定，被保险人在合同生效(或复效)之日起一百八十日后初次发生、并经保险人指定或认可的医疗机构确诊患重大疾病(无论一种或多种)时，保险人承担保险责任。被上诉人于2006年8月28日从四川大学华西医院出院时被诊断为IgA(V级)、慢性肾功能不全、肾性高血压，该疾病并不包含在保险合同第二十三条释义明确的保险公司承保的重大疾病范围内，而被上诉人于2010年3月19日在龙游县人民医院出院时被确诊为IgA肾病、CKD5期、慢性肾炎，其中CKD5期包含在保险合同第二十三条保险公司承保的重大疾病范围内。被上诉人的重大疾病发生于保险合同生效之日起一百八十日后，符合合同约定的上诉人承担理赔责任的情形。

综上，原审认为本案保险合同未解除，并判令由上诉人公司承担相应的理赔责任，并无不当。原审判决认定事实清楚，适用法律正确，应予维持。上诉人的上诉理由不能成立，本院不予支持。据此，依照《中华人民共和国民事诉讼法》第一百七十条第一款第(一)项之规定，判决如下：

驳回上诉，维持原判。

二审案件受理费2300元，由上诉人中国人寿保险股份有限公司衢州分公司、中国人寿保险股份有限公司浙江省分公司负担。

本判决为终审判决。

审　判　长　骆忠新
代理审判员　吕秋红
代理审判员　郑一珺
二〇一三年九月十二日
书　记　员　王其星

# 邵某某等诉金华市分公司保险合同纠纷案

## 浙江省金华市中级人民法院民事判决书

(2013)浙金民终字第60号

上诉人(原审原告):邵某某。

上诉人(原审原告):邵某甲。

上诉人(原审原告):邵某乙。

上诉人(原审原告):童某某。

四上诉人共同委托代理人:张某。

被上诉人(原审被告):中国人寿保险股份有限公司金华分公司,住所地:金华市丹溪路633号。

负责人:楼某某,总经理。

委托代理人:楼某。

委托代理人:黄某。

上诉人邵某某、邵某甲、邵某乙、童某某为与被上诉人中国人寿保险股份有限公司金华分公司(以下简称人寿保险金华公司)人身保险合同纠纷一案,不服浙江省金华市婺城区人民法院于2012年11月20日作出的(2012)金婺民初字第2379号民事判决,向本院提起上诉。本院依法组成合议庭审理了本案。现已审理终结。

2012年10月10日,邵某某、邵某甲、邵某乙、童某某共同向原审法院提起诉讼,请求判令人寿保险金华公司:1. 支付理赔款45000元,并支付逾期利息(利息从起诉之日起按照银行同期贷款利率计算到实际支付之日止);2. 承担本案诉讼费。

人寿保险金华公司在原审中答辩称:双方保险合同属实,合同经投保人、被保险人邵某树亲笔签名,并在保单上申明其本人已详细阅读并认可特别约定的内容。根据合同的特别约定,被保险人在从事楼宇拆除活动中导致死亡的,保险人按保险金额的25%承担保险责任。2012年7月2日,邵某树的两名法定继承人邵某某、童某某向该公司提出理赔申请,根据当时提供的申明和调解协议及相关材料,只有该两人为邵某树的法定继承人,故该公司于2012年7月17日将15 000元保险金给付该两人。该公司已按约定承担保险责任,请求法院驳回邵某某、邵某甲、邵某乙、童某某的诉讼请求。

原审法院审理认定:2011年8月17日,邵某树向人寿保险金华公司投保1份吉祥卡(D),具体险种包括国寿绿洲意外伤害保险(保险金额60000元)等,被保险人为其本人,保险期间为一年。原告所填写的投保单中“投保人/被保险人声明”一栏载明“本人已详细阅读并认可本卡重要提示和特别约定的内容,明了贵公司有关保险条款的保险责任”“贵公司已对责任条款的真实含义和法律后果进行了明确说明”等内容。邵某树在投保单中“投保人签名”及“被保险人签名”处予以签字。吉祥卡(D)特别约定中载明:被保险人因从事“楼宇拆除”职业或活动发生意外伤害的,公司在保险责任范围内按照保险条款按给付金额的25%承担保险责任。2012年5月10日13时30分许,邵某树在履坦镇王古村从事拆除旧房活动。在拆房过程中,因房屋墙体意外倒塌压到邵某树身体,导致邵某树死亡。出险后,邵某某、童某某分别以邵某树女儿及配偶的身份向人寿保险金华公司申请理赔,并递交了证明二人为第一顺序继承人的村委会证明。后人寿保险金华公司支付了15000元保险金。另查明,邵某某、邵某甲、邵某乙均系邵某树的女儿,童某某系邵某树的妻子。

原审法院认为:邵某树向人寿保险金华公司投保吉祥卡(D)这一意外伤害综合险的事实清楚,双方成立保险合同关系的事实清楚。对保险合同载明的内容及邵某树因发生意外事故导致死亡的事实,双方当事人均无异议,予以确认。故本案争议焦点主要为:被保险人邵某树发生的意外事故是否属于保险条款载明的“从事楼宇拆除活动或职业”情形;如果属于“从事楼宇拆除活动或职业”情形,该条款对投保人及被保险人是否具有约束力。该院认为,被保险人邵某树承揽了旧房拆除工程,其本人也参与了拆除活动,并在拆除过程中因墙体倒塌压到身体导致死亡,应认定属于保险条款中载明的"从事楼宇拆除活动"发生意外事故的情形。投保单含"投保人/被保险人声明"内容,邵某树在"投保人签名"及"被保险人签名"处签字确认,应认定其已阅读合同条款内容,对于合同条款中有关保险金组成及计算的约定内容,系合同双方对于如何赔付的约定,对投保人及被保险人具有约束力。对本案保险事故,人寿保险金华公司应在保险责任范围内按照25%的比例给付保险金即15000元。经邵某某作为代表提交理赔申请资料后,人寿保险金华公司支付了15000元赔款,应认定人寿保险金华公司已履行保险金给付义务。综上,对邵某某、邵某甲、邵某乙、童某某主张的支付45000元保险金及利息损失的诉讼请求,不予支持。据此,依照《中华人民共和国民事诉讼法》第六十四条第一款、《中华人民共和国保险法》第十四条等规定,判决:驳回邵某某、邵某甲、邵某乙、童某某的诉讼请求。本案受理费462元(减半收取,四原告已预交),由邵某某、邵某甲、邵某乙、童某某共同负担。

宣判后,邵某某、邵某甲、邵某乙、童某某不服,向本院提起上诉称:原审法院部分事实认定错误。1. 本案"从事楼宇拆除职业或活动发生意外伤害事故的,保险公司按给付保险金的25%承担保险责任"的特别约定条款明显增加了邵某树的责任,减轻了人寿保险金华公司的义务,应属于免责条款。人寿保险金华公司提供的意外伤害保险责任条款中并没有该条款,该特别约定条款不同于给付比例表,是保险公司单独列出,邵某树并不知道有这样的条款,也没有邵某树的签字,更没有送达。该特别约定条款并不是保险责任条款,应属于保险合同中的免责条款。2. 虽然邵某树在保险单中签名,该签名只是保险合同成立的条件,但人寿保险金华公司提供的证据并不能证明已向邵某树就免责条款、包括该特别约定条款履行了明确说明义务,该特别约定条款对邵某树不产生法律效力。3. 原审法院认定邵某树在从事楼宇拆除中发生意外死亡错误。邵某树承包了拆除楼宇的工程,但在事发当时没有拆除楼宇,只是去查看工程的拆除情况,在这个过程中楼宇发生倒塌致使邵某树死亡。人寿保险金华公司提供的笔录及调解书并不能证明该事实。笔录中只有一份笔录提到了邵某树是从事拆除楼宇过程中发生意外死亡,调解书只是邵某某为了得到赔偿而作出的，且该调解书也只有邵某某的确认，对其他上诉人不产生效力。综上，上诉人请求：撤销原判，依法改判；人寿保险金华公司承担本案诉讼费。

人寿保险金华公司在二审中辩称：原审判决认定事实清楚，不存在部分认定事实错误的情况，理由：1. 保险合同中的特别约定条款，并非免责条款的事项。免责事项在保险合同免责条款部分有明确的约定，特别约定条款是对被保险人在从事风险较大的活动或者工作出险时，保险公司按照出险事故的风险大小给付保险金。是对从事高风险活动或者工作的被保险人的特别约定。在本案中，该特别约定条款在合同签订时，经投保人认可并签名确认，且随同保险单向投保人送达。故该特别约定条款应当合法有效。保险公司依约支付相应的保险金符合合同约定。2. 本案保险合同的特别约定条款在合同签订时，保险公司已向投保人进行了说明义务，从投保人在保险单上的签名可以认定。从特别约定条款的制作形式也可以看出保险公司通过将特别条款框起来的形式，将特别条款印刷在保单的后面，并与合同装订成一本送达给投保人，保险公司已经提前做足准备。3. 本案被保险人死亡事件经过公安机关调查，在公安机关调查的材料中有多名目击证人，这些目击证人均系被保险人雇用的人员。目击证人已证实事发当时被保险人在从事拆除楼宇的活动中被倒塌的墙体压死。被保险人的女儿邵某某在事发第一时间与当地部门调解此事时，也确认被保险人是在拆楼活动中被压死的。邵某某作为调解此事的一方代表，其的认可应当视为全体家属的认可。综上，请求驳回上诉，维持原判。

二审中，双方当事人均未向本院提交新的证据。

本院认定的事实与原审判决认定的事实一致。

本院认为：本案的争议焦点有两个：一是被保险人邵某树是否系在从事楼宇拆除活动中发生了意外事故导致死亡。邵某某、邵某甲、邵某乙、童某某认为邵某树承包了拆除楼宇的工程但未参与拆除，事发时是在查看工程过程中楼宇发生倒塌致死。本院认为，武义县公安局壶山派出所于2012年5月11日就邵某树意外死亡事件向陈某某、徐某某、童某等人作了询问笔录，陈某某、徐某某、童某均受邵某树所雇在武义县履坦镇王古村从事拆房，三人均陈述事发时邵某树在拆房。2012年5月18日，武义县履坦镇人民调解委员会出具的人民调解协议书中明确载明“2012 年 5 月 10 日下午，邵某树在拆除该房屋过程中不慎被墙体翻倒压死”，邵某某作为死者家属在该调解协议书上签字捺印。因此，邵某树之死属于保险条款中载明的“从事楼宇拆除活动”发生意外事故的情形。二是涉案保险合同中关于“被保险人从事楼宇拆除职业或活动发生意外伤害的，保险公司按给付金额的 25% 承担保险责任”的特别约定条款是否有效。邵某某、邵某甲、邵某乙、童某某主张该特别约定条款系免责条款，保险公司未尽到明确说明义务，应属无效。本院认为，邵某树所投保的吉祥卡（D 款），具体险种包括国寿绿洲意外伤害保险、国寿附加绿洲意外费用补偿医疗保险等 4 个险种，保费合计 150 元。涉案保险合同中根据被保险人所从事职业或活动的危险程度不同而作出了给付金额比例不同的特别约定，该约定是根据保险产品的特点及保费的多少对保险金计算方法即保险人应承担的赔偿责任的计算方法的规定，其目的在于明确标准、方便计算，并未免除己方责任、加重对方责任、排除对方主要权利，因此，该特别约定条款不属于责任免除条款。邵某树在投保单中“投保人/被投保人声明”一栏的“投保人签名”及“被保险人签名”处已签字确认知悉该特别约定条款，该特别约定条款对邵某树具有约束力。人寿保险金华公司已按约履行了保险金给付义务。综上，邵某某、邵某甲、邵某乙、童某某的上诉理由均不能成立，本院不予支持。依照《中华人民共和国民事诉讼法》第一百七十条第一款第（一）项之规定，判决如下：

驳回上诉，维持原判。

二审案件受理费 924 元，由上诉人邵某某、邵某甲、邵某乙、童某某负担。

本判决为终审判决。

审　判　长　宋文茹
审　判　员　楼　俊
审　判　员　吴　伟
二〇一三年一月二十三日
代书记员　徐　照

# 吕某某诉江苏省分公司保险合同纠纷案

## 江苏省南京市中级人民法院民事判决书

(2011)宁商终字第 1083 号

上诉人(原审原告):吕某某。

委托代理人:王某,男。

委托代理人:吕某(系吕某某女儿)。

被上诉人(原审被告):中国人寿保险股份有限公司江苏省分公司,住所地在南京市中山东路 298 号。

负责人:刘某某,中国人寿保险股份有限公司江苏省分公司总经理。

委托代理人:高某。

委托代理人:赵某。

上诉人吕某某因与被上诉人中国人寿保险股份有限公司江苏省分公司(以下简称人寿保险江苏分公司)保险合同纠纷一案,不服南京市白下区人民法院(2011)白商初字第 644 号民事判决,向本院提起上诉。本院受理后,依法组成合议庭,公开开庭进行了审理。上诉人吕某某的委托代理人王某、吕某,被上诉人人寿保险江苏分公司的委托代理人高某到庭参加诉讼。本案现已审理终结。

吕某某原审诉称,2002 年 5 月 23 日,吕某某在人寿保险江苏分公司处投保康宁终身保险一份,合同约定:被保险人在合同生效之日起一百八十日后初次发生、并经医疗机构确诊患重大疾病时,保险人按基本保额的二倍给付重大疾病保险金,基本保额为保险单所载明的保险金额人民币 10000 元;若重大疾病保险金的给付发生于交费期内,从给付之日起,免交以后各期保险费,本合同继续有效。2011 年 3 月 9 日,吕某某因二尖瓣脱垂并关闭不全、三尖瓣关闭不全等入院接受治疗,并于2011年3月17日接受二尖瓣置换术。后吕某某向人寿保险江苏分公司申请给付保险金时,人寿保险江苏分公司以此次出险未达到合同条款约定的重大疾病范畴为由向吕某某发出拒付通知书。吕某某认为,此次出险属于保险合同条款约定的重大疾病,人寿保险江苏分公司理应承担保险责任。庭审中,吕某某明确其所患疾病和接受二尖瓣置换术分别属于康宁终身保险条款第二十三条所规定的重大疾病中的心脏病和重大器官移植手术,认为保险条款第二十三条关于"心脏病(心肌梗塞)(注1)"和"重大器官移植手术(注7)"的约定在理解上有歧义,吕某某不具有专业的医学知识,按通常理解,关于"心脏病(心肌梗塞)"的注释表明包括心肌梗塞在内的心脏病是保险合同约定的重大疾病,仅排除心绞痛为非保险合同约定的重大疾病,并未将心脏二尖瓣脱垂并关闭不全、三尖瓣关闭不全排除在外;关于"重大器官移植手术"的注释表明重大器官移植包括心脏移植,但并没有注明仅指整个心脏移植,而排除心脏组成部分的移植,二尖瓣属于心脏组成部分,二尖瓣置换应属心脏移植。吕某某还认为保险条款第五条责任免除中未约定二尖瓣脱垂并关闭不全、三尖瓣关闭不全属于免责范围,人寿保险江苏分公司通过对心脏病(心肌梗塞)的注释限缩了保险范围实际是对其免责,在投保时未向吕某某明确说明,该免责条款无效。故诉至法院,请求依法判令:1.人寿保险江苏分公司向其给付保险金20000元;2.人寿保险江苏分公司继续履行合同,吕某某免交以后各期保险费;3.人寿保险江苏分公司承担本案诉讼费用。

人寿保险江苏分公司原审辩称,心脏病(心肌梗塞)和重大器官移植术都是专业术语,从保险合同对其所作医学解释看,与吕某某所患的二尖瓣脱垂并关闭不全、三尖瓣关闭不全等疾病及进行的二尖瓣置换术并不相符,故吕某某所患疾病不属于保险合同约定的重大疾病范畴,不在保险责任范围内;保险合同对于心脏病(心肌梗塞)的解释是明确保险责任范围,并非免责条款,即使属于免责条款,投保时人寿保险江苏分公司也对吕某某进行了明确告知。请求驳回吕某某的诉讼请求。

原审法院经审理查明,2002年5月23日,吕某某向人寿保险江苏分公司投保康宁终身保险,并声明:贵公司已对保险合同的条款内容履行了说明义务,并对责任免除条款履行了明确说明义条;本人已仔细阅知,理解客户保险保障声明、产品说明书及保险条款尤其是责任免除、解除合同等规定，并同意遵守……同日，人寿保险江苏分公司向吕某某签发了编号为3201210221005981的保险合同，合同生效日期为2002年5月24日，保险期间为终身，保险金额为10000元，保险费为1310元，交费方式为年交，交费日期为每年的合同生效对应日，交费期满日为2022年5月23日。康宁终身保险条款第一条保险合同构成载明，本合同由保险单及所附条款、声明、批单，以及与本合同有关的投保单、复效申请书、健康声明书和其他书面协议共同构成；第四条保险责任载明，被保险人在本合同生效(或复效)之日起一百八十日后初次发生、并经本公司指定或认可的医疗机构确诊患重大疾病(无论一种或多种)时，本公司按基本保额的二倍给付重大疾病保险金，本合同的重大疾病保险金给付责任即行终止；若重大疾病保险金的给付发生于交费期内，从给付之日起，免交以后各期保险费，本合同继续有效；第二十三条释义载明，重大疾病是指下列疾病或手术之一：一、心脏病(心肌梗塞)；(注1)……七、重大器官移植技手术；(注7)……其中注1载明，心脏病(心肌梗塞)指因冠状动脉阻塞而导致部分心肌坏死，其诊断必须同时具备下列三个条件：①新近显示心肌梗塞变异的心电图。②血液内心脏酶素含量异常增加。③典型的胸痛病状。但心绞痛不在本合同的保障范围之内。注7载明，重大器官移植手术指接受心脏、肺脏、肝脏、胰脏、肾脏及骨髓移植。2011年3月9日至3月30日期间，吕某某因二尖瓣脱垂并关闭不全、三尖瓣关闭不全、高血压病Ⅲ级、心功能Ⅱ级住院接受治疗，并于3月17日进行了心脏二尖瓣置换手术。吕某某出院后即向人寿保险江苏分公司提出理赔申请，人寿保险江苏分公司于2011年5月5日以吕某某此次出险未达到合同条款约定的重大疾病范畴为由作出拒付通知书。另查明，自2002年5月至2010年5月，吕某某已连续向人寿保险江苏分公司交纳九期保费，每期1310元。

原审法院认为，吕某某与人寿保险江苏分公司签订的保险合同系双方当事人的真实意思表示，合法有效，双方均应按约履行各自的义务。吕某某作为投保人和被保险人在投保书签字确认人寿保险江苏分公司已对保险合同的条款内容履行了说明义务，并对责任免除条款履行了明确说明义务，其已仔细阅知，理解合同条款规定，据此，应认定人寿保险江苏分公司对于保险责任范围已尽到了其应尽的说明义务。本案所涉保险合同中约定心脏病(心肌梗塞)属于重大疾病,亦即保险事故的范围,同时保险合同以注释的方式明确界定心脏病(心肌梗塞)特指因冠状动脉阻塞而导致部分心肌坏死,其诊断必须同时具备三个条件,如没有注释,对心脏病(心肌梗塞)的理解确实有争议,心脏病的范围比较宽泛,但有了注释后心脏病(心肌梗塞)的含义就明确具体,该格式条款不存在两种以上的解释,二尖瓣脱垂并关闭不全、三尖瓣关闭不全疾病不符合保险合同对于心脏病(心肌梗塞)的约定,故吕某某所患疾病不属于心脏病(心肌梗塞)范畴。本案所涉保险合同中还约定重大器官移植手术属于重大疾病,器官移植是个医学术语,应从医学专业角度理解,而不是任何人的恣意理解。在医学上,器官移植专指将生物体的器官转移至同一个体的另一部分或另一个体,而二尖瓣置换术是在心脏中植入人工心瓣,显然不属于器官移植范畴,故吕某某所行手术亦不属于重大器官移植手术。综上,本案所涉保险合同对提前给付重大疾病保险中的重大疾病采取了列明的方法,吕某某所患疾病或进行的手术并不属于保险合同所列明的重大疾病中的任何一种,故吕某某所患疾病不属于保险责任范畴,其要求人寿保险江苏分公司给付保险金20000元、并免交以后各期保费的诉讼请求,原审法院不予支持。依照《中华人民共和国保险法》第二十三条第一款,《中华人民共和国民事诉讼法》第一百二十八条之规定,判决:驳回吕某某的诉讼请求。案件受理费减半收取为190元,由吕某某负担。

宣判后,吕某某不服,向本院提起上诉称,一、保险条款第四条保险责任中,并未对重大疾病作具体解释,而是在第二十三条释义中,将重大疾病限定为十种,又通过注释的形式对重大疾病作了描述。第二十三条的释义及注释是对第四条保险责任范围的缩小,是对第五条责任免除条款的扩大,其实质是限责条款。作为格式条款,没有将该内容列明在第五条责任免除项下,更应当就该限责条款的具体内容向投保人作特别解释。投保单内虽确有"本人对保险条款的各项规定均已了解,业务员已对您如实讲解了保险条款,您对投保条款中列明的保险责任和责任免除规定已完全了解"等内容,但上述相关文件内容、项目繁多,不具有单一的告知书性质。二、对"心脏病(心肌梗塞)"应作出不利于保险公司的解释。从字面理解,"心脏病(心肌梗塞)"可以解释为心脏病包括心肌梗塞,也可以解释为仅指心肌梗塞。因此,该条款属歧义条款。根据合同法相关规定,对格式条款有两种以上解释的,应作出对提供格式条款方不利的解释。三、对重大疾病的认识,也存在着一般理解与专业理解,不能将专业人员的理解等同于一般理解。就本案而言,投保人吕某某认为,器官移植应包括整个器官移植和部分器官移植,二尖瓣膜置换应属心脏器官移植。综上,请求二审法院撤销原判,依法改判,并由人寿保险江苏分公司负担本案诉讼费用。

被上诉人人寿保险江苏分公司答辩称,一、保险条款对重大疾病的名称和种类作了明确约定,该约定是采用列举的方式对保险公司的承保范围进行了明确表述,不存在吕某某诉称的约定不明确的情形。二、保险条款约定的重大疾病属于专业术语,不适用不利解释规则,并且按照广义解释和从医学专业角度进行界定,不存在歧义。二尖瓣置换术既不属于心脏移植手术,亦不属于保险合同约定的心肌梗塞,吕某某对保险条款的解释没有法律依据。三、保险条款第二十三条释义和注释,是对承保范围的约定,是确定什么样的疾病属于保险责任范围,不属于免责条款。而且,即使属于免责条款,从吕某某签署的投保单也可以确认人寿保险江苏分公司已履行了明确说明义务。综上,吕某某所做的手术不属于保险条款约定的承保范围,原审判决认定事实清楚,适用法律正确,请求二审法院驳回上诉,维持原判。

二审中,双方当事人对原审法院查明的事实均无异议,本院对双方无异议的事实依法予以确认。

为支持其上诉请求,吕某某申请案涉保险合同的销售员罗某某出庭,对当时销售保险的过程作证。罗某某称其与吕某某系朋友关系,当时销售保险时,因其自己不具备专业的医学知识,只能就十种重大疾病的名称进行讲解,注释部分因其自己也不懂,所以未进行讲解。就第一种重大疾病"心脏病(心肌梗塞)"是指心脏病含心肌梗塞还是专指心肌梗塞,其陈述因时间长记不清了。针对证人罗某某的陈述,人寿保险江苏分公司向本院提交了罗某某就案涉保险在当时向保险公司出具的业务员报告书(以下简称报告书),报告书第三项投保过程第九条"您是否向客户详细解释了保险条款,尤其是责任免除、解除合同等规定"中,罗某某所选择内容为"是",结合罗某某与吕某某系朋友关系,证明罗某某当庭陈述不实。罗某某对报告书真实性无异议,但辩称每份保险业务员都必须签这样的报告书,否则保险合同就签不下来，其当庭陈述均是事实。

本院认为，案涉保险合同是双方真实意思表示，且不违反法律、行政法规的强制性规定，合法有效，双方均应依约履行。保险条款第二十三条通过释义及注释对所承保疾病进行了明确约定，属保险责任范围的约定，而非免责范围的约定。吕某某上诉认为人寿保险江苏分公司未向其履行明确说明义务，保险销售人员罗某某虽出庭陈述其未就注释部分向吕某某予以解释，但结合罗某某在其向人寿保险江苏分公司出具的报告书中确认已向投保人详细解释了保险条款，尤其是责任免除、解除合同等规定的书证，以及投保单的声明与授权一栏第1项明确写明，"贵公司已对保险合同的条款内容履行了说明义务，并对责任免除条款履行了明确说明义务。本人已仔细阅知，理解客户保障声明、产品说明书及保险条款尤其是责任免除、解除合同等规定"，吕某某在声明与授权栏的投保人及被保险人处签名确认。故本院对吕某某的该项上诉理由，不予采信。吕某某认为其所接受的二尖瓣置换术属于保险责任所列明的十项重大疾病中第一项"心脏病（心肌梗塞）"及第七项"重大器官移植手术"，因保险条款第二十三条通过释义及注释对保险责任范围进行了明确约定，二尖瓣置换术不符合保险条款对于"心脏病（心肌梗塞）"及"重大器官移植手术"的约定，吕某某要求人寿保险江苏分公司依保险合同给付保险赔偿金的诉讼请求，无事实及法律依据，本院不予支持。综上，原审法院认定案涉事实清楚，适用法律正确，依法应予维持。依照《中华人民共和国民事诉讼法》第一百五十三条第一款第（一）项之规定，判决如下：

驳回上诉，维持原判决。

本案二审案件受理费300元，由上诉人吕某某负担。

本判决为终审判决。

审　判　长　郝莉坤

代理审判员　夏奇海

代理审判员　周宏跃

二〇一一年十二月十九日

书　记　员　胡　韡

# 周某甲等诉仪征支公司保险合同纠纷案

## 江苏省扬州市中级人民法院民事判决书

(2010)扬商终字第0291号

上诉人(原审原告):周某甲。

上诉人(原审原告):周某乙。

两上诉人共同委托代理人:景某某。

被上诉人(原审被告):中国人寿保险股份有限公司仪征支公司,住所地在仪征市西园路158号。

负责人:卞某某,经理。

委托代理人:李某某,部门经理。

委托代理人:蒋某。

上诉人周某甲、周某乙因与被上诉人中国人寿保险股份有限公司仪征支公司(以下简称中国人寿)保险合同纠纷一案,不服仪征市人民法院(2010)仪商初字第0046号民事判决,向本院提起上诉。本院于2010年11月16日受理后,依法组成合议庭,于2010年12月2日公开开庭审理了本案。上诉人周某甲及两上诉人的共同委托代理人景某某、被上诉人中国人寿的委托代理人李某某、蒋某到庭参加诉讼。本案现已审理终结。

原审查明,周某甲、周某乙系周某的父母。2006年、2007年,周某甲为周某向中国人寿投保学生平安保险,其中,2006年包括保险金额为3万元的附加住院医疗保险,2007年包括保险金额为6万元的附加住院医疗保险。2008年、2009年,周某甲为周某向中国人寿投保补充医疗保险(学生),其中包括保险金额为1.5万元的国寿学生儿童定期寿险和保险金额为6万元的国寿附加学生儿童住院费用补偿医疗保险。补充医疗保险(学生)保险责任条款中载明:已参加城镇居民医疗保险的,对被保险人累计发生并支出的、符合当地学生儿童基本医疗保险支付范围的住院医疗费用,本公司在扣除当地基本医疗保险和其他途径已经补偿或给付部分,对其余额按约定的给付比例90%给付住院医疗保险金;责任免除条款中载明:因被保险人在本附加合同生效前的未愈疾病造成被保险人死亡、残疾或者支出医疗费用的,本公司不承担给付保险金的责任。

2007年7～9月,周某患鞍区混合性恶性生殖细胞瘤(以下简称细胞瘤)住院治疗2次,医疗费用为56 745.39元。经周某甲申请,中国人寿于2008年2月1日向周某甲支付保险金3万元。2007年11月至2008年8月,周某因细胞瘤住院治疗8次,医疗费用为48 616元,仪征市城镇居民医疗保险机构报销了19 228.38元。2009年3月20日,周某甲与中国人寿签订理赔协议书,由中国人寿向周某甲支付保险金1.8万元。2008年9月至2009年8月,周某因细胞瘤住院治疗6次,医疗费用为42 091.60元,仪征市城镇居民医疗保险机构报销了16 062.62元。2009年10月9日,周某甲向中国人寿申请理赔,中国人寿于2009年10月26日发出拒绝给付保险金通知书。2010年1月20日,周某因脑瘤死亡。

原审法院认为,保险以可能而不确定的事故或危险的发生为前提和条件,要求保险人对已经发生的事故承担责任不符合签订保险合同的目的。周某甲要求中国人寿赔付保险理赔款34 608元,因该费用是因周某所患未治愈的细胞瘤所产生,属于保险合同中约定的免责条款情形。中国人寿所提供的调查笔录、告知书、特快专递信封、通话录音等证据能够相互印证,证实中国人寿对免责条款已履行了明确说明的义务,故对周某甲的诉讼请求不予支持。遂判决:驳回原告周某甲、周某乙的诉讼请求。案件受理费665元,依法减半收取332.50元,由原告负担。

宣判后,周某甲、周某乙不服,向本院提起上诉称:1.原审法院认定事实错误,被上诉人并没有向上诉人履行免责条款的告知义务;2.在前两份保险理赔时,被上诉人已得知周某病情,却继续接受周某甲为周某投保,应当承担保险责任。请求二审法院依法作出公正判决。

被上诉人中国人寿答辩称:1.被上诉人已对保险合同约定的免责情形履行了告知义务。在第一次理赔过程中,被上诉人于2008年1月25日向上诉人进行理赔调查时,已明确告知其保险条款中责任免除的相关规定,因被保险人投保前所患未治愈疾病造成支出医疗费用的,保险人不负给付保险金责任,上诉人表示执行合同约定。因此,上诉人对涉案保险合同条款及其中免责情形已熟悉知晓,被上诉人已明确告知。告知书、特快专递信封、通话录音等证据能够相互印证,证实被上诉人再次履行了免责条款的告知义务。2.上诉人所称被上诉人在明知被保险人身体状况的情况下,仍予以承保,故应承担保险责任,没有事实和法律依据。保险条款约定的免责情形有多种,其中包括,被保险人在保险合同生效前已患有某种疾病,则因该疾病而死亡或支出医疗费用,保险人不负给付保险金责任。但这不意味着保险人自此就必须拒绝上诉人继续购买该保险,如保险期间被保险人因患有其他疾病或遭受意外,则仍有权要求保险人予以赔付。请求依法驳回上诉,维持原判。

经审理查明,原审法院认定的基本事实无出入,本院予以确认。

经双方当事人确认,本案二审的争议焦点为:被上诉人中国人寿是否应当承担向上诉人周某甲、周某乙支付保险金34 608元的保险责任?

本院认为,本案中,被上诉人中国人寿不应承担向上诉人周某甲、周某乙支付保险金34 608元的保险责任。具体理由:一、本案应认定被上诉人中国人寿已就涉案保险合同相关的免责条款履行了明确说明的义务。根据保险法的规定,保险人在与投保人签订保险合同之前或签订保险合同之时应当就合同中的免责条款向投保人履行明确说明的义务,其目的在于使投保人知晓有关免责条款的真实含义和法律后果。本案中,2006年、2007年的学生平安保险和2008年、2009年的补充医疗保险(学生),虽然在保险合同的名称和具体条款方面有所调整,但通过对比可以看出,上述两种保险其实质属于同类保险合同,免责条款中均含有:被保险人因投保前或附加合同生效前所患未治愈疾病,造成被保险人死亡、残疾或者支出医疗费用的,保险人不承担给付保险金责任的约定。2008年1月25日,中国人寿在向周某甲第一次理赔前,对周某甲进行了专门调查,笔录表明中国人寿已就保险合同中的上述免责条款履行了明确说明的义务。本院认为,保险人与同一投保人再次或多次签订同类保险合同的，如保险人有证据证明其以前曾就相关的免责条款向投保人作过明确说明的，应视为保险人对此后所签订的同类保险合同中的相关免责条款已履行了明确说明的义务。因此，本案应认定被上诉人中国人寿已就涉案保险合同相关的免责条款履行了明确说明的义务，上诉人周某甲理应知晓该免责条款的真实含义和法律后果。

本案被保险人周某2007年即患细胞瘤，2008年9月至2009年8月，又因该疾病多次住院治疗并产生医疗费用，虽周某甲以此向中国人寿主张理赔，但因符合保险合同中有关免责情形的约定，故被上诉人中国人寿不应承担本案的保险责任。

二、关于上诉人周某甲、周某乙所称，在前两份保险理赔时，中国人寿已得知周某病情，却继续接受周某甲为周某投保，应当承担保险责任的理由。本院认为，保险合同为射幸合同，通常合同约定有多种保险责任情形，且保险责任情形是否发生具有不确定性。虽然本案被保险人周某因投保前未治愈疾病（即细胞瘤）所产生的医疗费用，符合免责情形的约定，保险人不应当承担保险责任。但本案保险合同除约定的免责情形外，保险责任情形还包括许多不确定的其他疾病或意外，如发生其他保险责任情形，保险人仍应承担保险责任。本案中，虽中国人寿和周某甲明知被保险人周某在2008年、2009年投保前即患有细胞瘤，但周某甲仍可继续投保，中国人寿也无须拒绝其投保。如投保后，被保险人在保险期间内，因另患有其他疾病（非细胞瘤）或遭受意外，符合保险合同约定的保险责任情形，则中国人寿仍应承担赔付保险金的责任。本案并不能因为中国人寿继续接受周某甲为周某投保，就应当承担保险责任，故对上诉人周某甲、周某乙的该上诉理由本院不予采信。

综上所述，本院认为，原审判决认定事实清楚，适用法律正确，判决并无不当，依法应予维持。上诉人周某甲、周某乙的上诉理由因无充分的事实和法律依据，本院不予采信。据此，依照《中华人民共和国民事诉讼法》第一百五十三条第一款第（一）项之规定，判决如下：

驳回上诉，维持原判。

二审案件受理费665元，由上诉人周某甲、周某乙负担。

本判决为终审判决。

审　判　长　华桂祥
审　判　员　徐东庆
审　判　员　杨　松
二〇一〇年十二月十五日
书　记　员　屠新苗

# 宋某某诉潮州市分公司保险合同纠纷案

## 广东省潮州市湘桥区人民法院民事判决书

（2014）潮湘法民二初字第42号

原告:宋某某。

委托代理人:杨某某。

被告:中国人寿保险股份有限公司潮州分公司,住所地广东省潮州市湘桥区枫春路中段邮电大楼北侧。

负责人:钟某某,该分公司总经理。

委托代理人:孙某某。

原告宋某某诉被告中国人寿保险股份有限公司潮州分公司(以下简称保险公司)意外伤害保险合同纠纷一案,本院于2014年1月21日立案受理后,依法由本院审判员翁仕芳适用简易程序,于2014年3月6日公开开庭进行审理,原告宋某某的委托代理人杨某某、被告保险公司的委托代理人孙某某到庭参加诉讼。本案现已审理终结。

原告宋某某诉称:2011年4月27日,原告所在任职潮安县运输总公司为原告向被告投保“国寿综合意外伤害保险(意外伤害责任)”,保险金限额为20万元,及投保“国寿综合意外伤害保险(意外医疗责任)”,保险金限额为2万元,合计保险金22万元,保险生效期间为2011年4月28日起至2012年4月27日止。2012年1月11日3时5分,原告驾驶粤UV0753大客车行驶至四川省长宁境308国道153公里加350米右转弯下坡处发生交通事故而受伤致残,共住院治疗43天,医疗费27031.90元,2012年5月6日,经四川省鑫正司法鉴定所鉴定原告伤残二处,分别为九级和十级,根据有关法律规定,原告的伤残赔偿金2011年度广东城镇居民人均可支配收入26897.48元/年×20年×(九级伤残20% +十级伤残3%)=123728.41元,原告扶养费计89664.94元,其中原告父亲宋某甲赡养费20251.82×(20-5)年×(20% +3%)元÷2=34934.39元,原告母亲李某某赡养费20251.82×20年×(20% +3%)元÷2=46579.19元;原告儿子宋某抚养费20251.82×3.5年×(20% +3%)元÷2=8151.36元,合计原告伤残赔偿金应为213393.35元。上述保险事故发生后,原告于2013年8月27日通过投保人潮安县运输总公司正式向被告提出理赔申请,并依照被告要求提供相应的证据材料,但被告至今拒绝理赔,并把整个接收到理赔申请材料退还原告。当庭补充提出投保单第九项备注栏添加的内容无效及《人身保险残疾程度与保险金给付比例表》与有关法律规定相抵触,没有约束力。请求判令被告向原告支付国寿综合意外保险赔偿金22万元。

原告宋某某对其陈述的事实提供了如下证据:

1. 原告宋某某的身份证复印件。证明原告宋某某的诉讼主体资格。

2. 市场主体基本登记信息查询资料、组织机构代码证。证明被告保险公司的诉讼主体资格。

3. 长宁县公安局交通管理大队宜公交认字(2012)第00011号道路交通事故认定书及附件。证明该大队认定了本案交通事故发生的事实,并认定宋某某承担本案事故的全部责任,龚某某、向某某等人无责任。

4. 中国人寿保险股份有限公司保险合同及保险条款。证明潮安县运输总公司于2011年4月28日向保险公司投保国寿综合意外伤害保险(团险)(投保单号:1016440700151286),合同生效日为2011年4月28日,合同期满日为2012年4月27日,被保险人数130人,保险金额28600000元,保险费33800元,其中宋某某为主被保险人,其国寿综合意外伤害保险金额220000元(其中意外伤害责任保险金额20万元,意外医疗责任保险金额2万元),保费260元。投保单备注栏手写注明“符合报销范围的意外医疗费用,扣除100元免赔额后,按80%比例给付保险金,长途司机职业的被保险人,营运过程中的保险责任属本合同除外责任。已提供联系人身份证复印件”字样。投保人及被保险人声明“贵公司(保险公司)已对保险合同的条款内容履行了说明义务,并对责任免除条款履行了明确说明义务。投保单位已仔细阅知、理解投保提示及保险条款尤其是责任免除、解除合同等规定,并同意遵守。所填投保单各项及告知事项均属事实并确无欺瞒。上述一切陈述及本声明将成为贵公司(保险公司)承保的依据,并作为保险合同的一部分。如有不实告知,贵公司(保险公司)有权在法定期限内解除合同,并依法决定是否对合同解除前发生的保险事故承担保险责任。特授权本投保单所填写的联系人(身份证号:445×××××××××××××××3)为我公司(潮安县运输总公司)日常业务的办理人。联系人可持我公司(潮安县运输总公司)相关资料,办理我公司(潮安县运输总公司)保险日常业务。本授权委托,自签发之日起生效。投保人或授权人签字:莫错。投保申请日期:2011年4月27日”。所附中国人寿保险股份有限公司国寿综合意外伤害保险利益条款对国寿综合意外伤害保险利益作了相关规定,其中第四条规定“保险责任。在本合同保险期间内,被保险人遭受意外伤害,本公司依下列约定给付保险金:……二、被保险人自该意外伤害发生之日起一百八十日内因该意外伤害导致身体残疾,本公司根据《人身保险残疾程度与保险金给付比例表》(见附表)的规定,按本合同约定的意外伤害保险金额乘以该项残疾所对应的给付比例给付残疾保险金。被保险人因同一意外伤害造成一项以上身体残疾时,本公司给付对应项残疾保险金之和。但不同残疾项目属于同一肢时,本公司仅给付其中一项残疾保险金。如残疾项目所对应的给付比例不同,仅给付其中比例较高一项的残疾保险金。三、本公司给付的意外伤害保险金以意外伤害保险金额为限,一次或累计给付的保险金达到本合同约定的意外伤害保险金额时,本合同的意外伤害保险责任终止。四、被保险人因该意外伤害在二级以上(含二级)医院或本公司认可的其他医疗机构诊疗,对被保险人每次意外伤害事故所发生并实际支出的符合当地公费医疗、社会医疗保险支付范围的医疗费用,本公司在扣除当地公费医疗、社会医疗保险和其他途径已经补偿或给付部分以及本合同约定的免赔额后,对其余额按本合同约定给付比例给付意外医疗保险金。意外医疗保险金的免赔额和给付比例,分别按照被保险人是否参加公费医疗、社会医疗保险的情况在保险单上载明……本公司给付的意外医疗保险金以本合同约定的意外医疗保险金额为限,一次或累计给付的意外医疗保险金达到本合同约定的意外医疗保险金额时,本合同的意外医疗保险责任终止。”

5. 四川省长宁县人民医院住院病人出院病情证明书、荣县人民医院出院病情证明书和门诊病情证明书。证明宋某某于2012年1月11日至2012年1月18日在四川省长宁县人民医院住院治疗8天，出院医嘱及建议：院外继续治疗预防切口感染，门诊1、2、3及6个月复查胸部X片了解骨折愈合情况，并由结果决定活动及负重时间；术后14天院外拆线，门诊随访；及宋某某于2012年1月19日至2012年2月22日在荣县人民医院住院治疗，出院医嘱有“休息壹月，保护好患处”等内容，该院又于2012年3月21日在宋某某在该院门诊的过程中建议“休息半月”等。

6. 四川省医疗卫生单位住院费用结算票据、四川省医院卫生单位统一住院费用结算票据、王氏（正骨）医院处方笺、威远县医疗统一发票。证明宋某某于2012年1月11日至2012年1月18日在长宁县人民医院住院治疗18天，用去医疗费用人民币25343.40元，于2012年1月19日至2012年2月22日在荣县人民医院住院治疗35天，用去医疗费人民币4598.90元，2012年2月5日、15日、25日在王氏（正骨）医院门诊治疗，分别用去医疗费人民币460元、620元、460元。

7. 四川鑫正司法鉴定所川鑫正鉴（2012）临鉴字第188号法医学鉴定意见书。证明该所接受宋某某的委托于2012年6月4日作出川鑫正鉴（2012）临鉴字第188号法医学鉴定意见书，鉴定意见为：(1)宋某某交通事故伤后，根据GB18667－2002《道路交通事故受伤人员伤残评定》附则5.1；附录A.9项（日常生活能力部分受限、工作和学习能力下降、社会交往能力部分受限）；4.10.5.b项（4肋以上骨折；或2肋以上缺失），分别属九级、十级伤残。(2)宋某某交通事故伤后需进行左胸4～7肋骨内固定物取除术，需住院治疗25天，后期医疗费应在人民币1.5万元左右为宜。

8. 户籍证明及户口簿复印件。证明宋某某的身份情况及其家庭成员情况，其父宋某甲，于1947年12月26日出生，其母李某某，于1953年7月11日出生，其子宋某，于1998年6月20日出生。

9. 广东省潮安县人民法院（2013）安民二初字第22号、广东省潮州市中级人民法院（2013）潮中法民二终字第69号民事判决书。证明广东省潮安县人民法院作出的（2013）安民二初字第22号、广东省潮州市中级人民法院作出的（2013）潮中法民二终字第69号民事判决书确认了本案交通事故事实，并认定宋某某的法定经济损失为：医疗费 27032.40 元、鉴定后续治疗费 15000 元、鉴定费 1700 元、交通费 541.50 元、住宿费 70 元、住院期间护理费 9577.61 元、住院伙食补助费 3400 元、残疾赔偿金 123728.41 元、误工费 13785.20 元、抚养费 89664.94 元，共计 284500.06 元，潮安县运输总公司已赔付其人民币 410000 元。

被告保险公司辩称：1. 被答辩人宋某某在长途营运过程中发生的意外伤害事故，不属本案意外伤害保险的保险责任。答辩人与投保人潮安县运输总公司签订的保险合同中，在《团体保险投保单》中约定“长途司机职业的被保险人，营运过程中的保险责任属本合同除外责任”，即约定合同的投保范围不包括长途司机的营运过程的意外伤害事故，而被答辩人宋某某是驾驶大客车行驶至四川省长宁路段发生意外伤害，属于营运过程，按照合同约定的保险范围，该事故不属于本案保险合同下的保险责任（包括残疾保险金和医疗保险金）。2. 被答辩人宋某某在诉状中要求本答辩人赔偿伤残赔偿金、抚养费、赡养费等不符合合同约定和相关法律规定。按照本案《保险利益条款》第四条保险责任第二款的规定，被保险人发生意外伤害事故，属于保险责任范围内的，残疾保险金按《人身保险残疾程度与保险金给付比例表》赔付，被答辩人宋某某属于一处九级及一处十级，其残疾程度不符合《人身保险残疾程度与保险金给付比例表》规定残疾程度的赔付标准，不属于保险赔付范围；同时，本案保险合同的《保险利益条款》等任何合同文件，没有约定答辩人必须赔付被保险人的伤残赔偿金和被保险人对子女和父母的抚养费和赡养费等，因此答辩人不应赔偿被答辩人宋某某伤残赔偿金、抚养费和赡养费等。保险公司在理赔中必须公平公正，对不属于保险责任的应该予以拒赔。请求驳回被答辩人宋某某的诉讼请求。另当庭补充答辩提出：1. 投保单备注栏内容是投保人潮安县运输总公司向保险公司提出的保险范围申请，保险公司认同，属双方的约定，合法有效。2. 保险条款附表《人身保险残疾程度与保险金给付比例表》有效，人身意外保险属于商业保险，保险责任等可根据双方实际约定，意外伤害保险条款也经保监会备案。

被告保险公司对其答辩的理由提供了如下证据：

1. 团体保险投保单。证明长途司机职业在营运过程不属于投保范围，营运过程出现意外不属于保险责任，被告拒绝意外医疗保险金和伤残保险金符合合同约定;被告已就保险责任、责任免除等向投保人予以告知。

2.《国寿综合意外伤害保险利益条款》。证明本案意外伤残保险责任按《人身保险残疾程度与保险金给付比例表》赔付;被告已就保险责任、责任免除等向投保人告知。

3.《人身保险残疾程度与保险金给付比例表》。证明原告残疾九级不属《人身保险残疾程度与保险金给付比例表》保险责任范围。

4. 保险合同送达书。证明投保人潮安县运输总公司收到保险公司送达的保险合同(保险合同号码 2011－440501－70000236－7),包括保险单、被保险人清单、保险条款、保费发票等,并已了解和认可保险合同的全部内容,并再次向保险公司郑重声明“投保单上有关被保险人和投保人情况均属真实,若有虚假愿承担相应的法律责任”。

经过开庭质证,被告保险公司对原告宋某某提供的证据的质证意见是:对证据 1～2 无异议,对证据 3 的真实性无异议,但对其关联性有异议,原告是在长途营运过程中发生的事故,不属于保险责任范围;对证据 4 的真实性无异议,但提出原告提供证据不完整,遗漏了《人身保险残疾程度与保险金给付比例表》,投保单备注栏注明“长途司机职业的被保险人,营运过程中的保险责任属本合同除外责任”,《保险利益条款》第四条保险责任中,第四款约定意外伤害的医疗费赔偿应当扣除当地公费医疗、社会医疗保险和其他途径已经补偿或给付部分以及本合同约定的免赔额后,对其余额应合同约定给付比例给付意外医疗保险金,《保险利益条款》第四条保险责任第二款约定意外伤害残疾保险金是按照《人身保险残疾程度与保险金给付比例表》规定,按合同的一位伤害保险额乘以该项残疾所对应的给付比例给付残疾保险金,保险合同没有约定被告必须赔偿原告民事诉讼中所称的伤残赔偿金、抚养费和赡养费;对证据 5 的真实性无异议;对证据 6 的真实性无异议,但对其证明内容有异议,原告的医疗费已通过其他渠道获得赔偿,即通过人民法院的判决确定人民财产保险公司赔付,因原告是在长途营运过程中发生事故,所以医疗费用不属保险的理赔范围;对证据 7 的真实性无异议,但对其证明内容有异议,鉴定意见书中的伤残程度不属于保险合同约定的伤残给付情形,不属保险公司的保险责任;对证据 8 的真实性无异议,但对其证明内容有异议,户籍证明与本案无关,因保险合同约定不用赔偿抚养费、赡养费；对证据 9 的真实性无异议，但对其证明内容有异议，保险合同条款中关于理赔给付的手续（第九条），医疗赔偿须提供结算单原件，民事判决书证明医疗费已通过该判决由人民财产保险公司赔偿，原告再次提起医疗费赔偿是重复诉讼。

原告宋某某对被告保险公司提供的证据的质证意见是：对证据 1 提出投保单第九项备注栏中填写内容是被告销售人员在投保人的委托代理人签名后才由被告方销售人员私自添加的，添加内容的笔迹与投保人的委托代理人签名笔迹明显不相符，投保单首部“投保提示”第四项规定，一切与本投保单各项内容及保险条款相违背或增减的销售人员说明及解释均属无效，一切告知均以书面为准，被告方添加内容与该项规定相违背，应属无效；对证据 2 提出该条款第四条第四项的规定违反了保险法规定及人身保险不适用抵偿原则的法律原则，被告提出保险条款没有约定赔偿原告所诉称的伤残赔偿金、抚养费、赡养费，若没有约定这些内容，就应适用法律规定，被告应当赔偿原告伤残赔偿金、抚养费、赡养费。对证据 3 提出该表无效，违反法律规定，国内标准是强制标准，伤残赔偿数额也是法定的，被告主张本案应按《人身保险残疾程度与保险金给付比例表》，违反法律规定，不能作为定案依据；对证据 4 的真实性无异议，但对其证明内容有异议，送达回证不能证明被告据此所要证明的事实。

经审理查明：潮安县运输总公司于 2011 年 4 月 28 日向保险公司投保国寿综合意外伤害保险（团险）（保险单号：1016440700151286），合同生效日为 2011 年 4 月 28 日，合同期满日为 2012 年 4 月 27 日，被保险人数 130 人，保险金额 28600000 元，保险费 33800 元，其中宋某某为主被保险人，国寿综合意外伤害保险金额 220000 元（其中意外伤害责任保险金额 20 万元，意外医疗责任保险金额 2 万元），保费 260 元；上述投保单备注栏手写注明“符合报销范围的意外医疗费用，扣除 100 元免赔额后，按 80% 比例给付保险金，长途司机职业的被保险人，营运过程中的保险责任属本合同除外责任。已提代联系人身份证复印件”字样；上述投保单中投保人及被保险人声明“贵公司（保险公司）已对保险合同的条款内容履行了说明义务，并对责任免除条款履行了明确说明义务。投保单位已仔细阅知、理解投保提示及保险条款尤其是责任免除、解除合同等规定，并同意遵守。所填投保单各项及告知事项均属事实并无欺瞒。上述一切陈述及本声明将成为贵公司(保险公司)承保的依据,并作为保险合同的一部分。如有不实告知,贵公司(保险公司)有权在法定期限内解除合同,并依法决定是否对合同解除前发生的保险事故承担保险责任。特授权本投保单所填写的联系人(身份证号:445××××××××××××××3)为我公司(潮安县运输总公司)日常业务的办理人。联系人可持我公司(潮安县运输总公司)相关资料,办理我公司(潮安县运输总公司)保险日常业务。本授权委托,自签发之日起生效。投保人或授权人签字:莫错。投保申请日期:2011 年 4 月 27 日”。所附中国人寿保险股份有限公司国寿综合意外伤害保险利益条款对国寿综合意外伤害保险利益作了相关规定,其中第四条规定“保险责任。在本合同保险期间内,被保险人遭受意外伤害,本公司依下列约定给付保险金:……二、被保险人自该意外伤害发生之日起一百八十日内因该意外伤害导致身体残疾,本公司根据《人身保险残疾程度与保险金给付比例表》(见附表)的规定,按本合同约定的意外伤害保险金额乘以该项残疾所对应的给付比例给付残疾保险金。被保险人因同一意外伤害造成一项以上身体残疾时,本公司给付对应项残疾保险金之和。但不同残疾项目属于同一肢时,本公司仅给付其中一项残疾保险金。如残疾项目所对应的给付比例不同,仅给付其中比例较高一项的残疾保险金。三、本公司给付的意外伤害保险金以意外伤害保险金额为限,一次或累计给付的保险金达到本合同约定的意外伤害保险金额时,本合同的意外伤害保险责任终止。四、被保险人因该意外伤害在二级以上(含二级)医院或本公司认可的其他医疗机构诊疗,对被保险人每次意外伤害事故所发生并实际支出的符合当地公费医疗、社会医疗保险支付范围的医疗费用,本公司在扣除当地公费医疗、社会医疗保险和其他途径已经补偿或给付部分以及本合同约定的免赔额后,对其余额按本合同约定给付比例给付意外医疗保险金。意外医疗保险金的免赔额和给付比例,分别按照被保险人是否参加公费医疗、社会医疗保险的情况在保险单上载明……本公司给付的意外医疗保险金以本合同约定的意外医疗保险金额为限,一次或累计给付的意外医疗保险金达到本合同约定的意外医疗保险金额时,本合同的意外医疗保险责任终止。”

2012 年 1 月 8 日晚,龚某某驾驶粤 UV0753 号大型普通客车从广东省东莞市发车往四川省宜宾市屏山县方向行驶(该车有两名驾驶员交替驾驶车辆,另一名驾驶员为宋某某),2012年1月10日10时许,龚某某驾驶该车行至四川省叙永县时将车交由宋某某驾驶,2012年1月11日3时5分,宋某某驾驶该车行驶至四川省长宁境308省道153公里加350米右转弯下坡处,车辆侧翻于道路右侧,造成宋某某、向某某等人不同程度受伤及上述车辆、路边防护栏、青苗不同程度损坏的交通事故。宋某某受伤后,被送往四川省长宁县人民医院住院治疗,出院时的诊断为:1. 左侧第3、4、5、6、7肋骨折;2. 双侧胸腔少量积液;3. 左侧创伤性湿肺;4. 左侧胸壁软组织挫伤;5. 左大腿皮肤擦伤。四川省长宁县公安局交通管理大队于2012年1月29日作出宜公交认字(2012)第00011号道路交通事故认定书认定宋某某负本事故的全部责任,龚某某、向某某等人无责任。四川鑫正司法鉴定所接受宋某某的委托于2012年6月4日作出四川鑫正鉴(2012)临鉴字第188号法医学鉴定意见书,鉴定意见为:1. 宋某某交通事故伤后,根据GB18667－2002《道路交通事故受伤人员伤残评定》附则5.1;附录A.9项(日常生活能力部分受限、工作和学习能力下降、社会交往能力部分受限);4.10.5.b项(4肋以上骨折;或2肋以上缺失),分别属九级、十级伤残。2. 宋某某交通事故伤后需进行左胸4～7肋骨内固定物取除术,需住院治疗25天,后期医疗费应在人民币1.5万元左右为宜。

事故发生后,潮安县运输总公司于2012年12月27日向广东省潮安县人民法院起诉中国人民财产保险股份有限公司潮安支公司,广东省潮安县人民法院于2013年5月10日作出(2013)安民二初字第22号民事判决,判决后,中国人民财产保险股份有限公司潮安支公司不服判决,提出上诉,广东省潮州市中级人民法院于2013年7月17日作出(2013)潮中法民二终字第69号民事判决,上述判决确认了宋某某的法定经济损失为医疗费27032.40元、鉴定后续治疗费15000元、鉴定费1700元、交通费541.50元、住宿费70元、住院期间护理费9577.61元、住院伙食补助费3400元、残疾赔偿金123728.41元、误工费13785.20元、扶养费89664.94元,共计284500.06元,潮安县运输总公司已赔付其人民币410000元。

本院认为:潮安县运输总公司为宋某某等人向保险公司投保国寿综合意外伤害保险(团险),合法、有效,依法应受法律保护。潮安县运输总公司依照规定缴纳保险费后，宋某某在保险期间内发生交通事故，经交警部门道路交通事故认定书认定宋某某负事故的全部责任，根据《中华人民共和国保险法》第十四条"保险合同成立后，投保人按照约定交付保险费；保险人按照约定的时间开始承担保险责任"的规定，保险公司应依照合同约定承担保险责任。

本案中，投保人潮安县运输总公司与保险人保险公司在投保单备注栏手写注明了"长途司机职业的被保险人，营运过程中的保险责任属本合同除外责任"，该条款属《保险法》第十七条第二款规定的"免除保险人责任的条款"。《中华人民共和国保险法》第十条第一款规定"保险合同是投保人与保险人约定保险权利义务关系的协议"，第十七条规定"订立保险合同，采用保险人提供的格式条款的，保险人向投保人提供的投保单应当附格式条款，保险人应当向投保人说明合同的内容。对保险合同中免除保险人责任的条款，保险人在订立合同时应当在投保单、保险单或者其他保险凭证上作出足以引起投保人注意的提示，并对该条款的内容以书面或者口头形式向投保人作出明确说明；未作提示或者明确说明的，该条款不产生效力"，最高人民法院《关于适用〈中华人民共和国保险法〉若干问题的解释(二)》第十一条规定"保险合同订立时，保险人在投保单或者保险单等其他保险凭证上，对保险合同中免除保险人责任的条款，以足以引起投保人注意的文字、字体、符号或者其他明显标志作出提示的，人民法院应当认定其履行了保险法第十七条第二款规定的提示义务。保险人对保险合同中有关免除保险人责任条款的概念、内容及其法律后果以书面或者口头形式向投保人作出常人能够理解的解释说明的，人民法院应当认定保险人履行了保险法第十七条第二款规定的明确说明义务"。本案中，投保单中手写注明了"长途司机职业的被保险人，营运过程中的保险责任属本合同除外责任"，足以引起投保人注意，保险公司履行了提示义务，且投保人及被保险人均声明保险公司已对保险合同的条款内容履行了说明义务，并对责任免除条款履行了明确说明义务，投保单位已仔细阅知、理解投保提示及保险条款尤其是责任免除、解除合同等规定，并同意遵守，并由投保人之授权人莫错签名确认，因此保险公司已对其免责条款向投保人履行了《保险法》第十七条第二款规定的提示和明确说明义务，上述免责条款发生效力。

依照双方签订的保险合同的约定，宋某某属于免责条款中规定的“长途司机职业的被保险人”，其在长途营运过程中的保险责任属保险合同的除外责任，因此应依法免除保险公司的保险责任。宋某某所提诉请，不符合双方签订的保险合同的约定，其提出投保单第九项备注栏添加的内容是保险公司销售人员在投保人的委托代理人签名后私自添加的，经查，其所提上述意见没有提供相关依据予以证实，其在收到保险合同之后也没有对上述免责条款提出异议，且上述免责条款也并非保险公司销售人员的说明或解释，而是书面内容，因此，其所提该项内容无效理由不能成立，其所提诉请应依法予以驳回。

此外，中国人寿保险股份有限公司国寿综合意外伤害保险利益条款第四条规定“保险责任。在本合同保险期间内，被保险人遭受意外伤害，本公司依下列约定给付保险金：……二、被保险人自该意外伤害发生之日起一百八十日内因该意外伤害导致身体残疾，本公司根据《人身保险残疾程度与保险金给付比例表》（见附表）的规定，按本合同约定的意外伤害保险金额乘以该项残疾所对应的给付比例给付残疾保险金。被保险人因同一意外伤害造成一项以上身体残疾时，本公司给付对应项残疾保险金之和。但不同残疾项目属于同一肢时，本公司仅给付其中一项残疾保险金。如残疾项目所对应的给付比例不同，仅给付其中比例较高一项的残疾保险金。三、本公司给付的意外伤害保险金以意外伤害保险金额为限，一次或累计给付的保险金达到本合同约定的意外伤害保险金额时，本合同的意外伤害保险责任终止。四、被保险人因该意外伤害在二级以上（含二级）医院或本公司认可的其他医疗机构诊疗，对被保险人每次意外伤害事故所发生并实际支出的符合当地公费医疗、社会医疗保险支付范围的医疗费用，本公司在扣除当地公费医疗、社会医疗保险和其他途径已经补偿或给付部分以及本合同约定的免赔额后，对其余额按本合同约定给付比例给付意外医疗保险金。意外医疗保险金的免赔额和给付比例，分别按照被保险人是否参加公费医疗、社会医疗保险的情况在保险单上载明……本公司给付的意外医疗保险金以本合同约定的意外医疗保险金额为限，一次或累计给付的意外医疗保险金达到本合同约定的意外医疗保险金额时，本合同的意外医疗保险责任终止”。上述规定，符合《中华人民共和国保险法》第十三条第三款

“依法成立的保险合同，自成立时生效。投保人和保险人可以对合同的效力约定附条件或者附期限”的规定，对合同双方具有约束力。本案中，宋某某所受的人身损害均不属于《人身保险残疾程度与保险金给付比例表》中规定的给付残疾保险金的残疾程度范围，因此，宋某某所受的人身损害不符合保险合同中给付残疾保险金的条件，该项请求应予驳回。对于意外医疗保险金，由于广东省潮安县人民法院于2013年5月10日作出的(2013)安民二初字第22号民事判决及广东省潮州市中级人民法院于2013年7月17日作出的(2013)潮中法民二终字第69号民事判决，已确认了宋某某的法定经济损失共计284500.06元，潮安县运输总公司已赔付其人民币410000元，宋某某所提医疗费用已经从其他途径得到全部赔偿，因此，宋某某所提诉请，不符合保险合同中关于保险利益的约定，依法予以驳回。

综上所述，依照《中华人民共和国保险法》第十条第一款、第十三条第三款、第十四条、第十七条及最高人民法院《关于适用〈中华人民共和国保险法〉若干问题的解释(一)》第十一条的规定，判决如下：

驳回原告宋某某的诉讼请求。

本案受理费人民币2300元，由原告宋某某承担。

如不服本判决，可在判决书送达之日起十五日内，向本院递交上诉状，并按对方当事人的人数提出副本，上诉于广东省潮州市中级人民法院。

审　判　员　翁仕芳

二〇一四年四月十四日

书　记　员　宋佳瑜

# 王某某诉北京市分公司保险合同纠纷案

## 北京市第二中级人民法院民事判决书

(2005)二中民终字第8048号

上诉人(原审原告):王某某。

委托代理人:唐某。

委托代理人:王某伟。

被上诉人(原审被告):中国人寿保险股份有限公司北京分公司,住所地北京市朝阳区朝外市场街20号18-20层。

负责人:黄某某,总经理。

委托代理人:秦某某,中国人寿保险股份有限公司北京市分公司职员。

委托代理人:侯某勤。

上诉人王某某因人身保险合同纠纷一案,不服北京市朝阳区人民法院(2005)朝民初字第8156号民事判决,向本院提起上诉。本院依法组成合议庭审理了本案,现已审理终结。

上诉人王某某原审诉称:1998年12月,我向中国人寿保险股份有限公司北京市分公司(以下简称人保公司,名称变更前为中保人寿保险有限公司北京市分公司)购买了重大疾病定期保险(98版利差返还型),保险单号码为:1998-110108-S33-00000033-7,保险金额13万元,每年交保险费1839.50元,其中加费240.50元,交费期限为20年,保险合同生效日期是1998年12月24日,保险期间38年。我依约履行了交纳保险费的义务。2004年9月,我感到身体不适,到中国医学科学院阜外心血管病医院(以下简称阜外医院)进行检查、住院并接受开胸手术,手术内容包括有主动脉瓣手术。由于我投了重大疾病定期险,9月28日,我要求人保公司给予理赔,人保公司向我出具了拒赔通知书。后我向人保公司提交复议申请,要求人保公司对我理赔申请重新认真审核。2004 年 11 月 10 日,我得到了人保公司的回复,知道被拒赔的原因。我认为:第一,由于"主动脉手术""主动脉瓣手术"的定义在我与人保公司签订的保险合同条款中没有清楚明确的写明,而且人保公司在保险条款中对"主动脉手术",只是指出"但胸或腹主动脉的分支除外",并没有将"主动脉瓣手术"也一并除外;第二,"主动脉瓣手术"除外未写入保险合同的责任免除条款当中;第三,人保公司未尽到投保前的如实告知义务,1998 年 12 月我投保时,人保公司的保险代理人未提前明确告知我"主动脉瓣手术不属于主动脉手术";第四,我作为一名保险消费者,所理解的"主动脉瓣手术"就是属于主动脉手术的一种。保险合同条款属于人保公司提供的格式条款,当我对格式条款的理解发生争议时,应当按照通常理解予以解释。对格式条款有两种以上解释的,应当作出不利于提供格式条款一方的解释。基于上述理由,我委托代理人于 2004 年 11 月中旬到人保公司递交了再复议申请书。但到 2004 年 12 月 25 日,人保公司仍然坚持其所做的主动脉瓣手术不属于保险责任。我认为人保公司没有尽到如实告知保险条款的义务,在被保险人发生保险事故后,对于自己的客户不仅没有及时上门慰问,而且在被保险人提出理赔申请后,以所做主动脉瓣手术不属于保险责任为由拒绝履行赔付保险金的义务。故我要求人保公司尽快履行保险合同约定的保险金给付义务,给付其重大疾病保险金 13 万元,并赔偿我因迟付保险金三个月(2004 年 11 月至 2005 年 1 月)而造成的利息损失 1778.40 元(根据 2004 年 1 月 29 日中国人民银行公布的三个月整存整取的利率标准计算,再减掉 20% 的利息税)。

被上诉人人保公司原审辩称:王某某所述未告知其保险条款并不属实,王某某投保前,我公司经办人已向王某某告知了保险条款的内容,有王某某在客户保障声明书上的签字确认;与王某某签订的保险合同,已经得到王某某的承认,双方应按保险合同履行。王某某所作的主动脉瓣手术不属我公司应承担的保险责任范围;专家鉴定结论为主动脉瓣手术不属于主动脉手术。综上,我公司不同意王某某的诉讼主请求。

原审法院查明:1998 年 12 月 18 日,王某某作为投保人和被保险人,向人保公司申请投保幸福安康(A)型险种(投保单号码为 07244052),王某某在投保单上的“特别约定”“声明与授权”处分别签字予以确认。同年12月19日,王某某签署客户保障声明书(号码为00093066),声明:业务员对有关内容讲解清楚,投保人已对上述内容明确了解(包括业务员已如实讲解了保险条款,投保人对保险条款中列明的保险责任和责任免除规定已完全了解)。1998年12月23日,人保公司签发保险单,号码为1998－110108－S33－00000033－7,投保人和被保险人均为王某某,受益人朱某某,保险名称为重大疾病定期保险(98版利差返还型),保险金额人民币13万元(基本),保险项目固定,详见保险条款,保险期间38年,保险责任起止时间1998年12月24日零点至2036年12月24日零点,交费期20年,交费方式年交,份数130份,保险费人民币1599.00元,加费人民币240.50元,保险费合计人民币1839.50元等。保险单后附重大疾病定期保险条款(98版利差返还型)。保险条款的主要内容:第一条,关于保险合同构成:重大疾病定期保险合同由保险单及所附条款、声明、批注,以及与本合同有关的投保单、批单、复效申请书、健康声明书和其他书面协议共同构成……第四条,关于保险责任:在本合同有效期内,本公司负下列保险责任:1.被保险人在本合同生效(或复效)之日起一百八十日后初次发生,并经本公司指定或认可的医疗机构确诊患重大疾病(无论一种或多种)时,本公司按基本保额给付重大疾病保险金,本合同终止……第五条,关于责任免除:因下列情形之一导致被保险人身故、身体高度残疾或患重大疾病,本公司不负保险责任:一、投保人、受益人对被保险人的故意行为;二、被保险人故意犯罪、拒捕、自伤身体;三、被保险人服用、吸食或注射毒品;四、被保险人在本合同生效(或复效)之日起二年内自杀;五、被保险人酒后驾驶、无照驾驶,或驾驶无有效行驶证的机动交通工具;六、被保险人患艾滋病(AIDS)或感染艾滋病病毒(HIV呈阳性)期间;七、被保险人在本合同生效(或复效)之日起一百八十日内患重大疾病或因疾病而身故或造成身体高度残疾;八、战争、军事行动、暴乱或武装叛乱;九、核爆炸、核辐射或核污染及由此引起的疾病。上述各条款情形发生时,本合同终止,投保人已缴足二年以上保险费的,本公司退还保险单现价值;投保人未缴足二年保险费的,本公司在扣除手续费后,退还保险费……第十三条,关于保险金申请;一、在本合同有效期内被保险人患重大疾病的,由被保险人或被保险人的委托代理人作为申请人,填写保险金给付申请书,并提交下列证明、资料:1. 保险合同及最近一次保险费的缴费凭证等;……五、本公司收到申请人的保险金给付申请书及上述证明、资料后,对核定属于保险责任的,本公司在与申请人达成有关给付保险金协议后十日内,履行给付保险金的义务;对不属于保险责任的,本公司向申请人发出拒绝给付保险金通知书……第二十条,关于释义:本条款有关名词释义如下:……重大疾病:是指下列疾病或手术之一:一、心脏病(心肌梗塞);(注 1)……十、主动脉手术(注 10);关于注释:……10. 主动脉手术指接受胸、腹主动脉手术,分割或切除主动脉瘤。但胸或腹主动脉的分支除外……

保险合同签订后,王某某依约履行了缴纳保险费的义务。

2004 年 9 月,王某某患病入住阜外医院。2004 年 9 月 24 日,阜外医院出具诊断证明书,证明临床诊断为:王某某患风湿性心脏病、二尖瓣关闭不全、主动脉瓣狭窄并关闭不全、肺动脉高压、心功能Ⅱ级,其于 2004 年 9 月 13 日经门诊收入院,完善术前检查,于 2004 年 9 月 17 日在全低体下行二尖瓣、主动脉瓣置换术,手术顺利。

2004 年 9 月 28 日,王某某向人保公司提出保险金给付申请。人保公司向其出具保险金拒付通知书,内容如下:经本公司审核认定:被保险人此次所患“风湿性心脏病、二尖瓣关闭不全、主动脉瓣狭窄并关闭不全”行二尖瓣、主动脉瓣置换术治疗,不属于本公司重大疾病定期保险条款保险责任范围。根据保险法和本公司保险条款的相关规定,本公司不负保险金给付责任。您对本公司上述结论如有异议,请按保险条款的有关规定向有关部门提出复议。

后王某某提出理赔复议申请。人保公司予以回复如下:根据人民卫生出版社出版的第五版《系统解剖学》中的“体循环的动脉(P232)”部分所述:主动脉由左心室出发,起始段为升主动脉,依次移行为主动脉弓,胸主动脉、腹主动脉,另有多个主动脉分支。第五版《系统解剖学》“左心室流出道(P215)”部分描述:左心室流出道上界是主动脉口,周围有主动脉瓣。因此说明主动脉瓣是左心室流出道的一部分,不属于胸、腹主动脉范畴。我公司保险合同中的注释已明确说明保险条款所列重大疾病中的“主动脉手术”是指“接受胸、腹主动脉手术,分割或切除主动脉瘤。但胸或腹主动脉的分支除外”。因此“主动脉瓣手术”不属于我公司保险条款中的“主动脉手术”所规定保险责任范畴。根据保险法和本公司保险条款的相关规定，本公司不负保险金给付责任。

另，人保公司经申请专家鉴定，阜外医院心血管外科主任、教授、博导孙立忠于2004年12月29日出具专家鉴定意见书，内容如下：被鉴定人王某某于2004年9月13日以“风湿性心脏病、二尖瓣关闭不全、主动脉瓣狭窄并关闭不全、肺动脉高压、心功能Ⅱ级”在阜外医院住院治疗，于2004年9月17日在全麻下行“二尖瓣、主动脉瓣置换术”［附件：冠心病、瓣膜病手术记录（略）］；相关条款内容：《人保公司重大疾病定期保险条款》规定“主动脉手术”是指接受胸、腹主动脉手术，分割或切除主动脉瘤。但胸或腹主动脉的分支除外。根据以上资料，本人提出鉴定意见：二尖瓣、主动脉瓣替换术不属于主动脉手术。该专家鉴定意见书上加盖了中国医师协会的公章。

上述事实，有投保单、客户保障声明书、保险单、重大疾病定期保险条款（98版利差返还型）、保险费收据及续期保费自动转账收费凭证、医院诊断证明书、保险金拒付通知书、回复、专家鉴定意见及原审法院庭审笔录等在案佐证。

原审法院认为：王某某与人保公司之间签订的保险合同系双方当事人的真实意思表示，该合同的内容不违反国家法律、行政法规的强制性规定，应认定合法有效，双方当事人均按合同的约定履行合同义务。本案中，从人保公司提供的《系统解剖学》对“主动脉”“主动脉瓣”的描述和专家关于“主动脉瓣手术”不属于“主动脉手术”的鉴定意见可以看出，对“主动脉瓣手术”是否属于“主动脉手术”这个问题的学理解释明确，并得到了有关专家的认可，在理解和解释上不应存在不清楚的问题。人保公司在保险合同条款中明确了保险责任范围内的“主动脉手术”是指“接受胸、腹主动脉手术、分割或切除主动脉瘤。但胸或腹主动脉的分支除外”，应认定其尽到了明确说明的义务，王某某现以人保公司在保险条款中未将“主动脉瓣手术”写入保险合同责任免除条款、未将“主动脉瓣手术”在其注解的“主动脉手术”中将之与“胸或腹主动脉的分支”一并除外等为由，主张保险合同条款中关于保险责任的“主动脉手术”包括“主动脉瓣手术”、其所行“主动脉瓣手术”应属人保公司保险责任范围，理由不成立，不予采纳。由于“主动脉瓣手术"不属于"主动脉手术",也不属于双方签认的保险合同条款的保险责任范围,王某某所行"主动脉瓣手术"不属保险事故,人保公司有权拒绝给付保险金。现王某某要求人保公司依约给付基本保险金和赔偿利息损失的诉讼请求,证据和理由不充分,不予支持。依据《中华人民共和国保险法》第十七条第五款之规定,判决:驳回王某某的诉讼请求。

王某某不服原审法院判决,向本院提起上诉。其上诉理由是:

双方所签订的保险合同是一个典型的格式合同,其中对主动脉瓣手术是否属于主动脉手术中的除外免赔条款约定不明,应作出对人保公司不利的解释,推定主动脉瓣手术不属于主动脉手术中的除外免赔条款无效,人保公司应予全额支付保险金。在订立保险合同时,人保公司未尽相应免责条款说明义务,人保公司所主张的除外免赔条款当然无效。对保险合同的内容,应从普通公众而非专家的角度来理解保险合同条款,原审法院站在专家的角度去理解"主动脉瓣手术不属于主动脉手术"是完全错误的,给上诉人及广大公众施加了在现实生活中不可能实现的极端苛刻义务,使本就强势的被上诉人取得了更加有利的法律地位,完全违背了公平、公正原则,应予纠正。从已有的司法判例对与本案案情基本上雷同的一起保险合同纠纷案作出终审判决,判令保险公司应当给付保险金,对本案有参考作用。

原审法院混淆了一般合同与格式合同的区别,并以专家知识标准来要求决普通公众,有悖常理。本案中,对保险合同存在两种不同的理解和解释,应作出对人保公司不利的解释,人保公司应当支付保险金。

另,作为心脏部分器官移植的手术,我所做的"二尖瓣、主动脉瓣置换述"还应属于保险合同中规定的重大器官移植手术,属于保险责任范围,人保公司应当对我进行保险理赔。

请求二审法院撤销原审法院判决,改判支持我的诉讼请求。

人保公司答辩称:

原审法院判决认定事实清楚,适用法律正确,二审法院应依法驳回被答辩人的上诉请求。对王某某的上诉理由,我方认为,保险合同注释 10 是对保险责任的细化,不是责任免除条款,王某某以保险合同注释 10 中没有约定主动脉瓣手术不属于主动脉手术,就主张保险合同对主动脉瓣手术是否属于主动脉手术中的除外免赔条款约定不明,是错误的。对保险合同的内容,我方已尽充分说明的义务,王某某对保险责任及责任免除的约定完全了解。王某某认为应从普通公众而非专家的角度来理解保险合同条款,其主张没有任何法律依据,其对保险合同的理解存在错误,格式合同也是经过双方协调一致订立的合同,并非是一方强加于另一方的合同,不能因为是格式合同就否认了合同经双方协商一致而订立的事实。

王某某在原审并未提出“二尖瓣、主动脉瓣置换术”应属于保险合同中规定的重大器官移植手术的主张,应另案起诉,且也不属于保险合同中规定的重大器官移植手术的范围,有其他法院的判决已经予以认定。故王某某的上诉理由均不能成立。

本院经审理查明,原审法院所查事实属实,本院予以确认。

庭审中,为支持己方主张,双方当事人均向本院提交了证据。王某某提交了以下证据:

1. 人保公司原业务员屈某某的证人证言,证明人保公司在与王某某签订保险合同时,对保险条款中的重大疾病范围及除外范围等没有履行如实告知义务。

2. 新浪网调查材料,证明普通公众对保险的重大疾病范围中主动脉手术的理解多数是包括主动脉瓣手术的。

3. 保险法司法解释征求意见稿,证明被保险人对保险条款的说明标准、免责条款的说明要求及对保险合同(格式条款)的解释标准。

4. 湖州市和三门峡市中级人民法院的判决,证明对保险合同争议条款的理解应以普通公众的理解为准,以及对重大器官移植手术条款的解释存在争议时,应作不利于保险公司的解释。

5. 保险合同纠纷法律适用问题的调查报告,证明本案中双方争议的问题是保险合同条款普遍存在的问题,对保险合同条款的解释原则和保险公司的说明义务的标准。

6. 关于对“主动脉瓣膜手术”的意义理解的学术文章,证明对人保公司的保险条款中的主动脉手术的理解存在不同理解。

7. 人保公司的“国寿康恒重大疾病保险条款”,证明本案保险合同的保险条款中的“重大器官移植手术”和“主动脉手术”的理解存在争议。

人保公司对王某某提供的证据 1 认为,屈某某的业务员身份需要核实，其证言内容可以证明，王某某在订立保险合同时是了解保险条款的；对证据2、5、6的真实性有异议；对王某某以证据3证明投保人与保险人在订立合同时对内容的理解相差很远，认为投保人已经签字，就是确认理解了合同内容；对证据4认为，王某某主张主动脉瓣既属于心脏，又属于主动脉，是相互矛盾的，不能证明其诉讼理由，对真实性也有异议；对证据7的真实性有异议，并认为是对29种大病进行的约定，不适用本案。

人保公司提交了以下证据：

1. 福建省泉州市中级人民法院（2003）泉中法司鉴第216号《文证审查意见书》，证明主动脉瓣手术属于心脏病手术范畴，不属于主动脉手术范畴，主动脉瓣手术不属于约定的保险责任范围之内，并非是人保公司通过责任免除条款将主动脉瓣手术排除在保险责任之外。

2. 人民卫生出版社《人体解剖彩色图谱》第120页，证明主动脉瓣是心脏的一部分，不是主动脉的一部分。

3. 福建省泉州市丰泽区人民法院（2003）丰民初字第890号民事判决书，证明与本案相同的案例，法院判决不属于理赔范围。

王某某对人保公司所提交证据的真实性均无异议，但认为作为普通的公众是不可能具备专业的医学知识的，不能从专业的医学角度衡量公众的知识范围，对证据3认为，是单方的约定，在保险条款中没有约定，不予认可。

上述事实，有王某某向本院提交的证人证言、调查报告、法院判决复印件、文章等，人保公司提交的法院判决复印件、《文证审查意见书》等证据及双方当事人陈述在案佐证。

本院认为：

王某某与人保公司订立的保险合同合法有效。当事人应当按照约定全面履行自己的义务。合同履行过程中，因双方当事人对“主动脉瓣手术”是否属于保险范围发生争执，引起本案诉讼。

1. 关于“主动脉瓣手术”是否属于“主动脉手术”的认定

本院认为，根据人保公司提供的《系统解剖学》对“主动脉”“主动脉瓣”的描述和专家关于“主动脉瓣手术”不属于“主动脉手术”的鉴定意见，可以得出“主动脉瓣手术”不属于“主动脉手术”的结论。对照当事人双方订立的保险合同的内容，“主动脉瓣手术”不在人保公司承担保险责任的范围内。

2. 关于“主动脉瓣手术”是否属于本案保险合同中责任免除情形认定

本院认为，因“主动脉瓣手术”不属于“主动脉手术”，不在人保公司承担保险责任的范围内，故不同于在保险合同中的保险责任范围内，通过双方特别约定将责任予以免除的情形。王某某主张的“主动脉瓣手术”属于保险合同中责任免除情形，不能成立。

3. 关于人保公司是否履行了对保险条款说明义务的认定

《中华人民共和国保险法》第十七条规定：“订立保险合同，保险人应当向投保人说明保险合同的条款内容……”本案中，人保公司负有向王某某说明保险合同内容的义务。王某某主张，人保公司未将“主动脉瓣手术”写入保险合同责任免除条款、未将“主动脉瓣手术”在其注解的“主动脉手术”中除外，应视为未尽说明义务。本院对此认为，人保公司的说明义务应达到通常人能够理解的程度，该说明义务的履行，包括在合同中对有关专门术语所作解释，现从保险合同条款看，明确了保险责任范围内的“主动脉手术”是指“接受胸、腹主动脉手术 ，分割或切除主动脉瘤。但胸或腹主动脉的分支除外”，且王某某在客户保障声明书中已经表示其对合同内容明确了解，故应认定人保公司向王某某尽到了说明的义务。

4. 关于本案双方当事人对保险合同的条款理解有争议时的处理

王某某主张，因双方对保险合同条款中关于保险责任的“主动脉手术”的理解不一致，基于保险合同是格式合同，应作出不利于人保公司的解释。

本院认为，《中华人民共和国保险法》第三十一条规定：“对于保险合同的条款，保险人与投保人、被保险人或者受益人有争议时，人民法院或者仲裁机关应当作有利于被保险人和受益人的解释”，其中的不利解释原则应当在适用文义理解、目的理解、通常理解等解释原则后仍然有两种理解时适用。本案中，由于王某某与人保公司是就重大疾病的保险事项进行约定，因此对合同中涉及的疾病类型必然是以医学术语来确定的，从合同目的的角度，应当适用医学术语来解释合同相关内容，其中对于“主动脉手术”的理解，应当以医学标准来确定。对于本案保险合同的解释，不适用不利解释原则。王某某此项上诉理由，亦不能成立。

因“主动脉瓣手术”不在“主动脉手术”的保险责任范围内，王某某以此要求人保公司给付保险金的请求，本院不予支持。

另，王某某提出，“主动脉瓣手术”属于保险合同中“重大器官移植”的保险责任范围，人保公司应予理赔。本院对此认为，因王某某未能在原审提出该项主张，属于二审中增加新的理由，与第二审程序的法律属性相悖，本院不予处理。

综上，王某某的上诉理由，不能成立，其上诉请求，本院不予支持。原审判决认定事实清楚，处理并无不当，应予维持。依照《中华人民共和国民事诉讼法》第一百五十三条第一款第（一）项之规定，判决如下：

驳回上诉，维持原判。

一审案件受理费四千一百四十六元，由王某某负担（已交纳）；二审案件受理费四千一百四十六元，由王某某负担（已交纳）。

本判决为终审判决。

审　判　长　申小琦

代理审判员　罗　珊

代理审判员　张　濡

二〇〇五年九月十三日

书　记　员　王　媛

# 罗某诉东莞市分公司保险合同纠纷案

## 广东省东莞市第一人民法院民事判决书

(2011)东一法民二重字第20号

原告:罗某,女。

委托代理人:余某某,广东智捷律师事务所律师。

被告:中国人寿保险股份有限公司东莞分公司,住所地东莞市城区东兴路人寿保险大厦,注册号(分)441900000302787。

负责人:林某某,总经理。

委托代理人:齐某。

委托代理人:李某某。

原告罗某诉被告中国人寿保险股份有限公司东莞分公司(以下简称中国人寿东莞分公司)保险合同纠纷一案,本院经审理做出了(2011)东一法民二初字第1855号民事判决书,罗某不服提起了上诉,东莞市中级人民法院认为(2011)东一法民二初字第1855号民事判决书认定事实不清,证据不足,故撤销一审判决,发回重审。本院受理后依法组成合议庭,公开开庭进行了审理。原告委托代理人余某某,被告中国人寿东莞分公司委托代理人齐某到庭参加诉讼。本案现已审理终结。

原告诉称,原告于2010年12月7日到2010年12月20日在广东省中医院二沙岛分院住院治疗,完善相关检查后确诊为"1.冠心病;2.高血压病3级;3.脂肪肝;4.颈型颈椎病;5.腰椎退行性变"并行"冠状动脉造影+支架植入术",住院期间共花费医疗费53786元。鉴于原告于2005年6月3日向被告投保《康宁终身保险》,保险期满日为终身。根据双方合同的约定及《康宁终身保险》规定,被保险人患冠心病并行冠状动脉造影+支架植入术系被告保险责任范围,且冠心病行冠状动脉造影+支架植入术显属重大疾病,被告应当支付重大疾病保险金100000元并免交以后各期保费。据此,原告依被告要求递交全部病历及相关理赔资料,但被告2010年12月21日以原告所患疾病未涉及合同条款上的重大疾病类别,不能处理为由不予赔付保险金。经过多次理论沟通,被告仍以口头方式坚持拒赔决定。综合以上事实,原告认为被告拒赔理由不能成立,其行为违反合同保险责任的约定及《保险法》的相关规定,严重损害到原告的合法权益。故原告特起诉至法院,请求判令:1.被告支付重大疾病保险金100000元;2.被告豁免被保险人以后各期保费;3.判令被告承担本案诉讼费用。

原告为其诉称的事实与理由向本院提交了以下证据:

一、保险单及附件、康宁终身保险条款、个人保险投保单、保险合同送达书,证明原、被告之间存在保险合同关系,被告应当承担给付保险金的责任。

二、《广东省中医院二沙岛分院住院病案》(即出院记录),证明原告患有冠心病等重大疾病,并且进行了冠状动脉造影加支架植入手术。

三、理赔申请书、资料交接凭证、理赔资料补充通知书,证明原告曾向被告理赔,但被被告拒绝。

被告辩称,原告的诉讼请求缺乏事实及法律依据,希望法庭依法予以驳回,并由原告承担本案诉讼费。理由如下:第一,在原告提交的理赔申请资料广东省中医院二沙岛分院出具的出院诊断书上,出院诊断为:"冠心病、高血压3级、脂肪肝、颈型颈椎病、腰椎退行性变",根据双方所签订的保险合同条款第二十三条释义的"重大疾病"约定:本合同中所承担责任的"重大疾病"是指下列疾病或手术之一:"一、心脏病(心肌梗塞);二、冠状动脉旁路手术;三、脑中风;四、慢性肾衰竭(尿毒症);五、癌症;六、瘫痪;七、重大器官移植手术;八、严重烧伤;九、暴发性肝炎;十、主动脉手术。"而在第二项对冠状动脉旁路手术的注释:"指为治疗冠状动脉疾病的血管旁路手术,须经心脏内科心导管检查,患者有持续性心肌缺氧造成心绞痛并证实冠状动脉有狭窄或阻塞情形,必须接受冠状动脉旁路手术。其他手术不包括在内。"显然,原告所患疾病及针对该疾病所做的冠状动脉造影(+支架植入)手术不属于保险合同中约定的重大疾病范围。第二,原告在诉状中称："被保险人所患冠心病并行冠状动脉造影（+支架植入）手术系被告保险责任范围，且冠心病并行冠状动脉造影（+支架植入）手术显属重大疾病。"但在原告所购买的该份康宁终身保险的合同条款上，被告无法找到该疾病系保险责任范围的条款约定，且保险合同的保险责任范围及理赔方式都必须严格按照保险合同条款约定操作，如果仅仅凭借"显属"二字，抛开合同所约定的款项，那么则违反了《合同法》中规定的"公平原则"。第三，原告作为投保人与被保险人，于2005年5月30日签字确认《个人保险投保单》中的内容，投保康宁终身保险，保险金额50000元，并在《个人保险投保单》的最后一栏"声明与授权"特别声明被告已对作为保险合同重要组成部分的《中国人寿保险股份有限公司康宁终身保险条款》履行了说明义务，而且原告也同意共同遵守"声明与授权"中的特别声明。第四，案涉保险合同的条款，是1996年6月经中国保险监督管理委员会核准备案，符合中国保险监管相关规定，并非我司私自订立的霸王条款。且《保险法》第十一条规定"订立保险合同，应当协商一致，遵循公平原则确定各方的权利和义务。除法律、行政法规规定必须保险的外，保险合同自愿订立。"法律之所以规定订立保险合同应当遵循公平原则，是因为保险公司是商业机构，其在法律规定的范围内开展业务并在注册资本范围内自负盈亏，决定了保险公司只能对双方所签订的保险合同中所附带的条款约定的保险责任进行赔付，对不属于保险合同条款中约定的保险责任的不予赔付。如法庭以裁判剥夺保险人此项权利，将对整个保险行业带来不利的影响。综上，原告的诉讼请求没有任何事实和法律依据，恳请人民法院予以驳回，并由原告承担本案诉讼费。

被告为其辩称的事实与理由向本院提交了以下证据：

一、康宁终身保险条款，证明该条款约定的重大疾病种类及释义。

二、住院病例1份，证明原告所做的手术为冠状动脉造影（+支架植入），与保险合同条款中重大疾病所规定的种类不符。

经审理查明，原告于2005年5月30日向被告投保康宁终身保险，被保险人为原告，保险金额为50000元，保险期限自2005年6月3日起至原告身故之日止，交费时间为20年。双方签订的康宁终身保险条款第四条"保险责任"第一款约定："被保险人在本合同生效（或复效）之日起一百八十日后初次发生、并经本公司指定或认可的医疗机构确诊患重大疾病(无论一种或多种)时,本公司按基本保额的二倍给付重大疾病保险金,本合同的重大疾病保险金给付责任即行终止。若重大疾病保险金的给付发生于交费期内,从给付之日起,免交以后各期保险费,本合同继续有效。"康宁终身保险条款第二十三条"释义"中对"重大疾病"作出如下解释:"是指下列疾病或手术之一:一、心脏病(心肌梗塞);(注1)二、冠状动脉旁路手术;(注2)……"康宁终身保险条款"注释"部分的注释1为:"心脏病(心肌梗塞)指因冠状动脉阻塞而导致部分心肌坏死,其诊断必须同时具备下列三个条件:①新近显示心肌梗塞变异的心电图;②血液内心脏酶素含量异常增加;③典型的胸痛病状。但心绞痛不在本合同的保障范围之内。"康宁终身保险条款"注释"部分的注释2为:"冠状动脉旁路手术指为治疗冠状动脉疾病的血管旁路手术,须经心脏内科导管检查,患者有持续性心肌缺氧造成心绞痛并证实冠状动脉有狭窄或阻塞情形,必须接受冠状动脉旁路手术。其他手术不包括在内。"

原告于2010年12月7日至2010年12月20日在广东省中医院二沙岛分院住院治疗,《广东省中医院二沙岛分院住院病案》显示原告住院期间并行"冠状动脉造影+支架植入术",其出院诊断为患有五项疾病:1. 冠心病;2. 高血压病3级;3. 脂肪肝;4. 颈型颈椎病;5. 腰椎退行性变。其中,《出院记录》中显示"诊疗经过"为:"入院后完善相关检查……肌钙蛋白、心酶五项、肝功……均正常……"原告庭审中确认其治疗时的心电图上没有显示心肌梗塞变异字样,但是有显示窦性心律,而病历中显示心脏酶素正常。

2010年12月20日,原告就上述患病情况向被告申请理赔,但被告以原告所患疾病及所旅行手术不属于保险合同承保范围为由予以拒赔。

在本案审理过程中,原告对其是否具备进行冠状动脉旁路移植术的手术指征、选择"冠状动脉造影+支架植入术"是否比选择冠状动脉旁路移植术更有利于原告等医学专门性问题以及选择"冠状动脉造影+支架植入术"替代选择冠状动脉旁路移植术是否由于医疗科学技术进步申请了鉴定。本院依法委托广东南天司法鉴定所进行鉴定,广东南天司法鉴定所出具了一份《司法鉴定意见书》,得出的审查意见是:"1. 被鉴定人罗某不具备行冠状动脉旁路移植术的手术指征，具有冠状动脉造影＋支架植入术的指征。2. 冠状动脉造影＋支架植入术较冠状动脉旁路移植术科学、合理、进步的依据不足。”

以上事实，有原、被告提供的上述证据，广东南天司法鉴定所出具的《司法鉴定意见书》，以及本院的庭审笔录为据。

本院认为，原、被告双方成立合法有效的保险合同关系。本案的争议焦点在于原告所患疾病是否属于《康宁终身保险条款》中约定的保险范围“重大疾病”。首先，原告主张其所患的心脏疾病已严重到符合行冠状动脉旁路手术的条件，并申请了司法鉴定，经本院委托，广东南天司法鉴定所出具的《司法鉴定意见书》，该意见书明确原告不具备行冠状动脉旁路移植术的手术指征，具备行冠状动脉造影＋支架植入术的指征；冠状动脉造影＋支架植入术较冠状动脉旁路移植术科学、合理、进步的依据不足。本院对此份鉴定意见书的效力予以确认，认定原告不符合康宁终身保险条款第二十三条中“重大疾病”解释第二项“冠状动脉旁路手术”的条件。

其次，关于原告主张其索赔符合康宁终身保险条款第二十三条中“重大疾病”解释第一项“心脏病（心肌梗塞）”的问题，关键在于对康宁终身保险条款第二十三条“重大疾病”第一项“心脏病（心肌梗塞）”的理解。本院现评析如下：

第一，从投保人理解保险条款的角度看，康宁终身保险条款第二十三条的表述是“重大疾病：是指下列疾病或手术之一：一、心脏病（心肌梗塞）；（注1）二、冠状动脉旁路手术；（注2）……”该条款使用了在心脏病后面同时用括号注明心肌梗塞的表述，依据一般语法文义存有两种理解：一是该项指代所有心脏病，括号内标注心肌梗塞是对心脏病的例示性列举；二是该项仅指代心肌梗塞，括号内注明心肌梗塞是对心脏病的同一性解释。合同注释1虽然约定了三个条件“①新近显示心肌梗塞变异的心电图；②血液内心脏酶素含量异常增加；③典型的胸痛病状。”但是该三个条件均为医学专业表述，非专业的投保人士难以准确地理解判断其具体含义；且注释1中又记明“但心绞痛不在本合同的保障范围之内”，很容易让投保人理解为其意指除心绞痛之外的其他严重的心脏病都可以理赔，加之对“心脏病（心肌梗塞）”可能存在的两种理解，本院认为，对于非医学专业人士的投保人而言,很容易将康宁终身保险条款第二十三条“心脏病(心肌梗塞)”理解为所有除心绞痛之外的其他严重的心脏病,如心肌梗塞。

第二,从保险公司制作保险合同条款的角度看,如果被告本意是要将心脏疾病的承保范围限定在心肌梗塞这一种疾病上,可以直接表述为心肌梗塞,或在括号中明确仅承保心肌梗塞一种心脏疾病即可,而没有必要使用“心脏病(心肌梗塞)”及“心绞痛除外的”这一易使人产生误解的表述,并通过复杂的释义、注释形式再对此作普通公众难以理解的专业性解释。被告此举意欲缩小心脏病范围,减轻其责任,但同时使承保疾病范围不明,产生歧义,被告对此存在过错。

因此,本院认定本案康宁终身保险条款第二十三条中涉及“心脏病(心肌梗塞)”为歧义条款。现原、被告双方就条款的理解存在争议,根据《中华人民共和国保险法》第三十条规定“采用保险人提供的格式条款订立的保险合同,保险人与投保人、被保险人或者受益人对合同条款有争议的,应当按照通常理解予以解释。对合同条款有两种以上解释的,人民法院或者仲裁机构应当作出有利于被保险人和受益人的解释。”本院应当对康宁终身保险条款第二十三条“心脏病(心肌梗塞)”条款存在的两种解释作出有利于原告的解释,故本院认定康宁终身保险条款第二十三条中“重大疾病”第一项“心脏病(心肌梗塞)”的含义为除心绞痛之外的其他严重的心脏病,如心肌梗塞。本案中,原告患有冠心病(心脏病的一种)且实施了“冠状动脉造影+支架植入术”,据一般人之理解,原告所患显系较严重心脏病,其疾病发生在案涉保险合同20年的交费期间内,依据康宁终身保险条款第四条“保险责任”第一款约定:“被保险人在本合同生效(或复效)之日起一百八十日后初次发生、并经本公司指定或认可的医疗机构确诊患重大疾病(无论一种或多种)时,本公司按基本保额的二倍给付重大疾病保险金,本合同的重大疾病保险金给付责任即行终止。若重大疾病保险金的给付发生于交费期内,从给付之日起,免交以后各期保险费,本合同继续有效。”本院对原告要求被告支付重大疾病保险金100000元以及豁免原告以后各期保费的诉讼请求予以支持。

依据《中华人民共和国保险法》第二十三条、第三十条,《中华人民共和国民事诉讼法》第六十四条、第一百二十八条的规定,判决如下:

一、被告中国人寿保险股份有限公司东莞分公司自本判决生效之日起七日内向原告罗某支付重大疾病保险金100000元;

二、原告罗某免予向被告中国人寿保险股份有限公司东莞分公司交纳以后各期保费。

如果未按判决指定的期间履行给付金钱义务,应当依照《中华人民共和国民事诉讼法》第二百二十九条之规定,加倍支付迟延履行期间的债务利息。

本案案件受理费2300元,已由原告预交,由被告负担;本案鉴定费5000元,已由原告预交,由原告负担。

如不服本判决,可在判决书送达之日起十五日内,向本院递交上诉状,并按对方当事人的人数提出副本,上诉于广东省东莞市中级人民法院。

审　判　长　翟静文
代理审判员　陈　蕾
人民陪审员　温沛成
二〇一二年五月四日
书　记　员　朱　昉

# 胡某乙诉深圳市分公司保险合同纠纷案

## 广东省深圳市福田区人民法院民事判决书

(2013)深福法民一初字第3466号

原告:胡某乙。

委托代理人:汤某某。

被告:中国人寿保险股份有限公司深圳市分公司,住所地深圳市福田区振兴路6号建艺大厦21楼,组织机构代码892307197。

代表人:周某某。

委托代理人:赵某某。

委托代理人:马某。

原告胡某乙诉被告中国人寿保险股份有限公司深圳市分公司人身保险合同纠纷一案,本院于2013年9月3日立案受理后,依法由审判员王云独任审判,于2013年9月29日公开开庭进行了审理。原告胡某乙及其委托代理人汤某某、被告委托代理人赵某某、马某到庭参加诉讼。本案现已审理终结。

原告诉称,2013年2月初,投保人胡某甲向被告购买国寿绿舟意外伤害保险、国寿附加绿舟意外费用补偿医疗保险、国寿附加绿舟意外住院定额给付医疗保险、国寿航空旅客意外伤害保险(B款),并向被告支付保险费200元。2013年2月5日,被告签发保险单,载明:1.投保人和被保险人同为胡某甲,受益人为原告;2.保险期间为一年,从2013年2月6日起至2014年2月5日止;3.保险利益为国寿绿舟意外伤害保险金额为20万元、国寿附加绿舟意外费用补偿医疗保险金额为4000元、国寿附加绿舟意外住院定额给付医疗保险7200元、国寿航空旅客意外伤害保险(B款)20万元。2013 年 4 月 14 日,投保人胡某甲因居住小区停水,遂从家中提水桶到楼下提水。下午 6 时 45 分左右,当胡某甲提水走到单元楼外台阶处时,不慎从台阶上摔倒,致使头部受伤流血,当即不省人事。深圳急救中心 120 接电话后即派救护车将胡某甲送到西乡人民医院抢救。同日 20 时 37 分,胡某甲经抢救无效去世。事故发生后,原告的母亲分别在 20 时 25 分、20 时 27 分和 21 时左右三次向被告报险。此后,原告多次与被告联系保险理赔事宜,并于 2013 年 5 月 2 日向被告提交了理赔相关资料。2013 年 5 月 15 日,被告作出《拒绝给付保险金通知书》,认为被保险人本次因非意外因素导致身故,不属于合同约定的意外伤害责任范围,不承担本次事故的保险责任。原告认为,被保险人因提水意外摔倒,造成脑部受伤身故,应属于保险事故,属于被告应当承担的保险责任范围。原告遂诉至法院,请求判令:1. 被告向原告支付意外伤害保险金 20 万元;2. 被告向原告支付意外费用补偿医疗保险金 743.9 元;3. 被告承担诉讼费用。

被告辩称:1. 深圳市西乡人民医院的门诊病历、《法医学死亡证明》及《深圳市死亡医学证明书》显示被保险人胡某甲死亡原因为“猝死”,属疾病死亡,要求被告给付意外伤害保险金,没有事实和法律依据。从被保险人胡某甲的病历来看,胡某甲因搬重物时头晕摔倒后不省人事,经抢救无效死亡,法医学诊断为“猝死”。猝死属于疾病死亡,且导致其猝死的具体病因不明,无证据显示其因意外伤害导致身故,拎重物、摔倒等情形充其量只是胡某甲猝死的诱因。2. 被保险人因自身疾病原因死亡,不符合保险条款对意外伤害的定义。被保险人的出险情况不符合意外伤害定义中“外来的”“非疾病的”两大要素,不属于意外伤害事故。综上,请求驳回原告的诉讼请求。

经审理查明,2013 年 2 月 6 日,投保人胡某甲为其本人在被告处投保了吉祥组合保险,保险合同号为 2013440200640780095814,包含险种及保额如下:国寿绿舟意外伤害保险,保额 20 万元;国寿附加绿舟意外费用补偿医疗保险,保额 4000 元;国寿附加绿舟意外住院定额给付医疗保险,保额 7200 元;国寿航空旅客意外伤害保险(B 款),保额 20 万元。保费合计 200 元;受益人为本案原告胡某乙;保险期间自 2013 年 2 月 6 日起至 2014 年 2 月 5 日止。

《中国人寿保险股份有限公司国寿绿舟意外伤害保险利益条款》第四条保险责任第一项约定:在保险期间内,被保险人遭受意外伤害,并自该意外伤害发生之日起180日内因该意外伤害身故,本公司按本合同约定的保险金额扣除已给付残疾保险金和烧伤保险金后给付身故保险金,本合同终止……第十三条释义约定:意外伤害指遭受处来的、突发的、非本意的、非疾病的客观事件直接致使身体受到的伤害。《中国人寿保险股份有限公司国寿附加绿舟意外费用补偿医疗保险利益条款》第四条保险责任第一款约定:在本附加合同保险期间内,被保险人遭受意外伤害,并因该意外伤害在二级以上(含二级)医院或本公司认可的其他医疗机构诊疗,对被保险人每次意外伤害事故所发生并实际支出的符合当地社会基本医疗保险支付范围的医疗费用,本公司在扣除当地社会基本医疗保险、公费医疗保险和其他途径已经补偿或给付部分以及本附加合同约定的免赔额后,对其余额按本附加合同约定给付比例医疗保险金。医疗保险金的免赔额和给付比例,分别按照被保险人是否参加当地社会基本医疗保险、公费医疗保险的情况,由投保人在投保时与本公司协商确定并在保险单上载明。

2013年4月14日,胡某甲在提水时,因摔倒头部受伤出血不省人事,家人即拨打深圳急救中心120电话,将胡某甲送往西乡人民医院治疗,诊断为:猝死;特重型颅脑损伤;头皮裂伤;胡某甲于2013年4月14日20时37分抢救无效死亡,并于2013年4月17日火化。原告为此自付医疗费743.9元。事故当天,胡某甲的家属即向被告保险公司报险。

2013年4月16日,深圳市宝安区西乡人民医院出具的《死亡医学证明书》载明胡某甲致死的主要疾病诊断:(a)直接导致死亡的疾病或情况为猝死;(b)引起(a)的疾病或情况为特重型颅脑损伤;(c)引起(b)的疾病或情况为头皮裂伤。深圳市宝安区公安司法鉴定中心出具的《法医学死亡证明书》载明胡某甲死亡原因为猝死;2013年8月6日,深圳市宝安区公安司法鉴定中心出具一份《关于胡某甲死亡原因的情况说明》,称受流塘派出所的委托于2013年4月14日对胡某甲的尸体进行体表尸体检验,认为死者胡某甲的死亡原因不排除此次跌倒为诱因,导致其猝死。

2013年5月2日,原告向被告提交《理赔申请书》。2013年5月15日,被告作出《拒绝给付保险金通知书》,认为胡某甲因非意外因素导致身故,被告不承担本次事故的保险责任,本合同终止。

本院认为,投保人胡某甲与被告签订的人身保险合同是双方当事人的真实意思表示,合法有效,双方均应按照保险合同的约定履行义务。本案争议的焦点为:被保险人胡某甲的死亡是否构成意外伤害保险事故。本案被保险人胡某甲摔倒致伤后被送医院抢救,医院出具《死亡医学证明书》载明胡某甲致死直接导致死亡的疾病或情况为猝死,而引起猝死的原因为特重型颅脑损伤,已说明被保险人胡某甲死亡的原因系外伤导致的猝死;依据深圳市宝安区公安司法鉴定中心出具的《关于胡某甲死亡原因的情况说明》,也认为胡某甲的死亡不排除跌倒诱发猝死。基于上述事实,原告主张胡某甲的死亡系意外伤害事故有事实依据。原告作为保险受益人,在胡某甲死亡后及时通知被告保险公司并告知基本情况、事后又向被告保险公司提交了理赔所需相应资料,原告已完成初步的举证责任。被告保险公司主张被保险人的死亡系自身疾病原因所致,而非《死亡医学证明书》上载明引起猝死的原因为特重型颅脑损伤,其对被保险人的死亡原因负有进一步的举证义务。被告作为专业保险机构,在接到保险事故发生的通知后,负有及时履行勘查、核定等义务,但被告没有至现场勘查,未及时对被保险人的死亡提出异议以及要求对被保险人的遗体进行尸检,导致被保险人的遗体经正常程序火化后无法查明死因,被告保险公司亦未提交其他证据证实原告系其因自身疾病导致死亡,被告保险公司应承担举证不能的法律后果。综上,被保险人胡某甲的死亡构成保险事故。被告应支付原告意外伤害保险金 20 万元、意外费用补偿医疗保险金 743.9 元。依照《中华人民共和国保险法》第十三条、第二十一条、第二十二条,《中华人民共和国民事诉讼法》第六十四条第一款、第一百四十二条的规定,判决如下:

一、被告中国人寿保险股份有限公司深圳市分公司应于本判决发生法律效力之日起十日内向原告胡某乙支付意外伤害保险金 20 万元。

二、被告中国人寿保险股份有限公司深圳市分公司应于本判决发生法律效力之日起十日内向原告胡某乙支付意外费用补偿医疗保险金 743.9 元。

如果未按本判决指定的期间履行给付金钱义务,应当依照《中华人民共和国民事诉讼法》第二百五十三条之规定,加倍支付迟延履行期间的债务利息。

本案案件受理费4311元(已由原告预交),本院收取2155.5元,由被告负担。

如不服本判决,可在判决书送达之日起十五日内向本院递交上诉状,并按对方当事人人数提出副本,上诉于广东省深圳市中级人民法院,并应在收到缴费通知之日起七日内向该法院预交上诉案件受理费。逾期不预交的,将按自动撤回上诉处理。

审 判 员　王云
二〇一三年×月二十八日
书 记 员　柏慧(代)

# 官某某诉深圳市分公司保险合同纠纷案

## 广东省深圳市福田区人民法院民事判决书

（2012）深福法民一初字第4358号

原告：官某某。

委托代理人：刘某武。

委托代理人：郭某莉。

被告：中国人寿保险股份有限公司深圳市分公司，住所地深圳市福田区振兴路6号建艺大厦21楼，组织机构代码892307197。

负责人：周某某，总经理。

委托代理人：赵某某。

委托代理人：马某。

上列原告诉被告保险合同纠纷一案，本院于2012年11月2日受理后，依法由审判员曾朝晖适用简易程序独任审判，于2012年12月13日公开开庭进行了审理。原告官某某的委托代理人刘某武、被告中国人寿保险股份有限公司深圳市分公司的委托代理人赵某某、马某到庭参加诉讼。本案现已审理终结。

原告诉称，原告的母亲黄某某于2010年11月2日在被告处购买了名称为“（Z050）吉祥组合保险计划”的意外保险，保险期限为2010年11月2日至2011年11月1日，投保人为黄某某，保险合同号为2010440300000280418450，身故受益人为原告，受益顺序为第一，受益份额为100％。2011年7月21日下午15时45分许，投保人黄某某发生意外事故（上厕所跌倒）导致头部受伤，被送往医院抢救，经抢救无效于2011年7月22日死亡，原告向被告提出保险金给付的申请，被告于2011年9月26日向原告发出了《拒绝给付保险金通知书》,认为投保人黄某某属于非意外伤害导致的身故,故拒绝给付保险金。原告认为,投保人黄某某的死亡显然属于因意外伤害导致的身故。被告拒付保险金的理由无事实依据,已严重侵犯了原告的合法权益。据此,请求法院判令:被告立即向原告给付因黄某某意外死亡而应赔偿的保险金10万元并承担本案诉讼费。

被告答辩称,一、本案不属于保险事故,被告不承担保险责任。被保险人医院死亡诊断为:"1. 右侧颞页脑出血、脑疝形成;2. 蛛网膜下腔出血;3. 右侧大脑中动脉分叉部动脉瘤;4. 高血压病三级(极高危组);5. 左侧顶部头皮血肿;6. 电解质紊乱;7. 高血糖症。"死亡原因为:"脑疝形成、中枢性呼吸循环衰竭。"证据表明,死者系因高血压病导致脑疝形成而死亡,非因意外伤害因素导致身故,不属于保险条款的责任范畴。相关《实用内科学》已经对此作出了分类和阐述;同时,被保险人的户口注销原因也载明"各种疾病死亡"。二、涉案保险合同对意外伤害的解释为:"指遭受外来的、突发的、非本意的、非疾病的客观事件直接指示身体受到伤害的伤害"。被保险人自身患有高血压三级,医学证明书显示的死亡原因为"大脑中动脉瘤"。原告无证据证明被保险人倒地系因受到外来、突发客观事件的影响而受伤。被告拒绝给付保险金符合法律规定和合同约定。请求法院驳回原告诉讼请求。

经审理查明,原告的母亲黄某某于2010年11月2日在被告处投保了"(Z050)吉祥组合保险计划"意外保险,保险期限为2010年11月2日至2011年11月1日,保险合同号为2010440300000280418450,身故受益人为原告,受益份额为100%。其中一项险种为"国寿绿舟意外伤害保险",保险金额为10万元。保险条款第四条约定:被保险人遭受意外伤害,并自该意外伤害发生之日起一百八十日内因该意外伤害身故,本公司按照合同约定的保险金额扣除已经给付的残疾保险金和烧伤保险金后的余额给付身故保险金,本合同终止。第十三条释义称意外伤害是"指遭受外来的、突发的、非本意的、非疾病的客观事件直接致使身体受到伤害"。

深圳市人民医院神经外科住院病历记载如下:"患者源于入院前两小时余(即2011年7月21日下午15时45分许)被家人发现跌倒在地,神志模糊,诉剧烈头、颈痛,出冷汗,未见抽搐及大小便失禁,家属嘱其卧倒休息,约5分钟左右开始呕吐,家属遂急呼120于2011年7月21日16时16分送至深圳市平湖人民医院就诊,入院时患者神志模糊,血压160/100mmHg,头部CT显示:右侧颞叶脑出血,蛛网膜下腔出血"。病历还记载:"否认既往有糖尿病和高血压",右侧顶部见头皮挫伤,少量渗血,略肿胀。经急诊行开颅动脉瘤夹闭术以及血肿清除术和气管切开术,术后对症治疗。术后复查CT显示:右侧颞顶部脑内积血,中线移位明显。医院准备继续行右侧颞顶部脑内出血清除术时,家属慎重考虑后要求拒绝手术。患者治疗过程中出现呼吸循环衰竭于2011年7月22日23时15分死亡。医院死亡诊断为:"1.右侧颞叶脑出血、脑疝形成;2.蛛网膜下腔出血;3.右侧大脑中动脉分叉部动脉瘤;4.高血压病三级(极高危组);5.右侧顶部头皮血肿;6.电解质紊乱;7.高血糖症。"死亡原因为:"脑疝形成、中枢性呼吸循环衰竭。"

本院认为,投保人与被告签订的保险合同合法有效。

本案争议的焦点是被保险人的死亡原因,即被保险人是属于意外死亡还是因疾病导致死亡的后果。

本院认为,保险法中的"近因"原则是指对损害结果有效的、直接的原因,保险责任的确定应当以导致保险事故最直接有效和主导性的原因予以确定。鉴于被保险人死亡后因故未能进行法医学检验。因此,本院可参照医院对死亡原因的分析确定被保险人的死亡原因。鉴于医院关于救治过程、死亡诊断以及死亡原因的记载系专业医疗机构出具,具有可信度。综合医院的诊断和原告的陈述,本院确定被保险人系因头部外伤诱发右侧大脑中动脉分叉部动脉瘤破裂导致颅内出血并形成脑疝,加之被保险人属于高血压病三级(极高危组)患者,死亡风险高于无高血压病人群。原告主张系摔倒导致高血压无科学依据。根据日常经验法则,健康人的一般性的头部外伤并不必然导致死亡的直接后果。因此,本院确定被保险人的头部外伤并非导致其死亡的直接、有效且主导性的原因。被保险人的死亡的根本原因系自身疾病导致,外伤只是其自身疾病的诱因。根据保险合同的约定,本案不属于意外伤害的范围,因此,被保险人的死亡不属于保险事故。保险人无须承担保险责任。

综上,依照《中华人民共和国保险法》第十三条、第二十四条,《中华人民共和国民事诉讼法》第六十四条、第一百四十二条之规定,判决如下:

驳回原告官某某的诉讼请求。

案件受理费2300元(已由原告预交),减半收取1150元,由原告官某某负担。

如不服本判决,可在判决书送达之日起十五日内向本院提交上诉状,按对方当事人的人数提出副本,上诉于广东省深圳市中级人民法院,并应在收到预交上诉费通知次日起七日内预交上诉案件受理费。逾期不交的,按自动撤回上诉处理。

审 判 员　曾朝晖

二〇一三年×月×日

书 记 员　李仲(代)

# 郑某某诉邵武支公司保险合同纠纷案

## 福建省南平市中级人民法院民事判决书

（2012）南民终字第690号

上诉人（原审原告）：郑某某。

委托代理人：郑某甲。

委托代理人：陈某某。

被上诉人（原审被告）：中国人寿保险股份有限公司邵武市支公司，住所地邵武市五一九路永隆巷2号，组织机构代码85707718-9。

负责人：许某，经理。

委托代理人：郑某乙。

委托代理人：王某某。

上诉人郑某某因与被上诉人中国人寿保险股份有限公司邵武市支公司（以下简称邵武市人寿保险）人身保险合同纠纷一案，不服邵武市人民法院（2012）邵民初字第553号民事判决，向本院提起上诉。本院受理后，依法组成合议庭，公开开庭审理了本案。上诉人郑某某的委托代理人郑某甲、陈某某，被上诉人邵武人寿保险的委托代理人郑某乙到庭参加诉讼。本案现已审理终结。

原判认定：2011年3月17日，邵武市健武食品有限公司与邵武市农村信用合作联社签订借款合同，约定借款1200000元，借款期限1年。为担保该笔借款归还，邵武人寿保险委托邵武市农村信用合作联社代办一项人身意外伤害保险业务，死者郑某丙作为邵武市健武食品有限公司的法定代表人，购买了以其自己为被保险人的“国寿小额贷款借款人意外伤害保险”，保单号：2011-352100-621-65003157-5，NO：1453351000057112，保险金额 1200000 元,保险期限自 2011 年 3 月 22 日起至 2012 年 3 月 21 日止,第一受益人为邵武市农村信用合作联社,第二受益人为法定继承人。另,被保险人郑某丙在其驾驶的闽 H13182 号汽车内装有 3 桶汽油,并于 2011 年 9 月 5 日 13 时 52 分左右将该车行驶至邵武市熙春东路 459 - 2 号兴辉陶瓷店前,将自己锁闭在该车内,并将车内 3 桶汽油桶盖打开,用打火机点燃汽油而致死,并导致烧毁烧损周边汽车 5 部、电动车 1 部、摩托车 1 部。再,邵武市健武食品有限公司向邵武市农村信用合作联社的借款已还清,邵武市农村信用合作联社放弃了本保险合同第一受益人的权利,本案郑某某系被保险人郑某丙的唯一法定第一顺序继承人。

原审法院认为,根据《中华人民共和国合同法》第三百九十六条、第四百零二条规定,邵武市农村信用合作联社受邵武人寿保险的委托,为郑某丙办理"国寿小额贷款借款人意外伤害保险",投保人郑某丙有理由相信邵武市农村信用合作联社是受邵武人寿保险委托代办保险业务,故该保险合同约束的是投保人郑某丙与保险人邵武人寿保险之间的权利义务关系,邵武人寿保险关于其不应作为本案被告的意见,不予采纳。邵武人寿保险主张本案系以死亡为给付条件的合同,该保险合同责任免除声明中的投保人不是郑某丙本人签名,该保险合同无效。原审法院认为,本案中,保险人已收取了被保险人郑某丙的保险费用并出具了保险单,可以证明系经郑某丙认可的保险金额。故该保险合同成立并生效,郑某丙作为投保人与邵武人寿保险签订"国寿小额贷款借款人意外伤害保险"合同是双方当事人的真实意思表示,且符合法律规定,该合同真实有效,对双方当事人具有法律约束力。该保险合同的免责条款声明,不论是否由被保险人郑某丙本人签名,都不影响因其自杀而免责的效力;郑某丙作为邵武市健武食品有限公司的法定代表人,因企业背负巨额债务无力清偿,把自己锁闭在汽车内并点燃车内存放的汽油,其行为应认定为自杀;被保险人自杀的,保险人不承担给付保险金的责任,故对郑某某诉请邵武人寿保险支付郑某丙死亡赔偿金 1200000 元不予支持。该院依照《中华人民共和国合同法》第三百九十六条、第四百零二条、第四百零三条第一款,《中华人民共和国保险法》第四十四条,《中华人民共和国民事诉讼法》第六十四条第一款,最高人民法院《关于民事诉讼证据的若干规定》第二条、第五条的规定,判决如下:驳回原告郑某某的诉讼请求。案件受理费15600元,由郑某某负担。

宣判后,原审原告郑某某不服,向本院提起上诉。

上诉人郑某某上诉称:一、原审判决认定事实错误。一审认定郑某丙自杀身亡,排除了他杀和意外身亡的可能性,明显缺乏逻辑,违背生活常识,是错误的。1.一审仅是依据生活常识认定郑某丙自杀,没有逻辑,且依据不足。2.死者的死亡原因,只能是有权机关依据法定程序才能作出。消防部门出具的火灾原因报告,但该报告本身并没有得出肯定的、准确的死亡原因结论;公安机关才是侦查机关,在其现有证据材料无法作出死亡的原因判断时,法院无权取代其作出实质性认定。二、原判适用法律错误。本案保险合同是意外伤害保险,不是"以被保险人死亡为给付保险金条件的合同";一审法院以《保险法》第四十条适用本案之寿险合同,明显错误。1.意外伤害保险不仅以被保险人的死亡为给付保险金的条件,除被保险人死亡外,残疾等事由也属赔偿范围。2.本案意外伤害保险期限只有1年,与《保险法》第四十四条的规定内容不能适用,即不存在合同效力恢复的情形。3.意外伤害险不适用《保险法》第五条即被保险人自杀一律免责的法定免责情形;本案将被保险人自杀列入保险约定免责条款,已显示与法定免责情形的区别。综上理由,请求撤销原判,依法改判支持上诉人的受偿1200000元死亡赔偿金的诉讼请求。

被上诉人邵武人寿保险答辩称:一、被保险人郑某丙自杀,原判认定事实正确。郑某丙有自杀的动机、行为、后果,根据已知的证据、事实和生活经验,可以推断出郑某丙自杀死亡的结论。退一步说,即使郑某丙没有自杀的意愿,其行为则属于故意制造保险事故,属于故意犯罪。二、自杀行为不属于意外伤害范畴,不属于合同约定的保险责任。本案保险合同属于以死亡为给付条件的保险,约定的是被保险人意外伤害致死条件下的保险责任问题。故可以适用《保险法》第四十四条的规定。综上,请求驳回上诉,维持原判。

本院经审理查明,对原判约定的事实,上诉人认为认定郑某丙自杀依据不足以外再无异议;被上诉人未提出异议。对当事人无异议的原判事实认定,本院予以确认。

归纳本案的争议焦点为:一、认定郑某丙自杀死亡的依据是否充分、合

法。二、保险人免除保险责任的合法性及其法律后果。以下,就上述争议焦点问题分析论证如下:

一、郑某丙死亡原因之事实认定。

二审中,双方当事人均未提交新的证据。

一审期间,双方当事人提供的相关证据中,显示如下内容:

1. 邵武市公安局消防大队2011年9月6日作出的关于闽H13182号汽车火灾事实调查报告。起火原因调查认定:"起火原因系由闽H13182号汽车内人员用打火机点燃车内汽油引起火灾……不排除放火引起火灾的可能性……"

2. 邵武市公安局于2011年9月10日6时41分在"邵武在线"网上公布的火灾《情况通报》:"……起火原因系闽H13182号汽车内人员用打火机点燃车内汽油引起火灾。""经公安机关调查,目前已确定死者郑某丙,男,邵武市大埠岗镇人,邵武市健武食品有限公司法人……"

综合以上主要证据,本院认为,邵武市公安局消防大队的火灾事故调查报告,已明确起火原因为:"汽车内人员用打火机点燃车内汽油引起火灾",而"不排除放火引起火灾的可能性"的表述,应理解为对行为人主观意识的评估,也即车内人员点火行为是客观的,但动机不确定。邵武市公安局在网上发布的《情况通报》也进一步明确了点燃车内汽油的行为人系郑某丙。进而论之,郑某丙为完全民事行为能力的成年人,其点燃车内汽油所产生的后果,即造成自己死伤或危及公共人身财产安全,应当明了。该点火行为明显出自故意,无论其动机是自焚或纵火,均为法律所不容。在其行为动机不明的情形下,法院择轻而就认定其自杀,是正确的。据此,本院对原判认定的该项事实予以确认。

二、关于保险人能否免除保险责任的法律适用问题。

本案《国寿小额贷款借款人意外伤害保险利益条款》第五条"责任免除"条款将"被保险人自杀"列入其中。《保险法》第六十五条及第六十七条对被保险人自杀或故意犯罪导致其自身死亡的情形,明确作出了"保险人不承担给付保险金的责任"的规定。

本案中,保险人虽然将被保险人的自杀情形列入免责条款,但该条款的合同约定效力,不能对抗法律的禁止性规定;同时,二者的实质内容并不存在冲突;只是二者的效力优先角度判断,无疑是适用法律的强制性规定。

本案合同为“意外伤害保险”，是以被保险人的身体为保险对象，以其遭受意外伤害致残、致死为给付保险金的条件。可见，伤害应来自于非己方的原因，非己方故意才是求偿保险金的基本条件。而郑某丙的自杀行为显然出于一种自身的故意，因而不具备求偿的要件。

然而，原判以《保险法》第四十四条“以被保险人死亡为给付保险金条件的合同”适用本案，确有不当。但从法律后果上看，该条文中“被保险人自杀的，保险人不承担给付保险金的责任”并无不当。

综上，本院认为，本案投保人郑某丙与邵武市农村信用合作联社代理邵武人寿保险签订的《国寿小额贷款借款人意外伤害保险利益条款》内容真实，合法有效。投保人郑某丙在合同期内自杀身亡，不具备给付其继承人保险金的法定及约定条件。上诉人郑某某的上诉理由无事实和法律依据，其上诉无理，应予驳回。原判事实清楚，证据确实、充分，应予维持。据此，依照《中华人民共和国民事诉讼法》第一百五十三条第一款第(一)项之规定，判决如下：

驳回上诉，维持原判。

二审案件受理费15600元，由上诉人郑某某负担。一审案件受理费按原判执行。

本判决为终审判决。

审　判　长　徐　刚
审　判　员　郑延平
审　判　员　陈君精
二〇一二年八月二十日
书　记　员　任云卿

# 王某某等诉湖州市分公司保险合同纠纷案

## 浙江省湖州市中级人民法院民事判决书

（2009）浙湖民终字第491号

上诉人（原审原告）：王某某，男。

上诉人（原审原告）：王某甲，女。

两上诉人共同委托代理人：许某某。

被上诉人（原审被告）：中国人寿保险股份有限公司湖州分公司，住所地湖州市人民路169号。

代表人：王某乙，该公司总经理。

委托代理人：项某某。

委托代理人：万某某。

上诉人王某某、王某甲与被上诉人中国人寿保险股份有限公司湖州分公司（以下简称人保湖州公司）人身保险合同纠纷一案，湖州市吴兴区人民法院于2009年10月16日作出（2009）浙湖吴民初字第518号民事判决，上诉人王某某、王某甲不服上述民事判决，向本院提出上诉。本院于2009年12月3日立案受理后，依法组成合议庭进行了审理，经过阅卷和调查，询问当事人，本案现已审理终结。

原审法院经审理认定如下事实：2007年11月17日，被保险人裘某某向人保湖州公司购买了1份保险，《保险单》号码为2007330541D0300000454B。保险金额中包括国寿人身意外伤害保险（意外死亡伤残）150万元，附加意外伤害医疗费用保险（意外伤害医疗）50000元，附加住院医疗补贴金保险（住院医疗补贴）16200元。计保险费6920元，保险期为2007年11月17日零时至2008年11月16日24时，裘某某在《个人保险投保单》声明与授权一栏中的投保人和被保险人签了名,并交清了保费。人保湖州公司将保险单正本并附《中国人寿保险公司人身意外伤害保险条款》交付给裘某某。2008 年 7 月 14 日,被保险人裘某某又向人保湖州公司购买了 3 份《人身意外伤害综合保险吉祥卡 B》,保险单号分别为 00046975、00046976、00046977。每份保险金额为意外伤害保险 50000 元,意外伤害医疗保险 2000 元,附加住院医疗补贴金 30 元/天。每份保险费 150 元,保险期自 2008 年 7 月 15 日零时至 2009 年 7 月 14 日 24 时止,裘某某在《个人保险投保单》声明与授权一栏中的投保人和被保险人签了名,并支付保险费 450 元。《中国人寿保险股份公司人身意外伤害保险条款》第三条保险责任规定在本合同保险责任有效期内,被保险人遭受意外伤害,保险人对被保险人依以下约定给付保险金:“一、被保险人自意外伤害发生之日起 180 日内因同一原因死亡的,本公司按保险金额给付死亡保险金……”第四条责任免除规定因下列情形之一,造成被保险人死亡、残疾的,保险人不负给付保险金责任:“一、投保人、受益人对被保险人的故意杀害、伤害;二、被保险人故意犯罪或拒捕;三、被保险人殴斗、醉酒、自杀、故意自伤及服用、吸食、注射毒品。”第十六条释义意外伤害是指遭受外来的、突发的、非本意的、非疾病的使身体受到伤害的客观事件。

原审法院另外查明:2008 年 8 月 21 日晚,被保险人裘某某在长兴县水口乡圣前农家乐饭店三楼 9 号包厢里赌博。当晚 12 时许,在场赌博人员听到长兴县公安局民警来抓赌时,四处躲藏、逃离现场。裘某某在逃离时,从该饭店三楼阳台东南侧坠楼后受伤,经长兴县人民医院抢救无效死亡。嗣后,王某某、王某甲以被保险人裘某某的合同法继承人向人保湖州公司提出保险理赔,人保湖州公司以被保险人不构成保险合同约定的意外伤害,不属保险责任范围为由,拒绝赔付,为此纠纷成讼。

原审法院认为:裘某某向人保湖州公司购买了人身意外伤害保险,双方签订了保险合同,该合同系双方当事人的真实意思表示,依照《中华人民共和国合同法》第八条第一款“依法成立的合同,对当事人具有法律约束力。当事人应当按照约定履行自己的义务,不得擅自变更或者解除合同”和第二款“依法成立的合同,受法律保护”的规定,确认该保险合同合法有效。本案中,投保人裘某某在长兴圣前农家乐饭店参赌,在长兴县公安局抓赌时，为躲避抓赌，从三楼阳台逃离时坠楼受伤，经医院抢救无效而死亡。根据《人身意外伤害保险条款》对意外伤害的释义是指遭受外来的、突发的、非本意的、非疾病的使身体受伤害的客观事件。裘某某系具有完全民事行为能力的成年人，应预见可能造成的伤害，故该伤害不是外来的、突发的客观事件，不属于保险合同约定的意外伤害，不属于保险合同约定的保险责任范围。故对王某某、王某甲要求人保湖州公司赔偿的诉讼请求，该院不予支持。至于王某某、王某甲提出的人保湖州公司未对投保人裘某某将《保险条款》中的责任免除条款予以告知，该条款不产生效力一节，因王某某、王某甲提供的证据即由投保人裘某某亲笔签名的《个人保险投保单》声明与授权一栏中，对保险合同的内容、责任免除等条款用文字加黑进行特别标注，投保人裘某某在该栏下方签名认可，故对王某某、王某甲的这一陈述，该院不予采信。据此，为准确调整社会主义市场经济，保护当事人的合法权益，依照《中华人民共和国民事诉讼法》第六十四条，《中华人民共和国合同法》第八条及《中华人民共和国保险法》第十七条、第二十四条之规定，作出判决：驳回王某某、王某甲的诉讼请求。案件受理费 19650 元，由王某某、王某甲负担。

上诉人王某某、王某甲不服原审法院上述判决，向本院提出上诉称：一、一审判决认定主要事实错误。第一，上诉人在一审中提交了一份由长兴县公安局出具的“情况说明”，该证据排除了死者裘某某为他杀、自杀的可能，属高坠致严重胸部损伤伤亡。一审判决没有对该关键证据进行说明，而认定了人保湖州公司在第一次庭审后单方面委托鉴定的《司法鉴定意见书》，从而认定裘某某的死亡非意外，属主要事实认定错误。该《司法鉴定意见书》系人保湖州公司在第一次庭审后单方委托，已超过举证期限，在程序上属违法，且其依据的鉴定资料均为公安机关所提供，在没有任何材料显示裘某某系跳楼的情况下做出的结论缺乏客观依据，并与公安机关提供的“情况说明”明显矛盾。第二，一审判决认定人保湖州公司尽到了免责条款的特别说明义务错误。一审中人保湖州公司仅提交了一份保险金额为 150000 元的个人保险投保单（保险单号分别为 00046975、00046976、00046977）用以证明其尽到免责条款的特别说明义务，而另一份保险金额为 1500000 元（保险单号为 2007330541D0300000454B）的个人保险投保单未提交质证,而一审法院却对此进行了认定,并且两份投保单上"裘某某"的签名存在明显差异,且与裘某某生前签名不符,应属伪造。一审判决将未经质证的材料作为证据加以确认,并且不加审核作为判决依据,明显错误。二、一审判决适用法律错误。根据最高人民法院《关于适用〈中华人民共和国合同法〉若干问题的解释(二)》第六条规定,提供格式条款的一方对格式条款中排除或限制其责任的内容,在合同订立时应该采用足以引起对方注意的文字、符号、字体等特别标注。并且"提供格式条款一方对已尽合理提示即说明义务承担举证责任"。本案中人保湖州公司显然未符合该条规定,因此责任免除条款对保险人裘某某不产生效力,人保湖州公司责任免除条款抗辩,不能成立。与此同时,被保险人裘某某不存在违反《中华人民共和国保险法》第四十五条的情形,裘某某参与赌博的行为违法但尚不构成犯罪;长兴县公安机关接警后现场抓赌,也并非对全体参赌人员采取刑事强制措施。因此一审判决认为本案存在免责情形的说法,明显缺乏法律依据。综上,上诉人王某某、王某甲认为一审判决认定事实和适用法律均存在错误,请求依法撤销原判,发回重审,并且由被上诉人人保湖州公司承担一、二审诉讼费用。

被上诉人人保湖州公司答辩称:一、请求二审核实上诉人的上诉状是否在上诉期内提交,否则应驳回上诉请求。二、一审判决认定事实清楚。1. 长兴县公安局出具的"情况说明"未对裘某某的死因作直接认定,因此该证据不足以证明案件事实。一审判决通过调取公安机关的相关笔录、现场图、照片及长兴县人民法院的刑事判决书,予以证明裘某某的死因,是正确的。2. 上诉人提供的《司法鉴定意见书》系由具有司法鉴定资质的机构依法作出,是合法有效的,并与公安机关结论、相关笔录相互印证,具有客观依据,上诉人若不服该鉴定结论完全可以依法重新申请鉴定。3. 关于保险金额为 1500000 元的个人保险投保单系在一审中由被上诉人当庭提交并质证,该投保单上的签名系裘某某亲笔书写。三、一审判决适用法律正确。根据原审查明,《个人保险投保单》声明与授权一栏中,对保险合同的内容、责任免除等条款用文字加黑进行特别标注,裘某某在该栏下方签名认可,可以证明被上诉人已经履行了对责任免除条款的说明义务。同时,裘某某系在聚众赌博中为逃避抓赌而从 3 楼阳台跳下,因此符合《保险法》第四十五条的情形,也符合保险条款第四条约定的情形。四、本案被保险人裘某某的死因不属于保险责任条款约定的意外伤害范围，也符合责任免除条款约定的除外责任强险，故不属于保险赔偿范围。综上，被上诉人认为一审认定事实清楚，适用法律正确，请求二审驳回上诉，维持原判。

二审中，上诉人王某某、王某甲与被上诉人人保湖州公司均未向本院提交新的证据。

经审理，本院查明的事实与原审法院认定的事实一致，对原审法院认定的事实予以确认。

本院认为：本案争议焦点可以归纳为，一、裘某某的死亡是否属保险合同约定意外伤害导致，人保湖州公司是否需按照人身意外伤害保险合同约定承担保险责任；二、人保湖州公司是否尽到免责条款的合理提示与明确说明义务。

关于争议焦点一，对于裘某某的死因，长兴县公安局于 2008 年 11 月 20 日出具的“情况说明”排除了裘某某因他杀、自杀死亡的可能，认为其符合高坠致严重胸部损伤死亡。该情况说明对裘某某坠楼原因未作直接认定，裘某某与人保湖州公司签订的人身意外伤害保险合同中对于意外伤害进行了约定，因此对于本案裘某某的死亡是否属保险合同约定的意外伤害造成，应综合分析。根据涉案《人身意外伤害保险条款》对意外伤害的释义，本案中合同约定的意外伤害是指遭受外来的、突发的、非本意的、非疾病的使身体受到伤害的客观事件。本案死者裘某某系在赌博过程中遭遇公安机关抓赌，根据原审法院依法调取的长兴县公安局所作的询问笔录、长兴圣前农家乐饭店赌博案现场图及相关照片可知，在场的赌博人员包括本案死者裘某某均在抓赌时四处躲藏、逃离现场，而裘某某从三楼阳台逃离时坠楼而死。从长兴圣前农家乐饭店三楼阳台的位置和栏杆的高度可以推定，裘某某在逃离过程中有跨越阳台栏杆的行为，另外陈某、饶某某、田某、豆某某等人的证言证实了裘某某逃离时跳楼身亡，上述行为并未脱离裘某某的本意，故其的死亡并非保险合同约定的意外伤害所致，依据合同约定，人保湖州公司无须承担相应保险责任。

关于争议焦点二，《中华人民共和国保险法》第十七条规定：“保险合同中规定有保险责任免除条款的，保险人应当向投保人明确说明，未明确说明的，该条款不发生法律效力。”所谓明确说明，是指保险人在与投保人签订保险合同之前或者签订保险合同之时，对于保险合同中所约定的免责条款，除了在保险单上提示投保人注意外，还应当对有关免责条款的概念、内容及其法律后果等，以书面或者口头形式向投保人或其代理人作出解释，以使投保人明了该条款的真实含义和法律后果。本案在一审第一次庭审中，人保湖州公司提供了 1500000 元的个人保险投保单，该投保单的"声明与授权"栏中明确保险公司对保险合同的条款履行了说明义务，并对责任免除条款履行了明确说明义务，在投保人与被保险人栏中均有裘某某的签名。根据庭审记录，该个人保险投保单在庭审中由人保湖州公司提供，王某某、王某甲的委托代理人进行质证表示无异议。王某某、王某甲上诉称一审法院对未经质证的该份证据进行认定故属程序违法的主张、缺乏事实依据，本院不予采信。同时王某某、王某甲关于个人保险投保单上的签字并非裘某某亲笔签名的主张，因缺乏证据支持，且未按照法定程序申请司法鉴定，本院不予采信。综上，本院认为涉案保险合同签订时，人保湖州公司尽到合同条款内容的说明义务和免责条款的明确说明义务，合同依法成立并产生法律效力。

此外，本案上诉人王某某、王某甲提交上诉状系通过邮寄方式，邮寄时间为 2009 年 10 月 29 日，(2009)湖吴民初字第 518 号民事判决送达王某某、王某甲时间为 2009 年 10 月 16 日，因此上诉状系在法定期间内递交法院，本院应启动二审程序进行审理。

综上，原审认定事实清楚，适用法律正确，审判程序合法。上诉人王某某、王某甲的上诉理由，本院不予采信。依照《中华人民共和国民事诉讼法》第一百五十三条第一款第(一)项的规定，判决如下：

驳回上诉，维持原判。

二审案件受理费 19650 元，由上诉人王某某、王某甲负担。

本判决为终审判决。

审　判　长　杨林法
审　判　员　周　勇
代理审判员　冯杰民
二〇一〇年三月二日
书　记　员　贾艳红

# 浙江省高级人民法院民事裁定书

（2010）浙民申字第1106号

申请再审人（一审原告、二审上诉人）：王某某。

申请再审人（一审原告、二审上诉人）：王某甲。

两申请再审人共同委托代理人：史某兵、杨某。

被申请人（一审被告、二审被上诉人）：中国人寿保险股份有限公司湖州分公司，住所地湖州市人民路169号。

代表人：王某乙，该公司总经理。

委托代理人：万某某。

王某某、王某甲与中国人寿保险股份有限公司湖州分公司（以下简称人保湖州公司）人身保险合同纠纷一案，湖州市中级人民法院于2010年3月2日作出（2009）浙湖民终字第491号民事判决，已经发生法律效力。2010年10月14日，王某某、王某甲向本院申请再审。本院依法组成合议庭进行了审查，现已审查终结。

王某某、王某甲申请再审称：原审认定裘某某死亡不属于意外所致，缺乏证据证明；人保湖州公司提供的司法鉴定意见书，内容、程序违法，原审予以认定错误；现有新证据即司法鉴定意见书，证明人保湖州公司提供的"个人保险投保单"上裘某某的签名非其本人书写，据此，人保湖州公司不能证明其就免责条款已向投保人尽到了说明义务，该条款无效，人保湖州公司应当承担保险责任。请求撤销原判，支持申请再审人的诉请。

人保湖州公司答辩称：申请再审人在原审中对个人保险投保单的签名未申请司法鉴定，应由其承担不利后果。申请再审人不能证明鉴定样本系裘某某亲笔签名，据此作出的鉴定结论缺乏依据，故其在申请再审期间提供的司法鉴定意见书不能采信；原审认定裘某某不属于意外死亡的事实系以经庭审质证的一系列证据作为依据的，证据充分；原审判决不仅适用法律正确且合乎公序良俗。请求维持原判，驳回再审申请。

本院审查查明的事实与原审认定的事实一致。

本院认为，本案人身保险合同合法有效，对双方均具有法律约束力。投保人裘某某在逃避公安机关抓赌时坠楼致死，原审据此认定其死亡并非外来的、突发的客观事件，不属于保险合同约定的意外伤害，依据充分。至于申请再审人提出的免责条款是否有效的问题。本院认为，裘某某在个人保险投保单的“声明与授权”栏中签名，确认保险公司对保险合同条款及免责条款履行了明确说明义务，并已理解责任免除等规定，原审据此认定合同免责条款有效，并无不当。申请再审人在原审中对投保单上裘某某的签名未提出异议也未申请鉴定，现其单方委托鉴定，送检栏本也系单方提供，真实性不能确定，该鉴定结论不能作为定案依据。申请再审人以新证据推翻原判的申请理由不能成立。综上，申请再审人的再审申请不符合《中华人民共和国民事诉讼法》第一百七十九条规定的再审条件。依照《中华人民共和国民事诉讼法》第一百八十一条第一款之规定，裁定如下：

驳回王某某、王某甲的再审申请。

审　判　长　俞晓辉
代理审判员　钱晓红
代理审判员　李良勇
二〇一〇年十一月十七日
书　记　员　周颖芳

# 庄某某诉常州市分公司保险合同纠纷案

## 江苏省常州市中级人民法院民事判决书

（2009）常少民终字第23号

上诉人（原审原告）：庄某某。

法定代理人：赵某某（系庄某某之母）。

委托代理人：王某某。

被上诉人（原审被告）：中国人寿保险股份有限公司常州市分公司。住所地常州市和平北路11号。

负责人：龚某某，总经理。

委托代理人：卢某某。

委托代理人：华某，该公司职员。

上诉人庄某某因与被上诉人中国人寿保险股份有限公司常州市分公司（以下简称人寿公司）保险合同纠纷一案，不服常州市天宁区人民法院（2009）天民二初字第824号民事判决，向本院提起上诉。本院立案受理后，依法组成合议庭进行了审理。本案现已审理终结。

原审法院经审理查明，庄某某系金坛市第五中学的学生，其由学校为其向人寿公司统一投保了“学生、幼儿平安保险”的主险及附加险“附加意外伤害医疗保险”和“附加住院医疗保险”，保险期限自2008年9月1日起至2009年8月31日止。其中“学生、幼儿平安保险”的保险限额为8000元，“附加意外伤害医疗保险”限额为3000元，“附加住院医疗保险”限额为6万元。保险合同约定，如被保险人遭受意外伤害或者因疾病住院治疗，保险人在保险限额内，按照分级累进、比例给付医疗保险金。

2009年3月4日，庄某某被驾驶货车的王某某撞伤，致其住院治疗并发生了医疗费18936.38元。交警部门认定王某某负事故的全部责任。后经金坛市人民法院判决,庄某某取得了所有医疗费及其他费用的赔偿。庄某某在取得赔偿后又向人寿公司主张保险理赔遭拒,故诉至法院。

上述事实,由保险单、事故认定书、病历、出院记录、医疗费收据、金坛市人民法院(2009)坛民一初字第1246号判决书、户口簿等证据证实,足以认定。

原审法院经审理认为:本案的争议焦点是庄某某在向交通事故肇事方取得了医疗费的赔偿后是否还可以依据保险合同向人寿公司主张再次理赔。对于争议焦点,该院认为,1.保险合同是一种射幸合同,其设定的目的是将不特定的多数人缴纳的保险费集中起来用于发生保险事故的少数人的补偿。因此损失补偿原则作为保险合同的最基本的原则贯穿始终。该原则的主要内容是在合同约定的限额内,保险公司对于被保险人因保险事故的发生造成的损失进行赔偿,保险公司的赔偿金额正好填补被保险人因事故造成的损失。如果被保险人从其他途径对损失得到相应的赔偿,保险公司可以不再承担赔偿的责任;如果被保险人先向保险公司索赔,则保险公司在其赔偿的金额范围内取得向造成损失的第三者代位求偿的权利。《保险法》第四十一条、第四十四条、第四十五条、第四十六条即是该原则的体现。所有的财产保险合同和人身保险合同中涉及财产赔偿内容的均应适用损失补偿原则。2.在保险合同中还存在着一类以被保险人的死亡、残疾、疾病(即造成身体机能永久性地、不可逆地损伤)为保险事故的特殊保险合同。在该类合同中,被保险人的生命和身体健康被作为保险标的,当发生合同约定的意外事故造成被保险人死亡、残疾、疾病后,保险公司就须进行赔偿。基于人的生命和身体健康是无法也不能进行估价的,所以这类合同均采用了定额给付的方式来确定保险金额,即在保险合同签订时双方一致约定一个确定的保险金额,若发生保险事故造成死亡、残疾、疾病等后果的,保险公司即赔偿该确定的金额。也是基于人的生命和身体健康无法估价的原因,在该类保险合同中,即使被保险人从其他途径取得了相关赔偿,也不能免除保险公司的赔偿责任;或者说,在保险公司对被保险人进行理赔后,不得享有向造成损失的第三者追偿的权利,但被保险人仍有权向第三者请求赔偿。这主要体现在《保险法》第六十八条中。3.在本案中,庄某某所投保的“学生、幼儿平安保险”即属于定额给付型的保险合同，合同明确约定了只要庄某某发生了死亡或者残疾的情况，则人寿公司须按确定的金额给付保险金。而其投保的“附加意外伤害医疗保险”和“附加住院医疗保险”则属于损失补偿型的保险合同，合同约定对庄某某“因意外伤害造成的医疗费用”进行赔偿，“因意外伤害而产生的医疗费用”对于庄某某而言显然是一种财产损失，而不是对其身体产生的不可逆的像死亡、伤残或者疾病这样的损失。因庄某某已经通过诉讼的途径向侵权的第三者取得了医疗费用的赔偿，故人寿公司不应再对其医疗费用进行赔偿。综上，保险合同真实有效，庄某某在发生保险事故后有权依照合同约定向人寿公司索赔，但是庄某某因保险事故所发生的损失已经通过诉讼从第三者处取得了赔偿，人寿公司无须再承担赔偿的义务。据此，根据《中华人民共和国保险法》第四十五条的规定，作出如下判决：驳回庄某某的诉讼请求。案件受理费 179 元，减半收取 89 元，由庄某某负担。

上诉人庄某某不服原审判决，向本院提起上诉称：1. 上诉人与被上诉人所签订的学生平安保险属于人身保险，不适用财产保险中的损失补偿原则。本案中上诉人因交通事故受伤后，有两种请求权，即人身损害赔偿请求权和保险金请求权。损害赔偿请求权是基于损害赔偿之债，保险金请求权是基于保险合同之债。保险合同是有偿合同，上诉人是以支付保险金为对价，换取保险公司对被保险人发生特定保险事故的风险之保障，不受侵权法补偿性原则的限制。因此两个请求权之间不存在民法上的补充性关系。而且《保险法》第六十八条对人身保险作出了明确的规定，该条规定根据公平原则上诉人可以同时享有两个并行的请求权。2. 被上诉人在签订保险合同时并没有尽告知义务，即未告知免责事由。3. 原审法院的观点错误，“附加意外伤害医疗保险”和“附加住院医疗保险”不适用补偿性原则，上诉人虽然已经从第三人处获取了医疗费用的赔偿，但仍有权向被上诉人主张保险金。综上，请求二审法院撤销一审判决，判令被上诉人按照合同约定赔偿医疗费 15150 元；一审诉讼费、二审上诉费由被上诉人承担。

被上诉人人寿公司答辩称：交通事故发生后，庄某某不存在支付医疗费的义务，该义务由发生事故车辆的交强险保险公司承担。因此，对于原告来讲，不存在医疗费上的损失，而“附加意外伤害医疗保险”和“附加住院医疗保险”赔偿的是“因意外伤害而产生的医疗费用”，故我方无须赔偿。另外，如果这样的情况也理赔的话，极易引发道德风险，不符合我国的立法原则。原判认定事实清楚，适用法律正确，应予维持。

二审中，上诉人庄某某向本院提交了其在金坛市人民医院诊疗及在常州市第一人民医院诊疗、住院的药品清单，用以印证医疗费的相关支出。被上诉人人寿公司对药品清单无异议。双方当事人对原审法院查明的事实均无异议。本院经审理查明事实与原审法院审理查明事实一致。

针对上诉理由和答辩理由，本院归纳本案的争议焦点为：一、本案中的“附加意外伤害医疗保险”和“附加住院医疗保险”是人身保险还是财产保险；二、本案是否适用损失补偿原则；三、保险人能否以第三人已经向被保险人、受益人赔偿为由拒绝理赔。

一、关于“附加意外伤害医疗保险”和“附加住院医疗保险”是否属于财产性质的保险

人身保险，是指以人的生命或身体为保险标的，当被保险人在保险期限内发生死亡、伤残、疾病、年老等事故或生存至保险期满时，由保险人给付保险金的保险。财产保险，是指以财产及其有关利益为保险标的，当被保险人的财产及其有关利益因发生保险责任范围内的灾害事故而遭受经济损失时由保险人给予补偿的保险。本案中的“附加意外伤害医疗保险”和“附加住院医疗保险”，是指当被保险人由于遭受意外伤害需要治疗时，以及当被保险人由于遭受意外伤害或者因疾病住院治疗时，保险人给予医疗保险金的保险。

“附加意外伤害医疗保险”和“附加住院医疗保险”具有一些特点，例如意外伤害造成医疗费用的支出，是一种经济损失，这种损失的数额可以确定，等等。但是，这种基于人身发生意外伤害或疾病而形成的保险，不能因涉及经济损失而将其归属于财产性质的保险。《保险法》第九十二条明确规定：“人身保险业务，包括人寿保险、健康保险、意外伤害保险等保险业务。”该条款非常明确地把意外伤害保险和健康保险划分在人身保险中，因此，本案中的“附加意外伤害医疗保险”和“附加住院医疗保险”应属于人身保险范畴。

二、关于本案是否适用损失补偿原则

"损失补偿原则"是适用于财产保险的一项重要原则,即当保险事故发生并使被保险人遭受损失时,保险人必须在其承担的保险金给付义务范围内履行合同义务,对被保险人所受实际损失进行填补;保险人履行给付义务旨在弥补被保险人因承保危险发生所失去的利益,被保险人不能因保险给付义务的履行而获得额处利益。《保险法》第四十五条规定,"因第三者对保险标的的损害而造成保险事故的,保险人自向被保险人赔偿保险金之日起,在赔偿金额范围内代位行使被保险人对第三者请求赔偿的权利"。法律赋予保险人行使代位追偿权也是财产保险中"损失补偿原则"的体现,其目的就是防止被保险人通过购买保险而获取不当利益。同时,《保险法》第四十一条限制了财产保险的重复投保,规定在财产保险中重复保险的保险金额总和超过保险价值的,各保险公司的赔偿金额的总和不得超过保险价值。除当事人另有约定外,各保险公司按其保险金额与保险金额总和的比例承担赔偿责任。但是在人身保险中,《保险法》第六十八条规定:"人身保险的被保险人因第三者的行为而发生死亡、伤残或者疾病等保险事故的,保险人向被保险人或者受益人给付保险金后,不得享有向第三者追偿的权利。但被保险人或者受益人仍有权向第三者请求赔偿"。该条明确限制保险人行使代位追偿权,但被保险人或者受益人可以重复受偿。而且,保险法对人身保险并无重复投保的限制。因此,"损失补偿原则"不适用于人身保险,当然也不适用于本案中属于人身保险的"附加意外伤害医疗保险"和"附加住院医疗保险"。

三、关于保险人能否以第三人已经向被保险人、受益人赔偿为由拒绝理赔

前已述及,保险法对于人身保险并不限制重复投保,也不适用"损失补偿原则"。作为人身保险的一种,"附加意外伤害医疗保险"和"附加住院医疗保险"的被保险人或受益人依保险合同取得赔偿是一种合同法律关系,是约定之债;而被保险人因侵害人的过错获取赔偿是一种侵权法律关系,是法定之债。根据债之相对性原理,法定之债和约定之债之间、数个约定之债之间均是不同的法律关系。同时,保险合同是最大诚信合同,保险人往往还是格式合同的提供方。因此,保险人若是认为被保险人获得理赔

后仍可能从第三人处获得赔偿，从而“获得额外的不当利益，违反公平原则，引发道德风险”，则应当在保险免责事项中，明确规定在何种情形下、何种范围内免除自己的责任，并对自己尽到此说明义务负有举证责任。《中国保险监督管理委员会关于商业医疗保险是否适用补偿原则的复函》（保监函〔2001〕156号）第二条明确规定：“……对于条款中没有明确说明不赔的保险责任，保险公司应当赔偿。”因此，保险人以不重复赔偿为由拒绝理赔，又不能证明保险合同中有该免责条款且自己已经明确向被保险人声明此免责事项的，人民法院不予支持。

综上，上诉人庄某某的上诉理由成立，本院予以采纳，原审适用法律错误，判决应属不当，本院予以纠正。依照《中华人民共和国民事诉讼法》第一百五十三条第一款第（二）项的规定，判决如下：

一、撤销常州市天宁区人民法院（2009）天民二初字第824号民事判决。

二、人寿公司于本判决生效之日起十日内按照保险合同的约定向庄某某支付保险金13428元。即因交通事故而诊疗的费用2287.70元扣除50元免赔额后，按80%给付医疗保险金1790元；因交通事故而住院的费用16648.68元扣除100元免赔额后，分级累进给付医疗保险金11638元；合计13428元。

如果未按本判决指定的期间履行金钱给付义务，应当依照《中华人民共和国民事诉讼法》第二百二十九条之规定，加倍支付迟延履行期间的债务利息。

三、驳回庄某某的其他诉讼请求。

一审案件受理费179元，减半收取89元，由人寿公司负担；二审案件受理费179元，由人寿公司负担。

本判决为终审判决。

审　判　长　蒋继业
审　判　员　汪杏芬
代理审判员　王　佳
二〇〇九年十二月十四日
书　记　员　倪佳晶

# 伍某诉宁远支公司保险合同纠纷案

## 湖南省高级人民法院民事判决书

(2012)湘高法民再终字第191号

抗诉机关:湖南省人民检察院。

申诉人(一审原告、二审被上诉人):伍某。

委托代理人:伍某日。

委托代理人:郑某。

被申诉人(一审被告、二审上诉人):中国人寿保险股份有限公司宁远支公司。

法定代表人:廖某,该公司经理。

委托代理人:邹某某。

委托代理人:谢某。

申诉人伍某因与中国人寿保险股份有限公司宁远支公司(以下简称中国人寿保险公司)保险合同纠纷一案,不服永州市中级人民法院(2009)永中法民一终字第370号民事判决,向检察机关申诉。2011年11月7日,湖南省人民检察院作出湘检民抗(2011)81号民事抗诉书,向本院提出抗诉。本院于2011年12月19日作出(2011)湘高法民抗字第85号民事裁定,提审本案。本院依法组成合议庭,公开开庭审理了本案。湖南省人民检察院指派检察员单飞、黄赛花出庭支持抗诉,伍某委托代理人伍某日、郑某,中国人寿保险公司委托代理人邹某某、谢某到庭参加诉讼。本案现已审理终结。

2008年12月29日,一审原告伍某起诉至宁远县人民法院称,其系宁远一中学生,于2007年8月25日向中国人寿保险公司购买学生、幼儿平安保险(Y型),保险金额为意外伤害金8000元,附加意外医疗金3000元,附加住院医疗金20000元,保险期限为一年。2008年6月9日,其因交通事故受伤入院,医疗费开支为20800元,经交通部门调解,肇事司机向其赔偿了医疗费。后其向中国人寿保险公司索要保险金,遭拒。请求判令:中国人寿保险公司依照保险单支付伍某附加意外医疗金3000元、附加住院医疗金20000元,并承担本案诉讼费。中国人寿保险公司辩称,伍某投保的附加意外伤害医疗保险和附加住院医疗保险是一种补偿性的保险合同,伍某住院治疗费以及后期治疗费已由肇事者全额赔付,中国人寿保险公司无须再承担保险责任,伍某同时享有损害赔偿请求权和保险赔偿请求权违反了保险填补损害的原则。请求驳回伍某的诉讼请求。

宁远县人民法院一审查明,伍某于2007年8月25日向中国人寿保险公司投保了学生、幼儿平安保险,附加意外医疗保险和附加住院医疗保险,中国人寿保险公司向伍某出具了学生、幼儿平安保险(Y型)保险单,保险单上记载:保险期限为一年,保险金额为意外伤害金8000元,附加意外医疗金3000元,附加住院医疗金20000元。保险单背面另附《国寿学生、幼儿平安保险条款》、《国寿学生、幼儿平安保险附加意外医疗保险条款》、《国寿学生、幼儿平安保险附加住院医疗保险条款》摘要,其中《国寿学生、幼儿平安保险附加意外医疗保险条款》摘要第一款保险责任规定:在保险责任有效期间,被保险人受意外伤害而诊疗的,保险人扣除人民币50元免赔后,在保险金额范围内,按80%的比例给付医疗保险金。《国寿学生、幼儿平安保险附加住院医疗保险条款》摘要第一项保险责任规定:在保险责任有效期间内,被保险人遭受到伤害住院治疗的,保险人对超过100元以上部分医疗费用按下列比例给付保险金,1元至1000元部分按50%给付,1000元至5000元部分按60%给付,5000元至10000元部分按70%给付,10000元至30000元部分按80%给付。同时,保险合同条款摘要第二项分别对三种保险的责任免除情形进行了规定,其中未将第三者承担损害赔偿责任作为保险责任免除情形。2008年6月9日上午10时20分左右,伍某在S216线宁远县柏家坪镇双井圩路段被广西兴安县司机胡某某驾驶的湘M22909号货车撞伤,在宁远县博爱医院住院治疗57天,用去医疗费20809.55元,经宁远县交警大队现场勘查认定司机胡某某负事故全部责任。2008 年 8 月 18 日，伍某与司机胡某某就交通事故损害赔偿达成协议：由司机胡某某赔偿伍某医疗费等经济损失 40082.88 元。后伍某向中国人寿保险公司索赔保险金，中国人寿保险公司以肇事司机已向伍某赔偿医疗费为由拒不给付保险金。

宁远县人民法院一审认为，伍某与中国人寿保险公司签订的学生、幼儿平安保险附加意外医疗保险合同、附加住院医疗保险合同系双方的真实意思表示，内容真实合法，属有效合同，对双方具有约束力。伍某作为被保险人在保险期限内发生交通事故意外受伤而住院治疗，属于保险合同中约定的保险事故，中国人寿保险公司应当按照保险合同约定向伍某给付保险金即附加意外医疗金和附加住院医疗金，因此，伍某诉请中国人寿保险公司给付附加意外医疗金和附加住院医疗金的请求合法。但依照保险合同约定，附加意外医疗金和附加住院医疗金都是按比例支付的，伍某的请求数额过高，予以部分支持。对中国人寿保险公司提出因第三者已向伍某赔偿医疗费而免除保险责任的辩解主张，经查，被保险人是否获得意外伤害赔偿既不属于法定的保险责任免除情形，也不属于保险合同约定的保险责任免除情形，因此，中国人寿保险公司的上述辩解主张于法无据，不予支持。该院于2009 年 3 月 25 日作出(2009)宁法民一初字第38 号民事判决：中国人寿保险公司于判决生效后五日内向伍某给付保险金即附加意外医疗金 3000 元，附加住院医疗金 14767.64 元，合计 17767.64 元。案件受理费 500 元，由中国人寿保险公司负担。

永州市中级人民法院二审查明的事实与一审认定的事实一致。

永州市中级人民法院二审认为，伍某向中国人寿保险公司投保学生、幼儿平安保险的事实清楚，证据充分，双方当事人均无异议，予以确认。伍某在投保期间受到人身损害的事实清楚，在伍某的损失没有得到他人赔偿的情况下，中国人寿保险公司对该损失应承担保险赔偿责任。而本案中，伍某在遭受交通事故后，其医药费等损失，已经由肇事方予以了全额赔偿，人寿保险中的附加住院医疗保险具有补偿性特点，伍某住院期间所花医药费不应重复赔偿，因此，其起诉中国人寿保险公司的请求，理应予以驳回。考虑到被上诉人伍某在保险期内确实遭受到了意外伤害，已构成十级伤残，根据本案实际情况，酌情考虑由中国人寿保险公司补偿伍某 6000 元。

中国人寿保险公司上诉提出“附加意外伤害医疗保险与附加住院医疗保险均属于费用型保险,适用于补偿原则,伍某的医药费已经得到赔偿,原判违背了损失补偿的原则”的理由,予以部分采纳。原判适用法律不当,应作变更处理。该院于2009年8月24日作出(2009)永中法民一终字第370号民事判决:变更宁远县人民法院(2009)宁法民一初字第38号民事判决为:中国人寿保险公司在接到判决之日起十日内补偿伍某人民币6000元。一审诉讼费维持不变,二审诉讼费500元,中国人寿保险公司负担450元,伍某负担50元。

湖南省人民检察院抗诉认为,永州市中级人民法院(2009)永中法民一终字第370号民事判决适用法律错误,该判决认为“人寿保险中的附加住院医疗保险具有补偿性特点”没有法律依据。根据《中华人民共和国保险法》第六十八条、中国保险监督管理委员会《关于界定责任保险和人身意外伤害保险的通知》第二条的规定,人身保险并不适用补偿原则,不管被保险人是否已经从致害第三人处获得赔偿,都不影响被保险人依据保险合同向保险人请求支付保险金。本案中,中国人寿保险公司主张投保人购买的附加住院医疗保险具有补偿性特点,但其并没有举证证明双方所签的保险合同有相关的责任免除条款,也没有举证证明其在投保人投保时已向投保人明确说明。

伍某申诉称,永州市中级人民法院(2009)永中法民一终字第370号民事判决认定事实不清,适用法律不当,应予改判。

中国人寿保险公司辩称,附加住院医疗保险与附加意外伤害医疗保险属于费用补偿性医疗保险,具有财产保险的性质,应适用损失补偿原则。伍某并未实际支出医疗费用,其向保险公司理赔无事实和法律依据。

本院再审查明的事实与原审认定的事实一致。另查明,中国人寿保险公司学生、幼儿平安保险(Y型)保险单背书的《国寿学生、幼儿平安保险附加意外医疗保险条款》摘要第一条第一款规定,“被保险人在二级以上(含二级)或者本公司认可的医院诊疗所支出的,符合当地社会医疗保险主管部门规定可报销的医疗费用,本公司扣除人民币50元免赔费后,在保险金额范围内,按80%的比例给付医疗保险金。”《国寿学生、幼儿平安保险附加住院医疗保险条款》摘要第一条第一款规定,“被保险人在二级以上(含二级)医院或者本公司认可的医院诊疗所支出的,符合当地社会医疗保险主管部门规定可报销的医疗费用,超过人民币100元以上部分,本公司在保险金额范围内,按下表规定分级累进、比例给付医疗保险金。人民币100元以上至1000元部分50%,人民币1000元以上至5000元部分60%,人民币5000元以上至10000元部分70%,人民币10000元以上至30000元部分80%,人民币30000元以上部分90%。”还查明,伍某因被湘M22909号货车撞伤在宁远县博爱医院住院治疗所花医疗费20809.55元均系肇事司机胡某某支付。

本院再审认为,本案的争议焦点为肇事司机的赔付是否为中国人寿保险公司的免责理由。

保险公司据以免责理由的依据应当是法律规定和保险合同的约定。根据《中华人民共和国保险法》第四十六条以及中国保险监督管理委员会《关于界定责任保险和人身意外伤害保险的通知》第二条的规定,人身保险不适用补偿原则。本案中,附加意外医疗金和附加住院医疗金系人身意外伤害保险的附加险,其同样具有人身保险之性质,亦不适用补偿原则,故中国人寿保险公司并不具备法律规定的免责理由。从双方约定来看,中国人寿保险公司学生、幼儿平安保险(Y型)保险单背书的《国寿学生、幼儿平安保险附加意外医疗保险条款》与《国寿学生、幼儿平安保险附加住院医疗保险条款》摘要均未将侵权人的赔付作为保险公司的免责理由。其保险责任条款对保险公司保险责任的范畴作了如下规定:“被保险人在二级以上(含二级)或者本公司认可的医院诊疗所支出的,符合当地社会医疗保险主管部门规定可报销的医疗费用”,对该条可作两种解释:第一种为保险公司仅对被保险人自身实际支出的医疗费用承担保险责任。第二种是保险公司对被保险人医疗所支出的全部费用承担保险责任,而不论该费用是否由被保险人自身所支付。第二种解释对中国人寿保险公司不利。伍某与中国人寿保险公司订立的保险合同系中国人寿保险公司提供的格式合同。根据《中华人民共和国合同法》第四十一条之规定,对格式条款的理解发生争议的,应当按照通常理解予以解释。对格式条款有两种以上解释的,应当作出不利于提供格式条款一方的解释。该格式条款系中国人寿保险公司提供,在存在两种解释的情况下,应当采用对中国人寿保险公司不利的解释,即第二种解释。故从合同约定上来说,中国人寿保险公司亦不能以肇事司机的赔付作为拒绝承担保险责任之理由,其应当对伍某住院医疗所支出的20809.55元医疗费承担保险责任,向伍某支付相应的附加意外医疗金与附加住院医疗金。永州市中级人民法院(2009)永中法民一终字第370号民事判决以"人寿保险中的附加住院医疗保险具有补偿性特点,伍某住院期间所花医药费不应重复赔偿"为由判决中国人寿保险公司不承担保险责任属适用法律错误。

综上所述,湖南省人民检察院的抗诉理由成立,原二审判决认定事实清楚,但适用法律错误,应予纠正。依照《中华人民共和国保险法》第四十六条,《中华人民共和国合同法》第四十一条,《中华人民共和国民事诉讼法》第一百八十六条、第一百五十三条第一款第(二)项之规定,判决如下:

一、撤销永州市中级人民法院(2009)永中法民一终字第370号民事判决;

二、维持宁远县人民法院(2009)宁法民一初字第38号民事判决。

一、二审案件受理费共计1000元,由中国人寿保险股份有限公司宁远支公司负担。

本判决为终审判决。

审　判　长　戴远志
代理审判员　陈星润
代理审判员　谷国艳
二〇一二年八月六日
书　记　员　沈　雅

# 王某某诉安平支公司保险合同纠纷案

## 河北省安平县人民法院民事判决书

(2012)安民二初字第1232号

原告:王某某。

委托代理人:刘某某。

被告:中国人寿保险股份有限公司安平支公司。

法定代理人:陈某某,该公司经理。

委托代理人:赵某某。

委托代理人:吕某某。

原告王某某与被告中国人寿保险股份有限公司安平支公司保险合同纠纷一案,于2012年4月18日向本院提起诉讼。本院受理后,依法由审判员李立波独任审判于2012年5月9日、6月21日、7月3日三次适用简易程序公开开庭进行了审理,原告王某某、委托代理人刘某某,被告中国人寿保险股份有限公司安平支公司委托代理人赵某某、吕某某到庭参加诉讼。本案现已审理终结。

原告王某某诉称,2011年7月27日,我在捷通网业公司上班时,不慎左手指受到机器意外挤伤,申请工伤认定后,衡水市劳动能力鉴定委员会作出伤残鉴定为十级伤残。依据保险法、侵权责任法规定,我在中国人寿保险安平支公司购买的人身意外保险,保险公司应承担赔偿。在与保险公司交涉中,保险公司认为,公司有规定七级以下伤残公司不赔偿。保险金中医疗险5000元,保险公司却只赔3000元。我对保险公司的答复不服,要求被告赔偿我意外医疗费5000元、伤残费11916元、误工费4个月计5200元、护理费29天计2717.88元、伙食补助费29天计1950元,合计26783.88元。

被告中国人寿保险股份有限公司安平支公司未在答辩期内提交答辩状,当庭口头辩称,一、我公司与投保人王某某于2010年12月9日所签卡号1331131700030291国寿综合意外伤害保险合同成立并生效。二、合同签订时,我公司严格按照保监会核准的操作程序规范运作,已对全合同条款内容履行了说明义务,并对有关保险人责任免除条款进行了明确说明。三、原告发生事故后,经我公司调查核实,1.原告的医疗费、残疾赔偿金等费用已按《工伤保险条例》的规定在劳保所和企业得到足额赔偿。虽然意外伤害医疗费的保险金额为5000元,但依照保险合同中保险责任项第四条的规定,在扣除工伤保险给付部分后,经核算我公司不应再给付。本案中所设保险合同为费用补偿型的保险合同,其实际发生的医疗费用已得到补偿,不能再额外受益。2.原告左食指末节部分缺失的伤情未达到保险条款规定的《人身保险伤残程度与保险金给付比例表》中的伤残等级标准。其伤残程度不在保险责任范围之内,因此原告的诉讼请求不应得到支持。

针对被告的答辩,原告称,被告的答辩内容不能成立。被告所说不是事实,被告没有向原告做出详细解释,没有签订其他保险合同,只是给了一份保单,保单对责任免赔中没有被告所说的免赔内容。

根据各方当事人的诉辩理由,本院归纳确认的争议焦点为:

一、原、被告何时签订的国寿综合意外伤害保险合同,合同的主要内容是什么?

二、原告何时在何地发生意外伤害事故,共花去什么费用?各多少?

三、被告应否赔偿原告各项费用,赔偿多少?

围绕第一个争议焦点,原告陈述、举证如下:我给了被告公司保险代理人王某如200元钱,给我们夫妻二人每人入一份,当时说出了意外,医疗费5000元,伤残补助3万元。但是我没有签名,是王某如2010年12月9日在保单上给我签的名,她就分别给了我三个保险卡。我这份保单是在2010年12月9日后时间不长给的我。只给了我保单,别的什么也没给我。

围绕第一个争议焦点,被告陈述、举证如下:原告所说的代理人王某如为原告做的综合意外伤害保险卡,原告给了王某如200元钱,这个事实无法查证。同时,原告确认合同上的姓名不是原告所写,因此,对原告所持卡的有效性应属无效合同。根据合同法的规定,只能退还原告的保费。在卡号下确实收了原告100元钱,比例表没有给原告。根据原告的陈述所说的投保的基本事实我们认可。保险合同主要内容有三个方面,一个是保险责任,一个是责任免除,一个是保险金额。对于保险金额来说,意外伤害最高为3万元,意外伤害医疗5000元。保险责任是指被保险人在保险期间内发生意外伤害自意外伤害起180日内因该意外伤害导致身体残疾,本公司根据《人身保险残疾程度与保险金给付比例表》的规定,按合同约定的意外伤害保险金额乘以该项残疾所对应的给付比例给付残疾保险金。另一保险责任是指保险责任中的第二条和第四条。

为支持自己的主张,原告提交了国寿综合意外伤害保险卡A。第一次庭审时被告对该卡无异议,第二次庭审时称,卡上王某某的名字不是原告本人所签,该合同为无效合同。而原告称上面的字是被告公司的代办员王某如代自己所签,我对此进行追认。该卡载明:保险费100元,保险金额意外伤害(身故或残疾):30000元,意外伤害医疗:5000元。保险期间为一年。保险责任2,被保险人自该意外伤害发生之日起180日内因该意外伤害导致身体残疾,本公司根据《人身保险残疾程度与保险金给付比例表》的规定,按本合同约定的意外伤害保险金额乘以该项残疾所对应的给付比例给付残疾保险金。被保险人因该意外伤害在二级以上(含二级)医院或本公司认可的其他医疗机构诊疗,对被保险人每次意外伤害事故所发生并实际支出的符合当地公费医疗、社会医疗保障支付范围的医疗费用,本公司扣除当地公费医疗、社会医疗保险和其他途径已经补偿或给付部分以及本合同约定的免赔额后,对其余额按下列责任标准给付:未参加公费医疗、社会医疗保险的被保险人,医疗保险金给付的免赔额为100元,给付比例为80%,参加医疗保险、社会医疗保险的被保险人,医疗保险金给付的免赔额为0元,给付比例为90%。

本院认证意见,对于原告所提交的国寿综合意外伤害保险卡A被告无异议,本院予以确认。

围绕第二个争议焦点,原告陈述、举证如下:2011年7月27日原告在捷通网业上班的时候,左手指受意外挤伤,在河北省医科大学第二医院安平分院住院29天,花去医疗费5422.77元。后经安平县劳动局呈报工伤认定,评定伤残等级为10级伤残。伤残费根据河北省人身损害赔偿规定的

10 级伤残的标准计算为 11916 元(2010 年按农村农民年人均收入为 5958 元×20 年 ×10%。结果为 11916 元,2011 年的标准为年人均收入 7120 元×20 年×10%,结果为 14240 元,第三次开庭时,原告要求按现行标准支付),误工费按工资平均数额每月 1300 元计算,从 2011 年 7 月 27 日至评残日 2011 年 12 月 28 日,测算为 4 个月共计 5200 元,护理费按行业工资日工资 93.7 元,29 天共计 2717.88 元;伙食补助费每日 50 元,29 天共计 1450 元,以上各项赔偿合计 26283.88 元。

围绕第二个争议焦点,被告陈述、举证如下:发生事故的时间原告没说清。关于原告花去的各项费用,医疗费 5422.77 元,以收据为准。残疾赔偿金是根据工伤的标准,我认为如果按人身损害赔偿够不上 10 级伤残,工伤应根据劳保所和企业之间达成的结算凭证为准。误工费、护理费、住院伙食补助费这三项不在我们的保险合同范围之内,与本案无关,原告所说的这三项情况我们也不知道。

为支持自己的主张,原告举证如下:1. 病人费用清单 3 页和住院病案 6 页,诊断证明书 1 页。2. 工伤职业劳动能力鉴定(确认)结论通知书、衡劳鉴(初)字(2011)271 号,和衡水市人力资源和社会保障金工伤认定决定书衡人社伤险认决字(2011)829 号、安平县法医鉴定中心司法鉴定意见书、安平县法医鉴定中心司法鉴定意见书。3. 安平县社会保险事业管理所出具的王某某在河北省的住院统一收费收据复印件。4. 2011 年 7 ~10 月的工资发放表、王某某丈夫王某基的驾驶证及从业人员资格证、安平县裕华社区居民委员会出具的证明。

被告发表质证意见:对原告提交的证据 1 真实性无异议,对证据 2 的真实性亦无异议,但这两份书面证据与本案保险合同没有关联性。因为保险合同和保险条款双方所约定的是七级以上伤残,其工伤评定为 10 级伤残,不符合双方所签订的《人身保险残疾程度与保险金给付比例表》所列明的残疾程度,因此不在保险责任范围之内,因此与本案无关。对原告提交的鉴定书真实性没有意见,但与本案的关联性有意见。根据双方所签订的综合意外伤害保险,应根据《人身保险残疾程度与保险金给付比例表》的规定确定伤残程度,司法鉴定书是根据职工工伤和职业病致残程度鉴定标准,因此该鉴定书与本案没有关联性,不能作为给付保险金的依据,应严格按合同的约定。对证据3,作为书证,原告应提交原件,虽然原告提交的复印件加盖了安平县社保所的公章,但不是住院凭证,根据民事诉讼法的规定,原告提交复印件不能作为认定事实的依据。证据4对原告提交的五份工资发放表的真实性有异议,工资表没有加盖单位财务章,没有公司法定代表人签字,这五份证据与本案没有关联性,因为本案为保险合同纠纷,原告提交工资表与本案没有关联。其他无异议,但与本案无关联性。

本院认证意见,对于原告所提交的证据1、2被告无异议,应予认定。虽被告称与本案没有关联性,应按双方所签合同中《人身保险残疾程度与保险金给付比例表》执行,但被告在与原告签订合同时,未交付给原告《人身保险残疾程度与保险金给付比例表》,未履行说明义务,因此该比例表对原告不具有相对性,应按国家规定的相关标准执行。故该认定决定书和鉴定书具有证明效力。对于证据3,虽被告称不是原件,不能作为证据使用,但该证据为安平县社会保险事务所出具,并注明与原件相符,证明原告花去医疗费5422.77元,已支取医疗费5236.07元,虽为复印件但其内容的真实性毋庸置疑,应认定其证明效力。对于证据4虽被告称上面没有加盖单位财务章,但上有河北捷通网业有限公司公章,应认定其真实性。与本组其他证据一样,因该案中只涉及伤残补助金和医疗费,国家有标准,应按照国家标准执行,因此与本案无关联性。

围绕第三个争议焦点,原告陈述、举证如下:我们认为被告应该赔偿原告。伤残最多赔3万元,医疗费最多赔5000元。当时保险公司的人员向我们承诺了,没说什么情况下免责。王某如是当时的经手人。当时她说复印件也没关系,也应该赔。国家规定的伤残标准为10级,不能以被告内部的标准计算。工伤也有10级,交通事故也有10级,但是7级伤残是被告内部定的标准。

围绕第三个争议焦点,被告陈述、举证如下:按照双方所定的合同分两项,意外伤害医疗5000元,意外伤害残疾为3万元,保险金额应在保险责任范围之内。但应出现保险责任范围内保险公司才承担保险责任。格式合同不存在解释的问题。保险责任第二项中规定,因目前我国对伤残程度鉴定的标准有四种,一是工伤标准,二是道路标准,三是中国银行的《人身保险残疾程度与保险金给付比例表》,四是医疗事故标准。原告发生事故,必须依据合同约定的评残标准,其他评残标准不适合本案。原告是工伤10级伤残,不符合双方合同约定和保险条款约定的内容,因此不在保险责任范围之内。因此对原告的意外伤残不具备保险责任。保险责任的第四条关于意外伤害的医疗费5000元应否赔偿的问题有明确规定,对方一共花了5000多元,这些票据都应由企业交付安平县劳保所,依照工伤条例进行赔偿,我们经过理算,关于意外伤害医疗费这项费用为零,不应该赔偿。对方始终没有提供原始的凭证。现在原告没有原始票据,结算的凭证也没有,所以我们也不应该理赔。我们提交了中国人寿保险股份有限公司国寿综合意外伤害保险利益条款和中国保险监督管理委员会令。

原告发表质证意见,我们不能承认银行颁布的给付标准。人民银行这标准没有经过最高院及国务院认定。

本院认证意见,该证据虽真实,但只是保监会的令,只在其内部有约束力,国家有相关的法律规定应按法律、法规执行。

经本院审理查明,2010年12月9日,原告王某某与被告中国人寿保险股份有限公司安平支公司代理人签订了国寿综合意外伤害保险合同,国寿综合意外伤害保险A卡。被告代理人王某如在保险卡上代原告签字,原告向被告交纳保险费100元,被告给了原告一张签有原告名字的国寿综合意外伤害保险A卡。作为合同该卡为格式合同,约定了保险金额、保险期间、保险责任、责任免除条款,但未给原告在合同中所涉及的《人身保险残疾程度与保险金给付比例表》。2011年7月27日原告在捷通网业公司上班时,左手指受意外挤伤,在河北省医科大学第二医院安平分院,花去医疗费5422.77元。经安平县劳动局呈报工伤认定后,评定伤残等级为10级伤残。原告在安平县社会保险事业管理所报销医疗费5236.07元(原始住院费收据留在安平县社会保险事业管理所),伤残补助金9100元。后原告要求被告给付伤残补助金和医疗费,因双方对合同理解不一,未能达成协议。为此原告起诉至本院。

本院认为,原、被告双方所签订的国寿综合意外伤害保险合同,是在平等自愿基础上达成的协议。虽被告称卡上原告的名字非本人所签,属无效合同,但在庭审时原告已对代理人的代签行为明确进行了追认,应认定为有效合同。根据《中华人民共和国保险法》第十七条规定，订立保险合同，采用保险人提供的格式条款的，保险人向投保人提供的投保单应当附格式条款，保险人应当向投保人说明合同的主要内容。对保险合同中免除保险人责任的条款，保险人在订立合同时应当在投保单、保险单或其他保险凭证上作出足以引起投保人注意的提示，并对该条款的内容以书面或者口头形式向投保人作出明确说明；未作提示或明确说明的，该条款不产生效力。本案中，被告虽向原告提供了格式条款，但未给原告合同中涉及的《人身保险残疾程度与保险金给付比例表》，足以说明被告未尽到提示或明确说明义务，故该条款不产生效力。现原告所受意外伤经鉴定达十级伤残，应按侵权责任法相关规定计算伤残补助金，根据最高人民法院《关于人身损害赔偿案件适用法律若干问题的解释》第二十五条规定，按照受诉法院所在地上一年度城镇居民人均可支配收入或者农村居民人均纯收入标准。自定残之日起 20 年计算，应为 14240 元。该伤残补助金应由被告在意外伤害残疾保险金额 30000 元内支付给原告。被告称原告的医疗费已在安平县社会保险事业管理所报销，不能重复报销，且无原始收据不能赔偿的说法，根据《中华人民共和国保险法》第四十六条的规定，被保险人因第三者的行为而发生死亡、伤残或者疾病等保险事故的保险人向被保险人或者受益人给付保险金后，不享有向第三者追偿的权利，但被保险人或者受益人仍有权向第三者请求赔偿。故对此不予采信。被告应按合同约定保险责任中第二条第二款的 90% 在意外伤害医疗保额内支付原告 4880.49 元。原告的其他诉讼请求在本案合同中未约定，于法无据，不予支持。综上所述，依照《中华人民共和国保险法》第十条、第十七条、第四十六条的规定，判决如下：

一、被告中国人寿保险股份有限公司安平支公司于本判决生效之日起五日内向原告王某某支付意外伤残费 14240 元，意外医疗费 4880.49 元。

二、驳回原告王某某的其他诉讼请求。

如果未按本判决指定的期间履行给付金钱义务，应当依照《中华人民共和国民事诉讼法》第二百二十九条之规定，加倍支付迟延履行期间的债务利息。

案件受理费 470 元，由原告王某某负担 190 元，被告中国人寿保险股份有限公司安平支公司负担280元。

如不服本判决，可在判决书送达之日起十五日内，向本院递交上诉状并按对方当事人人数提交副本，上诉于河北省衡水市中级人民法院。

审　判　员　李立波
二〇一二年七月八日
书　记　员　张　静

# 河北省衡水市中级人民法院民事判决书

（2012）衡民二终字第188号

上诉人（原审被告）：中国人寿保险股份有限公司安平支公司。

法定代表人：陈某某，该公司经理。

委托代理人：赵某某。

委托代理人：吕某某。

被上诉人（原审原告）：王某某。

委托代理人：刘某某。

上诉人中国人寿保险股份有限公司安平支公司（以下简称安平人寿）因与被上诉人王某某保险合同纠纷一案，不服安平县人民法院（2012）安民二初字第1232号民事判决，向本院提起上诉。本院于二〇一二年八月二十二日受理后，依法组成由法官付圣云担任审判长，法官张晓、高永胜参加的合议庭，于二〇一二年九月十七日公开开庭进行了审理，上诉人安平人寿的委托代理人赵某某、吕某某，被上诉人王某某、委托代理人刘某某到庭参加了诉讼。本案现已审理终结。

王某某在一审中起诉称，2011年7月27日，其在捷通网业公司上班时，不慎左手指受到机器意外挤伤，申请工伤认定后，衡水市劳动能力鉴定委员会作出伤残鉴定为十级伤残。依据中华人民共和国保险法、侵权责任法规定，其在中国人寿保险安平支公司购买的人身意外保险，保险公司应承担赔偿。在与保险公司交涉中，保险公司认为，公司有规定七级以下伤残公司不赔偿。保险金中医疗险5000元，保险公司只赔3000元。因对保险公司的答复不服，现要求被告赔偿意外医疗费5000元、伤残费14240元及误工费、护理费、伙食补助费等共计26783.88元。

安平人寿未在答辩期内提交答辩状，当庭口头辩称：一、本公司与投保人王某某于2010年12月9日所签卡号1331131700030291国寿综合意外伤害保险合同成立并生效。二、合同签订时，本公司严格按照保监会核准的操作程序规范运作，已对合同条款内容履行了说明义务，并对有关保险人责任免除条款进行了明确说明。三、原告发生事故后，经公司调查核实，1. 原告的医疗费、残疾赔偿金等费用已按工伤保险条例的规定在劳保所和企业得到足额赔偿。虽然意外伤害医疗费的保险金额为5000元，但依照保险合同中保险责任项第四条的规定，在扣除工伤保险给付部分后，经核算本公司不应再给付。本案中所设保险合同为费用补偿型的保险合同，其实际发生的医疗费用已得到补偿，不能再额外受益。2. 原告左食指末节部位缺失的伤情未达到保险条款规定的《人身保险伤残程度与保险金给付比例表》中的伤残等级标准。其伤残程度不在保险责任范围之内，因此原告的诉讼请求不应得到支持。

一审法院审理查明，2010年12月9日，原告王某某与被告中国人寿保险股份有限公司安平支公司保险代理人签订了国寿综合意外伤害保险合同《国寿综合意外伤害保险A卡》。被告代理人王某如在保险卡上代原告签字，原告向被告交纳保险费100元，被告给了原告一张签有原告名字的国寿综合意外伤害保险A卡。作为合同该卡为格式合同，约定了保险金额、保险期间、保险责任、责任免除条款，但未给原告在合同中所涉及的《人身保险残疾程度与保险金给付比例表》。2011年7月27日原告在捷通网业公司上班时，左手指受意外挤伤，在河北省医科大学第二医院安平分院，花去医疗费5422.77元。经安平县劳动局呈报工伤认定后，评定伤残等级为10级伤残。原告在安平县社会保险事业管理所报销医疗费5236.07元（原始住院费收据留在安平县社会保险事业管理所），伤残补助金9100元。后原告要求被告给付伤残补助金和医疗费，因双方对合同理解不一，未能达成协议。

一审法院认定，原、被告双方所签订的国寿综合意外伤害保险合同，是在平等自愿基础上达成的协议。虽被告称卡上原告的名字非本人所签，属无效合同，但在庭审时原告已对代理人的代签行为明确进行了追认，应认定为有效合同。根据《中华人民共和国保险法》第十七条规定，订立保险合同，采用保险人提供的格式条款的，保险人向投保人提供的投保单应当附格式条款，保险人应当向投保人说明合同的主要内容。对保险合同中免除保险人责任的条款，保险人在订立合同时应当在投保单、保险单或其他保险凭证上作出足以引起投保人注意的提示，并对该条款的内容以书面或者口头形式向投保人作出明确说明；未作提示或明确说明的，该条款不产生效力。本案中，被告虽向原告提供了格式条款，但未给原告合同中涉及的《人身保险残疾程度与保险金给付比例表》，足以说明被告未尽到提示或明确说明义务，故该条款不产生效力。现原告所受意外伤经鉴定达十级伤残，应按侵权责任法相关规定计算伤残补助金，根据最高人民法院《关于人身损害赔偿案件适用法律若干问题的解释》第二十五条规定，按照受诉法院所在地上一年度城镇居民人均可支配收入或者农村居民人均纯收入标准。自定残之日起 20 年计算，应为 14240 元。该伤残补助金应由被告在意外伤害残疾保险金额 30000 元内支付给原告。被告称原告的医疗费已在安平县社会保险事业管理所报销，不能重复报销，且无原始收据不能赔偿的说法，根据《中华人民共和国保险法》第四十六条的规定，被保险人因第三者的行为而发生死亡、伤残或者疾病等保险事故的保险人向被保险人或者受益人给付保险金后，不享有向第三者追偿的权利，但被保险人或者受益人仍有权向第三者请求赔偿。故对此不予采信。被告应按合同约定保险责任中第二条第二款的 90% 在意外伤害医疗保额内支付原告 4880.49 元。原告的其他诉讼请求在本案合同中未约定，于法无据，不予支持。综上所述，依照《中华人民共和国保险法》第十条、第十七条、第四十六条的规定，遂判决：一、被告中国人寿保险股份有限公司安平支公司于本判决生效之日起五日内向原告王某某支付意外伤残费 14240 元，意外医疗费 4880.49 元。二、驳回原告王某某的其他诉讼请求。案件受理费 470 元，由原告王某某负担 190 元，被告中国人寿保险股份有限公司安平支公司负担 280 元。

安平人寿不服一审法院上述民事判决,向本院提起上诉,请求撤销一审判决并予以改判。其主要上诉理由是:1. 2010年12月9日我公司在为王某某办理保险卡时,已对条款内容以书面和口头形式向投保人作了明确说明(见保险卡签字栏),一审判决依据《保险法》第十七条的规定,说我公司未给投保人《人身保险残疾程度与保险金给付比例表》,就认定保险公司未尽到提示或明确说明义务,这种推断不符合常理。2. 投保人交纳了保费后索要了保险卡,保险卡记载了保险费、保险金额、保险责任和责任免除在内的诸多事项。该卡上的签名不是王某某本人签的,但她在一审时已对保险合同的效力进行了追认,其追认的效力应及于整个合同的内容,而不能只采用合同约定的保险金额,而不予确认医疗费用的给付原则和伤残给付标准,显失公平。应适用中国人民银行制定的《人身保险残疾程度与保险金给付比例表》,根据合同约定的伤残程度和给付比例,王某某的伤残程度达不到约定的程度,因此上诉人不负给付伤残保险金的责任。对意外医疗费用,应按合同的约定在扣除工伤保险已报销的5236.07元后再根据合同的约定,只能对其剩余的金额按合同约定给付比例给付意外医疗保险金。

王某某服从一审法院判决。其针对安平人寿的上诉理由庭审时口头答辩称:其和保险公司的业务员王某如是一个村的,当时她上我们家去找我的时候,跟我说让我入意外险一共100元钱,保一年,如果伤着医疗费给5000元,伤残保险金给30000元,我觉得挺好就入了,当场就给了她100元钱,她当时没有拿着卡,就过了几天给我拿过来,我的名字也是她给签的。王某如也没有给我说什么情况下保险公司不赔,只说是伤了医疗费给5000元,伤残保险金给30000元,也没有给我《人身保险残疾程度与保险金给付比例表》,也没有告诉我七级以下不赔。我们虽然对保险合同的效力进行了追认,但不是对上诉人的告知义务进行追认。上诉人没有履行明确的告知义务,所以不能适用《人身保险残疾程度与保险金给付比例表》的内容,也不能适用保险责任的相关内容。请求驳回上诉人的请求,维持原判。

二审中各方当事人均未提交新的证据。

本院经审理查明的事实与一审法院查明的事实一致。

本院认为,根据《中华人民共和国保险法》第十七条规定,对保险合同中免除保险人责任的条款,保险人在订立合同时应当在投保单、保险单或者其他保险凭证上作出足以引起投保人注意的提示,并对该条款的内容以书面或者口头形式向投保人作出明确说明;未作提示或者明确说明的,该条款不产生效力。最高人民法院对"明确说明"应如何理解的答复为:这里所规定的"明确说明",是指保险人在与投保人签订保险合同之前或者签订保险合同之时,对于保险合同中所约定的免责条款,除了在保险单上提示投保人注意外,还应当对有关免责条款的概念、内容及其法律后果等,以书面或者口头形式向投保人或其代理人作出解释,以使投保人明了该条款的真实含义和法律后果。具体到本案,在该保险卡中的保险责任一栏第二条规定,被保险人自该意外伤害发生之日起 180 日内因该意外伤害导致身体残疾,本公司根据《人身保险残疾程度与保险金给付比例表》的规定,按本合同约定的意外伤害保险金额乘以该项残疾所对应的给付比例给付残疾保险金。该《人身保险残疾程度与保险金给付比例表》应属于保险合同的组成部分,该表虽然没有规定在保险卡责任免除一栏内容中,但该表内容减轻、免除了保险公司责任,该第二条款应属于责任免除条款。而《人身保险残疾程度与保险金给付比例表》并没有向投保人出示或解释。上诉人称,该卡"王某某"签字旁有"请签字确认如下事项:贵公司已对保险合同条款内容履行了说明义务,对保险合同中免除保险人责任的条款内容履行了明确说明义务,本人已仔细阅知保险合同条款内容,同意遵守,同时确认投保激活填写资料正确有效。"的提示内容,但是该说明规定的是由本人签字确认,而本卡中"王某某"的签名则是由保险公司的代理人所代签,非王某某本人所签,也佐证了保险代理人未尽到对责任免除条款的解释义务,上诉人也不能提供相关证据证明在订立保险合同之前或同时就本案所涉及的责任免除条款的内容、概念及法律后果已向投保人进行了明确解释与说明,因此,该保险责任条款中约定的免除保险公司责任部分对投保人不产生法律效力。本院认为,《人身保险残疾程度与保险金给付比例表》虽然规定七级以下伤残保险公司不予给付伤残保险金,因该条款无效,本院本着在依法保护投保人利益的同时,也要体现对违反诚实信用原则主体的制裁,以防止保险人利用格式条款以及投保人告知义务制度逃避责任,故认为安平人寿按第七级残疾给付比例赔偿王某某残疾保险金较为公平,即 30000 × 10% = 3000 元。原审判决选择适用最高人民法院《关于审理人身损害赔偿案件适用法律若干问题的解释》的相关标准,替代了保险合同中伤残保险金的理赔标准,计算投保人王某某的伤残保险金 14240 元不当,因缺乏事实和法律依据,故应予变更。同理,原审判决安平人寿赔偿王某某医疗保险金 4880.49 元,并无不当,应予维持。上诉人安平人寿上诉主张其已履行了告知和说明义务,证据不足,本院不予支持。综上所述,依照《中华人民共和国民事诉讼法》第一百五十三条第一款第(一)、(二)项,第一百五十八条之规定,判决如下:

一、维持安平县人民法院(2012)安民二初字第 1232 号民事判决第二项;

二、变更安平县人民法院(2012)安民二初字第 1232 号民事判决第一项内容为上诉人中国人寿保险股份有限公司安平支公司于本判决生效之日起五日内向被上诉人王某某支付意外伤残费 3000 元,意外医疗费 4880.49 元。

如果未按本判决指定的期间履行给付金钱义务,应当依照《中华人民共和国民事诉讼法》第二百二十九条之规定,加倍支付迟延履行期间的债务利息。

一审案件受理费 470 元,由原告王某某负担 190 元,被告中国人寿保险股份有限公司安平支公司负担 280 元。

二审案件受理费 470 元,由上诉人中国人寿保险股份有限公司安平支公司负担 200 元,被上诉人王某某负担 270 元。

本判决为终审判决。

审 判 长 付圣云

审 判 员 张 晓

审 判 员 高永胜

二〇一二年十一月一日

书 记 员 徐佳佳

# 陈某诉深圳市分公司保险合同纠纷案

## 广东省深圳市中级人民法院民事判决书

（2013）深中法民终字第2577号

上诉人（原审原告）：陈某。

委托代理人：郭某某。

被上诉人（原审被告）：中国人寿保险股份有限公司深圳市分公司，住所地广东省深圳市福田区振兴路6号建艺大厦21楼，组织机构代码892307197。

代表人：周某某，该公司总经理。

委托代理人：赵某某，系该司员工。

委托代理人：马某，系该公司员工。

上诉人陈某为与被上诉人中国人寿保险股份有限公司深圳市分公司（以下简称人寿保险公司）人身保险合同纠纷一案，不服深圳市福田区人民法院（2013）深福法民一初字第441号民事判决，向本院提起上诉。本院受理后，依法组成合议庭审理了本案，现已审理终结。

原审法院查明，2005年3月10日，陈某丈夫作为投保人为陈某投保人寿保险公司的定期保险和附加住院医疗保险。保险合同于2005年3月12日生效，合同期满日为2041年3月11日。合同签订后，投保人依约支付保险费。2007年12月24日，陈某发生交通事故受伤，陈某因此高度残疾并右侧肢体瘫痪。出险后，陈某向人寿保险公司申请理赔。人寿保险公司仅仅认定陈某构成高度残疾，并于2008年8月6日发出《理赔领款通知书》，强行终止保险合同。关于保险合同，《中国人寿保险股份有限公司康宁定期保险利益保障条款》第三条约定保险责任为：在本条款有效期内，本公司

(人寿保险公司)负下列保险责任:1. 被保险人在本条款生效(或复效)之日起 180 日后初次发生、并经本公司指定或认可的医疗机构确诊患重大疾病(无论一种或者多种)时,本公司按保险金额给付重大疾病保险金,本条款的效力终止。2. 被保险人身故,本公司按保险金额给付身故保险金,本条款的效力终止。3. 被保险人身体高度残疾,本公司按保险金额给付高度残疾保险金,本条款的效力终止。4. 被保险人生存至七十周岁的生效周年日,本公司按所交付的保险费(不计利息)给付满期保险金,本条款的效力终止。《中国人寿保险股份有限公司附加住院医疗保险条款》第五条约定,在本附加合同有效期内,被保险人因为遭受意外伤害……本公司对被保险人自住院之日起 90 日内所支出的住院期间的医疗费用按照如下规定给付医疗保险金:一、药品费。按照实际支出的 75% 计算,给付限额为附加合同保险金额的 45% 。二、住院费。按照实际支出的 85% 计算,给付限额为附加合同保险金额的 6% 。三、治疗费。按照实际支出的 80% 给付,给付限额为附加合同保险金额的 30% 。四、检查费。按照实际支出的 75% 给付,给付限额为附加合同保险金额的 14% 。五、材料费。按照实际支出的 75% 计算,给付限额为附加合同保险金额的 5% 。六、在每一个年度内本公司累计给付的医疗保险金以本附加合同的保险金额度为限。当被保险人住院治疗跨二个保险年度时,本公司以被保险人开始住院日当年度本附加合同的保险金额为限给付医疗保险金。七、被保险人因他人责任造成伤害而引起的医疗费用中依法应由他人承担的部分,本公司不负给付保险金的责任。陈某认为,被保险人符合除构成高度残疾外,还构成重大疾病,符合《定期保险利益保障条款》第三条约定,因此可获得重大疾病赔偿金 5 万元。因人寿保险公司终止保险合同,应赔偿可得利益损失 5 万元;因被保险人治疗期限达到 14 个月,可获得两个保险年度(每份 5000 元)附加住院医疗保险合计 1 万元。陈某出险后,在深圳市南山区西丽医院住院治疗,截至 2008 年 12 月 8 日,尚欠西丽医院 12 万多元的医疗费未支付,西丽医院为此提起诉讼。南山区人民法院 2010 年判决陈某支付拖欠医疗费 12 万元。人寿保险公司在陈某出院后,向陈某赔付高度残疾保险金 5 万元,并通知陈某合同终止。人寿保险公司未就合同约定的附加住院医疗保险项目予以赔付。陈某向原审法院提交的证据未说明交通事故意外是否由第三人造成。

陈某请求法院判令：一、人寿保险公司支付陈某保险理赔款 11 万元及利息（利息暂从 2008 年 8 月 7 日开始按照银行同期贷款利率计算至付款之日止）；二、人寿保险公司承担本案诉讼费。

原审法院认为，投保人与人寿保险公司签订的保险合同合法有效。本案争议的焦点是本保险合同是否属于多重保险，即人寿保险公司除依据保险合同赔偿陈某高度残疾保险金以外，是否还需要赔偿陈某主张的重大疾病保险金和所谓可得利益保险，即陈某主张有权获得多重保险。原审法院认为，本案保险事故的发生及理赔等行为均发生于 2009 年 10 月 1 日前。因此，依据最高人民法院《关于适用〈中华人民共和国保险法〉若干问题的解释（一）》第一条和第三条的规定，本案保险合同纠纷应当适用 1995 年 6 月 30 日通过，2002 年 10 月 28 日修正的《保险法》调整当事人之间的保险合同关系。该法第二十四条规定，保险金额是指保险人承担赔偿或者给付保险金的最高限额。涉案保单明确约定康宁定期保险的保险金额为人民币 50000 元，附加住院医疗保险的保险金额为 5000 元。因此，陈某作为被保险人一旦发生保险事故需要保险人承担保险责任的，则保险人最高赔偿额度为 50000 元。陈某在遭受交通事故导致高度残疾后，人寿保险公司依据合同已经赔偿最高 50000 元的保险金，因此，陈某再行主张重大疾病保险金 50000 元和所谓可得利益保险，没有合同依据和法律依据，原审法院不予支持。关于陈某主张人寿保险公司赔偿两年住院医疗保险的问题，原审法院认为，住院医疗保险属于附加保险，在主险效力终止的前提下，附加险合同不能单独继续履行。因此，保险公司应当依据被保险人实际支出的医疗费用，按照保险合同约定，在保险额度 5000 元范围内赔偿陈某的住院医疗费用。虽然附加住院医疗保险第五条第七项规定被保险人因他人责任造成伤害而引起的医疗费用中依法应由他人承担的部分，人寿保险公司不负给付保险金的责任。但因该条款系责任免除条款，应当列举在“责任免除”专门章节中并对投保人作出说明。该免责条款应当视为未对投保人作出说明，该约定不对被保险人和受益人产生效力。因此，不论陈某交通意外是否由他人承担全部责任，人寿保险公司仍应当依据合同约定在保险限额内赔偿陈某住院医疗保险金。虽然合同约定了应分项计算药品费、住院费、治疗费等烦琐的方式，鉴于陈某住院治疗的费用达数十万元，远远超过了保险额5000元。为减少当事人的诉累，原审法院依法判决人寿保险公司向陈某支付5000元住院医疗保险金。关于人寿保险公司提出诉讼时效的抗辩，鉴于被保险人已经将出险事实告知人寿保险公司，同时也申请了理赔。人寿保险公司在陈某申请后未及时对住院医疗保险金部分予以理赔或者作出拒赔通知。人寿保险公司违反合同约定和《保险法》关于应当及时理赔的规定，存在过错。人寿保险公司以时效对陈某的主张予以对抗，原审法院不予采纳。综上，依照《中华人民共和国保险法》(2002年10月28日修订)第十三条、第二十四条，最高人民法院《关于适用〈中华人民共和国保险法〉若干问题的解释(一)》第一条和第三条，《中华人民共和国民事诉讼法》第六十四条、第一百四十二条的规定，判决：一、人寿保险公司应当于判决生效之日起十日内赔偿陈某附加住院医疗保险金5000元；二、驳回陈某的其他诉讼请求。如果人寿保险公司未按判决指定期间履行赔偿义务，应当依照《中华人民共和国民事诉讼法》第二百五十三条的规定，加倍支付迟延履行期间的债务利息。本案案件受理费3148元(原审法院已准予陈某免交)，减半收取1574元，由人寿保险公司负担(人寿保险公司应于判决生效后径付原审法院)。

一审宣判后，上诉人陈某不服原审判决，向本院提起上诉，请求：一、撤销原审判决，改判人寿保险公司支付陈某11万元及利息(按银行同期贷款利率，从2008年8月7日开始计算，实际计至付款之日止)。二、由陈某承担本案一、二审的全部诉讼费用。其理由为：一、双方之间并未将保险金额约定为"支付保险金的最高限额"，一审法院对此认定有误。人寿保险公司在保险合同的《人寿保险合同基本条款》里对保险金额的定义为："系指列明于保险单内的保险金额数，有关的保障利益均以此金额为基础计算"，很明显并未像保险法一样，将保险金定义为"保险金额是指保险人承担赔偿或者给付保险金责任的最高限额"。二、如果保险合同里的保险金额指的是"支付保险金的最高限额"，以人寿保险公司的专业能力完全有能力表述出来。在本案中，保险金额就整份保险合同来讲并非指"支付保险金的最高限额"。三、就本案而言，保险金额5万元指的是《康宁定期保险利益保障条款》第三条保险责任所列举的每个项目的赔偿数额，并非指四个项目的赔偿总额。四、在当事人对保险金额另有约定，同时又是有利于被保险人的利益的情况下，应当对保险金额的定义适用当事人之间的约定进行解释。五、本案就是一个"多重保险"案件，即人寿保险公司除了要支付高度残疾的保险金外，还需要支付重大疾病保险金和可得利益保险金。1. 就保险合同的内容而言，从未明确人寿保险公司在保险合同的有效期内其承担保险责任只是四种保险责任中的一种。2. 如果人寿保险公司只是承担一种保险责任，人寿保险公司就会表述清楚。3. 在陈某的丈夫签署保险合同之前或之后，人寿保险公司从未向陈某及其丈夫解释过《康宁定期保险利益保障条款》第三条的保险责任，是一个单一的保险责任。六、人寿保险公司应该向陈某支付两个保险年度的医疗保险金人民币 1 万元。1. 人寿保险公司无权终止与陈某之间的保险合同。2. 陈某的缴费期间为 2005 年 3 月 12 日至 2009 年 3 月 11 日。3. 陈某的住院日期为 2007 年 12 月 24 日至 2009 年 3 月 21 日，总共跨了三个年度。陈某主张赔偿两个保险年度的医疗保险金是符合双方保险合同约定的。4. 陈某在 2008 年 7 月 22 日申请理赔时，双方也同意等陈某出院后再进行相关医疗保险金的理赔。七、本案争议的焦点实际上是双方当事人对保险合同条款的理解问题。按照 2002 年 10 月 28 日修正的《中华人民共和国保险法》第三十一条的规定："对于保险合同的条款，保险人与投保人、被保险人或者受益人有争议时，人民法院或者仲裁机关应当作有利于被保险人和受益人的解释。"因此一审法院对本案有争议的合同条款应当作出对陈某有利的解释。

被上诉人人寿保险公司答辩称，一、涉案保险合同《康宁定期保险利益保障条款》对保险金额的约定意思表示明确，符合保险法的规定。陈某基于对条款的片面理解，要求人寿保险公司再次履行责任，没有法律和事实依据。二、人寿保险公司已经对合同条款履行了明确的说明义务。三、如陈某在诉讼时效内向人寿保险公司申请住院医疗费用保险金，则人寿保险公司将按《附加住院医疗保险条款》的规定，在意外伤害保险事故发生日所在的保单年度内，以附加险保险金额为限赔付陈某医疗保险金。陈某主张人寿保险公司应向其赔付两个保单年度的医疗保险金没有法律及事实依据。

本院经审理查明，陈某因交通事故受伤，其与胡某某、黄某某、深圳华信中水环保工程有限公司、中华联合财产保险股份有限公司深圳分公司、天安保险股份有限公司深圳分公司道路交通事故人身损害赔偿纠纷一案，经深圳市福田区人民法院作出(2008)深福法民一初字第1598号民事判决，判令：一、确认陈某因道路交通事故应得赔偿总额为人民币971366.8元；二、中华联合财产保险股份有限公司深圳分公司应于判决书发生法律效力之日起十日内赔偿陈某人民币60000元；三、天安保险股份有限公司深圳分公司应于判决书发生法律效力之日起十日内赔偿陈某人民币52000元；四、胡某某应于判决发生法律效力之日起十日内赔偿陈某人民币601155.62元；五、黄某某应于判决发生法律效力之日起十日内赔偿陈某人民币258211.18元；六、驳回陈某其他诉讼请求。该判决书已发生法律效力，陈某代理人二审庭审时确认，其已实际收到赔偿款约38万元，其他赔偿款因被执行人没有履行能力而未执行到位。原审认定陈某提交的证据未说明交通事故意外是由第三人造成，该认定不当。原审判决认定的其他事实无误，本院予以确认。

本院认为，陈某与人寿保险公司的人身保险合同关系成立。涉案保单明确约定康宁定期保险的保险金额为人民币50000元，附加住院医疗保险的保险金额为5000元。按照《保险法》规定，保险金额是指保险人承担赔偿或者给付保险金的最高限额，按照双方《人寿保险合同基本条款》的约定，保险金额“系指列明于保险单内的保险金额数，有关的保障利益均以此金额为基础计算”。上述约定与《保险法》的规定并不矛盾，并不能得出陈某有权得到超过50000元数额保险利益的结论。此外，《康宁定期保险利益保障条款》第三条“保险责任”明确约定：“在本条款有效期内，本公司负下列保险责任：1. 被保险人在本条款生效(或复效)之日起180日后初次发生、并经本公司指定或认可的医疗机构确诊患重大疾病(无论一种或者多种)时，本公司按保险金额给付重大疾病保险金，本条款的效力终止。2. 被保险人身故，本公司按保险金额给付身故保险金，本条款的效力终止。3. 被保险人身体高度残疾，本公司按保险金额给付高度残疾保险金，本条款的效力终止。4. 被保险人生存至七十周岁的生效周年日，本公司按所交付的保险费(不计利息)给付满期保险金，本条款的效力终止。”从文义解释来看，《康宁定期保险利益保障条款》中多处出现“本条款”的表述，结合上下文可以看出,上述内容意思明确,“本条款”是指整个《康宁定期保险利益保险条款》,并不存在歧义。根据该约定,人寿保险公司已经支付了该条款第 3 项的高度残疾保险金后,“本条款的效力终止”,系指该《康宁定期保险利益保障条款》的效力终止,陈某再根据该约定,主张第 1 项的重大疾病保险金及第 4 项的“逾期利益损失”,并不符合上述约定。综上,无论按照法律规定还是按照约定,上诉人陈某均无权再主张重大疾病保险金及可得利益。上诉人陈某关于其有权获得重大疾病保险金 50000 元及可得利益损失 50000 元的上诉请求不能成立。此外,《中国人寿保险股份有限公司附加住院医疗保险条款》第七条约定:“被保险人因他人责任造成伤害而引起的医疗费用中依法应由他人承担的部分,本公司不负给付医疗保险金的责任。”按照该约定,陈某受伤因他人原告造成,法院生效判决已判令相关责任主体承担包括医疗费在内的各项损失的赔偿责任,人寿保险公司依上述约定无须支付医疗保险金,但原审判令其支付医疗保险金 5000 元,其未提起上诉,可视为对原审法院判决的认可,本院对原审关于医疗保险金的处理予以确认,陈某上诉请求人寿保险公司支付医疗保险金 10000 元,本院不予支持。综上,原审判决认定事实基本清楚,适用法律正确,本院予维持。依照《中华人民共和国民事诉讼法》第一百七十条第一款第(一)项的规定,判决如下:

驳回上诉,维持原判。

二审案件受理费人民币 3148 元,由上诉人陈某负担(该款经本院批准予以免交)。

本判决为终审判决。

审　判　长　张辉辉
代理审判员　李卫峰
代理审判员　侯巍林
二〇一三年×月六日
书　记　员　刘　静(兼)

# 何某某诉珠海市分公司
# 保险合同纠纷案

## 广东省珠海市中级人民法院民事判决书

(2014)珠中法民二终字第34号

上诉人(原审被告):珠海市A电器有限公司。

法定代表人:李某某,董事长。

委托代理人:欧阳某某。

上诉人(原审被告):中国人寿保险股份有限公司珠海分公司,住所地珠海市拱北夏湾侨光路228号。

负责人:谢某某,总经理。

委托代理人:冯某某。

委托代理人:叶某某。

被上诉人(原审原告):何某某(曾用名:敬某某)。

委托代理人:杨某。

委托代理人:刘某某。

上诉人珠海市A电器有限公司(以下简称A电器公司)及中国人寿保险股份有限公司珠海分公司(以下简称人寿保险)因与被上诉人何某某人身保险合同纠纷一案,不服珠海市香洲区人民法院(2013)珠香法湾民二初字第302号民事判决,向本院提起上诉。本院依法组成合议庭审理了本案,现已审理终结。

原审法院查明,何某某是A电器公司的员工,于2007年5月19日18时20分许在工作中受伤,2007年10月8日经劳动行政部门认定为工伤。

2008 年12 月 2 日,经珠海市劳动能力鉴定委员会认定,何某某工伤残疾等级六级。何某某受伤后,A 电器公司支付了医疗费 28337.57 元,何某某自己垫付了医疗费 3149.12 元。后何某某以工伤保险待遇纠纷为由向香洲区人民法院提起诉讼,经法院判决,A 电器公司支付工伤各项赔偿合计145001.45元,该补偿款已经法院强制执行完毕。

另查明,2007 年 4 月 16 日,A 电器公司为减轻企业可能的用工赔偿风险,为公司员工在人寿保险处投保国寿团体人身意外伤害保险,附加意外伤害医疗保险,保额 12000 元。A 电器公司、人寿保险就上述保险做出特别约定:保险为不记名保险,按平均人数 220 投保,理赔时被保险人或受益人授权投保人办理理赔事宜并领取理赔款,由投保人作为索赔人,理赔款直接转入投保人账号,由投保人转交被保险人。人寿保险的《国寿团体人身意外伤害保险条款》第八条约定,除本合同另有指定外,残疾保险金的受益人为被保险人本人。A 电器公司并未为何某某缴纳工伤保险费。在何某某受伤后,A 电器公司代办了向人寿保险的索赔事宜。对于何某某委托公司员工杨某办理理赔事宜及受领保险金的委托书,何某某对“何某某”的签名并不认可,称为他人冒签,A 电器公司则称为何某某老婆代签。人寿保险分别于 2008 年 4 月、2010 年 5 月支付医疗保险金 12000 元及伤残保险金 10800 元给 A 电器公司。

原审法院认为,首先,何某某遭受工作损害,A 电器公司作为用人单位,应当依照《中华人民共和国社会保险法》第三十三条及国务院《工伤保险条例》第二条的规定,为何某某缴纳工伤保险费,承担对何某某工伤待遇的法定赔偿义务,因此,A 电器公司依照法院判决支付工伤赔偿款符合法律规定,是法律规定的 A 电器公司作为用人单位的强制性义务。A 电器公司为员工购买商业人身意外伤害保险,提高何某某抵御意外伤害风险的能力,符合法律规定,但《中华人民共和国保险法》第三十九条规定:人身保险的受益人由被保险人或者投保人指定;投保人指定受益人时须经被保险人同意;投保人为与其有劳动关系的劳动者投保人身保险,不得指定被保险人及其近亲属以外的人为受益人,因此本案中受益人仅限于被保险人及其近亲属,不能由 A 电器公司享受保险金利益。此外,投保商业险行为为民事合同行为,投保人、被保险人及受益人之间的权利义务均由三方签订的保险合同予以确认，获赔的保险金也并非直接归于投保人名下。本案中，A电器公司投保的国寿团体人身意外伤害保险，被保险人为A电器公司的员工，依照《国寿团体人身意外伤害保险条款》第八条约定，除本合同另有指定外，残疾保险金的受益人为被保险人本人，除此约定外，A电器公司作为投保人并未明确指定受益人，因此应当认定国寿团体人身意外伤害保险的受益人为被保险人，即为遭受意外伤害的A电器公司的员工，本案何某某在受伤后即有权依据保险合同获取保险金赔偿，对于保险金金额22800元，何某某及A电器公司、人寿保险均无争议，原审法院予以确认。A电器公司辩称抵扣为何某某支付的医疗费，与合同约定相违背，无法律依据，原审法院不予支持。A电器公司作为该笔保险金的实际占有人，无法律依据继续占有该笔款项，应不返还给何某某。

其次，对于人寿保险，其与投保人签订的保险条款约定了受益人为被保险人，A电器公司、人寿保险也特别约定了由投保人获得被保险人或受益人授权后办理理赔事宜并领取理赔款，理赔款由投保人转交被保险人，因此可确认保险金最终所有人应为受益人，人寿保险应当将保险金支付给本案的何某某。人寿保险辩称，签订合同时受益人不确定，且与A电器公司约定由A电器公司代为理赔，对此原审法院认为，受益人无特别约定的为被保险人，被保险人为不记名，但并非不确定，在意外伤害事故发生后，被保险人及受益人进一步确定，人寿保险应当与受益人协商确定保险金的支付方式。A电器公司、人寿保险签订的承保特别约定为A电器公司、人寿保险之间达成的合意，不能对合同的第三方受益人产生约束力，人寿保险依照与A电器公司达成的约定履行，不能对抗受益人对承保保险公司依照保险合同提出的保险金请求权，人寿保险公司构成违约，应当承担违约责任。

最后，A电器公司非法占有何某某应得的保险金22800元，人寿保险违约将应支付给何某某的保险金支付给了A电器公司，何某某对于A电器公司、人寿保险有不同的民事请求权，在支付给何某某保险金22800元的结果上发生重合，为事实上发生的重合，A电器公司、人寿保险应当共同承担返还22800元的法律责任，一方履行责任后另一方即免除责任，因此A电器公司、人寿保险互负连带清偿责任。

综上所述，原审法院依照《中华人民共和国民法通则》第七十五条、第八十四条、第一百零六条、第一百零八条，《中华人民共和国合同法》第四十四条、第六十条、第一百零七条，《中华人民共和国保险法》第十条、第三十九条的规定，判决如下：一、中国人寿保险股份有限公司珠海分公司于本判决发生法律效力之日起五日内支付保险金22800元给何某某；二、珠海市A电器公司对中国人寿保险股份有限公司珠海分公司上述支付义务承担连带清偿责任。如果未按判决所指定的期间履行给付金钱义务，应当按照《中华人民共和国民事诉讼法》第二百五十三条之规定，加倍支付迟延期间的债务利息。本案受理费减半收取人民币185元，由云田公司、人寿保险共同负担。

原审被告A电器公司不服上述判决，提起上诉称：一审判决认定事实不清，证据不足，适用法律错误，故意偏袒被上诉人一方。1. 我公司属钣金加工行业，工作人员流动量大。由于当时环境因素，为缓解公司经营过程中的风险，我公司在中国人寿保险股份有限公司珠海分公司处购买了一份不记名的《团体人身意外伤害保险》。2. 被上诉人于2006年6月22日入职，任开卷一职，于2007年5月9日18时20分许发生工伤。被上诉人自工伤之日起在珠海市红旗医院就诊治疗，期间的医疗费共计28337.57元，已由我公司垫付向医院转账支付；之后被上诉人自行转入珠海市人民医院治疗，医疗费用3149.12元，我公司于2010年3月29日由珠海市香洲区人民法院通过执行已转账支付给被上诉人。3. 被上诉人工伤医疗费用共计31486.69元是我公司全部现行支付，被上诉人并未支付过一分钱。如果再次支付医疗费12000元给被上诉人，明显是重复支付。这样直接导致何某某不当得利，违反了保险最基本的原则。如果何某某投保多份医疗保险，岂不是他实际花费12000元的医疗费，而多份保险每份赔偿12000元，明显的不当得利。综上，我公司在中国人寿保险股份有限公司珠海分公司所理赔的12000元医疗保险金，应归我公司所有，医疗费用不应重复支付给被上诉人。4. 我公司购买此保险，目的就是为了避免未买社保原公司发生工伤后的工伤医疗及伤残赔付风险。何某某工伤伤残六级，我公司已按照劳动法律法规，于2010年3月29日足额支付给了何某某，因此，被上诉人不应再向我公司要求支付其他任何费用。综上，上诉人A电器公司上诉请求撤销原审判决,依法改判。

针对A电器公司的上诉,何某某答辩称:原审判决的认定和法律适用都是正确的,A电器公司上诉的事实和理由是将其应承担的工伤保险强制性责任与商业保险合同责任混为一谈,是错误的。工伤保险待遇是何某某依法享有的权利,同时也是A电器公司依法应承担的强制性责任。而商业保险合同则应依照合同的约定来确认由谁享有保险利益,两者之间的法律关系和法律适用根本不相同。A电器公司以其已承担工伤保险责任为由主张其享有人身商业保险利益与保险合同约定不符,上诉人的上诉事实和理由没有合同和法律依据,其上诉人请求应予驳回,请求二审法院维持原判。

原审被告人寿保险亦不服上述判决,提起上诉称:一、原审判决对何某某诉A电器公司和人寿保险法律关系的认定混乱。1. 原审对侵权之诉还是合同纠纷之诉未做区分,直接定性为合同纠纷之诉,倾向性明显。人寿保险在一审答辩状中已经明确提出,此案明显属于侵权纠纷,是何某某和A电器公司的侵权纠纷,与人寿保险无关。人寿保险要求何某某确定是以合同纠纷还是侵权纠纷起诉,在何某某未作出明确答复时,原审直接定性为保险合同纠纷,倾向性明显。2. 原审认定人寿保险承担违约责任,完全错误。何某某即使是确定一定要以合同纠纷起诉,则也是要求人寿保险履约。而不是原审认定的违约,没有任何证据证明人寿保险违约。3. 原审对A电器公司、人寿互负连带清偿责任认定错误。连带责任是指多数当事人按照法律的规定或合同的约定,连带地向权利人承担责任。连带责任是基于共同的侵权责任而产生的,主观上存在共同的目的。而从原审看,人寿保险不存在侵权,更不存在与A电器公司的共同侵权,主观上更是不存在共同的目的。因此,从法律关系上看,不存在连带责任,从法律适用上看,没有任何一条法律法规及相关规范,能说明人寿保险与A电器公司存在连带责任关系。

二、未对重要证据进行认定。人寿保险提交的证据中,足以证明人寿保险已经按合同约定支付了理赔金,“理赔申请书、理赔委托书、垫付说明、声明书”理赔资料齐全,人寿保险按约定支付了理赔金,原审未对垫付说明、声明书作出认定。上述证据是否何某某本人签名,一审未做认定。人寿保险根据投保单位提交的资料支付理赔金，申请资料签名处有“何某某”字样，有 A 电器公司的公章。人寿保险当然可以根据资料给付理赔金。一审法官强调人寿保险未电话联系何某某进行确认，保险合同未作此方面的规定，一审法官对此，属扩大了人寿保险的义务，也不符合实际情况。

三、原审对保险合同签订主体理解错误，对受益人理解错误。（一）对保险合同签订主体理解错误；原审判决书第 8 页第五行，保险合同的主体是双方即投保人和保险公司签订的，不存在第三方签订之说。原审对此认识错误，直接影响原审审判结果。（二）原审故意混淆受益人问题；从保险合同以及特别约定，以及所有的资料均能显示，此保险合同的受益人为被保险人。人寿保险未对此进行否认，人寿保险与 A 电器公司承保特别约定第四条（二）只是约定了理赔金直接转入投保人账户，且约定由投保人转交被保险人。并未约定受益人为其他人，也未违反保险法的规定。这一约定是为了方便申请理赔，方便实际工作中的操作简便快捷，这是与不记名的团体人身保险的特殊性有关。且虽然有特别约定，但是人寿保险依然要求有何某某的声明书和垫付说明来确定保险金的支付方式。因此，原审法院对受益人的认定和说明完全是曲解。

四、原审法院浪费司法资源，故意增加人寿保险和 A 电器公司的人力成本以及诉讼成本。就算原审法院此次判决符合法理，但是此判决明显属于浪费司法资源，故意增加人寿保险和 A 电器公司的人力成本以及诉讼成本。（一）人寿保险实际已经支付了所有理赔金，这点是法院和所有当事人都认可的。但是原审依然要求人寿保险重新支付保险金，并承担诉讼费，这显然增加了人寿保险的人力成本；（二）人寿保险重新支付保险金和承担诉讼费用后，按原审判决，肯定会要求 A 电器公司予以清偿，如果有争议肯定又诉诸法院，明显浪费司法资源，本来可以一次性解决的事情，故意不一次性解决，增加人寿保险与被上诉人的矛盾，增加其人力成本和诉讼成本，为和谐社会增添了不和谐因素。

综上，人寿保险上诉请求：1. 撤销原审判决；2. 人寿保险已经按合同约定支付了保险金额，不再重新支付任何费用；3. 请求法院依法判令被上诉人承担一、二审的全部诉讼费用。

针对人寿保险的上诉，何某某答辩称：一、本案的案由是人身保险合同纠纷,根本不是侵权纠纷,原审判决的定性没有任何错误,是完全正确的。何某某在起诉时主张的就是保险合同纠纷,原审法院在开庭传票及判决书中也明确本案为人身保险合同纠纷。何某某认为人寿保险没有按合同约定将保险金额支付给何某某而是支付给 A 电器公司,人寿保险的这一行为具有过错,损害了何某某的利益,构成了违约,人寿保险应承担违约责任;而 A 电器公司没有合同和法律依据取得该保险金额,应返还何某某,故人寿保险和 A 电器公司对此应承担连带责任。何某某在诉状中根本没有要求 A 电器公司承担侵权责任,人寿保险对此提出上诉完全是其错误理解所致,原审判决的定性是正确的。二、《理赔委托书》和《声明书》不具有真实性,也违反人寿保险的理赔规定,不能作为本案证据来认定事实。《理赔委托书》和《声明书》中"何某某"的签名根本不是何某某所签,对此 A 电器公司也予以认可,只是辩称是何某某妻子代签,但又不能提供证据予以佐证,故该两份证据不具有真实性,又根据庭审中人寿保险的陈述和规定,该两份证据本应由何某某亲自到人寿保险理赔柜台办理,直接交给人寿保险,而人寿保险在庭审中也陈述是 A 电器公司转交,其不知道也不能确认签名的真实性,因此,该两份证据理应不能作为认定本案事实的证据,由此产生的法律后果和责任理应由人寿保险和 A 电器公司承担。综上,人寿保险的上诉事实和理由根本不能成立,其上诉请求应予驳回,请求二审法院维持原判。

经审理查明,原审查明的事实清楚,本院予以确认。

本院认为,当事人对原审认定人寿保险与 A 电器公司签订的保险合同有效均无异议,本院予以确认。本案二审争议焦点为 A 电器公司应否将收取的保险赔偿金支付给何某某、人寿保险应否承担连带支付保险赔偿金的责任等问题。对此,本院具体评述如下:

(一)关于 A 电器公司应否将收取的保险赔偿金支付给何某某的问题。A 电器公司为公司员工在人寿保险处投保国寿团体人身意外伤害保险,其与人寿保险签订的保险合同做出特别约定:保险为不记名保险,按平均人数 220 投保,理赔时被保险人或受益人授权投保人办理理赔事宜并领取理赔款,由投保人作为索赔人,理赔款直接转入投保人账号,由投保人转交被保险人。由此可知,在涉案保险关系中,A 电器公司为投保人,人寿保险为保险人,遭受意外伤害的A电器公司员工为被保险人。何某某作为A电器公司员工,在受伤后即取得涉案保险合同的被保险人地位,有权依据保险合同收取保险赔偿金。A电器公司仅为投保人,既非被保险人,亦非保险合同指定的受益人,其收取理赔款后应依照保险合同约定转交何某某。涉案理赔款为商业保险的保险赔偿金,应依照保险合同以及法律规定确认所得,A电器公司与何某某之间并未就该款的处置作出特别约定,A电器公司辩称可从中抵扣为何某某支付的医疗费,既无合同约定,也无法律依据,本院不予支持。原审法院判令A电器公司将收取的理赔款返还给何某某,并无不当,本院予以维持。

(二)人寿保险应否承担连带支付保险赔偿金的责任的问题。保险合同特别约定了由投保人获得被保险人或受益人授权后办理理赔事宜并领取理赔款,理赔款由投保人转交被保险人。A电器公司提交的申请资料有"何某某"的签名授权,且加盖了A电器公司的公章,保险合同并未明确约定授权手续的具体形式,何某某到现场确认理赔并非A电器公司代办理赔事宜并领取理赔款的必要条件,人寿保险根据投保人A电器公司提交的有"何某某"签名的申请资料向A电器公司支付理赔金,已尽到合理审查义务,符合保险合同约定。原审认定人寿保险向A电器公司支付理赔款构成违约错误,本院予以纠正。何某某对申请资料中授权签名的真实性提出异议,但没有提出笔迹鉴定申请,也没有提交其他证据证实,且即便签名真实性存在问题,在人寿保险已尽到合理审查义务的情况下,亦应由A电器公司承担无授权收取理赔款的法律后果。人寿保险认为其不应承担连带支付保险赔偿金的责任,理由成立,本院予以支持。

综上所述,原审判令A电器公司将收取的理赔款返还给何某某正确,本院予以维持。但认定人寿保险应承担连带支付保险赔偿金不当,本院予以更正。人寿保险的上诉理由成立,本院予以支持。依照《中华人民共和国民事诉讼法》第一百七十条第一款第(一)项、第(二)项之规定,判决如下:

一、撤销珠海市香洲区人民法院(2013)珠香法湾民二初字第302号民事判决;

二、珠海市A电器公司有限公司于本判决发生法律效力之日起五日内

向何某某支付人民币 22800 元;

如果未按本判决指定的期间履行给付金钱义务,应当依照《中华人民共和国民事诉讼法》第二百五十三条之规定,加倍支付迟延履行期间的债务利息。

三、驳回何某某的其他诉讼请求。

本案一、二审受理费人民币 555 元,由珠海市 A 电器公司有限公司负担。

本判决为终审判决。

审 判 长　詹　洁

代理审判员　朱　玮

代理审判员　马翠平

二〇一四年三月三十一日

书 记 员　陈德晓

# 宗某某诉如皋支公司保险合同纠纷案

## 江苏省南通市中级人民法院民事判决书

（2012）通中商终字第0462号

上诉人（原审原告）：宗某某。

法定代理人：宗某，男。

委托代理人：张某某。

被上诉人（原审被告）：中国人寿保险股份有限公司如皋支公司，住所地如皋市如城镇福寿路369号。

负责人：施某某，该公司总经理。

委托代理人：沈某某，中国人寿保险股份有限公司如皋支公司员工。

委托代理人：吴某。

上诉人宗某某因与被上诉人中国人寿保险股份有限公司如皋支公司（以下简称人寿如皋支公司）保险合同纠纷一案，不服江苏省如皋市人民法院（2012）皋商字第0320号民事判决，向本院提起上诉。本院受理后依法组成合议庭审理了本案，现已审理终结。

宗某某向一审法院起诉称，宗某某的母亲洪某某在人寿如皋支公司投保了康宁终身保险并按期缴纳了保险费用。2011年8月19日洪某某发生交通事故死亡。事发后宗某某及父亲宗某到人寿如皋支公司申领保险金，人寿如皋支公司于2011年12月2日出具拒绝给付保险金通知书，拒绝支付保险金。请求判令：1. 人寿如皋支公司立即给付保险金3万元；2. 诉讼费由人寿如皋支公司承担。

人寿如皋支公司一审辩称，宗某某亲属洪某某驾驶没有检验合格的车辆发生交通事故，违反了车辆定期安全技术检验的法律规定，按照保险合同的条款,该事故不属于保险合同的理赔范围,请求法院驳回宗某某的诉求。

原审法院经审理查明,2008 年 8 月 12 日,宗某某的母亲洪某某在人寿如皋支公司投保了康宁终身保险,保险金额 1 万元,每年交 680 元,交费期满日为 2022 年 8 月 12 日。投保单载明保险受益人宗某某。保险条款中保险责任约定,若被保险人身故,保险公司按基本保额的三倍给付身故保险金;责任免除中约定被保险人驾驶无有效行驶证的机动交通工具导致被保险人身故,保险公司不负保险责任。洪某某在投保单最后的格式条款"贵公司已对保险合同的条款内容履行了说明义务,并对责任免除条款履行了明确说明义务……"下方投保人栏和被保险人栏分别签名。后洪某某按期缴纳了保险费用。2011 年 8 月 19 日,洪某某驾驶苏 F74G55 二轮摩托车(检验合格至 2007 年 6 月)与邱某某驾驶的苏 F22Z78 号小型轿车发生交通事故致洪某某死亡。2011 年 9 月 28 日如皋市公安局交通巡逻警察大队作出道路交通事故责任认定书,认定洪某某驾驶未定期检验的机动车通过没有交通信号灯控制也没有交通警察指挥的交叉路口,拐弯时未让直行的车辆优先通行,与邱某某分别承担事故的同等责任。2011 年 9 月 16 日如皋市车辆安全技术检测站对苏 F74G55 二轮摩托车检测后认为该车因撞击导致前刹车把手损坏,制动无法检验,转向合格,喇叭合格。后宗某某及其父亲宗某到人寿如皋支公司申领保险金,人寿如皋支公司于 2011 年 12 月 2 日出具拒绝给付保险金通知书,拒绝支付保险金。

原审法院认为,宗某某母亲洪某某在人寿如皋支公司投保了康宁终身保险及洪某某驾驶未定期检验的机动车与他人发生交通事故致洪某某死亡的事实,双方均无异议。双方争议的焦点是:1. 洪某某在人寿如皋支公司投保康宁终身保险时,人寿如皋支公司对免责条款是否履行了明确说明义务,相关免责条款是否发生效力。2. 洪某某驾驶未定期检验的机动车与他人发生交通事故致洪某某死亡,人寿如皋支公司主张免除保险责任是否予以支持。

关于争议焦点一。洪某某在投保单中"贵公司已对保险合同的条款内容履行了说明义务,并对责任免除条款履行了明确说明义务……"下方投保人栏和被保险人栏分别签名,应视为人寿如皋支公司就免责条款向其履行了明确说明义务的确认。宗某某提供的许某某出具的书面证明与人寿如皋支公司提供的对许某某的调查询问笔录内容完全相反，双方均未申请许某某出庭作证，法院酌情考虑人寿如皋支公司向许某某调查询问时许某某已经离开公司，与人寿如皋支公司不再有利害关系，而许某某与洪某某是妯娌关系，其作出的有利于宗某某的证言难以采信。故对宗某某主张的投保时人寿如皋支公司未对免责条款履行明确说明义务，相关免责条款不发生效力的意见，不予支持。

关于争议焦点二。机动车定期检验，属于众所周知的常识。洪某某在人寿如皋支公司投保的康宁终身保险条款中明确约定被保险人驾驶无有效行驶证的机动交通工具导致被保险人身故，保险公司不负保险责任。该条款是否发生效力，应综合考虑事故车辆未定期检验是否明显超过期限、是否与保险事故发生存在关联、驾驶人员或车主是否明确知晓等因素合理认定。本案中事故车辆只检验合格至2007年6月，事故发生时已四年没有定期检验。事故发生后如皋市车辆安全技术检测站对事故车辆的制动无法检验，法院无法确定事故车辆未定期检验是否与保险事故发生存在关联。宗某某提供的车牌号为苏F74G55摩托车的行驶证以证明事故车辆目前已经合格检验，但检验记载明显是中断的，恰恰证明了事故发生时事故车辆未经定期检验。故人寿如皋支公司免除保险责任的主张应予支持。

综上所述，洪某某投保时在投保单中确认了人寿如皋支公司对免责条款已向其履行了明确说明义务。洪某某驾驶四年未定期检验的机动车发生保险事故后，相关部门对事故车辆的制动无法检验，人寿如皋支公司依据保险合同条款提出免除保险责任的抗辩意见应予支持。据此，原审法院依照《中华人民共和国合同法》（以下简称《合同法》）第六十条、《中华人民共和国保险法》（以下简称《保险法》）第二十四条之规定，作出如下判决：驳回宗某某要求人寿如皋支公司给付3万元保险金的诉讼请求。案件受理费550元，由宗某某负担。

上诉人宗某某向本院提起上诉称，一、被上诉人制定的责任格式条款无效。根据《合同法》第四十条的规定，提供格式条款一方免除其责任，加重对方责任，排除对方主要权利的，该条款无效。同时根据最高人民法院

《关于适用〈中华人民共和国合同法〉若干问题的解释(二)》(以下简称《合同法解释二》)第六条的规定,案涉格式条款无效。二、被上诉人未对免责条款尽明确说明义务。本案中洪某某已死亡,被上诉人应当对说明义务承担举证责任,但其未能举证证明订立合同时已尽明确说明义务。三、原审认定洪某某在投保单中确认被上诉人已对免责条款履行明确说明义务存在错误。被上诉人未对免责条款的内容以及相关后果向洪某某作出说明,故洪某某签投保单时并不知道免责条款的内容和后果。四、本案中免责条款为驾驶无有效行驶证的机动交通工具,上诉人认为行驶证从法律上讲无有效无效之分,只要是公安机关颁发的就是有效的。综上,请求二审法院撤销原判,依法改判。

上诉人宗某某为证明其主张,在二审中申请证人许某某出庭作证,许某某陈述,其与洪某某系妯娌关系,签订保险时其未向洪某某就免责条款作明确说明。

被上诉人人寿如皋支公司辩称,原审认定事实清楚,适用法律正确,上诉人的上诉理由不能成立,请求驳回上诉,维持原判。

被上诉人人寿如皋支公司对证人许某某的证言质证认为,证人与上诉人是亲戚,证言的真实性存在疑问。许某某在本案发生后先后有两份书面的材料,一份是上诉人写好的让其签字的证明,这个证明发生在被上诉人对其调查之前,被上诉人调查时,其完全清楚是为什么事调查,而且没有人威胁其怎么说,证人前后表述不一致,证言不可信。

本院认证认为,根据原审法院已采信证据,许某某于2012年3月21日出具证明,陈述其未向洪某某就免责条款作明确说明;2012年5月31日,许某某接受被上诉人调查时,陈述其已就免责条款向洪某某作明确说明。许某某前后的陈述存在矛盾,且许某某与洪某某系妯娌关系,在无其他证据予以印证的情况下,许某某的证言不能作为认定事实的证据。

本院经审理,对原审法院采信的证据以及据此认定的案件事实予以确认。

经双方当事人确认,二审归纳争议焦点为:1. 案涉免责条款是否有效? 2. 案涉车辆未经过定期检验是否符合免责条款约定的情形?

关于案涉免责条款是否有效的问题。根据《保险法》第十七条的规定,保险合同中规定有关保险人责任免除条款的,保险人在订立合同时应当向投保人明确说明,未作提示或者明确说明的,该条款不产生效力。根据《合同法解释二》第六条的规定,提供格式条款的一方对格式条款中免除或者限制其责任的内容,在合同订立时采用足以引起对方注意的文字、符号、字体等特别标识,并按照对方的要求对该格式条款予以说明的,人民法院应当认定符合《合同法》第三十九条所称"采取合理的方式"。本案中,投保单中的"声明与授权"中,被上诉人已用黑体加粗字体提示投保人注意免责条款,投保人洪某某已在该处签字确认,此行为证明被上诉人已就免责条款向投保人尽明确说明义务。对上诉人所称的洪某某签投保单时并不知道免责条款的内容和后果,本院认为,洪某某作为完全民事行为能力人,应当知道签字的法律后果,上诉人此辩不能成立。因此,本案中被上诉人已就免责条款向洪某某尽明确说明义务,案涉免责条款具有法律效力。

关于案涉车辆未经过定期检验是否符合免责条款约定情形的问题。案涉保险合同中明确约定,被保险人驾驶无有效行驶证的机动交通工具导致被保险人身故,保险公司不承担保险责任。本案中,事故车辆只检验合格至2007年6月,事故发生时已四年未检验,行驶证的有效期到2007年6月,案涉车辆无有效行驶证是不言而喻的。对于上诉人所称的行驶证从法律上讲无有效无效之分,只要是公安机关颁发的就是有效的观点,本院认为,行驶证已明确载明有效期至2007年6月,2007年6月之后未进行检验该行驶证当然失效,上诉人此辩显然无事实与法律依据。事发后,经权威部门检测,对制动无法检测,该不利后果应由被保险人承担。因此,洪某某驾驶无有效行驶证的案涉车辆发生交通事故,符合案涉免责条款约定的免责情形,保险公司不应承担保险责任。

综上,宗某某的上诉理由不能成立,本院不予采信。原审判决认定事实清楚,适用法律正确,审判程序合法,依法应予维持。据此,依照《中华人民共和国民事诉讼法》第一百五十三条第一款第(一)项之规定,判决如下:

驳回上诉,维持原判决。

二审案件受理费550元,由上诉人宗某某负担。

本判决为终审判决。

审　判　长　张志新
代理审判员　蔡荣花
代理审判员　张志刚
二〇一二年十二月十三日
书　记　员　孔令峰

# 刘某某等诉上海市分公司保险合同纠纷案

## 上海市第二中级人民法院民事判决书

（2013）沪二中民六（商）终字第44号

上诉人（原审原告）：刘某某。

上诉人（原审原告）：王某某。

两上诉人的共同委托代理人：刘某雷。

两上诉人的共同委托代理人：鲁某某。

被上诉人（原审被告）：中国人寿保险股份有限公司上海市分公司，住上海市黄浦区人民路858号。

负责人：肖某，该公司总经理。

委托代理人：丛某某，该公司员工。

委托代理人：尤某，该公司员工。

被上诉人（原审被告）：对外服务贸易有限公司。

法定代表人：郭某某，该公司董事长。

委托代理人：汪某某，该公司员工。

上诉人刘某某、上诉人王某某因与被上诉人中国人寿保险股份有限公司上海市分公司（以下简称中国人寿）、被上诉人对外服务贸易有限公司（以下简称外服公司）人身保险合同纠纷一案，不服上海市黄浦区人民法院（2011）黄浦民五（商）初字第462号民事判决，向本院提起上诉。本院依法组成合议庭，公开开庭审理了本案。上诉人刘某某、上诉人王某某的共同委托代理人鲁某某、被上诉人中国人寿的委托代理人丛某某、被上诉人外服公司的委托代理人汪某某到庭参加诉讼。本案现已审理终结。

原审法院经审理查明：

1. 2008年1月1日,刘某与外服公司签订劳动合同,约定根据《派遣协议书》确定英国伦敦金融城上海代表处为刘某的用工单位,期限自2008年1月1日至2009年12月31日止,合同期满时,可自动续延二年。根据外服公司2009年新版《中国员工团体健康保障计划》(以下简称员工保障计划),关于人身保障(A类),意外(除交通),最高给付人民币100万元(以下币种均为人民币)。《人身意外伤害保障实施办法》第六条责任免除载明:中国员工殴斗、醉酒、自杀、故意自伤及服用、吸食、注射毒品,外服公司不负给付保障金的责任。该保障计划还包括了其他关于医疗保障、重大疾病、住院补贴、离岗补贴等多项保障。

2. 2011年3月31日,外服公司作为投保人向中国人寿投保"国寿绿洲团体意外伤害保险(A型)",保险生效日指定为2011年4月1日,保险期间三个月,被保险人数64,757人,总保险金额29,912,232,240元,总保险费1,869,516.99元;"国寿绿洲团体意外伤害保险(A型)"条款第五条保险责任约定:"被保险人遭受意外伤害,并自该意外伤害发生之日起一百八十日内因该意外伤害身故,本公司按该保险人的保险金额扣除已给付残疾保险金和烧伤保险金后的余额给付身故保险金,本合同终止。"第六条责任免除约定,被保险人自杀或故意自伤,但被保险人自杀或故意自伤时为无民事行为能力的除外,导致被保险人身故、残疾或烧伤的保险公司不承担给付保险金的责任。第二十一条释义,意外伤害指遭受外来的、突发的、非本意的、非疾病的客观事件直接致使身体受到的伤害。

3. 2011年4月21日,刘某在上海市南京东路××号地下B3自缢身亡。

4. 2011年6月13日上海市长宁区公证处作出继承权公证书,确认刘某生前未婚,其父亲刘某某、母亲王某某为被继承人刘某的第一顺序继承人。

5. 2011年8月2日,中国人寿根据刘某某、王某某的理赔申请,以被保险人"自杀或故意自伤"的身故原因不属于"国寿绿洲团体意外伤害保险(A型)"的责任范围为由,拒绝理赔。

一审中,刘某某、王某某诉称,刘某某、王某某系刘某的父母,刘某生前系伦敦金融城中国区负责人。2011年4月21日下午6时左右,刘某在其办公地的消防通道内自缢身亡。刘某生前的劳动关系由外服公司代理,外服公司为包括刘某在内的中国员工向中国人寿办理了意外死亡人身保险

（A类）团体保险。根据外服公司会同中国人寿制定和发布的“员工保障计划”第一项第一目的规定，意外死亡的保险赔偿金为人民币100万元。刘某自2001年参加工作以来其劳动关系一直由外服公司代理，刘某通过外服公司向中国人寿交纳包括保险费在内的各项费用，刘某的医疗保险理赔也通过外服公司办理。刘某因长期超负荷工作等原因最终导致精神崩溃，自杀时已完全丧失行为能力。事后，刘某某、王某某方依保险合同约定向中国人寿提出了保险索赔申请，中国人寿拒赔。故刘某某、王某某请求判令：中国人寿向其支付保险赔偿金100万元；以100万元为本金从2011年8月3日起至判决生效止，按照人民银行同期贷款利率1.5倍计算罚息；外服公司承担连带责任。中国人寿辩称，认可刘某的身份及其出险时是被保险人，被保险人在自杀时具有完全民事行为能力。但不同意刘某某、王某某诉请，认为保险合同于2011年4月1日生效，但刘某于合同成立后不到一个月就自杀，根据保险法和合同约定，保险人对此不应承担保险责任。外服公司辩称，刘某某、王某某所称的外服公司承担连带责任没有法律依据；刘某系自杀，属于不予理赔项目。

原审法院经审理认为，刘某生前与外服公司建立劳动关系，外服公司作为投保人向中国人寿投保了“国寿绿洲团体意外伤害保险（A型）”，刘某等员工为该保单的被保险人。该保险的保险责任为被保险人遭受意外伤害，并自该意外伤害发生之日起一百八十日内因该意外伤害身故，本公司按该保险人的保险金额扣除已给付残疾保险金和烧伤保险金后的余额给付身故保险金，本合同终止。责任免除约定，被保险人自杀或故意自伤，但被保险人自杀或故意自伤时为无民事行为能力的除外，导致被保险人身故、残疾或烧伤的保险公司不承担给付保险金的责任。本案系争保险合同为三个月的短期合同，被保险人刘某在合同期内自杀身亡，而非遭受意外伤害造成死亡，同时，刘某某、王某某方也未能提供证据证明刘某在自杀时为无民事行为能力的证据。因此，中国人寿、外服公司的不应承担保险责任的抗辩意见，符合法律的规定和合同的约定。刘某某、王某某主张中国人寿承担给付保险赔偿金的义务，外服公司承担连带责任缺乏事实和法律依据。据此，依照《中华人民共和国保险法》第十条、第十二条、第十七条，最高人民法院《关于民事诉讼证据的若干规定》第二条之规定，作出判决：

对刘某某、王某某的诉讼请求,不予支持。案件受理费14,195.82元,由刘某某、王某某共同承担。

原审判决后,刘某某、王某某不服,提起上诉称:1.原审认定事实错误:(1)系争保险合同关系中的投保人是英国伦敦金融城上海代表处而非外服公司,所有保费的缴纳都来自英国伦敦金融城上海代表处,而根据"员工保障计划",外服公司是按月收费并负有给付保险金义务的人,不是投保人。外服公司具有双重身份,其具有保险兼业代理人资质,既是刘某的人事代理,又是中国人寿的保险代理人。(2)刘某的人身保障费用是按月向外服公司缴纳的,中国人寿提供的投保单中的交费方式、保险期限与"员工保障计划"中的规定相矛盾。(3)根据"员工保障计划"的规定,系争保险合同的有效期应从2008年1月1日刘某上岗且英国伦敦金融城上海代表处开始支付首期保障费起生效,直至刘某死亡,而非三个月的短期保险。(4)刘某自杀系严重抑郁症患者不可控制的意外举动,其自杀时完全丧失了行为能力,原审忽略了此节事实。2.原审适用法律错误:(1)根据"员工保障计划",应由外服公司支付保障金,但外服公司没有开展保险业务的资质,是中国人寿的兼业代理人,故应由中国人寿支付保险金,另根据《中华人民共和国民法通则》关于代理的相关规定,代理人与被代理人授权不明的,应承担连带责任。(2)系争保险合同的保险期限截至刘某自杀时已超过两年,依据《中华人民共和国保险法》第四十四条的规定,保险公司应当理赔。(3)刘某勾选的保障服务项目包括所有与人身伤害有关的意外,刘某自杀属意外,"员工保障计划"关于意外伤害和自杀免责的规定系格式条款,不符合银保险〔1998〕36号文件的相关规定。(4)上诉人依据2009版"员工保障计划"中的《人身意外伤害保障实施办法》第五条第四项及"上海市对外服务有限公司各类社会保险综合保障及各类服务说明"中的人身保障A类向两被上诉人进行索赔。上诉人从未见过中国人寿团体保险投保单与"国寿绿洲团体意外伤害保险(A型)"条款,该保险以被保险人的死亡为给付保险金条件,未经被保险人刘某同意和认可,系伪证,不应作为定案依据。故请求撤销原判,依法改判支持上诉人原审的全部诉讼请求。

中国人寿答辩称:1."员工保障计划"系外服公司对其员工的福利性保障计划的说明,其与外服公司之间的保险合同关系最终应以双方签订的保险合同为准。若上诉人坚持依据该保障计划向其主张保险合同项下的权利，其不是适格的赔偿主体。2. 其作为保险人与投保人外服公司订立“国寿绿洲团体意外伤害保险（A 型）”，刘某为被保险人，保费由外服公司向其支付，英国伦敦金融城上海代表处只有两个人，不具备团体险的投保人资格。3. 系争保险合同保险期限应为三个月，自 2011 年 3 月 31 日起算至 2011 年 6 月 30 日止，保单性质是新单投保，外服公司自 2009 年 5 月起为刘某在中国人寿投保意外伤害保险，每份保单保险期限均为三个月，该险种的保险条款规定保险期间最长 1 年。4. “员工保障计划”与“国寿绿洲团体意外伤害保险（A 型）”条款均规定了自杀免责，其拒赔具有合同依据，且上诉人无法证明刘某自杀时无民事行为能力。5. 刘某自杀不属“员工保障计划”与“国寿绿洲团体意外伤害保险（A 型）”条款中规定的意外伤害，不属理赔责任范围。故请求驳回上诉人的上诉请求，维持原判。

外服公司答辩称：1. 系争保险合同由其作为投保人向中国人寿投保，刘某为被保险人，投保险种为“国寿绿洲团体意外伤害保险（A 型）”，英国伦敦金融城上海代表处不具备投保人资格，刘某与外服公司签订《劳动合同》并被派遣至英国伦敦金融城上海代表处工作。2. “员工保障计划”只是对保险合同关系的说明，不构成单独的保险合同关系。3. 其依据与英国伦敦金融城上海代表处签订的《劳务派遣协议》，在英国伦敦金融城上海代表处选定保障项目后，按月收取管理费，然后外服公司向中国人寿投保，其中的意外伤害保障相对应的保单就是“国寿绿洲团体意外伤害保险（A 型）”。因外服公司员工存在变动情况，故每三个月一次向中国人寿投保。4. “员工保障计划”中对保障期间的规定与投保单、“国寿绿洲团体意外伤害保险（A 型）”条款中的保险期限没有必然联系。英国伦敦金融城上海代表处当月付款，则刘某可以享受该保障计划，未付款就不能享受该保障计划。5. “员工保障计划”明确写明自杀不属于保障范围。上诉人也无法证明刘某自杀时系无民事行为能力人。故请求驳回上诉人的上诉请求，维持原判。

本院经审理查明，原审查明事实属实，本院予以确认。

二审中，上诉人提交以下证据：1. 上海市精神卫生中心出具的刘某的病历记录，证明刘某因工作压力大患抑郁症。2. 社保病历记录，证明刘某生前最后一段时间多方求诊。3. 就医单据，证明刘某生前多方求治。4. 上海市第六人民医院医生的就诊推荐函,证明刘某多方求治,试图自救。5. 上海市第六人民医院医生谈话笔录,证明刘某当时精神崩溃。

二审中,被上诉人中国人寿提交团体保险投保单九份,证明外服公司自2009年5月18日起向其投保的情况,保险期间均为三个月。

二审中进一步确认以下事实:

1. 刘某曾于2004年12月至2010年2月期间,前往上海市精神卫生中心就医治疗抑郁症,其中2009年1月至2010年2月的就医记录中有"自来"、"神清"、"合作"、"情绪平稳"、"接触可"、"自知力存"等病情的记载。

2. 刘某与外服公司签订的《劳动合同》第七条社会保险和其他7.1约定:"甲方(外服公司)按照国家有关规定,为乙方(刘某)参加(社会保险/小城镇社会保险),或按上海市政府规定参加综合保险,具体由用工单位根据本市规定确定在《派遣协议书》。"7.5约定:"在被派遣期间,甲方根据用工单位与甲方确定的保障计划项目,在用工单位正常付费的情况下,提供乙方保障服务。乙方理解并同意,前述保障服务在乙方被退回(或撤回)期间不享受。"

3. 刘某、外服公司签订的《派遣协议书》第五条社会保险约定:"甲方(外服公司)按照国家和上海市的有关规定,为乙方(刘某)参加社会保险/小城镇社会保险),或按上海市政府的规定参加综合保险,费用应由用工单位和乙方承担,甲方代为缴纳。"

4. 外服公司、英国伦敦金融城上海代表处签订的《劳务派遣协议》中"附表2:服务项目"中,勾选了项目"人身意外伤害以及附加医疗保障",落款处有刘某签字。

5. "员工保障计划"项目简介中就人身保障(A类)说明:"1. 意外(除交通)死亡,最高给付人民币100万元……""员工保障计划"中《人身意外伤害保障实施办法》第一条"释义"约定:"意外伤害是指外来的、突发的、非本意的、非疾病的使身体受到伤害的客观事件。"第四条"特别声明"第四项约定:"本人身意外伤害保障有效期从中国员工上岗且参保单位开始支付首期保障费起生效,并至参加保障的参保单位与外服公司签订《劳动合同》中约定的参保单位终止或解除中国员工聘用关系之日失效。"第五条"保障责任"约定:"参加本人身意外伤害保障的中国员工在遭受意外伤害且所服务的参保单位履行正常支付保障费用的,外服公司依下列约定给付:1. 中国员工自意外伤害发生之日起 180 日内因同一原因死亡的,外服公司按标准保障金额给付死亡保障金……4. 根据适用对象所服务的参保单位的选择和保障费用支付情况,本人身意外伤害保障金可选择的给付最高额为人民币 100 万元……"

6. "国寿绿洲团体意外伤害保险(A 型)"条款第四条"保险期间"约定:"本合同的保险期间最长为一年,除另有约定外,自本合同生效之日起至约定终止日二十四时止,由投保人在投保时与本公司协商确定。"

以上事实有上诉人提交的刘某病历记录、"员工保障计划"、《劳动合同》、《派遣协议书》、《劳动派遣协议》以及被上诉人中国人寿提交的"国寿绿洲团体意外伤害保险(A 型)"条款予以佐证。

结合各方的诉辩意见,本院归纳本案的争议焦点为:1. 系争保险合同的投保人如何认定。2. 上诉人以被保险人自杀身亡为由要求两被上诉人理赔是否具有合同和法律依据。

关于第一个争议焦点。本院认为,投保人身份的认定应当依据《保险法》的规定并结合当事人订立保险合同的事实予以确定。第一,系争保险合同为人身保险,投保人在投保合同订立时,对被保险人应当具有保险利益。本案中,从被保险人刘某与外服公司订立《劳动合同》以及《派遣协议书》,外服公司与英国伦敦金融城上海代表处订立《劳务派遣协议》的事实来看,外服公司与刘某之间系劳动合同关系,故外服公司为刘某投保人身保险合同具有保险利益。第二,以死亡为给付保险金条件的人身保险合同,应当经被保险人同意并认可保险金额。英国伦敦金融城上海代表处连续向外服公司缴费,被保险人刘某对此并未提出异议,且刘某签字的《附表 2:服务项目》中已勾选了"人身意外伤害以及附件医疗保障"的项目,故应认定被保险人刘某知道并同意外服公司为其投保系争人身保险合同。第三,投保人是指与保险人订立保险合同并支付保费之人。根据《劳动合同》及《派遣协议书》的约定,包括系争人身保险保费在内的保障费用由外服公司向伦敦金融城按月收取,并在投保时向中国人寿支付,外服公司的该行为符合保险法有关投保人与保险人订立保险合同并支付保险费的规定。而保费的来源并不影响本案投保人的认定。第四,保险合同是投保人与保险人约定保险权利义务关系的协议。在投保日期为2011年3月31日的中国人寿团体保险投保单、保险单和投保申明书中，所记载的投保人均为外服公司，险种名称为“国寿绿洲团体意外伤害保险（A型）”，相对应的保险条款约定了投保人与保险人之间的权利义务。而本案“员工保障计划”系外服公司向其员工就健康保障的范围、内容进行的介绍和说明，“员工保障计划”所规定的保障内容有待于外服公司向有关保险公司进行相应的投保方能实现，且外服公司并无经营保险业务的特许经营资格，若将该“员工保障计划手册”视为保险合同，也因外服公司不具备保险业务特许经营资格从而使该保险合同无效。在保险合同关系中，应以外服公司向中国人寿投保的保险产品及对应的投保单、保单及保险条款等保险资料作为认定保险合同的依据。且“员工保障计划”从形式和内容上也不构成对系争保险合同内容的变更。第五，虽然外服公司具有保险兼业代理人资质，但其在系争保险合同中作为投保人为刘某等员工投保团体保险并无不当，本案系争保险应视为中国人寿直接承保业务。综上，根据《中华人民共和国保险法》有关投保人的规定以及对本案系争保险合同的订立过程的分析，本案系争保险合同的投保人应认定为外服公司。上诉人认为伦敦金融城是投保人、外服公司在本案中充当保险兼业代理人的意见，缺乏法律依据和事实依据，本院不予采信。

关于第二个争议焦点。本院认为，上诉人能否以被保险人刘某自杀身亡为由获得理赔，关键在于认定被保险人刘某自杀身亡是否属于系争保险合同的承保范围。系争保险合同在保险类别上应属于意外伤害保险，外服公司为刘某投保的“国寿绿洲团体意外伤害保险（A型）”条款第六条第三项规定了“自杀免责”，第二十一条对“意外伤害”进行释义。投保人外服公司对上述保险条款的效力并无异议。即便从上诉人主张的理赔依据“员工保障计划”来看，该“员工保障计划”的项目简介、《人身意外伤害保障实施办法》第五条“保障责任”的相关规定，将员工遭受意外伤害作为保障责任的范围，且《人身意外伤害保障实施办法》第一条对意外伤害也进行了与《国寿绿洲团体意外伤害保险（A型）”条款一致的释义。本案被保险人刘某系自缢身亡，从上诉人提供的刘某的就医材料等证据来看，不能证明刘某在自杀时属无民事行为能力人，而且本案现有证据亦不能证明刘某自杀系“外来的、突发的、非本意的、非疾病的”客观事件所致。故被保险人刘某自杀身亡难以认定为意外事件。系争保险合同系以被保险人的意外死亡为给付保险金的条件，而被保险人刘某自杀身亡不是意外，故上诉人以被保险人刘某自杀为由要求理赔不符合约定的保险金给付条件。至于各方争议的系争保险合同的保险期限，本院认为，第一，尽管“员工保障计划”中《人身意外伤害保障实施办法》第四条第四项规定了保障有效期，但是由于“员工保障计划”与保险合同的法律性质不同，故该保障有效期不能等同于系争保险合同的保险期限，对保险合同的保险人中国人寿不具有法律约束力。而在外服公司为刘某投保的“国寿绿洲团体意外伤害保险（A 型）”条款中，明确约定保险期限最长为一年。第二，虽然上诉人称英国伦敦金融城上海代表处自 2008 年 1 月起至刘某自杀身亡按月连续向外服公司缴纳保障费用，但是系争保险合同系由外服公司向中国人寿投保并支付相应的保费，故外服公司与英国伦敦金融城上海代表处之间保障费用收缴期间的长短，与中国人寿承保险种所约定的保险期限没有关联性。此外，刘某自杀身亡不属意外，不属系争保险合同的承保范围，故本案中保险期限是否超过两年，并不影响理赔与否的认定。因此，上诉人主张系争保险合同期限超过两年，自杀应予理赔的上诉理由不能成立，本院不予支持。

综上所述，上诉人要求两被上诉人承担理赔责任的事实和理由不能成立。原审判决并无不当，应予维持。据此，依照《中华人民共和国民事诉讼法》第一百七十条第一款第（一）项、第一百七十五条的规定，判决如下：

驳回上诉，维持原判。

本案二审案件受理费人民币 14,195.82 元，由上诉人刘某某、上诉人王某某负担。

本判决为终审判决。

审　判　长　范黎红
代理审判员　王益平
代理审判员　朱颖琦
二〇一三年五月十五日
书　记　员　张　煜

# 高某某等诉盱眙支公司保险合同纠纷案

## 江苏省盱眙县人民法院民事判决书

(2014)盱商初字第0159号

原告:高某某。

原告:高某甲。

原告:王某甲。

三原告委托代理人:马某某。

被告:中国人寿保险股份有限公司盱眙县支公司,住所地盱眙县盱城镇淮河东路18号。

负责人:王某乙,该公司经理。

委托代理人:沈某某。

委托代理人:孙某某,该公司职员。

原告高某某、高某甲、王某甲诉被告中国人寿保险股份有限公司盱眙县支公司(以下简称人寿保险盱眙支公司)保险合同纠纷一案,本院于2014年3月14日立案受理后,依法由审判员陈俊春适用简易程序于2014年4月3日公开开庭进行了审理,原告委托代理人马某某,被告委托代理人孙某某到庭参加了诉讼,后因案情复杂组成合议庭于2014年9月12日公开开庭进行审理,原告委托代理人马某某,被告委托代理人孙某某到庭参加了诉讼。本案现已审理终结。

原告高某某、高某甲、王某甲诉称,三原告亲属高某在被告处购买意外伤害保险一份,后在保险期间,发生交通事故,并在车祸中丧生,原告与被告协商理赔事宜未果。请求判令被告向原告支付保险赔偿金12万元,并承担本案的诉讼费用。

三原告为其诉称，除其当庭陈述外，提供的主要证据是：1. 高某在被告处的投保单两份；2. 高某发生交通事故盱眙县公安局交通巡逻警察大队交通事故认定书一份；3. 盱检诉刑诉（2013）119 号起诉书，（2013）盱刑初字第 0139 号盱眙县人民法院刑事判决书一份，淮安市金湖县人民医院司法鉴定所司法鉴定检验报告书一份；4. 高某居民死亡注销户口证明一份，高某签名的协议、银行开户申请书等；5. 盱眙县王店乡北山村委会证明一份。经庭审质证，原告认为保险单上高某的签名并非其本人所签，且保单系事后保险公司工作人员交予投保人儿子即本案原告高某某，以此可以推理出被告人寿保险盱眙支公司未向投保人履行明确说明义务。被告保险公司对原告提供的投保单及道路交通事故认定书、判决书、司法鉴定等证据的真实性均无异议。但认为酒后驾车属于免责范围，同时对原告主张的被告未履行告知义务予以否认。其认为保单上明确用黑体字标注的责任免除条款，已告知了投保人。同时该保单是通过网上激活生效的，激活后通过短信告知投保人，且投保单已送达投保人手中，不存在未履行告知义务的情况，投保人高某酒后驾车属于免责范围。

被告人寿保险盱眙支公司辩称，高某的投保事实存在，但因高某是酒后驾车，属于保险公司的免责条款，故保险公司不应承担赔偿责任，对原告的理赔申请予以拒绝。

被告为其辩称，除当庭陈述外，提供的证据有高某投保卡激活流程。

经审理查明，本案投保人高某向被告人寿保险盱眙支公司缴纳了 200 元的保费，为其本人在被告处购买 2 份畅行卡（B 款）保险，畅行卡（B 款）采用《国寿通交通意外伤害保险》（A 款）条款，《国寿附加通泰交通意外费用补偿医疗保险》条款。每份保单中约定，搭乘或驾驶机动车意外伤害保险金额为 60000 元，保险期间为 1 年，保险合同生效日可在投保（激活）时指定，但不能早于投保激活日的次日，且不能晚于投保激活日之后 30 日。最后投保（激活）日期为 2012 年 12 月 31 日，逾期无效。保险责任为：在本合同保险期间内，被保险人驾驶或搭乘本合同约定的交通工具时遭受意外伤害，本公司可依下列约定给付保险金：一、身故保险金，被保险人自该意外伤害发生之日起 180 日内因该意外伤害身故的，本公司按本合同约定的相应交通工具保险金额扣除已从该项保险金额中给付的残疾保险金和烧伤保险金后的余额给付身故保险金,本合同终止。责任免除条款约定:因下列情形之一,造成被保险人身故、残疾或烧伤的,本公司不承担给付保险金的责任……五、被保险人酒后驾驶、无合法有效驾驶证驾驶或驾驶无有效行驶证的机动车。

2012 年 12 月 1 日 15 时 50 分,驾驶员魏某某驾驶苏 HEW490 重型自卸货车,由盱城向王店沿 248 省道北向南行驶至 13KM + 700M 路段在超越前方同向行驶的高某乙所驾驶苏 HW2901 大型普通客车时,与相对方向高某所驾驶苏 HLW912 小型轿车发生相撞,造成三车不同程序损坏,高某死亡。经查,高某血液酒精浓度为 69. 39mg/100ml。盱眙县公安局交通工具巡逻警察大队认定高某酒后驾驶车辆,违反《中华人民共和国道路交通事故安全法》第二十二条第二款规定,负事故次要责任。高某死亡后,三原告持上述 2 份投保单要求被告人寿保险盱眙支公司赔偿意外伤害保险金计 120000 元,被告人寿保险盱眙支公司以高某酒后驾车属于免责范围为由拒赔,原告遂诉至法院。

另查明,畅行卡(B)保险险种的操作流程为,投保人先向保险公司缴纳保险费,保险公司的业务员将投保人交纳的保险费交给公司后从公司领取畅行卡(B),把该卡交给投保人,投保人在规定期限内从网上激活该卡之后,该卡生效,即保险合同关系成立。本案所涉保险卡于 2012 年 7 月 30 日通过网络激活。

本院认为,该案系保险合同纠纷案件,投保人高某与被告人寿保险盱眙支公司签订保险合同的事实存在,他们之间形成的保险合同关系不违反法律法规的规定,因而合法有效。原被告双方应按照保险合同的约定履行义务。本案争议焦点为被告人寿保险盱眙支公司是否已经向投保人履行了明确说明义务,保险条款中关于酒后驾驶免除保险人理赔责任的条款是否有效。本院认为该免责条款对投保人高某应当有效,理由如下:一、原告认为保险单上投保人的签名不是高某本人所签,激活程序也非高某本人操作,保单也未交予投保人高某。本案所涉保险合同系通过网络激活后生效,而非投保人、保险人在保单上签名生效。退一步讲,即使本案所涉的两份保单上的签名不是高某本人所签,甚至无投保人签名,也并不影响本案保险合同关系在通过网络激活后成立。原告亦未能提供充分证据证明该激活程序非投保人高某本人所为,也未提供相应证据证明原告所持有的保单的来源,其仅以保单上投保人的签名不是其本人所签,而推理出被告人寿保险盱眙支公司未能履行明确说明的义务,缺乏说服力,本院难以采信。二、依据相关规定,保险人将法律、行政法规中的禁止性规定情形作为保险合同免责条款的免责事由,保险人对该条款作出提示后,投保人、被保险人或者受益人以保险人未履行明确说明义务为由主张该条款不生效的,人民法院不予支持。本案投保人高某作为一名取得合法驾驶资格的驾驶员,其理应知道饮酒后驾驶系违法行为。另外,在原告提交的保险单中,该免责条款已经用黑体字标注,故本院认为被告人寿保险盱眙支公司已经履行了提示义务。三、从被告人寿保险盱眙支公司提供的该保险激活程序来看,该程序中已经包含了要求投保人阅读保险条款的程序。本院以此认定被告人寿保险盱眙支公司已经履行了提示、说明义务。综上,本院认为,被告人寿保险盱眙支公司在投保人投保时已经向投保人履行了提示、说明义务,故而该免责条款对保险人以及投保人均产生约束力。本案中投保人饮酒后驾驶机动车,应当属于双方合同约定的责任免除条款范围,故对原告的诉称理由本院不予采信。据此,依照《中华人民共和国保险法》第十七条,最高人民法院《关于适用〈中华人民共和国保险法〉若干问题的解释(二)》第十条、第十一条、第十二条之规定,判决如下:

驳回原告高某某、高某甲、王某甲的诉讼请求。

案件受理费2700元,由原告高某某、高某甲、王某甲承担。

如不服本判决,可在判决书送达之日起十五日内,向本院递交上诉状,并按对方当事人的人数提出副本,上诉于江苏省淮安市中级人民法院。同时根据《诉讼费用交纳办法》的有关规定向该院预交上诉案件受理费(收款人:淮安市财政局;开户行:淮安市农行城中支行;账号:341201040002××××)。

审　判　长　陈俊春
代理审判员　王德宝
人民陪审员　王宜国
二〇一四年九月十三日
书　记　员　张　宁

**附：**

**《中华人民共和国保险法》**

**第十七条** 订立保险合同，采用保险人提供的格式条款的，保险人向投保人提供的投保单应当附格式条款，保险人应当向投保人说明合同的内容。

对保险合同中免除保险人责任的条款，保险人在订立合同时应当在投保单、保险单或者其他保险凭证上作出足以引起投保人注意的提示，并对该条款的内容以书面或者口头形式向投保人作出明确说明；未作提示或者明确说明的，该条款不产生效力。

**《最高人民法院关于适用〈中华人民共和国保险法〉若干问题的解释（二）》**

**第十条** 保险人将法律、行政法规中的禁止性规定情形作为保险合同免责条款的免责事由，保险人对该条款作出提示后，投保人、被保险人或者受益人以保险人未履行明确说明义务为由主张该条款不生效的，人民法院不予支持。

**第十一条** 保险合同订立时，保险人在投保单或者保险单等其他保险凭证上，对保险合同中免除保险人责任的条款，以足以引起投保人注意的文字、字体、符号或者其他明显标志作出提示的，人民法院应当认定其履行了保险法第十七条第二款规定的提示义务。

保险人对保险合同中有关免除保险人责任条款的概念、内容及其法律后果以书面或者口头形式向投保人作出常人能够理解的解释说明的，人民法院应当认定保险人履行了保险法第十七条第二款规定的明确说明义务。

**第十二条** 通过网络、电话等方式订立的保险合同，保险人以网页、音频、视频等形式对免除保险人责任条款予以提示和明确说明的，人民法院可以认定其履行了提示和明确说明义务。

# 刘某某等诉福建省分公司、武平县支公司保险合同纠纷案

## 福建省龙岩市中级人民法院民事判决书

（2012）岩民终字第835号

上诉人（原审原告）：刘某某。

上诉人（原审原告）：肖某甲。

上诉人（原审原告）：肖某乙。

三上诉人共同委托代理人：兰某某、林某某。

被上诉人（原审被告）：中国人寿保险股份有限公司福建省分公司，住所地福州市五四路233号保险大厦，组织机构代码85814538－2。

代表人：黄某某，总经理。

被上诉人（原审被告）：中国人寿保险股份有限公司武平县支公司，住所地武平县平川镇沿河东路21号，组织机构代码85803174－8。

代表人：王某某，经理。

两被上诉人共同委托代理人：郑某某，男，汉族，1979年6月25日出生，住南平市延平区长富花园华富楼一楼，系中国人寿保险股份有限公司南平分公司职员。公民身份证号码352101197906255815。

原审第三人：中国农业银行股份有限公司武平县支行，住所地武平县平川镇竹园路14号，组织机构代码49092743－0。

代表人：傅某某，行长。

刘某某、肖某甲、肖某乙与中国人寿保险股份有限公司福建省分公司、中国人寿保险股份有限公司武平县支公司、中国农业银行股份有限公司武

平县支行意外伤害保险合同纠纷一案，武平县人民法院于2012年6月26日作出(2012)武民初字第522号民事判决，刘某某、肖某甲、肖某乙不服，向本院提出上诉，本院受理后，依法组成合议庭，于2012年9月13日公开开庭进行了审理。上诉人刘某某、肖某甲、肖某乙的委托代理人兰某某、林某某，被上诉人中国人寿保险股份有限公司福建省分公司和中国人寿保险股份有限公司武平县支公司的委托代理人郑某某到庭参加诉讼，原审第三人中国农业银行股份有限公司武平县支行经本院合法传唤，未到庭参加诉讼，本院依法缺席审理。本案现已审理终结。

原审认定，刘某某是肖某丙之妻，肖某甲、肖某乙是肖某丙之子。2009年8月，肖某丙与第三人签订了借款5万元的自助借款合同一份，同日，向中国人寿保险股份有限公司福建省分公司投保了意外伤害保险，保险合同约定：保险期间2009年8月26日至2012年8月25日；被保险人自意外伤害发生之日起180日内因同一原因身故的，中国人寿保险股份有限公司福建省分公司按本合同约定的保险金额给付身故保险金；保险金额为60000元；该保险的第一顺序受益人为第三人。2012年2月8日，肖某丙在家中摔倒，在送医院途中死亡，经医生诊断，死亡原因为猝死，但因摔伤致死的可能性不大。刘某某、肖某甲、肖某乙认为肖某丙是因意外伤害死亡，中国人寿保险股份有限公司福建省分公司和中国人寿保险股份有限公司武平县支公司应依约定给付保险金，遂提起诉讼，请求中国人寿保险股份有限公司福建省分公司和中国人寿保险股份有限公司武平县支公司共同支付因肖某丙意外伤害死亡的保险金60000元。

原审确定双方当事人争议的焦点为：肖某丙是因意外伤害死亡还是因病“猝死”死亡。

原审认为，肖某丙投保的是意外伤害保险，本案案由应为意外伤害保险合同纠纷，非人寿保险合同。刘某某、肖某甲、肖某乙起诉符合《中华人民共和国民事诉讼法》第一百零八条规定的条件，刘某某、肖某甲、肖某乙具有起诉资格。当事人对自己提出的主张有责任提供证据，刘某某、肖某甲、肖某乙主张肖某丙在家中摔倒致颅脑外伤提供的证据是肖某丙的《居民死亡医学证明书》，但出具该证明书的接诊医生徐某某证明是否颅脑外伤不能确定，并分析认为摔伤致死的可能性不大，因而，该证明书不能证明肖某丙因摔伤致死,刘某某、肖某甲、肖某乙主张肖某丙因意外伤害致死的证据不足,其据此要求中国人寿保险股份有限公司福建省分公司、中国人寿保险股份有限公司武平县支公司支付肖某丙因意外伤害死亡的保险金,证据不足,不予支持。中国人寿保险股份有限公司福建省分公司经合法传唤,无正当理由拒不到庭参加诉讼,依法缺席审理和判决。依照《中华人民共和国民事诉讼法》第六十四条第一款、第一百三十条的规定,判决:驳回刘某某、肖某甲、肖某乙要求中国人寿保险股份有限公司福建省分公司、中国人寿保险股份有限公司武平县支公司共同支付因肖某丙意外伤害死亡的保险金 60000 元的诉讼请求。本案案件受理费 1300 元,由刘某某、肖某甲、肖某乙负担。

一审判决后,刘某某、肖某甲、肖某乙不服,向本院提出上诉称:

一、被保险人肖某丙系发生意外伤害致死,被上诉人应当承担保险理赔责任。

被上诉人对上诉人刘某某所作的理赔询问笔录中记载:2012 年 2 月 8 日下午 5 时左右,上诉人刘某某看到丈夫往家走却没有到家,正当上诉人刘某某打开院子大门寻找被保险人肖某丙时,上诉人刘某某看到被保险人肖某丙跌倒在院子门外的路上,上诉人刘某某马上扶起被保险人肖某丙。当时,上诉人刘某某看到被保险人肖某丙额头擦破了皮,约有 3 厘米长,并有出血,上诉人刘某某用手探了一下肖某丙的鼻子,发现肖某丙已经停止了呼吸。之后,上诉人刘某某仍叫人用面包车把肖某丙送往武平县医院抢救,同时拨打了 120 急救电话。在肖某丙被送到武平县东留圩上时,武平县医院的急救车正好也到了,出诊的医生立即对被保险人肖某丙进行了简单的检查,看了一下被保险人肖某丙的眼睛,用听诊器听了一下被保险人肖某丙的胸口,就断定被保险人肖某丙已死亡一段时间,医生便没有再对被保险人肖某丙进行抢救就走了。从以上询问笔录中可以说明被保险人肖某丙是因摔倒受伤导致死亡,被保险人肖某丙死亡之前身体一向很好,在出事前还帮人干活,并不是肖某丙身体的原因导致死亡,被上诉人不存在免责事由,所以被上诉人应当承担保险理赔责任。

二、一审法院仅以武平县医院出具的未确定被保险人肖某丙死因的证明为依据继而认定被保险人肖某丙猝死的结论与客观事实不符。

武平县医院的出诊医生只对被保险人肖某丙进行了大约 2 ~ 3 分钟的

检查,并未对被保险人肖某丙的死因进行认真、全面、科学分析或检验,在未出具客观、权威的检验报告的情况下简单作出直接导致被保险人肖某丙死亡为猝死,引起猝死的原因可能是颅脑外伤的诊断结论。上诉人认为武平县医院医生的检查不能准确判断出肖某丙死亡的真正原因,而要对一个人的死因作出准确判断应当进行尸体解剖检验,而武平县医院出具的死亡医学证明只是为了火化的需要,在上诉人的要求下随意开出的证明,该证明对被保险人肖某丙的死因认定不客观、不真实,该证明并不能确定被保险人肖某丙的死因,因此,该证据不能单独作为定案的依据。

综上所述,被保险人肖某丙是由于意外受伤导致死亡,一审法院认定事实错误。即使被保险人肖某丙是猝死,猝死也只属于死亡的一种表现形式,而不是死亡原因。到目前为止,被上诉人没有任何证据能够证明被保险人肖某丙之死是因其自身疾病造成,或者主要是因自身疾病导致,故也就不能排除遭受意外伤害而死亡的原因。保险公司对"意外伤害"的条款解释不是唯一依据,应结合合同条款、案件事实及保护被保险人的合法利益角度出发,综合考虑。为此,上诉上恳请二审法院依法查明事实,作出公正的判决,支持上诉人的上诉请求。

被上诉人中国人寿保险股份有限公司福建省分公司与被上诉人中国人寿保险股份有限公司武平县支公司共同辩称:

一、被保险人为"猝死",证据确凿。

1.《死亡医学证明书》等可以证明死因。我国对公民出生证、死亡证的管理有严格的制度约束,按照《卫生部、公安部、民政部〈关于使用出生医学证明书、死亡医学证明书和加强死因统计工作的通知〉》规定,《死亡医学证明书》、《居民死亡殡葬证》等具有法律效力,可以证明被保险人肖某丙的死因为"猝死"。

2.《死亡医学证明书》并非孤证。综合分析肖某丙死亡过程的具体事实,《死亡医学证明书》、《居民死亡殡葬证》、出诊医生陈述等证据之间互相印证,形成一个证据链,能证明肖某丙系猝死。

3. 一审时上诉人已经认可了死亡医学证明的效力。上诉人在一审中提交了证据《死亡医学证明书》以证明肖某丙死因,但二审时,上诉人又否认《死亡医学证明书》的合法有效性,改口称"在家属的要求下,医院随意开出死亡医学证明,只是为了火化的需要"。最高人民法院《关于民事诉讼证据的若干规定》第七十四条规定,"诉讼过程中,当事人在起诉状、答辩状、陈述中承认的对己方不利的事实和认可的证据,人民法院应当予以确认,但当事人反悔并有相反证据足以推翻的除外。"上诉人并无相反证据足以推翻死亡医学证明的效力。

二、被保险人不是意外伤害致死,不属于保险责任,一审认定事实正确。

一审查明;被保险人肖某丙在家里坐在椅子上看电视时从椅子上摔倒在地上,当时医生并未确诊肖某丙为颅脑外伤致死。出诊医生判断"肖某丙家中摔倒,但因摔伤致死的可能性不大。"

1. 涉案保险合同是意外伤害保险,只有意外伤害导致的事故,才属于保险责任。合同约定的"意外伤害"是指:外来的、突发的、非本意的、非疾病的客观事件直接致使身体受到的伤害。

2. "猝死"本身不属于"意外伤害",这在法医学方面已经有了明确的结论。《司法部司法鉴定科学技术研究所咨询意见书》(司鉴所〔1999〕病咨字第01号),猝死原因必为自然性疾病或机能障碍;猝死不属于意外伤。龙岩市法医鉴定中心就此类似情况做出的咨询意见进一步明确了"(猝死)其本质是自然疾病死亡"。

3. 出诊医生分析判断"肖某丙因摔伤致死的可能性不大",其判断符合其医生身份,具有较强的专业性。

4. 即使从日常生活经验来看,一个成年人坐在椅子上看电视时从椅子摔到地上,摔死的可能性微乎其微。最高人民法院《关于民事诉讼证据的若干规定》第九条第一款规定,根据法律规定或者已知事实和日常生活经验法则,能推定出的另一事实,当事人无须举证证明。本案可以推定出肖某丙不是意外摔死。

三、上诉人有义务提供确认保险事故性质和原因的证明和资料。

1.《保险法》第二十三条规定,上诉人有义务提供其所能提供的与确认保险事故性质、原因等有关的证明和资料。

2. 根据已有的证据和生活经验推出的常识,可以排除被保险人肖某丙意外摔伤颅脑外伤致死的可能。即本案不属于保险责任。

3.若要推翻"已知事实和生活经验推出的事实",上诉人应提出相反证据。根据最高人民法院《关于民事诉讼证据的若干规定》第九条第二款规定,上诉人若要推翻"根据法律规定或者已知事实和日常生活经验法则推定出的另一事实",上诉人应提出相反的证据。若上诉人不提出相反证据,根据证据规则,上诉人应承担不利后果。

综上所述,一审判决认定事实清楚,证据确凿,适用法律正确且程序合法,故请求驳回上诉,维持原判。

二审诉讼中,上诉人对一审认定的事实提出异议认为,肖某丙是摔伤导致死亡的,死于颅脑外伤,并不是一审判决认定的猝死。对一审认定的其余事实无异议,被上诉人对一审认定的事实无异议。本院对双方无异议的事实予以确认。

双方争议的焦点为:被上诉人是否应当承担肖某丙死亡的保险理赔责任?即肖某丙的死亡是否属于意外伤害所致?

本院认为,根据我国《民事诉讼法》第六十四条的规定,当事人对自己提出的主张,有责任提供证据。我国《保险法》第二十三条也规定,被保险人有义务提供其所能提供的与确认保险事故性质、原因等有关的证明和资料。本案中,上诉人主张被保险人属于意外伤害死亡,应由上诉人举出被保险人肖某丙属于意外伤害致死的证据,但本案中对于肖某丙的死因无法确定,上诉人主张系外出做工回家路上摔倒死亡,被上诉人主张被保险人肖某丙系在家里坐在椅子上看电视时从椅子上摔倒在地而猝死,双方存有争议,当时抢救医生也并未确诊肖某丙的死因,武平县医院出具的《死亡医学证明书》及《居民死亡殡葬证》上只是写明死因为猝死,因此,在被保险人肖某丙的死因存有争议的情况下,上诉人负有举证证明其为意外伤害死亡的义务,但其所举证证据不足以证明肖某丙为意外伤害死亡。同时,根据现有对猝死的学理或通常解释,猝死原因为自然性疾病或机能障碍,发生该情形不宜认定为属于意外伤所致,猝死的本质是自然疾病死亡。因此,在《死亡医学证明书》及《居民死亡殡葬证》上写明肖某丙死因为猝死的情形下,上诉人主张其保险赔偿金。本院不予支持。

综上所述,一审判决认定事实清楚,适用法律正确,上诉人提出的上诉理由不足,本院不予采纳。第三人中国农业银行股份有限公司武平县支行经合法传唤,未到庭参加诉讼,本院依法缺席审理和判决。依照《中华人民共和国民事诉讼法》第一百三十条、第一百五十三条第一款第(一)项之规定,判决如下:

驳回上诉,维持原判。

二审案件受理费1300元,由上诉人刘某某、肖某甲、肖某乙承担。一审案件受理费按原判计收。

本判决为终审判决。

审　判　长　范文祥
审　判　员　郑国柱
代理审判员　陈水柏
二〇一二年九月十九日
书　记　员　张婷婷

## 福建省高级人民法院民事裁定书

(2013)闽民申字第1098号

再审申请人(一审原告,二审上诉人):刘某某。

再审申请人(一审原告,二审上诉人):肖某甲。

再审申请人(一审原告,二审上诉人):肖某乙。

上述再审申请人共同委托代理人:兰某某。

上述再审申请人共同委托代理人;林某某。

被申请人(一审被告,二审被上诉人):中国人寿保险股份有限公司福建省分公司,住所地福州市五四路233号保险大厦。

法定代表人:黄某某,该公司总经理。

委托代理人:陈某某。

委托代理人:郑某某。

被申请人(一审被告,二审被上诉人):中国人寿保险股份有限公司武平县支公司,住所地武平县平川镇沿河东路21号。

法定代表人:王某某,该公司经理。

委托代理人:郑某某。

被申请人(一审第三人):中国农业银行股份有限公司武平县支行,住所地武平县平川镇竹园路14号。

法定代表人:傅某某,该行行长。

再审申请人刘某某、肖某甲、肖某乙(以下简称刘某某等三人)因与中国人寿保险股份有限公司福建省分公司(以下简称福建人寿保险公司)、中国人寿保险股份有限公司武平县支公司(以下简称武平人寿保险公司)、中国农业银行股份有限公司武平县支行(以下简称武平农行)意外伤害保险合同纠纷一案,不服龙岩市中级人民法院(2012)岩民终字第835号民事判决,向本院申请再审。本院依法组成合议庭对本案进行了审查,现已审查终结。

刘某某等三人申请再审称:(一)根据保险公司对刘某某所作的理赔记录记载被保险人肖某丙因摔倒受伤导致死亡,系发生意外伤害致死,被保险人死亡之前身体一向很好,福建人寿保险公司和武平人寿保险公司不存在免责事由,应当承担保险理赔责任。(二)武平县医院出具的死亡医学证明对肖某丙的死因认定不客观真实,不能确定肖某丙的死因,原审以该死亡医学证明为依据认定肖某丙猝死与客观事实不符。猝死并非死亡原因,保险公司没有证据证明肖某丙的死亡因其自身疾病造成。综合保险合同条款,案件事实以及保护被保险人的合法利益等因素,肖某丙系意外死亡,保险公司应承担保险合同约定的保险理赔责任。综上,刘某某等三人依据《中华人民共和国民事诉讼法》第二百条第(六)项的规定申请再审。

武平人寿保险公司提交意见:(一)被保险人肖某丙为猝死,证据确凿。(二)被保险人不是意外伤害致死,不属于保险责任。(三)根据《中华人民共和国保险法》第二十二条的规定,刘某某等三人有义务提供确认保险事故性质和原因的证据和资料。综上,刘某某等三人的再审申请理由不能成立,请求依法驳回。

福建人寿保险公司同意武平人寿保险公司的意见。

本院认为:本案争议焦点是:被保险人肖某丙是否因保险合同项下的

“意外伤害”导致死亡,保险公司是否应承担理赔责任。

根据《中国人寿保险股份有限公司短期保险基本条款》第四条的规定,刘某某等三人有及时将保险事故通知保险公司的义务。被保险人肖某丙发生保险事故于2012年2月8日,次日即被火化,刘某某等人迟至2012年2月14日才将该事故通知武平人寿保险公司,致使保险公司无法对被保险人的死亡原因进行鉴定。根据《中国人寿保险股份有限公司国寿小额贷款借款人意外伤害保险利益条款》第十一条的规定,诉争保险合同的“意外伤害”指遭受外来的、突发的、非本意的、非疾病的客观事件直接致使身体受到的伤害。武平人寿保险公司理赔记录中刘某某的单方陈述在没有其他证据印证下无法证明被保险人肖某丙系“意外伤害”导致死亡。且《居民死亡医学证明》、《居民死亡殡葬证》、《死亡医学证明书》亦未作出被保险人系因“意外伤害”导致死亡的认定。故根据《中国人寿保险股份有限公司短期保险基本条款》第四条的规定,因刘某某等人未及时通知保险公司,致使被保险人的死亡原因无法确定的,福建人寿保险公司和武平人寿保险公司不承担给付保险金的责任。原审对刘某某等三人支付保险赔偿金的请求不予支持并无不当。

综上,刘某某等三人的再审申请不符合《中华人民共和国民事诉讼法》第二百条第(六)项规定的情形。依照《中华人民共和国民事诉讼法》第二百零四条第一款之规定,裁定如下:

驳回刘某某、肖某甲、肖某乙的再审申请。

审　判　长　张卫红
审　判　员　黄庭岗
代理审判员　陈　昊
二〇一三年十一月十三日
书　记　员　林成笔

附：

**《中华人民共和国民事诉讼法》**

**第二百条**　当事人的申请符合下列情形之一的，人民法院应当再审：

（一）有新的证据，足以推翻原判决、裁定的；

（二）原判决、裁定认定的基本事实缺乏证据证明的；

（三）原判决、裁定认定事实的主要证据是伪造的；

（四）原判决、裁定认定事实的主要证据未经质证的；

（五）对审理案件需要的主要证据，当事人因客观原因不能自行收集，书面申请人民法院调查收集，人民法院未调查收集的；

（六）原判决、裁定适用法律确有错误的；

（七）审判组织的组成不合法或者依法应当回避的审判人员没有回避的；

（八）无诉讼行为能力人未经法定代理人代为诉讼或者应当参加诉讼的当事人，因不能归责于本人或者其诉讼代理人的事由，未参加诉讼的；

（九）违反法律规定，剥夺当事人辩论权利的；

（十）未经传票传唤，缺席判决的；

（十一）原判决、裁定遗漏或者超出诉讼请求的；

（十二）据以作出原判决、裁定的法律文书被撤销或者变更的；

（十三）审判人员审理该案件时有贪污受贿，徇私舞弊，枉法裁判行为的。

**第二百零四条**　人民法院应当自收到再审申请书之日起三个月内审查，符合本法规定的，裁定再审；不符合本法规定的，裁定驳回申请。有特殊情况需要延长的，由本院院长批准。

因当事人申请裁定再审的案件由中级人民法院以上的人民法院审理，但当事人依照本法第一百九十九条的规定选择向基层人民法院申请再审的除外。最高人民法院、高级人民法院裁定再审的案件，由本院再审或者交其他人民法院再审，也可以交原审人民法院再审。

# 张某某诉绍兴市分公司保险合同纠纷案

## 浙江省绍兴市越城区人民法院民事判决书

(2014)绍越民初字第2393号

原告:张某某。

委托代理人(特别授权代理):程某某、盛某某。

被告:中国人寿保险股份有限公司绍兴分公司,住所地绍兴市中兴中路309号。

负责人:楼某,总经理。

委托代理人(特别授权代理):王某、楼甲。

原告张某某诉被告中国人寿保险股份有限公司绍兴分公司(以下简称中国人寿保险公司)人身保险合同纠纷一案,本院于2014年6月27日立案受理,依法由代理审判员姜卫东适用简易程序独任审判,于2014年7月24日公开开庭进行了审理。原告张某某及其委托代理人程某某、被告中国人寿保险公司之委托代理人王某到庭参加诉讼。本案现已审理终结。

原告张某某诉称:原告系李某妻子,李某生前在被告处投保有保单号为2013330601640780007999《国寿绿舟意外伤害保险合同》一份,保险金额48万元。2014年1月13日,李某不幸发生意外身亡,原告向被告要求支付李某身亡意外伤害保险金时,被告以李某身亡不在保险责任范围内拒赔。为此,原告特提起诉讼,请求判令:

一、被告支付原告李某的身亡保险金48万元及该款自2014年2月18日起至法院判决履行之日止同期银行贷款利息。

二、本案诉讼费由被告承担。

被告中国人寿保险公司辩称:对被保险人李某在被告处投保的事实无

异议，但被保险人死亡不属于合同约定的意外伤害责任，不属于被告的保险责任范围，无须支付保险金。理由为被保险人的死亡不属于被告承保的保险责任，其投保的是人身意外伤害保险，根据双方签订的合同第四条约定只有被保险人遭受意外伤害，并且在意外伤害之日起 180 日内导致死亡的被告才支付保险金，需要意外伤害导致死亡才给付保险金，而保险合同条款第十四条对意外伤害进行了明确定义，实践中意外伤害具有暴力性和创伤性的特点，本案原告提供的材料并不能证明被保险人是意外伤害致死，从派出所民警对尸体检查并没有外伤痕迹排除他杀可能这点就可以说明被保险人并不是外来伤害导致死亡，经调查被保险人可能当晚单位组织饮酒，不排除因饮酒过多导致死亡，且原告也没有提供证据证明被保险人死亡系意外伤害引起；被告为查明死亡原因，也曾要求原告对被保险人尸体进行尸检，但原告并不同意，导致死亡原因不能查清。综上，被保险人死亡原因不明确，没有意外伤害的因素，因此不属于保险合同约定的保险事故，故原告诉请缺乏事实和法律依据，请求法院驳回原告的诉讼请求。

原告为证明其主张的事实，向本院提交如下证据：

1. 吉祥卡（D 款）投保单复印件 1 份，证明李某在被告处投保意外伤害险，保险金额为 48 万元的事实。被告无异议。本院予以确认。

2. 拒绝给付保险金通知书 1 份，证明被告收到原告理赔通知后，被告方因不属于保险责任拒绝理赔的事实。被告对该证据无异议，认为李某死亡不属于保险事故，故拒绝理赔。本院对该证据予以确认。

3. 解除保险合同通知书 1 份，证明被告解除与李某之间的意外伤害保险合同的事实。被告对该证据无异议，认为李某死亡不属于保险事故，故拒绝理赔。本院对该证据予以确认。

4. 法医调查笔录复印件 1 份，证明李某死亡后，派出所民警对法医检查情况所作的调查，笔录可以证明李某死亡属于意外事故。被告质证后对证据的真实性无异议，但对证明内容有异议，认为笔录中提到的发现李某死亡，排除他杀，可以说明被保险人并没有受到外来伤害因素，并不是意外伤害死亡事件，至于后面提到的李某死亡原因的三种可能性均是法医的猜测，没有经过尸体解剖，并不是实质性结论。本院对该证据的真实性予以确认，但本院认为该证据不能证明李某的死亡原因。

5. 兰亭派出所情况说明 1 份、漓渚村民委员会证明 1 份,证明李某的去世时间及去世现场相关情况。被告质证后对证据的真实性无异议,但认为只能证明李某死亡的事实,关于李某是否系意外死亡,村委没有资质和权限予以证明。本院对该组证据的真实性予以确认,可以证明李某的死亡时间,但不能证明李某的死亡原因。

6. 死亡证明 1 份,证明李某死亡的事实。被告对证据的真实性无异议,认为只能证明李某死亡的事实。本院对该证据予以确认。

7. 结婚证 1 本,证明原告与李某的关系及原告的主体资格。被告无异议。本院予以确认。

8. 李某的身份证复印件 1 份,证明李某的身份情况。被告无异议。本院予以确认。

9. 工伤认定决定书 1 份,证明对原告提供的上述证据进行总结,可以认定李某去世属于意外事件。被告质证后对证据的真实性无异议,但对证明内容有异议,认为社保机构没有权利作出被保险人死因是否为意外伤害。本院对该证据的真实性予以认定,但该证据不能证明李某系意外伤害致死。

被告为证明其主张的事实,向本院提交如下证据:

10. 国寿绿舟意外伤害保险合同利益条款 1 份,证明该条款第十四条对于意外伤害进行了明确约定,指遭受外来的、突发的、非本意的、非疾病的客观事件直接致使身体受到的伤害;第十一条关于保险金申请所需证明和资料中第七项约定由申请人提供与确认保险事故的性质、原因、伤害程度等有关的证明材料,举证责任在原告;第五条关于责任免除中也约定了猝死、醉酒等情形保险公司不承担给付保险金的责任。原告质证后认为该证据只能说明保险公司为了投保人需要制作的合同附件,该条款是否作为合同附件,应当提供李某投保时的相关资料,李某投保时资料在被告处,该条款不能作为拒赔的理由;即使按照被告提交的该条款第十四条的解释,李某的死亡也属于意外伤害的解释范围,被告以该条款认为原告在理赔时提供证据不足,与原告提供的被告拒绝理赔和解除合同通知相矛盾,被告提供的解除和拒绝理赔通知中明确表示不符合理赔条件,而不是说原告提供的资料不全,被告认为应当由原告提供属于意外伤害的相关证据与被告提供的保险条款不符。本院对该证据的真实性予以确认。

11. 录音光盘1份、通话录音记录1份,证明被告为调查被保险人的死亡原因,要求原告配合对被保险人进行尸检,但原告不同意尸检的事实。原告质证后认为上述通话是有的,具体应以实际通话内容为准,即使书面的通话记录真实,也只能说明被告向原告提出对李某进行尸检,但未说明原因及后果,作为非专业的投保人亲属,在没有告知相关理由和原因的情况下,对死者进行尸检是对死者的不尊重,相关责任也在被告方。本院对该组证据的真实性予以确认。

综合上述经庭审质证的证据以及原、被告的庭审陈述,本院对本案事实作如下认定:2013年1月25日,李某向被告中国人寿保险公司投保了一份国寿绿舟意外伤害保险,其中意外伤害保险金额为480000元,保险期限自2013年1月25日零时起至2014年1月24日二十四时止。2014年1月13日22时30分左右,绍兴市柯桥区公安局兰亭派出所接群众报警称在绍大线绍兴县中漂印染有限公司厂门口附近,发现有一男子倒在地上,民警钱某某等人遂出警到达报案地点,后经医生确认,该男子(即李某)已经死亡。2014年2月14日,事发当天出警的法医金某某在绍兴市柯桥区安昌镇派出所接受调查询问时陈述:"大概2014年1月13日晚上12时左右我到达出事现场中漂印染厂门口停车场,发现死者李某已经被兰亭派出所民警翻转身体,仰天躺在地上,听民警说当时是脸朝下俯卧在地。我检查发现李某已死亡,排除他杀,从法律上讲非刑事案件,故没有尸体解剖。我个人判断李某可能是摔倒导致昏迷,没有及时抢救死亡,也有可能是昏迷后受冻死亡,因那天天气较冷,晚上尤其,还有可能颅内出血死亡。但因没有进一步尸检,无法来印证我的推断。"2014年1月15日,被告致电原告,认为本次事故牵涉的保险金额太大,希望原告忍痛对李某进行尸检,得出结论,但原告拒绝对李某进行尸检,李某尸体已于2014年1月18日火化。

另查明,死者李某系原告张某某之夫。

本院认为,死者李某生前与被告之间的人身保险合同关系依法成立,本院确认合法有效。原告依保险合同向被告主张权利,须以李某的死亡系意外伤害造成为前提条件,即存在遭受外来的、突发的、非本意的、非疾病的直接致使身体受到伤害的客观事件。而本案中,公安机关已排除了李某他杀的可能性，但因未进行尸检，导致李某的真正死因至今无法查实，综合相关现场说明材料以及各方当事人的陈述，并未发现存有意外伤害的客观因素，故本院不能据此认定李某死于意外伤害，对此，原告负有举证义务，其应当承担举证不能的不利后果。在李某死后，被告已告知原告本次事故牵涉的保险金额过大，希望原告忍痛对李某进行尸检，以得出结论查明死因，但原告予以拒绝；根据保险法的有关规定，原告应当向被告提供其所能提供的与确认保险事故的性质、原因、损失程度等有关的证明和资料，是否决定尸检的权利在于原告，故其拒绝尸检的行为应视为其未尽到提供死因证明的义务，此外，原告作为李某的配偶，在未征得其同意的前提下，被告也无法实现尸检的目的，故将死因举证责任分配给被告，显然不公。原告主张李某死于意外，但未能提供证据证明李某系死于意外伤害，另李某死亡原因无法查实是由原告拒绝尸检造成，故其要求被告承担保险责任的诉请于法无据，本院不予支持。综上，依照《中华人民共和国保险法》第十条、第二十二条，最高人民法院《关于民事诉讼证据的若干规定》第二条之规定，判决如下：

驳回原告张某某的诉讼请求。

本案案件受理费减半收取 4250 元，由原告张某某负担。

如不服本判决，可在判决书送达之日起十五日内，向本院递交上诉状，并按对方当事人的人数提出副本，上诉于浙江省绍兴市中级人民法院。

代理审判员　姜卫东

二〇一四年七月二十五日

书　记　员　严莺飞

# 李某某等诉江苏省分公司人身保险合同纠纷案

## 江苏省南通市中级人民法院民事判决书

（2013）通中商终字第0047号

上诉人（原审被告）：中国人寿保险股份有限公司江苏省分公司，住所地南京市中山东路298号。

负责人：刘某某，该公司总经理。

委托代理人：吴某某。

委托代理人：沈某某。

被上诉人（原审原告）：李某某。

被上诉人（原审原告）：范某某。

被上诉人（原审原告）：陈某某。

三被上诉人共同委托代理人：陈某。

被上诉人（原审原告）：陈某。

原审被告：中国人寿保险股份有限公司如皋支公司，住所地如皋市如城镇福寿路369号。

负责人：施某某，该公司经理。

上诉人中国人寿保险股份有限公司江苏省分公司（以下简称人保江苏分公司）因与被上诉人李某某、范某某、陈某、陈某某、原审被告中国人寿保险股份有限公司如皋支公司（以下简称人保如皋支公司）保险合同纠纷一案，不服如皋市人民法院（2012）皋商初字第0409号民事判决，向本院提起上诉。本院于2013年1月8日立案受理后，依法组成合议庭，于2013年1

月25日公开开庭审理了本案。上诉人人保江苏分公司的委托代理人吴某某、沈某某,被上诉人陈某(同时作为被上诉人李某某、范某某、陈某某的共同委托代理人)到庭参加诉讼。原审被告人保如皋支公司经本院传票传唤,无正当理由未到庭参加诉讼,本院依法对其缺席审理。本案现已审理终结。

李某某、范某某、陈某、陈某某一审诉称:2009年5月18日,陈某甲在人保如皋支公司投保了国寿鸿富两全保险(分红型),陈某甲已支付10万元保险费。8月2日,陈某甲因航班延误,与中国国航及南通兴东机场员工发和争吵,精神受到伤害,不幸离世。南通市公安局尸检鉴定为意外死亡。陈某甲之夫及李某某、范某某、陈某、陈某某多次要求保险公司理赔未果,故诉至法院,请求判令人保江苏分公司、人保如皋支公司立即支付保险金317700元,并承担本案诉讼费用。

人保江苏分公司、人保如皋支公司一审辩称,1.依据相关的鉴定结论和证人反映,被保险人陈某甲死亡原因不属于双方签订的国寿鸿富保险第五条第三项的约定,保险公司不应按照此条款约定赔偿基本保额的3倍保险金;2.被保险人死亡之后,投保人或受益人未按照保险合同第十三条规定及时履行保险事故的通知义务,直到理赔时人保江苏分公司、人保如皋支公司才知道被保险人的死亡,而此时被保险人尸体已被火化。因投保人、受益人违反保险合同第十三条约定的义务,故其应承担该条所约定的法律后果;3.人保江苏分公司、人保如皋支公司接到相关受益人(被保险人丈夫)理赔申请以后,按照保险合同第五条第二项作出了处理,并将作出处理的10万元汇至被保险人丈夫的存折中,保险合同因被保险人的死亡作注销处理,故请求驳回李某某、范某某、陈某、陈某某的诉讼请求。

原审法院经审理查明,2009年5月18日,陈某甲在人保如皋支公司投保了国寿鸿富两全保险(分红型),20日,人保江苏分公司向投保人陈某甲签发了保险合同,约定陈某甲以年缴方式,每年向其缴纳保险费10万元,保险期间6年,在保险期间内被保险人如因意外伤害身故,保险人按基本保险金额的3倍予以赔偿。陈某甲支付了保险费10万元,基本保险金额为105900元。8月2日,陈某甲因航班延误,南通兴东机场安排陈某甲等旅客住宿于南通吉华酒店。3日早晨7时许,陈某甲不幸离世。10时45分,南通市公安局物证鉴定所对陈某甲进行法医尸检，鉴定结论为意外死亡。李某某、范某某、陈某、陈某某要求保险理赔未果，遂诉至法院。

另查明，李某某、范某某、陈某、陈某某与陈某甲之夫徐某某、子徐某因遗产继承案件诉至原审法院，经法院调解达成协议。2012 年 1 月 6 日，原审法院作出（2012）皋民调初字第 0016 号调解书，本案所涉保险合同收益权归李某某、范某某、陈某、陈某某。

原审法院认为，陈某甲与人保江苏分公司之间签订的保险合同合法有效，合同当事人应恪守合同约定，认真、全面地履行合同义务，否则应承担法律责任。现陈某甲意外死亡，人保江苏分公司依法应予赔偿。关于人保江苏分公司、人保如皋支公司认为陈某甲死亡原因不属于案涉国寿鸿富保险第五条第三项约定的意外伤害身故，其有权拒赔之说，鉴定结论仅排除陈某甲非因机械性暴力打击致死，伤害有机械性暴力打击致伤、死，亦有精神伤害，故对人保江苏分公司、人保如皋支公司此辩，法院难以采纳。关于人保江苏分公司、人保如皋支公司辩称被保险人死亡之后，投保人或受益人未按照保险合同第十三条规定及时履行保险事故的通知义务，应承担相应法律后果之说，鉴于陈某甲的死亡原因已经国家有权部门鉴定，且并未发生保险合同第十三条所约定的致保险事故的性质、原因、损害程度无法确定的情形，故对人保江苏分公司、人保如皋支公司此辩，法院不予采纳。保险合同明确记载保险人为人保江苏分公司，故对李某某、范某某、陈某、陈某某要求人保如皋支公司承担责任之主张，难以支持。原审法院遂依照《中华人民共和国保险法》第二十三条之规定，作出如下判决：一、人保江苏分公司于判决生效后立即给付李某某、范某某、陈某、陈某某保险赔偿金 317700 元。二、驳回李某某、范某某、陈某、陈某某对人保如皋支公司的诉讼请求。案件受理费 6065 元，由人保江苏分公司负担。

上诉人人保江苏分公司向本院提起上诉称：一、法医尸体检验报告是公安机关为确定死亡原因，是否属于刑事案件而作出，其仅对机械性暴力打击这一可能涉及刑事犯罪的问题作了排除，对死亡的真实原因并未进行科学分析和判别，陈某甲的死亡原因不明，尸检报告中所称的意外死亡并不符合案涉保险合同的保险责任特征，也无证据证明陈某甲系遭受意外伤害死亡。故法医尸检报告不应作为认定人保江苏分公司承担理赔责任的依据,也不能因此排除保险合同第十三条的适用。二、保险合同中明确约定了投保人或受益人在知悉保险事故发生应及时通知保险人,如违反通知义务应承担相应的后果。被上诉人李某某、范某某、陈某、陈某某未依约履行通知义务,导致保险人失去用科学手段鉴别陈某甲死亡原因的机会,责任在被保险人一方。而保险人有理由认为陈某甲系因疾病死亡。三、保险人已退给陈某甲之夫徐某某10万元,一审忽略该事实不当。综上,请求二审法院撤销原判,依法改判。

被上诉人李某某、范某某、陈某、陈某某答辩称:一、陈某甲确因意外伤害死亡,具体理由如下:1.陈某甲于2009年8月2日到南通兴东机场乘坐飞机,但飞机先后三次不明原因延误,长达7个多小时,后兴东机场安排陈某甲去南通吉华酒店休息,在此期间航空公司及兴东机场、吉华酒店没有履行及时告知和服务义务,与陈某甲发生激烈争吵,浪费了陈某甲的休息时间,对陈某甲造成严重精神折磨和身体伤害,导致陈某甲到吉华酒店后离世。陈某甲系遭受外来的、突发的、非本意的、非疾病的客观事件而不幸离世,当时的监控录像可以证明该事实(兴东机场的代理人承认有录像)。2.南通市公安局出具的尸体检验报告认定陈某甲为意外死亡,证明陈某甲去世是意外,不是因为自身疾病也不是自杀身亡。3.根据现代汉语词典解释,意外是意料之外的,伤害是身体组织或思想感情受到损害,因此应该将陈某甲的死亡理解为意外伤害身故。4.人保江苏分公司认为陈某甲非因意外伤害事故死亡,拒绝按照保险条款第五条第三项理赔,对该主张其未能举证证明。5.《中华人民共和国保险法》第三十条规定,采用保险人提交的格式合同,对合同理解有争议的,应作出有利于被保险人和受益人的解释。二、人保江苏分公司对免责条款未尽到明确说明义务,相关免责条款不发生法律效力。因此,其上诉称被上诉人未履行告知义务,应承担相应法律后果的上诉理由不能成立。三、徐某某并非陈某甲的唯一继承人,其也没有接受人保江苏分公司的10万元。原审法院对该节事实已经查明。综上,请求二审法院驳回上诉,维持原判。

本院经审理查明,对原审法院已查明的事实,各方当事人均无异议,本院予以确认。

根据一审当事人举证、质证证据,二审补充查明:2009年10月10日,陈某甲之夫徐某某向人保如皋支公司申请理赔,此时陈某甲的尸体早已被火化。2009年10月14日,人保如皋支公司以转账的方式向其保管的徐某某名下存折中存入10万元,该款徐某某未领取。

案涉保险条款第十三条约定,投保人或受益人应于知悉保险事故发生之日起十日内以书面形式通知本公司,否则,投保人或受益人应承担由于通知迟延致使本公司增加的查勘、检验等费用,若由此造成保险事故的性质、原因、损害程度无法确定的,本公司对无法确定的部分不承担给付保险金责任。但因不可抗力导致迟延的除外。

在投保单的"声明与授权"栏,载明:贵公司已对保险合同的条款内容履行了说明义务,并对责任免除条款履行了明确说明义务……陈某甲分别在投保人签名栏和被保险人签名栏签名。

二审中,被上诉人称:其曾咨询法医,如进行尸体解剖,能否查出陈某甲死亡原因,法医答复即使进行尸体解剖也改变不了意外死亡的结果,不能判定死亡原因。故未对陈某甲进行尸体解剖。

经当事人确认,二审归纳争议焦点为:陈某甲的死亡是否属于案涉保险合同约定的意外伤害所致。

本院认为,首先,根据《中华人民共和国民事诉讼法》第六十四条的规定,当事人对自己提出的主张,有责任提供证据。《中华人民共和国保险法》第二十一条规定,投保人、被保险人或者受益人知道保险事故发生后,应当及时通知保险人。故意或者因重大过失未及时通知,致使保险事故的性质、原因、损失程度等难以确定的,保险人对无法确定的部分,不承担赔偿或者给付保险金的责任,但保险人通过其他途径已经及时知道或者应当及时知道保险事故发生的除外。因此,受益人在向保险人索赔时原则上应承担保险事故性质、原因和损失程度的证明责任。四被上诉人认为陈某甲的死亡属于保险合同约定的意外伤害死亡,要求保险人承担理赔责任,四被上诉人应承担陈某甲属意外伤害死亡的举证责任。一审中,四被上诉人提交了南通市公安局出具的尸检报告,以证明陈某甲属意外死亡。本院认为,案涉保险条款第二十二条对意外伤害进行了释义,即指遭受外来的、突发的、非本意的、非疾病的使身体受到伤害的客观事件。而意外死亡明显不是上述保险合同条款中的用语,仅是强调该死亡主观上未预料到,其中包括因自身疾病意外死亡和因意外伤害死亡。因此，意外死亡与意外伤害死亡并非同一概念，公安机关出具的尸检报告尚不能达到四被上诉人关于陈某甲属于意外伤害死亡的证明目的。

其次，根据《中华人民共和国保险法》第二十一条的规定，在保险事故发生后，投保人、被保险人或者受益人需及时通知保险人，以便保险人对事故原因等进行核实，如因索赔方迟延致使保险事故的原因等难以确定的，保险人对无法确定的部分不承担赔偿责任。案涉保险条款第十三条也作了类似的规定。本案中陈某甲的受益人存在以下过错，致使保险事故原因无法查明：1. 在南通市公安局对陈某甲进行尸检时，陈某甲的受益人已意识到结论中的“意外死亡”并非作出的死亡原因结论，但其未要求公安机关进行尸体解剖以进一步查明死亡原因。2. 在案涉保险事故发生后，其未及时通知保险人，而是在陈某甲死亡两个月后才向保险人索赔，此时陈某甲的尸体早已火化，保险人无法提出尸检要求，更无法查明陈某甲的死亡原因。3. 四被上诉人提出航空公司、兴东机场、吉华酒店与陈某甲发生激烈争吵，浪费了陈某甲的休息时间，对陈某甲造成严重精神折磨和身体伤害，导致陈某甲死亡的主张，对此四被上诉人未提交证据证明存在争吵的事实。退一步讲，即使争吵的事实存在，争吵引起的情绪变化是否为导致陈某甲死亡的原因也需通过法医鉴定才能作出认定，不能仅凭当事人的主观判断作出认定。鉴于被上诉人方的原因导致陈某甲的死亡原因无法查明，而其提交的现有证据又不能证明陈某甲的死亡属于案涉保险合同的保险范围，故对其要求保险人承担保险责任的诉讼请求不应支持。

综上，原审法院判决不当，本院依法予以改判。依照《中华人民共和国保险法》第二十一条，《中华人民共和国民事诉讼法》第一百四十四条、第一百七十条第一款第（二）项之规定，判决如下：

一、撤销如皋市人民法院（2012）皋商初字第0409号民事判决。

二、驳回被上诉人李某某、范某某、陈某、陈某某的诉讼请求。

一、二审案件受理费各6065元，均由被上诉人李某某、范某某、陈某、陈某某负担。

本判决为终审判决。

审 判 长 陆久斌
审 判 员 戴志霞
审 判 员 刘 琰
二〇一三年四月二日
书 记 员 顾 星

## 江苏省南通市中级人民法院民事裁定书

(2013)通中商申字第0014号

再审申请人(一审原告、二审被上诉人):李某某。

再审申请人(一审原告、二审被上诉人):范某某。

再审申请人(一审原告、二审被上诉人):陈某某。

上述三再审申请人共同委托代理人:陈某。

再审申请人(一审原告、二审被上诉人):陈某。

被申请人(一审被告、二审上诉人):中国人寿保险股份有限公司江苏省分公司,住所地南京市中山东路298号。

法定代表人:肖某某,该公司总经理。

委托代理人:吴某。

委托代理人:刘某某,中国人寿保险股份有限公司如皋支公司职员。

被申请人(一审被告):中国人寿保险股份有限公司如皋支公司,住所地如皋市如城镇福寿路369号。

负责人:曹某,该公司负责人。

委托代理人:吴某。

委托代理人:刘某某。

再审申请人李某某、范某某、陈某、陈某某因与被申请人中国人寿保险股份有限公司江苏省分公司(以下简称人保江苏分公司)、中国人寿保险股份有限公司如皋支公司(以下简称人保如皋支公司)保险合同纠纷一案,不服本院(2013)通中商终字第0047号民事判决,向江苏省高级人民法院申请再审。该院将本案交由本院复查,本院受理后依法组成合议庭对本案进行审查,现已审查终结。

李某某、范某某、陈某、陈某某申请再审称:请求法院调取2009年8月2日至3日南通兴东机场、南通吉华花园酒店有限公司、吉华宾馆的监控录像等新证据,以证明陈某甲受到非人伤害,系意外伤害死亡。二审判决适用法律错误,申请人已举证证明陈某甲受到了意外伤害导致死亡,且得到了被申请人的确认,故不存在申请人没有提供证据的情况。被申请人主张其他原因导致陈某甲死亡,应由被申请人提供证据,但被申请人未能举证证明陈某甲离世不属于遭受外来的、突发的、非本意的、非疾病的使身体受伤害的客观事件。二审判决在关于履行及时告知义务、免责条款以及对保险合同条款的解释上亦有不当之处。此外,二审判决明显遗漏,错误认为陈某甲离世不属于保险范围,驳回申请人的诉讼请求不当。请求撤销二审判决,维持一审判决。

人保江苏分公司、人保如皋支公司提交意见称:李某某等四人的再审申请缺乏事实与法律依据,请求予以驳回。申请人所称证所明显不是新证据,即使有这些证据,也不能确认被保险人属于保险合同中意外伤害死亡的情况。二审判决对举证责任的说理非常透彻,申请人应当提供证据证明保险事故的客观事实符合保险合同中所指向的保险事故责任范畴,但申请人无法举证证明。仅凭公安机关的解剖结论不能得出保险事故中的意外伤害死亡结论。本案被保险人出现保险事故后未通知保险人是不争的事实,所引起的后果应由申请人自行承担。二审判决对意外死亡和意外伤害死亡在概念上的分析非常准确,不存在人为割裂的问题,也不存在遗漏情况。二审法院只能按照当事人的诉讼请求审理,在发现该请求与保险合同约定不符的时候,作出相应的判决完全正确。

本院认为:申请人主张陈某甲的死亡属于保险合同约定的意外伤害死亡、保险人应承担理赔责任,则申请人应承担陈某甲属意外伤害死亡的举证责任。南通市公安局出具的尸检报告虽说明陈某甲属意外死亡,但意外死亡与意外伤害死亡并非等同概念。申请人在申请再审时提出请求法院调取监控录像等相关证据的申请,不符合相关法律规定,本院依法不予采纳。况且,即使监控录像等资料可以证实当时兴东机场、吉华宾馆等与陈某甲之间有争吵的事实存在，但对争吵引起的情绪变化是否是导致陈某甲死亡的原因不能仅凭当事人主观判断作出认定，仍需通过鉴定才能确认。因申请人存在过错，导致陈某甲的死亡原因无法查明，且申请人提交的证据不能证明陈某甲的死亡属于案涉保险合同的保险范围，故二审判决驳回申请人要求被申请人承担保险责任的诉讼请求并无不当。申请人起诉时的诉讼请求即是要求被申请人给付身故保险金及承担诉讼费用，二审判决在查明事实的基础上，驳回申请人的诉讼请求并无遗漏。

综上，李某某、范某某、陈某、陈某某的再审申请不符合《中华人民共和国民事诉讼法》第二百条规定的情形，依照《中华人民共和国民事诉讼法》第二百零四条第一款之规定，裁定如下：

驳回李某某、范某某、陈某、陈某某的再审申请。

审　判　长　朱　艳
代理审判员　周一星
代理审判员　陈　舜
二〇一三年十月二十五日
书　记　员　马亦乐

# 王某某诉福建省分公司保险合同纠纷案

## 福建省福州市中级人民法院民事判决书

（2013）榕民终字第 3110 号

上诉人（一审原告）：王某某。

委托代理人：俞某某。

委托代理人：林某。

被上诉人（一审被告）：中国人寿保险股份有限公司福建省分公司，住所地福州市五四北路 233 号。

法定代理人：黄某某，总经理。

委托代理人：陈某某、王某甲，公司职员。

上诉人王某某因与被上诉人中国人寿保险股份有限公司福建省分公司（以下简称福建人寿公司）保险合同纠纷一案，不服福州市鼓楼区人民法院（2013）鼓民初字第 2049 号民事判决，向本院提起上诉。本院受理后，依法组成合议庭适用第二审程序对本案进行了审理。在本案的审理中，本院曾依法对双方当事人的纠纷进行了调解，但调解不成。本案现已审理终结。

一审原告王某某请求：判令福建人寿公司向王某某支付保险金 19.8 万元。

一审判决认定：2010 年 7 月 19 日、2011 年 2 月 24 日，王某某之女王某向福建人寿公司投保两份"国寿康宁终身重大疾病保险"，保险金额分别为 50000 元、16000 元。上述两份保险合同中被保险人均为王某之母高某某，身故保险金受益人均为王某之父即王某某。两份保险合同均约定保险责任为被保险人身故，保险人按基本保险金额的 300% 给付身故保险金，保险合同终止。被保险人在合同生效之日起一百八十日内，患本合同所指重大疾病或因疾病而身故的，保险人不承担给付保险金的责任。在投保人王某签字确认的“人身保险投保提示书”上规定订立保险合同，保险公司有权就投保人、保险人的有关情况进行询问，投保人应如实告知；如投保人未如实告知，保险公司有权在法定期限内解除合同，并依法决定是否对合同解除前发生的保险事故承担保险责任。投保之后，王某依约向福建人寿公司支付了保险费。

2012年11月25日，被保险人高某某死亡。王某某向福建人寿公司提出理赔申请，福建人寿公司以“被保险人高某某于保险合同生效之日起180日内患宫颈癌，属于责任免除条款”为由不予给付保险金，并通知于2013年1月23日起解除上述两份保险合同。

一审另查，被保险人于2007年7月20日至8月30日期间因病入院治疗，出院诊断为：1. 血栓性闭塞性脉管炎；2. 高血压病等。于2008年1月3日至11日期间因病入院治疗，出院诊断为：1. 冠状动脉粥样硬化性心脏病；2. 血栓性闭塞性脉管炎；3. 高血压病等。于2010年3月5日至17日期间因病入院治疗，出院诊断为：1. 脑梗塞；2. 高血压病等。于2010年4月15日至22日期间因病入院治疗，出院诊断为：1. 系统性红斑狼疮；2. 肺栓塞恢复期；3. 脑梗塞后遗症；4. 高血压病等。于2010年4月2日至14日期间因病入院治疗，出院诊断为：1. 肺血栓栓塞；2. 脑梗塞后遗症；3. 系统性红斑狼疮；4. 高血压病等。于2010年12月14日至次年1月28日期间因病入院治疗，出院诊断为：1. 宫颈腺癌化疗后；2. 萎缩糜烂性胃炎；3. 高血压病。

一审法院认为：保险合同是最大的诚信合同，在保险合同订立时，投保人负有如实告知的义务。本案中，王某作为投保人明知其母亲高某某自2007年始患有多种疾病，其于2010年7月19日、2011年2月24日与福建人寿公司签订保险合同时，在所有的患病史栏目中均填“否”，由此可见，王某没有履行如实告知义务。而且，被保险人于2010年12月14日至次年1月28日期间因病入院治疗，出院诊断为宫颈腺癌化疗后、萎缩糜烂性胃炎、高血压病等病症，说明被保险人在首份合同生效后180日内患有重大疾病，属于合同约定的免责范畴。因此，福建人寿公司不承担给付保险金的责任。王某某诉请福建人寿公司支付保险金198000元,无法律依据,不予支持。

一审法院判决:驳回王某某的诉讼请求。本案诉讼费4260元,适用简易程序减半收取2130元,由王某某负担。

上诉人王某某上诉称:1.个人保险投保单上“告知事项”中的内容被上诉人没有向投保人询问。2.合同成立至保险事故发生即被保险人死亡时已超过两年,已超过法定保险合同解释期限,被上诉人的合同解除权消灭。被上诉人于2012年12月12日收到上诉人提供的理赔申请及相关证明资料,其时被上诉人即应知道被保险人的病情及治疗情况,但被上诉人直到2013年1月23日才通知解除合同,超出法定的30天的期限。3.被上诉人未对保险合同中免除保险人责任的条款履行提示和说明义务,相应免责条款不产生效力。4.被保险人在合同生效后180天内并未罹患重大疾病。

上诉人王某某请求:撤销一审判决,判决被上诉人向上诉人支付保险金19.8万元。

被上诉人辩称:1.投保人违反诚信告知义务在先,被上诉讼人有权解约拒付。2.被保险人在首份合同生效后180日内罹患癌症,属于合同免责情形。3.被上诉人已尽说明义务。4.被上诉人未超过法定解除期限。

双方当事人在一审程序中提交的证据已随一审案卷移送本院。在本案的第二审程序中,双方当事人均未向本院提交新证据。

根据本案现有证据,本院对一审法院认定的事实予以确认。

本院认为:《个人保险投保单》“声明与授权”部分载明:“贵公司所提供的投保单已附保险条款,已对保险合同的条款内容履行了明确说明义务。本人已仔细阅知、理解投保提示及保险条款尤其是责任免除、解除合同等规定,并同意遵守。本人所填投保单各项及告知事项均属事实并确无欺瞒。上述一切陈述及本声明将成为贵公司承保的依据,并作为保险合同一部分。如有不如实告知,贵公司有权在法定期限内解除合同,并依法决定是否对合同解除前发生的保险事故承担保险责任。”投保人王某和被保险人高某某均在该栏签字,在上诉人未能提交证据证明保险人未履行明确说明义务的情况下,根据最高人民法院《关于适用〈中华人民共和国保险法〉若干问题的解释(二)》第十三条关于“保险人对其履行了明确说明义务负举证责任。投保人对保险人履行了符合本解释第十一条第二款要求的明确说明义务在相关文书上签字、盖章或者以其他形式予以确认的，应当认定保险人履行了该项义务。但另有证据证明保险人未履行明确说明义务的除外”的规定，可以认定被上诉人已向王某和高某某明确说明不如实告知的后果。上诉人关于免责条款对投保人不发生法律效力的上诉理由缺乏依据，本院不予采信。

《国寿康宁终身重大疾病保险利益条款》第六条第一款第六项约定：“被保险人在本合同生效后之日起一百八十日内，患本合同所指重大疾病或因疾病而身故，保险人不承担给付保险金的责任。”被保险人于 2010 年 12 月 14 日至 2011 年 1 月 28 日期间因病入院治疗，出院诊断为宫颈腺癌化疗后、萎缩糜烂性胃炎、高血压病等病症，表明被保险人在首份合同生效后 180 日内患有重大疾病，属于合同约定的免责范畴。因此，福建人寿公司对首份合同依约不承担给付保险金的责任。

本案中，王某作为投保人明知其母亲高某某自 2007 年始患有多种疾病，但其 2011 年 2 月 24 日与福建人寿公司签订第二份保险合同时，在所有患病史栏目中均填“否”，根据《中华人民共和国保险法》第十六条第二款关于“投保人故意或者因重大过失未履行前款规定的如实告知义务，足以影响保险人决定是否同意承保或者提高保险费率的，保险人有权解除合同”的规定，可以认定投保人王某未履行如实告知义务，福建人寿公司有权解除第二份保险合同。该份合同订立于 2011 年 2 月 24 日，福建人寿公司于 2013 年 1 月 23 日向投保人王某发出《解除保险合同通知书》并未超过《中华人民共和国保险法》第十六条第三款规定的“自合同成立之日起二年”的时限。

虽然上诉人于 2012 年 12 月 12 日向被上诉人申请理赔，但上诉人并未告知被上诉人被保险人在投保前已罹患诸多病症，上诉人其时并不知道讼争合同具有解除事由，故上诉人关于“应自 2012 年 12 月 12 日起算被上诉人行使合同解除权的 30 日时限、被上诉人 2013 年 1 月 23 日通知解除合同已超出 30 日时限”的上诉理由，没有事实和法律依据，本院不予采信。

综上，一审认定事实清楚，适用法律正确。依照《中华人民共和国民事诉讼法》第一百七十条第一款第(一)项的规定，判决如下：

驳回上诉,维持原判。

本案二审案件受理费4260元,由上诉人王某某负担。一审案件受理费执行一审法院的决定。

本判决为终审判决。

审　判　长　王燕燕
代理审判员　陈光卓
代理审判员　陈贤东
二〇一三年十月三十日
书　记　员　廖小航

# 杨某诉湖南省分公司保险合同纠纷案

## 湖南省长沙市芙蓉区人民法院民事判决书

(2013)芙民初字第2807号

原告:杨某。

委托代理人:冯某某。

委托代理人:彭某某。

被告:中国人寿保险股份有限公司湖南省分公司,住所地长沙市芙蓉区韶山路178号中国人寿大厦。

法定代表人:刘某某,总经理。

委托代理人:袁某某。

委托代理人:董某。

原告杨某因与被告中国人寿保险股份有限公司湖南省分公司(以下简称人寿保险湖南省分公司)发生保险纠纷,于2013年10月17日向本院提起诉讼。本院于同日受理后,依法适用简易程序,由代理审判员何平独任审理,于2013年12月20日公开开庭对本案进行了审理。书记员李鹏举担任庭审记录。原告杨某的委托代理人冯某某,被告人寿保险湖南省分公司的委托代理人董某均到庭参加了诉讼。本案现已审理终结。

原告杨某诉称:2011年10月14日,人寿保险湖南省分公司的代理人吴某向杨某推销松鹤颐年年金分红保险。吴某承诺,购买该险种,含红利在内共可获得七八十万元的利益,在杨某55周岁以后,每月固定的年金及分红至少可达900元左右,并且在杨某75岁时还可将10万元本金拿回。在吴某的一再推销下,杨某决定购买该险种。按约定,杨某每年需缴纳1万元保费,共缴费10年。2012年10月14日,人寿保险湖南省分公司催缴续保，杨某打人寿保险湖南省分公司的服务热线得知首年红利仅二十多元，远远低于同期银行利息，更不可能达到人寿保险湖南省分公司所承诺的高额回报，杨某遂要求退保，但人寿保险湖南省分公司只同意退还现金价值2000多元，杨某故起诉，请求判令：1. 解除杨某与人寿保险湖南省分公司订立的《保险合同》；2. 人寿保险湖南省分公司向杨某返还 1 万元保费；3. 人寿保险湖南省分公司向杨某赔偿自 2011 年 10 月 15 日起至起诉之日止的利息损失 1500 元，之后的利息以 1 万元为基数，中国人民银行同期同类贷款利率的标准，计算至实际清偿之日止。

被告人寿保险湖南省分公司辩称：1. 杨某请求解除合同的理由不成立。在杨某投保时，人寿保险湖南省分公司已向其提供相关保险产品的产品说明书以及投保提示书，并在产品说明书的封页以及内容中多处用标粗部分就此产品的保险责任、分红说明以及犹豫期和退保损失作出重要提示，且 95519 电话回访中心依据保监会关于人身保险产品的回访要求对杨某进行回访时也表明，杨某自己表示因为太忙没有过多的看过资料，但明确表示知道分红的不确定性。人寿保险湖南省分公司电话回访工作人员对于杨某没有仔细看保单一事再次提醒其仔细阅读保险条款中关于保险责任、责任免除、保险期间等相关规定，并提醒杨某产品的利益演示是基于公司的假设，保单的红利是不确定的，杨某也表示知晓。同时，杨某在回访中确认投保资料上也是其本人亲自签名。故人寿保险湖南省分公司已经履行了相关告知和提示义务，杨某提出解除合同的根本原因是因为分红达不到其心理预期，不符合法律规定的解除合同的理由。2. 杨某解除合同的理由不成立，故其要求赔偿利息损失的要求没有事实依据。

本院经审理查明：2011 年人寿保险湖南省分公司的业务员向杨某推销人寿保险湖南省分公司国寿松鹤颐年年金保险（分红型），告知杨某如果交纳 10 万元保费购买该保险，杨某在 55 岁以后每年都能领钱，且有额外的红利，若公司效益好，购买该保险在终身可能有七八十万元的收益，在杨某 75 岁的时候，可以将所交的本金领回去。2011 年 10 月 10 日，杨某填写了一份人寿保险湖南省分公司的《个人保险投保单》，投保单上记载杨某购买人寿保险湖南省分公司的国寿松鹤颐年年金保险（分红型），保险金额为4989 元，年金领取年龄为 55 周岁，首期领取金额为 4989 元。杨某在《个人投保单》上声明“本人已阅读保险条款、产品说明书和投保提示书,了解本保险的特点和保单利益的不确定性”。人寿保险湖南省分公司在《个人投保单》上告知杨某“一切与本投保单各项内容及保险条款相违背或增减的销售人员说明及解释均属无效,一切告知均以书面为准”。2011 年 10 月 13 日,杨某与人寿保险湖南省分公司订立一份合同(组)号为 2011 - 430131 - 461 - 01516670 - 5 的《保险合同》,投保人和被保险人均为杨某,投保险种为国寿松鹤颐年年金保险(分红型),保险金额为 4989 元,保险期间为终身,杨某自 2011 年 10 月 13 日起至 2021 年 10 月 13 日止,每年 10 月 13 日向人寿保险湖南省分公司交纳保费 1 万元。在《保险合同》第 2 页记载了国寿松鹤颐年年金保险(分红型)的现金价值:“现金价值以每1000元标准保费为标准,第一个保单年度末的现金价值为 233.800 元……”《国寿松鹤颐年年金保险(分红型)产品说明书》约定:1. 年金开始领取年龄分为五十周岁、五十五周岁、六十周岁、六十五周岁和七十周岁五种,投保人在投保时可选择其中一种作为本合同的年金开始领取年龄;2. 在本合同保险期间内,在符合保险监管机构规定的前提下,本公司每年根据上一会计年度分红保险业务的实际经营状况确定红利分配方案;3. 投保人于签收保险单十日后要求解除本合同,本公司于接到解除合同申请书之日起三十日内向投保人退还本合同的现金价值。在《产品说明书》中还附有国寿松鹤颐年年金保险(分红型)利益演示表,同时说明该利益演示表是基于人寿保险湖南省分公司的假设,不代表该公司的历史经营业绩,也不能理解为对未来的预期,红利金额是不确定的,实际红利金额根据分红保险业务实际经营情况决定。2011 年 10 月 16 日,杨某的保单生效,之后 10 天系《保险合同》犹豫期,在该犹豫期内,人寿保险湖南省分公司 95519 客服人员给杨某打电话,告知其在犹豫期内撤单公司会全额退还杨某所交的保费,在犹豫期后解除合同,人寿保险湖南省分公司仅退还以合同当时的现金价值,同时再次告知杨某保险分红是不确定的。杨某在电话中表示购买该保险时,人寿保险湖南省分公司的业务员吴某就《产品说明书》及《投保提示书》的内容对其作了解释,但不是特别了解,客服人员向杨某再次作了解释,并建议杨某仔细阅读《保险合同》,并建议重点阅读保险责任、责任免除、保险期间、费用补偿等相关规定,如有任何疑问,随时拨打 95519 客服电话进行咨询。2011 年 10

月19日，杨某签收了《保险合同》。2012年，杨某得知首年红利仅20多元，便要求解除《保险合同》，并要求人寿保险湖南省分公司退还其所交的1万元保费，人寿保险湖南省分公司仅同意杨某退还2000多元现金价值，杨某遂诉至本院。

以上事实，有杨某与业务员的通话记录、《个人投保单》、《保险合同》、《国寿松鹤颐年年金保险（分红型）产品说明书》、人寿保险湖南省分公司95519客服回访录音、《保险合同》送达回执及当事人陈述等证据佐证，并经庭审质证，足以认定。

本院认为：合同（组）号为2011－430131－461－01516670－5的《保险合同》的合同条款虽系人寿保险湖南省分公司事先拟定，采用保险人提供的格式条款订立的保险合同，但内容不违反法律、行政法规的强制性规定，合法有效，应当受到法律保护。《保险合同》中约定杨某可以解除合同，故杨某起诉请求解除《保险合同》的诉讼请求本院予以支持。人寿保险湖南省分公司在《个人投保单》上明确告知"一切与本投保单各项内容及保险条款相违背或增减的销售人员说明及解释均属无效，一切告知均以书面为准"，杨某作为《个人投保单》的签订者，应当了解该说明，在《保险合同》中没有关于"75周岁之后能够退还10万元本金的约定"，且杨某自年满55周岁之后，每年能从人寿保险湖南省分公司领取4989元，当杨某年满75周岁时，确实已经将10万元本金领取完毕，故人寿保险湖南省分公司销售国寿松鹤颐年年金保险（分红型）的行为，不属于欺诈行为。人寿保险湖南省分公司的业务员在向杨某推销国寿松鹤颐年年金保险（分红型）时向杨某表示如果公司效益好，分红可能有七八十万元，而非肯定有七八十万元，即已经告知杨某该保险的分红是不确定的，在《国寿松鹤颐年年金保险（分红型）产品说明书》中，人寿保险湖南省分公司也表示利益演示图是基于公司的假设，是不确定的。杨某在个人投保单上也明确"本人已阅读保险条款、产品说明书和投保提示书，了解本保险的特点和保单利益的不确定性"。人寿保险湖南省分公司95519客服人员进行电话回访时，杨某也明确表示自己清楚分红的不确定性，客服人员告知杨某在犹豫期后解除《保险合同》，人寿保险湖南省分公司将仅退还以合同当时的现金价值，在《保险合同》第2页有现金价值的详细说明，并一再提示杨某仔细阅读保险责任、责任免除、保险期间、费用补偿等相关规定，人寿保险湖南省分公司已经尽到了对格式条款的提示说明义务。杨某于2011年10月19日签收了《保险合同》，于2013年10月17日向本院起诉要求解除《保险合同》，期间已经超过了《保险合同》约定的10天犹豫期，杨某的标准保费为1万元，且只交纳了一年基本保费，依照《保险合同》中现金价值表中关于"以1000元标准保费为标准，第一个保单年度末现金价值为233.800元"的约定，截至2013年10月17日，杨某与人寿保险湖南省分公司订立的《保险合同》的现金价值为2338元，故杨某起诉请求人寿保险湖南省分公司退还1万元保费的诉讼请求，本院在2338元的范围内予以支持；杨某要求解除合同时，人寿保险湖南省分公司同意退还杨某当时的现金价值，杨某拒绝接受，造成人寿保险湖南省分公司在杨某提出解除合同之日起30日内未能向杨某退还现金价值的原因在于杨某，人寿保险湖南省分公司不存在过错，故对于杨某请求人寿保险湖南省分公司赔偿以1万元为基础，中国人民银行同期同类贷款利率为标准，自2011年10月15日起至实际清偿之日止利息的诉讼请求，本院不予支持。

综上所述，依照《中华人民共和国保险法》第十一条、第十四条、第十七条、第三十一条、第四十七条，《中华人民共和国民事诉讼法》第六十四条的规定，判决如下：

一、解除原告杨某与被告中国人寿保险股份有限公司湖南省分公司订立的合同(组)号为2011－430131－461－01516670－5的《保险合同》；

二、被告中国人寿保险股份有限公司湖南省分公司向原告杨某退还2338元；

三、驳回原告杨某的其他诉讼请求。

上述判决，限被告中国人寿保险股份有限公司湖南省分公司于本判决生效后五日内履行完毕，如果未按本判决指定的期间履行给付金钱义务，应当依照《中华人民共和国民事诉讼法》第二百五十三条之规定，加倍支付迟延履行期间的债务利息。

本案受理费88元，因适用简易程序，减半收取44元，由原告杨某负担30元，被告中国人寿保险股份有限公司湖南省分公司负担14元。

如不服本判决，可于本判决书送达之日起十五日内，通过本院递交上诉状，并按对方当事人的人数提出副本，上诉于湖南省长沙市中级人民法院。

代理审判员　何　平
二〇一四年一月十七日
书　记　员　李鹏举

**附：**

**《中华人民共和国保险法》**

**第十一条**　订立保险合同，应当协商一致，遵循公平原则确定各方的权利和义务。

除法律、行政法规规定必须保险的外，保险合同自愿订立。

**第十四条**　保险合同成立后，投保人按照约定交付保险费，保险人按照约定的时间开始承担保险责任。

**第十七条**　订立保险合同，采用保险人提供的格式条款的，保险人向投保人提供的投保单应当附格式条款，保险人应当向投保人说明合同的内容。

对保险合同中免除保险人责任的条款，保险人在订立合同时应当在投保单、保险单或者其他保险凭证上作出足以引起投保人注意的提示，并对该条款的内容以书面或者口头形式向投保人作出明确说明；未作提示或者明确说明的，该条款不产生效力。

**第三十一条**　投保人对下列人员具有保险利益：

（一）本人；

（二）配偶、子女、父母；

（三）前项以外与投保人有抚养、赡养或者扶养关系的家庭其他成员、近亲属；

（四）与投保人有劳动关系的劳动者。

除前款规定外，被保险人同意投保人为其订立合同的，视为投保人对被保险人具有保险利益。

订立合同时，投保人对被保险人不具有保险利益的，合同无效。

**第四十七条**　投保人解除合同的，保险人应当自收到解除合同通知之日起三十日内，按照合同约定退还保险单的现金价值。

**《中华人民共和国民事诉讼法》**

**第六十四条**　当事人对自己提出的主张，有责任提供证据。

当事人及其诉讼代理人因客观原因不能自行收集的证据，或者人民法院认为审理案件需要的证据，人民法院应当调查收集。

人民法院应当按照法定程序，全面地、客观地审查核实证据。

**第二百五十三条** 被执行人未按判决、裁定和其他法律文书指定的期间履行给付金钱义务的,应当加倍支付迟延履行期间的债务利息。被执行人未按判决、裁定和其他法律文书指定的期间履行其他义务的,应当支付迟延履行金。

# 黄某甲等诉福建省分公司保险合同纠纷案

## 福建省福州市中级人民法院民事判决书

(2013)榕民终字第633号

上诉人(一审原告):黄某甲。

上诉人(一审原告):黄某乙。

上诉人(一审原告):黄某丙。

共同委托代理人:张某某。

被上诉人(一审被告):中国人寿保险股份有限公司福建省分公司,住所地福州市五四路233号。

负责人:黄某丁,总经理。

委托代理人:陈某某、王某,公司法务人员。

上诉人黄某甲等人因与被上诉人中国人寿保险股份有限公司福建省分公司(以下简称人寿福建分公司)保险合同纠纷一案,不服福州市鼓楼区人民法院(2012)鼓民初字第5613号民事判决,向本院提起上诉。本院受理后,依法组成合议庭适用第二审程序对本案进行了审理。在本案的审理中,本院曾委托福建省保险行业协会人民调解委员会对双方当事人的纠纷进行了调解,但调解不成。本案现已审理终结。

一审原告黄某甲、黄某乙、黄某丙请求:人寿福建分公司向黄某甲、黄某乙、黄某丙支付保险金12万元。

一审法院认定:原告黄某甲系黄某某之妻、原告黄某丙系黄某某之子、原告黄某乙系黄某某之女。

黄某某于2008年12月27日至2008年12月28日因病入住平和县医院治疗,诊断为1.双下肺炎;2.高血压3级;3.高血压心脏病;4.肾功能不全、氮质血症期;于2008年12月28日至2009年1月16日期间因同类疾病入住厦门大学附属中山医院治疗,确诊为:1. 扩张型心肌病:心律失常:频发室早;心功3级;2. 慢性肾功能不全(CKD4期),双肾结石,左肾萎缩;3. 肾性高血压:高血压性心脏病。

2009年1月17日,黄某某向人寿福建分公司投保康宁定期保险(2007版)及附加定期保险(A型)。保险合同约定,合同生效日期为2009年1月21日,交费方式为年交,被保险人为黄某某本人;康宁定期保险(2007版)的保险期间为21年,保险金额30000元,附加定期保险(A型)保险期间为10年,保险金额90000元。在填写保单时,黄某某作为投保人及被保险人对告知事项中是否有罹患高血压、心脏病、心律失常、肾病、肾功能不全等病史询问以及"过去5年内是否因疾病或受伤住院或手术"的回答均为"否",并在《人身保险投保单》末尾"声明与授权"一栏分别签字确认。

2010年7月29日至2010年8月1日期间,黄某某入住平和县医院治疗,出院诊断为:1. 慢性左心衰;2. 慢性肾衰竭;肾功能衰竭期,肾性高血压,肾性贫血,右肾襄肿,前列腺增生,双肾输尿管结石术后;3. 高血压心脏病,心功能3级;低蛋白血症;肝内胆管结石等;2011年2月23日至3月17日、2011年4月1日至12日、2011年6月13日至21日三次因同类疾病入住漳州市医院治疗,出院诊断:1. 慢性肾功能不全(尿毒症期),肾性贫血、肾性高血压、尿毒症性心脏病心衰3度,心功能4级;2. 冠状动脉性心脏病;3. 右侧输尿管取右术后;4. 双肾襄肿;5. 瓣膜性心脏病等病症。

2011年8月30日,被保险人黄某某因患高血压心脏病、肾功能不全、氮质血症期经治疗无效死亡。黄某某死亡后,黄某甲、黄某乙、黄某丙作为黄某某的法定继承人向人寿福建分公司申请理赔,要求人寿福建分公司支付身故保险金人民币120000元,人寿福建分公司于2012年2月14日向原告作出拒赔通知书,以被保险人未如实告知为由拒绝理赔。为此,黄某甲、黄某乙、黄某丙提起诉讼,要求人寿福建分公司向原告支付保险金120000元。

一审法院认为,黄某某与人寿福建分公司签订的保险合同系双方真实意思表示,内容不违反相关法律规定,合法有效。投保人黄某某在《人身保险投标提示》签名栏签字,说明人寿福建分公司已就保险条款中的免责事项向投保人黄某某履行了说明义务,该免责条款依法有效。黄某某在投保时,隐瞒病史,后治疗无效死亡。根据保险合同被告可就黄某某未履行如实告知义务而解除保险合同,并对保险事故不承担给付保险金的责任。

因涉案保险合同成立于2009年1月20日,保险事故发生在2011年8月30日,新保险法颁布于2009年10月1日,故本案解除权行使涉及新旧保险法的衔接问题。针对新旧保险法的衔接,最高人民法院颁布了《关于适用〈中华人民共和国保险法〉若干问题的解释(一)》,该解释第五条规定,保险法实施前成立的保险合同,保险公司享有的合同解除权期间应从2009年10月1日起算两年。本案被保险人于2011年8月30日身故,从2009年10月1日至保险事故发生,尚未超过两年,故黄某甲、黄某乙、黄某丙关于人寿福建分公司的解除权已超过两年的主张,一审法院不予支持。因投保人黄某某在投保时未如实告知其病史,后因重大疾病身故,人寿福建分公司对该起保险事故不承担给付保险金的责任,黄某甲、黄某乙、黄某丙要求人寿福建分公司赔偿身故保险金无理,一审法院不予支持。

一审法院判决:驳回原告黄某甲、黄某乙、黄某丙的诉讼请求。本案诉讼费2700元,适用简易程序减半收取1350元由黄某甲、黄某乙、黄某丙负担。

上诉人黄某甲、黄某乙、黄某丙上诉称,本案合同的成立时间是2009年1月20日,发生保险事故的时间是2011年8月30日,本案的合同成立时间已超过了法定的两年期限,只要自合同成立之日起超过二年的,保险人就不得解除合同,发生事故的,保险人应当给付保险金。一审判决认定“尚未超过两年”,实属错误。从合同成立至被上诉人作出拒赔,已达到三年零一个月的时间,在被上诉人作出拒赔之前就知道黄某某带病投保之事,在2012年2月14日被上诉人作出拒赔至2012年12月4日一审开庭之前,被上诉人一直没有行使解除权,已超过法定的三十日行使解除权的期限,本案保险事故被上诉人不得拒赔。一审判决认定事实不清,适用法律错误,导致错判,依法应当予以撤销。

上诉人黄某甲、黄某乙、黄某丙请求:撤销一审判决,改判支持上诉人的诉讼请求。

被上诉人人寿福建分公司答辩称,1. 答辩人有权解除合同,依法没有超过抗辩期限。双方于2009年1月签订保险合同,被保险人于2011年8月病故。根据《保险法司法解释一》第五条的规定,本案从2009年10月1日起计算至被保险人2011年8月病故,期间并没有超过2年时效,一审据此认定,并无不当。2.答辩人作出的《拒绝给付保险金通知书》已表达终止合同的意思表示。3.讼争合同已自然终止;在法理上保险人无法再行解除合同。黄某某作为投保人和被保险人,于2011年8月病故,意味着讼争合同的保险标的已灭失和合同一方当事人身故,合同效力自然终止。解除合同是针对仍生效和存续的合同,而非已终止的民事合同,故被保险人身故后讼争合同解除无从谈起。

当事人在本案第一审程序中向法院提交的证据均已随一审案卷移送至本院。

根据本案现有证据,本院确认一审认定的事实清楚。

本院认为,黄某某与被上诉人于2009年1月20日签订保险合同。根据最高人民法院《保险法若干问题的解释(一)》第五条的规定,保险法实施前成立的保险合同,保险公司享有的合同解除权应从2009年10月1日起算两年,本案被保险人于2011年8月30日身故,从2009年10月1日至保险事故发生,尚未超过两年,故上诉人黄某甲、黄某乙、黄某丙就合同解除权的起算点有误,其关于被上诉人人寿福建分公司的解除权已超过两年的主张,一审法院不予支持是正确的。

上诉人向被上诉人提交理赔申请后,被上诉人作出了《拒绝给付保险金通知书》,说明了拒绝给付的原因。该通知书中有以下文字:“本事故我公司不承担保险责任。根据保险合同约定,该合同效力终止,我公司将退还保单所交保费。”根据前述文字,可以看出被上诉人已表达了终止履行保险合同并退还保费的意思表示。合同解除属于合同终止的一种,以终止履行合同来表示解约,虽表示不够明晰,但不失为解约的一种方式。故上诉人关于被上诉人没有在规定期限内行使解除权的主张,本院不予支持。

综上,一审判决正确,应予维持。依照《中华人民共和国民事诉讼法》第一百七十条第一款第(一)项的规定,判决如下:

驳回上诉,维持原判。

本案二审诉讼费人民币2700元,由上诉人负担。一审案件受理费执行一审法院的决定。

本判决为终审判决。

审　判　长　林　丹
审　判　员　邵　惠
代理审判员　陈光卓
二〇一三年五月二十一日
书　记　员　郑　杰

# 杨某某诉沭阳支公司保险合同纠纷案

## 江苏省沭阳县人民法院民事判决书

(2014)沭商初字第0061号

原告:杨某某。

委托代理人:李某民。

被告:中国人寿保险股份有限公司沭阳支公司,住所地沭阳县广州路1号。

负责人:陈某某,该支公司经理。

委托代理人:李某某,该公司员工。

委托代理人:蔡某某。

原告杨某某诉被告中国人寿保险股份有限公司沭阳支公司(以下简称人寿保险沭阳支公司)人身保险合同纠纷一案,本院于2014年1月11日立案受理后,依法由代理审判员周妮独任审判,于2014年2月26日公开开庭进行了审理。原告委托代理人李某民、被告人寿保险沭阳支公司委托代理人李某某、蔡某某均到庭参加诉讼。本案现已审理终结。

原告杨某某诉称:2011年2月24日,原告在被告业务员吴某某介绍下在被告处投保国寿康宁终身重大疾病保险,合同成立日期为2011年3月1日,原告每年缴纳保费2340元,截至2013年3月21日,原告共缴纳三年保费。2013年3月,原告自感身体不适在沭阳县人民医院入院治疗,并进行了相关检查,临床诊断为脑胶质瘤、颅内肿瘤放疗后。原告出院后向被告申请理赔,被告于2013年8月14日作出拒绝给付保险金通知书。原告认为,原告与被告间的保险合同自成立之日起已超过两年,被告的合同解除权已经消灭,应当承担给付保险金的责任。请求判决:被告向原告给付保险金3万元并承担本案诉讼费用。

被告人寿保险沭阳支公司辩称:1. 原告在被告处投保国寿康宁终身重大疾病保险是事实,对于原告所患疾病属于重大疾病没有异议,但原告陈述的其初次确诊患有重大疾病的时间不实。2. 根据保险合同约定,只有在合同成立之日起180日后初次确诊患有重大疾病,被告才承担支付保险金责任。原告未能提供证据证明其疾病的初次确诊时间,应推定其在投保时即患有该疾病。3. 本案保险事故发生在合同成立之日起两年内,不属于保险法规定的合同解除权消灭情形。4. 原告投保时故意隐瞒其已患重大疾病的事实,构成欺诈,被告有权根据合同法规定要求撤销合同,该撤销权不包含在保险法规定的合同解除权内。5. 被告已经于2013年8月14日向原告出具拒赔通知书,并要求解除合同、不退还保费,因此双方合同已经解除。经上,请求驳回原告诉讼请求。

原告为证明其诉讼请求向本院提交以下证据:

一、保险合同,证明保险合同的成立时间是2011年3月1日。

二、2013年8月14日被告出具的拒赔通知书,证明被告拒绝给付保险金。

三、沭阳县人民医院有关原告的相关检查报告单3张,分别为2013年3月30日CT检查报告单、2013年4月1日核磁共振检查报告单、2013年6月16日的核磁共振检查报告单,证明原告患有重大疾病。

四、2013年6月21日沭阳县人民医院出具的诊断证明一份,证明原告患脑胶质瘤、颅内肿瘤放疗后。

被告对原告提供证据的质证意见为:一、对证据一保险合同无异议;该合同中利益条款第五条约定被保险人于本合同生效之日起180日后,初次发生并经专科医生明确诊断患本合同所指的重大疾病,本公司按保险金额300%赔付保险金,合同终止;被告已经履行了明确说明义务,原告在投保前已患重疾,在投保时未如实告知,故意隐瞒病情,构成欺诈,合同可撤销。二、对证据二无异议;可以证实保险公司在2013年8月14日已经通知原告解除保险合同。三、对证据三、四无异议;这组证据多次记载原告所患疾病是颅内肿瘤放疗后,足以证实原告在此之前已经进行过放射治疗,而放射治疗是以存在病史为前提的,因此该份证据不能证明原告疾病的初次确诊时间。

被告为支持其答辩理由向本院提交以下证据：

一、江苏省人民医院病案（两份），该病案是原告在2010年11月5日至2010年11月22日在该院住院形成。该份证据诊断记载“左顶叶病变待查（1.低级别胶质瘤可能性大。）”入院后确诊日期是2010年11月22日，确诊后原告转院治疗。

二、连云港市第二人民医院封存病案袋，该病案资料是原告于2013年1月23日至2013年2月4日住院形成。该病案入院记录记载，原告既往有左侧脑室后角肿瘤病史，曾于外院放射治疗，该证据可以证实原告主张初次确诊日期为2013年3月明显不实，原告应就其颅内肿瘤的初次确诊时间承担举证责任。

原告对被告提供证据的质证意见为：一、对证据一的真实性、合法性予以认可；该份证据中出院诊断仅是注明左顶叶病变待查，低级别胶质瘤可能性大，并未确诊原告患有该种疾病，同时出院情况上注明好转，因此原告并未确诊患有脑胶质瘤。二、对证据二的真实性、合法性无异议；该病案资料是针对原告腰部疾病进行手术形成的，既往病史记载是因为原告曾在江苏省人民医院就诊。

本院认证意见为：原、被告双方对对方出示的证据的真实性、合法性、关联性均无异议。经本院审查，对原、被告双方提供的证据均予以采信，对于是否能够达到其证明目的将在本院认为中进行论述。

本院经审理查明：陶某某与原告杨某某系夫妻关系。2011年2月24日，陶某某为原告向被告申请投保国寿康宁终身重大疾病保险，在告知事项一栏中，投保人及被保险人的回答均是“否”；特别是在关于病史询问，是否患有或接受治疗过下列疾病一栏中，关于脑部疾病一项，回答也是“否”。2011年2月25日，被告受理该投保申请。2011年3月1日，陶某某向被告交纳保费2340元，被告向原告出具保险单，保单记载，投保人陶某某。被保险人杨某某，险种为国寿康宁终身重大疾病保险，保险金额10000元，保险期间终身，交费期满日期2021年3月1日，标准保费2340元，合同成立日期2011年3月1日，合同生效日期2011年3月2日。国寿康宁终身重大疾病保险利益条款记载，第一条保险合同构成，国寿康宁终身重大疾病保险合同(以下简称保险合同)由保险单及所附国寿康宁终身重大疾病保险利益条款(以下简称保险合同利益条款)、个人保险基本条款(以下简称保险合同基本条款)、现金价值表、声明、批注、批单以及与本合同有关的投保单、复效申请书、健康声明书和其他书面协议共同构成;第二条保险期间,保险合同的保险期间为合同生效之日起至合同终止日止;第五条保险责任,在保险合同保险期间内,被告承担以下保险责任:一、重大疾病保险金,被保险人于保险合同生效(或最后复效)之日起一百八十日后,初次发生并经专科医生明确诊断患保险合同所指的重大疾病(无论一种或多种),被告按基本保险金额的300%给付重大疾病保险金,保险合同终止。二、……第六条责任免除,因下列原因之一导致被保险人身故或患保险合同所指重大疾病,被告不承担给付保险金的责任:一、……六、被保险人在保险合同生效(或最后复效)之日起一百八十日内,患保险合同所指重大疾病或因疾病而身故;七、……无论上述何种情形发生,导致被保险人身故或患保险合同所指重大疾病的,保险合同终止,保险公司向投保人退还本合同的现金价值。个人保险基本条款记载,自保险合同成立、被告收取首期保险费并签发保险单的次日零时起保险合同生效。原告已按合同约定交纳三年保费。

另查明:2010年11月5日,原告入住江苏省人民医院神经内科,入院记录记载,原告于2010年10月28日到该院门诊就诊,查头颅MR平扫+增强:左顶叶病变,性质待定,考虑炎性病变可能,低级别胶质瘤不除外,请结合临床,右额叶腔梗,现为求进一步诊治收住我科。2010年11月22日,修正诊断为1.左顶叶病变待查(1)低级别胶质瘤可能性大;2.腔隙性脑梗死……同日,原告出院,住院记录记载目前考虑患者病灶为低级别胶质瘤可能性大,予出院,到脑外科继续诊治。

2013年1月23日,原告入住连云港市第二人民医院骨外东科,在入院记录既往史中记载既往有左侧脑室后角肿瘤病史,曾于外院放射治疗,入院诊断中列明包含颅内肿瘤。

2013年3月30日,原告在沭阳县人民医院进行头部CT检查,诊断建议为颅内肿瘤放疗后(结合病史),建议增强。2013年4月1日,原告在沭阳县人民医院进行头部MRI增强检查,影像表现为左侧颅内肿瘤放疗后复查;……诊断建议为左侧颅内肿瘤放疗后观,随访,请与前片对比。2013年6月19日,原告在沭阳县人民医院进行头部颅脑MR增强+腰椎检查,影像表现为左侧颅内肿瘤放疗后复查;……诊断建议为左侧颅内肿瘤放疗后观,与04.01片比较有好转……随访复查。2013年6月21日,原告在沭阳县人民医院的门诊诊断证明书中记载临床诊断为脑胶质瘤、颅内肿瘤放疗后。

2013年8月12日,原告向被告申请理赔,被告于2013年8月14日出具拒绝给付保险金通知书,通知书记载"投保前已患重疾,本次事故不属于合同约定的责任范围,我公司不承担本次事故的保险责任,根据保险合同及相关法律规定,我公司解除该合同,不退还保费。"

本案的争议焦点为:一、原告初次确诊患有重大疾病的时间?原告在投保时是否故意未履行如实告知义务?二、如果原告在投保时故意不履行如实告知义务,是否构成欺诈,被告是否能要求解除合同或者根据合同法的规定要求撤销合同?三、本案原告所患疾病是否属于保险责任范围?四、如果本案合同合法有效,且属于保险责任范围,原告主张的保险金数额是否成立?

本院认为:一、原告在投保时已患有重大疾病,故意未履行如实告知义务。理由为:当事人双方对自己的诉讼请求所依据的事实以及反驳对方诉讼请求所依据的事实有责任提供证据加以证明。没有证据或者证据不足以证明当事人的事实主张的,由负责举证责任的当事人承担不利后果。本案中,原告称其初次确诊患有重大疾病的时间为2013年3月22日左右,并提供其于2013年3月30日、4月1日、6月19日在江苏省沭阳县人民医院的检查报告单及2013年6月21日该院出具的诊断证明书予以证明,但原告提供的上述证据均显示原告的病情特征为颅内肿瘤放疗后,因此不能证明原告初次确诊患有该重大疾病的时间。根据被告提供的原告于2010年11月5日入住江苏省人民医院后形成的住院病案资料可以证实原告于2010年11月22日已经被诊断出患有低级别脑胶质瘤的可能性大,应到脑外科继续诊治;被告提供的原告于2013年1月23日入住连云港第二人民医院形成的住院病案资料可以证实原告在此前有左侧脑室后角肿瘤病史,曾于外院放射治疗,同时也诊断出患有颅内肿瘤。虽然对于原告在投保时故意未履行如实告知义务，被告应当负举证责任，但根据被告提供的证据可以证明原告在投保前已经被诊断出患有低级别脑胶质瘤的可能性很大，应当到脑外科继续诊治，以及原告在2013年1月23日前已经患有颅内肿瘤；而原告提供的证据不能证明其主张的重大疾病初次确诊时间发生在2013年3月22日左右。原告对于其患有重大疾病的初次确诊时间相对于被告来讲，距离证据更近、举证能力更强，在依据被告提供的证据足以合理怀疑原告在投保时已患有重大疾病的情况下，根据公平原则以及诚实信用原则，原告应当就其初次确诊患有重大疾病的时间承担举证责任，否则应当承担举证不能的法律后果。而原告未能就其初次确诊患有重大疾病的时间进行举证，因此本院对于原告主张的其重大疾病的初次确诊时间为2013年3月22日不予采信，对于被告辩称的原告在投保时已患有重大疾病予以采信。

二、虽然原告在投保时已患有重大疾病故意未履行如实告知义务，但被告也不享有合同解除权，且不得依据合同法要求撤销合同。理由为：虽然根据《中华人民共和国保险法》第十六条的规定，投保人故意或重大过失未履行如实告知义务，足以影响保险人决定是否同意承保或提高保险费率的，保险人有权解除合同；但同时该条第三款也规定自合同成立之日起超过二年的，保险人不得解除合同；发生保险事故的，保险人应当承担赔偿或支付保险金的责任。本案中，原告已经交纳三年保费，保险合同已经成立超过二年，因此被告不得解除合同。被告辩称，该条款关于合同解除权不可抗辩条款的规定，应当理解为保险事故发生在保险合同成立之日起两年后；如果保险事故发生在保险合同成立之日起两年内，保险人仍有权解除合同。因本案保险事故在保险合同成立时已经发生，因此被告不得以上述辩解理由要求解除合同；如果原告在保险合同成立之日起两年内患有其他重大疾病的，被告才享有合同解除权。被告另辩称，原告故意不履行告知义务，构成欺诈，被告有权撤销合同。根据特别法优于一般法的规定，在本案中应当优先适用保险法关于合同解除权的规定，排除合同法关于撤销权规定的适用。

三、本案原告所患疾病不属于保险责任范围。原告所患疾病属于重大疾病双方均无异议，但原告在保险合同成立时已经患有该重大疾病；根据保险关于保险的定义，保险合同是射幸合同，其约定的应承担保险责任的保险事故在投保时应属尚未发生状态；如在投保时已经发生保险合同约定的事故，该事故就不应属于保险合同约定的应承担保险责任的事故范围。原告现以其在投保时已经患有的该疾病要求被告给付保险金，本院不予支持。

综上，原告在投保时已患有重大疾病，保险事故在投保时已经发生，现原告以患有该重大疾病为由要求被告给付保险金的，本院不予支持。调解不成，依据《中华人民共和国保险法》第二条、第十六条，最高人民法院《关于民事诉讼法证据的若干规定》第二条、第七十五条，《中华人民共和国民事诉讼法》第一百四十二条之规定，判决如下：

驳回原告杨某某的诉讼请求。

案件受理费550元，减半收取275元，由原告负担。

如不服本判决，可在判决书送达之日起十五日内，向本院递交上诉状，并按对方当事人的人数提出副本，上诉于江苏省宿迁市中级人民法院，同时向该院预交上诉案件受理费550元（该院开户行：中国农业银行宿城支行，账号：460101040004680）。

代理审判员　周　妮

二〇一四年四月十日

书　记　员　柴　杰

**附：**

**《中华人民共和国保险法》**

**第二条**　本法所称保险，是指投保人根据合同约定，向保险人支付保险费，保险人对于合同约定的可能发生的事故因其发生所造成的财产损失承担赔偿保险金责任，或者当被保险人死亡、伤残、疾病或者达到合同约定的年龄、期限等条件时承担给付保险金责任的商业保险行为。

**第十六条**　订立保险合同，保险人就保险标的或者被保险人的有关情况提出询问的，投保人应当如实告知。

投保人故意或者因重大过失未履行前款规定的如实告知义务，足以影响保险人决定是否同意承保或者提高保险费率的，保险人有权解除合同。

前款规定的合同解除权，自保险人知道有解除事由之日起，超过三十日不行使而消灭。自合同成立之日起超过二年的，保险人不得解除合同；发生保险事故的，保险人应当承担赔偿或者给付保险金的责任。

投保人故意不履行如实告知义务的，保险人对于合同解除前发生的保险事故，不承担赔偿或者给付保险金的责任，并不退还保险费。

投保人因重大过失未履行如实告知义务，对保险事故的发生有严重影响的，保险人对于合同解除前发生的保险事故，不承担赔偿或者给付保险金的责任，但应当退还保险费。

保险人在合同订立时已经知道投保人未如实告知的情况的，保险人不得解除合同；发生保险事故的，保险人应当承担赔偿或者给付保险金的责任。

保险事故是指保险合同约定的保险责任范围内的事故。

**《最高人民法院关于民事诉讼证据的若干规定》**

**第二条**　当事人对自己提出的诉讼请求所依据的事实或者反驳对方诉讼请求所依据的事实有责任提供证据加以证明。

没有证据或者证据不足以证明当事人的事实主张的，由负有举证责任的当事人承担不利后果。

**第七十五条**　有证据证明一方当事人持有证据无正当理由拒不提供，如果对方当事人主张该证据的内容不利于证据持有人，可以推定该主张成立。

# 伍某某诉邵武支公司保险合同纠纷案

## 福建省邵武市人民法院民事裁定书

(2011)邵民初字第1043号

原告:伍某某。

委托代理人:周某某。

被告:中国人寿保险股份有限公司邵武支公司,住所地邵武市五一九路永隆巷2号,组织机构代码85707718-9。

委托代理人:郑某某。

委托代理人:高某某。

原告伍某某与被告中国人寿保险股份有限公司邵武支公司保险合同纠纷一案,本院依法进行了审理,现已审理终结。

本院认为,原告起诉被告支付其保险赔偿金的诉讼请求,但原告没有证据证明被告是与原告签订保险合同的保险人一方,即原告起诉的被告主体不适格,依照《中华人民共和国民事诉讼法》第一百四十条第(三)项的规定,裁定如下:

驳回原告伍某某的起诉。

如不服本裁定,可在裁定书送达之日起十日内向本院递交上诉状,并按对方当事人的人数提出副本,上诉于福建省南平市中级人民法院。

审　判　员　辛克宁
代理审判员　游小娟
人民陪审员　鲁金虎
二〇一一年九月七日
书　记　员　熊　斌

# 郭某某诉临沂市分公司保险合同纠纷案

## 山东省临沂市兰山区人民法院民事判决书

(2008)临兰商初字第2675号

原告:郭某某。

被告:中国人寿保险股份有限公司临沂分公司,住所地临沂市兰山区沂蒙路440号,组织机构代码26715421-X。

代表人:周某某,总经理。

委托代理人:苗某某。

委托代理人:武某。

原告郭某某与被告中国人寿保险股份有限公司临沂分公司(以下简称中国人寿保险临沂分公司)人身保险合同纠纷一案,本院受理后,依法组成合议庭,公开开庭进行了审理。原告郭某某,被告中国人寿保险临沂分公司的委托代理人苗某某、武某到庭参加了诉讼。本案现已审理终结。

原告郭某某诉称,1998年4月25日,原、被告签订了保险单号为1998-372800-Y05-00000658-0的"鸿寿养老保险"合同(被保险人为郭某某)。合同签订后,原告依约履行了合同义务,然而经原告查询,保险单在原告不知情的情况下被告中止履行。根据保险单保险责任起止时间:自1998年4月25日至终身,原告认为,双方签订合同后依法受法律保护,被告作为保险人,不得擅自拒绝履行合同。为此,原告依法提起诉讼,请求法院依法判决被告继续履行原、被告双方于1998年4月25日签订的保险单号为1998-372800-Y05-00000658-0的"鸿寿养老保险"合同;诉讼费用由被告承担。

被告中国人寿保险临沂分公司辩称,1998年4月25日,原告在我公司投保鸿寿养老保险金保险一份,保险单号1998-372800-Y05-00000658-0,

投保人、被保险人均为原告本人,交费方式为10年期交,每年交费8900元,现已交费完毕,共计交费89693元(含健康加费)。2008年1月2日,我公司收到临沂市中级人民法院(2008)临执字第22号协助执行通知书,要求我公司协助提取原告在我公司处的保险金收入至临沂中院,并附(2008)临执字第22号民事裁定书,已生效的临沂市中级人民法院(2007)临民一初字第139号民事判决书以及法警支队王某某、刘某某的执行公务证。我公司工作人员接到该协助执行通知书后便明确告知王、刘二人必须要投保人本人来办理退保手续,但王某某、刘某某表示找不到投保人本人。我公司工作人员又根据原告投保档案中留存的联系方式8237703和13905390975致电原告,但均未成功,前者为空号,后者一女士称不认识原告。2008年1月3日,我公司根据临沂市中级人民法院(2008)临执字第22号协助执行通知书的执行事项,并由法警刘某某作为申请人申请解除了原告在我公司处的上述保险合同,退保金额75989元已转账至临沂市中级人民法院,请贵院查明事实,依法作出公正判决。

经审理查明,1998年4月25日,原告郭某某与被告中国人寿保险临沂分公司签订了"鸿寿养老保险"合同,被告为原告开具了1998-372800-Y05-00000658-0号保险单,该保险单载明:被保险人郭某某;投保人郭某某;保险金额100000元;保障项目(给付责任):保障项目固定,详见保险条款;保险期间为终身;保险责任起止时间:1998年4月25日至终身;交费期为10年;交费方式为年交;保险费8900元,加费231元,保险费合计9131元;生存给付领取年龄:60岁开始领取。鸿寿养老金保险条款第十六条规定:"投保人或被保险人在订立本合同或申请复效时,对本公司的书面询问应据实告知。如故意隐瞒事实,不履行如实告知义务,或因过失未履行如实告知义务,足以影响本公司决定是否同意承保或者提高保险费率的,本公司有权解除本合同,且不退还保险费。对本合同解除前发生的保险事故,本公司不负保险责任。本公司通知解除本合同时,如投保人死亡、居住所不明,或其他原因,通知不能送达时,本公司将该项通知送达被保险人或受益人。"第十七条规定:"投保人解除本合同时,本公司应于接到通知后三十日内退还本保险单的现金价值。但当被保险人选择第七条第二或三款规定的领取方式,开始领取养老金后,投保人或被保险人不得解除本合同。投保人解除本合同时,应出具下列文件:一、保险单及解除合同申请书;二、最近一次保险费的缴费凭证;三、投保人的户籍证明与身份证件。”上述保险合同签订后,原告郭某某已按合同约定交纳了10年期保险费合计89693元。

2008年1月2日,临沂市中级人民法院在执行已生效的(2007)临民一初字第139号民事判决时,向被告中国人寿保险临沂分公司送达了(2008)临执字第22号民事裁定书及(2008)临执字第22号协助执行通知书,要求被告协助提取郭某某在该保险公司的保险金收入469450.65元。同年1月3日,被告中国人寿保险临沂分公司根据中级人民法院执行人员刘某某的解除保险合同申请(个人),解除了原告郭某某与被告签订的1998-372800-Y05-00000658-0号“鸿寿养老保险”合同,将退保金额75989元转账至临沂市中级人民法院。后经原告查询,得知被告已中止履行保险合同,遂于2008年7月16日诉至本院。

上述事实,主要根据双方当事人的陈述、第1998-372800-Y05-00000658-0号鸿寿养老保险单、鸿寿养老金保险条款、保险费发票、(2007)临民一初字第139号民事判决书、(2008)临执字第22号民事裁定书、(2008)临执字第22号协助执行通知书、解除保险合同申请书(个人)等予以确认,均已收集记录在卷。

本院认为,原告郭某某与被告中国人寿保险临沂分公司签订的保险单号为1998-372800-Y05-00000658-0的鸿寿养老保险合同,系双方当事人真实意思表示,且不违反法律法规的强制性规定,内容合法有效。原告郭某某已依约履行了交纳保险费的义务,被告中国人寿保险临沂分公司作为保险人应当按照约定时间开始承担保险责任。本案的争议焦点为:被告解除保险合同的行为是否合法,其应否继续履行与原告签订的鸿寿养老保险合同。本院认为,保险合同的解除,是在保险合同有效成立后,法律规定或当事人约定的解除条件具备时,双方协议或当事人一方或双方行使解除权而使保险合同消灭的法律行为。《合同法》第八条规定:“依法成立的合同,对当事人具有法律约束力。当事人应当按照约定履行自己的义务,不得擅自变更或者解除合同。依法成立的合同,受法律保护。”保险合同有效成立后即具有法律约束力,当事人不得随意解除保险合同,投保人或者保险人欲解除保险合同的,应当依照法律的规定或者保险合同的约定。

《保险法》第十五条规定:“除本法另有规定或者保险合同另有约定外,保险合同成立后,投保人可以解除保险合同。”第十六条规定:“除本法另有规定或者保险合同另有约定外,保险合同成立后,保险人不得解除保险合同。”由此可见,在保险合同依法成立后,除保险法另有规定或者保险合同另有约定外,投保人可以随时提出解除保险合同,经双方当事人协商一致后,保险合同解除,但保险人不得随意解除保险合同。本案中,被告中国人寿保险临沂分公司作为从事保险业务的专业公司,理应严格遵守法律规定及保险合同的约定,对保险合同的解除尽严格的审查义务,而被告却违反上述义务,根据案外人的申请解除了原告与被告签订的保险合同,致使被保险人的利益受损,违反了法律规定和保险合同约定,故该解除合同退保行为对作为投保人的原告不具有法律效力,被告仍应继续履行保险合同约定的义务。被告中国人寿保险临沂分公司以原告的保险合同已被执行人员申请解除且退保金额已转账至法院为由拒绝履行合同,其抗辩理由依法不能成立。

依照《中华人民共和国合同法》第八条,《中华人民共和国保险法》第十五条、第十六条的规定,判决如下:

被告中国人寿保险股份有限公司临沂分公司继续履行其与原告郭某某签订的保险单号为 1998 - 372800 - Y05 - 00000658 - 0 的“鸿寿养老保险”合同。

案件受理费 100 元,由被告中国人寿保险股份有限公司临沂分公司承担。

如不服本判决,可在判决书送达之日起十五日内,向本院递交上诉状,并按对方当事人的人数提出副本,上诉于山东省临沂市中级人民法院。

审　判　长　邹新华
审　判　员　王效贤
审　判　员　刘国良
二〇〇八年十月二十二日
代 书 记 员　李明明

# 吕某某诉长阳支公司保险合同纠纷案

## 湖北省宜昌市中级人民法院民事判决书

(2011)宜中民二终字第00342号

上诉人(原审原告):吕某某。

委托代理人:李某,特别授权代理。

被上诉人(原审被告):中国人寿保险股份有限公司长阳土家族自治县支公司。住所地:长阳土家族自治县龙舟坪镇环城东路。

负责人:姚某某,该公司经理。

委托代理人:吕某平,特别授权代理。

委托代理人:田某,特别授权代理。

上诉人吕某某因与被上诉人中国人寿保险股份有限公司长阳土家族自治县支公司(以下简称人寿保险长阳公司)保险合同纠纷一案,不服长阳土家族自治县人民法院(2011)西民初字第416号民事判决,向本院提起上诉。本院于2011年8月22日立案受理后,依法组成由审判员邓爱民担任审判长,审判员鄢睿、胡建华参加的合议庭进行了审理。本案现已审理终结。

原审认定,吕某某系经依法登记的个体工商户,长期雇佣孔某某为其从业人员,并数次出资以孔某某为被保险人投保意外伤害保险。2009年4月15日,吕某某夫妻及其雇员孔某某与人寿保险长阳公司营销人员张某经协商,吕某某再次出资以孔某某为被保险人,在人寿保险长阳公司投保"安心金卡B"(NO:1909420500245113)意外伤害保险一份,约定:被保险人为孔某某;保险金额20万元;保险期间一年等。

2010年2月10日,被保险人孔某某在本县都镇湾镇麻池村中心卫生室输液过程中意外死亡。人寿保险长阳公司接到出险报案后,双方经协商,于2010年9月24日达成理赔协议,约定由人寿保险长阳公司一次性赔付给吕某某15万元。后因未通过人寿保险长阳公司的上级公司审核,人寿保险长阳公司未按协议履行。故吕某某诉至一审法院,请求判令人寿保险长阳公司赔付吕某某保险金15万元,并承担本案诉讼费。

原审法院同时认定,1. 合同签订后,保卡由吕某某保管。该保卡正面的被保险人和业务员签名栏中内容由张某书写,其反面的被保险人签名栏中"孔某某"的签名为被保险人孔某某书写;对其正面受益人栏中"吕某某"签名的书写时间双方当事人陈述不一,且均不能确定其书写人。2. 被保险人孔某某的妻子张某某就本案所涉保险已向人寿保险长阳公司申请理赔,人寿保险长阳公司已向被保险人的法定继承人支付了部分保险金。

原审认定上述事实的主要证据有:双方当事人陈述,吕某某提交的保险卡、诊断证明书、理赔协议书,人寿保险长阳公司提交的保险卡存根、理赔申请书等。

原审法院认为,1. 吕某某与人寿保险长阳公司所签保险合同成立。2. 合同签订后,保卡由吕某某保管,双方对其受益人栏中"吕某某"签名的书写时间陈述不一,且均不能确定其书写人,同时又均表示不申请进行文字鉴定,故受益人栏中"吕某某"签名的真实性尚不能确定,吕某某关于其为受益人的诉讼主张证据不足。3. 2009年2月28日修改的保险法规定:投保人指定受益人时须经被保险人同意。投保人为与其有劳动关系的劳动者投保人身保险,不得指定被保险人及其近亲属以外的人为受益人。2009年9月21日的保险法解释规定:保险合同成立于保险法施行前,而保险标的转让、保险事故、理赔代为求偿等行为或事件发生于保险法施行后的,适用新保险法的规定。本案保险合同跨越保险法的修改前后,保险合同虽成立于保险法修改前,但被保险人孔某某死亡于保险法修改后,因此,被保险人孔某某死亡所产生的法律关系应适用修改后的保险法。吕某某与被保险人孔某某系雇佣关系,即使受益人栏中"吕某某"签名的真实性能够确定,该指定亦违反了修改后保险法的禁止性规定,其指定内容应属无效,吕某某不享有本案保险金请求权。故吕某某的诉讼请求不能成立,不应予以支持。人寿保险长阳公司的抗辩理由成立,应予以采纳。遂依照

《中华人民共和国保险法》第三十九条第二款、最高人民法院《关于适用〈中华人民共和国保险法〉若干问题的解释(一)》第三条的规定,判决驳回吕某某的诉讼请求。本案诉讼费减半收取1650元,由吕某某负担。

吕某某不服原审法院的上述判决,向本院提起上诉称:1.原审判决认定事实不清。本案投保人和被保险人均为孔某某,不存在雇主为雇员投保的情况。受益人由被保险人"指定或同意",本案判断受益人应当以被保险人签字确认的内容为准。2.原审判决适用法律错误。依据新保险法及其司法解释的规定,虽然在新保险法实施后,本案保险合同关系处于延续状态,但涉及保险合同效力的问题,仍应适用旧保险法。因此,请求二审人民法院依法撤销原判,改判支持吕某某的诉讼请求。

人寿保险长阳公司答辩称:原审判决认定事实清楚,适用法律正确。吕某某作为雇主,为雇员孔某某投保是无可争辩的事实。保险卡受益人栏中"吕某某"的真实性无法确定。新保险法对雇主不得享有雇员死亡的保险利益为法律禁止性规定,不管被保险人是否同意吕某某为受益人,吕某某都不享有本案保险金请求权。因此,请求二审人民法院依法驳回上诉,维持原判。

本院经审理查明,原审认定的事实属实。

本院认为:吕某某与孔某某存在雇佣合同关系,吕某某以孔某某为被保险人向人寿保险长阳公司投保意外伤害保险,并足额交纳了保险费,双方之间的保险合同关系成立并生效。该合同虽成立于2009年10月1日《中华人民共和国保险法》施行以前,但保险事故发生在该法实施以后,根据最高人民法院《关于适用〈中华人民共和国保险法〉若干问题的解释(一)》第三条的规定,本案应适用2009年新修订的《中华人民共和国保险法》。根据该法第三十九条"投保人为与其有劳动关系的劳动者投保人身保险,不得指定被保险人及其近亲属以外的人为受益人"之规定,本案保险合同中的受益人只能是被保险人孔某某及其近亲属,而不能是吕某某。因此,无论保险单上载明的受益人是否为吕某某,吕某某依法都不能主张本案保险金。并且,即使吕某某为被保险人孔某某同意的受益人,该约定也违反了法律禁止性规定,应属无效条款,但并不影响保险合同其他条款的效力。本案保险事故发生后,依法应由被保险人孔某某的法定继承人向人寿保险长阳公司主张给付保险金。吕某某关于其不存在为雇员投保,应认定为保险受益人的上诉理由与客观事实不符,也不符合法律规定,本院不予支持。

综上所述,原审判决认定事实清楚,适用法律正确。经合议庭评议,依照《中华人民共和国民事诉讼法》第一百二十八条、第一百五十三条第一款第(一)项的规定,判决如下:

驳回上诉,维持原判。

本案二审案件受理费 3300 元(吕某某已预交),由上诉人吕某某负担。

本判决为终审判决。

审　判　长　邓爱民
审　判　员　鄢　睿
审　判　员　胡建华
二〇一一年十一月二十二日
书　记　员　张鹏炜

# 附　录

# 中国人寿保险股份有限公司
# 内部控制执行手册(2013 版)

(诉讼部分节选)

**风险控制点:**

16_3_R1　如何避免公司为解决法律纠纷,支付过多的赔偿或律师费用?

16_3_R2　如何确保法律顾问能够得到充分的业务信息和潜在风险?

16_3_R3　如何保证诉讼案件信息及时、全面报送?

16_3_R4　如何保证法律事务工作的规范性?

16_3_R5　如何保证民事诉讼、仲裁及行政处罚案件的规范性?

**控制措施:**

16_3_R1_C01　对于计时收费项目,法律与合规部认真复核律师事务所账单,对于专项法律服务项目,一般都按照服务效果核定律师费。所有律师费支出均签报总裁室或总经理室。在公司与外部律师签订法律服务合作协议均约定纠纷解决条款。

16_3_R1_C02　外聘律师及常年法律顾问的具体事务由法律职能部门承办。外聘律师及常年法律顾问,应当根据公平、公开、公正、竞价的原则,择优聘用。需集中采购的,应当遵照公司关于集中采购的有关规定履行相应程序。外聘常年法律顾问,应当经本级机构总经理室集体讨论决定,并报上级机构法律职能部门备案。

16_3_R1_C03　上报外聘律师及常年法律顾问方案,应当同时报送下列材料:(一)拟聘律师事务所的基本情况、出任律师的履历和主要工作业绩;(二)代理或聘请协议。

16_3_R1_C04　诉讼、仲裁的外聘律师费用按当地司法部门规定的律师办案收费标准,根据案件标的大小、复杂程度等协商确定。实行风险代理的,律师费由基本代理费与风险代理费两部分组成,以风险代理费为主。常年法律顾问费应当根据当地司法部门规定的收费标准,结合拟聘律师的业务水平、法律事务工作量等情况协商确定。其他非诉讼法律事务的外聘律师费应当根据该项事务的标的大小、难易程度、拟聘律师业务水平等情况协商确定合理的费用方案。

16_3_R1_C05　确定外聘律师或常年法律顾问后,当事机构应当与律师事务所签订代理或聘请协议,明确外聘律师或常年法律顾问的义务与责任。

16_3_R1_C06　下级机构处理超过权限的事务时,未按公司规定报经上级机构批准,不得列支外聘律师费、法律顾问费及其他有关费用。各级法律职能部门应当要求外聘律师及常年法律顾问定期通报案件进展情况或法律服务情况,并定期进行考评。

16_3_R1_C07　法律咨询人原则上应当向本级机构的法律职能部门进行法律咨询。咨询人需阐明所咨询的问题,如实说明相关背景情况,提供完备资料及处理意见。口头咨询意见仅供咨询人参考。咨询人应当以法律职能部门书面咨询意见为准。在咨询中发现典型或者重大问题,法律职能部门应当及时向分管领导报告。

16_3_R2_C08　法律与合规部将相关的业务信息传达给法律顾问,让法律顾问在充分了解情况的基础上出具法律意见。

16_3_R3_C09　重大诉讼案件上报时限以不影响案件的处理为原则。对于公司作为原告的重大诉讼案件,在提起诉讼前应正式报告总公司。对于公司为被告的重大诉讼案件,应于收到法院的诉讼文书之日起 20 个工作日内正式报告总公司。地市级分公司对于其本辖区内发生的公司为被告的重大诉讼案件,应于收到法院的诉讼文书之日起 10 个工作日内正式报告其隶属的省级分公司。

16_3_R3_C10　省级分公司和地市级分公司应对每季度、半年及全年所辖新发生和正在处理的全部诉讼案件进行统计,在法律类案件信息管理系统中生成《诉讼案件统计表》,在统计期间届满后 10 个自然日内分别向各自的上级公司上报。

16_3_R3_C11　地市级以上分公司应将年度处理的具有典型意义的案件录入法律类案件信息管理系统。省级分公司每年应至少上报两件典型案例。地市级分公司每年应至少上报一件典型案例(未发生案件的除外)。诉讼案件年终统计分析报告和典型案例最迟应于年度结束后一个月内录入法律类案件信息管理系统。

16_3_R3_C12　当事公司应在五个工作日内将新发生的诉讼案件信息(包括诉讼案件状态的变更)录入法律类案件信息管理系统,上级公司应及时对录入法律类案件信息管理系统的诉讼案件信息进行审核。

16_3_R3_C13　当事公司应及时将本公司的重大诉讼案件逐案上报上级公司。下级公司应将本辖区内发生的下列案件及时上报上级公司。

16_3_R3_C14　省级分公司应全面掌握本辖区内发生的资产类标的额在人民币50万元以上、保险业务类和其他类标的额在人民币30万元以上的所有重大案件;并将资产类标的额在人民币100万元以上、保险业务类和其他类标的额在人民币50万元以上的案件个案上报总公司。

16_3_R3_C15　地市级以上分公司应对本辖区全年度发生的全部诉讼案件发生和应对情况进行统计、分析,在法律类案件信息管理系统中形成诉讼案件年终报告分别上报其上级公司。

16_3_R3_C16　地市级以上分公司应将年度处理的具有典型意义的案件录入法律类案件信息管理系统。省级分公司每年应至少上报两件典型案例。地市级分公司每年应至少上报一件典型案例(未发生案件的除外)。

16_3_R3_C17　诉讼案件年终统计分析报告和典型案例最迟应于年度结束后一个月内录入法律类案件信息管理系统。

16_3_R3_C18　省级分公司和地市级分公司应分别对一、二、三季度以及全所辖新发生的因产品条款描述和理解引发诉讼案件发生和应对情况进行统计、分析,在法律类案件管理系统中形成因产品条款描述和理解引发诉讼案件季度或年度报告,其中季度报告应在统计期届满后10个自然日内分别向各自的上级公司上报,年度报告应在统计期届满后20个自然日内分别上报各自的上级公司。

16_3_R3_C19　省级分公司和地市级分公司应分别对一、二、三季度以及全年所辖新发生的全部因产品条款描述和理解引发的诉讼案件进行统计,在法律类案件信息管理系统中生成《因产品条款描述和理解引发诉讼案件统计表》,其中季度统计表应在统计期届满后10个自然日内分别向各自的上级公司上报,年度统计表应在统计期届满后20个自然日内分别向各自的上级公司上报。

16_3_R3_C20　省级分公司收到下级机构通过法律类案件信息管理系统上报的行政处罚案件后,应当在1个工作日内完成审核,并提交总公司。地市级分公司收到下级机构报送的行政处罚案件后,应当在1个工作日内将相关信息录入案件报送管理系统,上传有关文件,并提交上级机构。

16_3_R3_C23　各级分支机构应将符合前述标准的重大索赔案件和违规担保事项在一个工作日内录入法律类案件信息管理系统并在5个工作日内将重大索赔案件通过公司公文系统报送上级公司直至总公司。

16_3_R4_C24　公司对外签订、出具和使用的涉及权利义务和法律责任的合同、文书和保险业务单证、宣传材料等,以及报送保险监督管理部门的保险条款,应当经公司法律职能部门审核。

16_3_R4_C25　提请审核保险条款,应当提供保险条款以及相关的文件,法律职能部门需按照法律、法规的规定和保险监督管理部门的要求审核,并及时出具书面意见。报送保险监督管理部门的保险条款应当按照保险监督管理部门的要求由公司法律责任人出具《法律声明书》。

16_3_R5_C26　各级机构应当以自己的名义参加民事诉讼、仲裁或接受行政处罚,应当避免将上级机构作为当事人。

16_3_R5_C29　公司对法律类案件信息实行报送管理。下级机构向上级机构报送民事诉讼、仲裁、行政处罚案件情况的,适用公司案件信息报送管理相关制度。

16_3_R5_C30　公司实行案件年终统计分析。省级和计划单列市分公司应当按照总公司要求对全年的诉讼、仲裁案件进行汇总统计,并写出分析报告上报总公司。案件统计期间为每年的1月1日至12月31日。各省级和计划单列市分公司上报总公司案件统计表和分析报告的时间为每一上报年度下一年的1月31日前。

流程编号:中国人寿保险股份有限公司 省－风控－法律合规－003

# 诉讼案件应对管理工作流程及要求

工作起始时间:收到地市分公司报告、接到应诉通知书或者公司决定提起诉讼(仲裁)

工作时限:根据案件情况

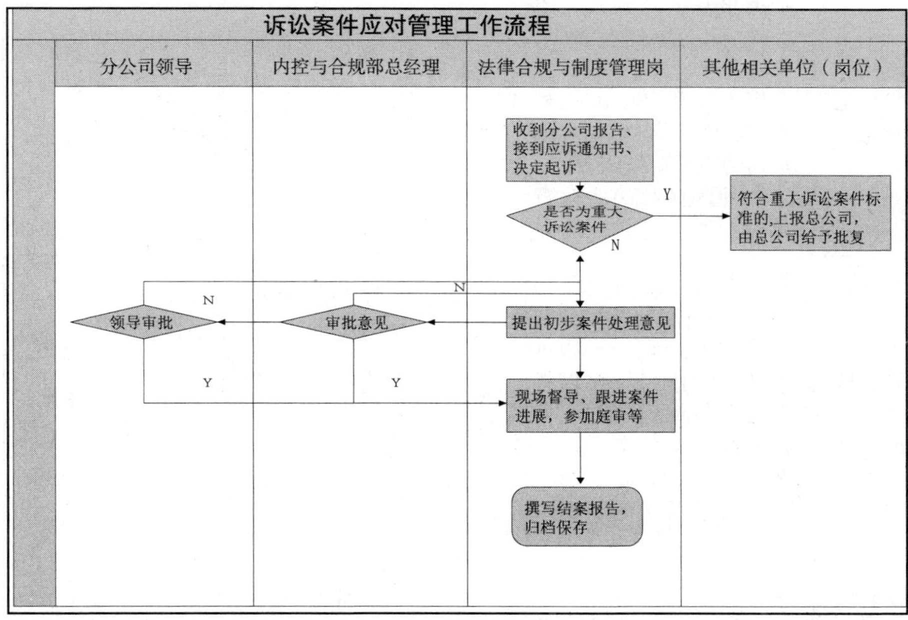

**法律合规与制度管理岗工作内容及要求**

| 工作流程点 | 工作内容描述 | 时限要求 | 工作要求 | 形成的文档 | 风险提示 |
| --- | --- | --- | --- | --- | --- |
| 收到分公司报告、接到应诉通知书、决定起诉 | 1. 收到地市分公司关于发生诉讼案件的报告；2. 接到以省公司为当事人的应诉通知书；3. 公司决定以省公司名义提起诉讼(仲裁) | (工作起点) | | | |
| 提出初步案件处理意见 | 1. 如属于重大诉讼案件，应上报总公司并根据总公司的指示或批复意见，拟定初步应对方案；2. 如不属于重大诉讼案件，根据案件情况，制定初步的应对方案；3. 如需要，可咨询外部律师的法律意见 | 根据案情，1 ~ 20 个工作日 | 1. 准确、及时；2. 做好证据搜集和材料准备工作 | 法律意见书草稿或签报草稿 | 注意时效和材料的真实性和完整性 |
| 现场督导、跟进案件进展，参加庭审等 | 1. 拟文批复地市分公司指导意见；2. 赴发案分公司进行现场督导；3. 跟进案件，随时汇报；4. 以省公司为当事人的案件，根据上级指示落实诉讼方案，进行起诉应诉讼工作；5. 根据需要参与庭审工作 | 根据案件进展情况 | 1. 掌握案件进度；2. 及时知悉案件最新进展情况；3. 对案件出现的新情况及时提出处理意见或方案 | 批复意见、督导情况报告、庭审记录、备忘录、签报草稿等 | 关注案件进展情况 |
| 撰写结案报告，案卷归档 | 完成结案后相应的案卷归档工作 | 1 ~ 3 个工作日 | 1. 保证归档材料完整准确；2. 及时选取典型案例 | 归档文件 | 关注归档文件的完整性 |

**内控合规部总经理工作内容及要求**

| 工作流程点 | 工作内容描述 | 时限要求 | 工作要求 | 形成的文档 | 风险提示 |
| --- | --- | --- | --- | --- | --- |
| 审批案件处理意见 | 1. 审核起诉(仲裁)或应诉思路或方案；2. 如案情需要，组织集体讨论，制定起诉或应诉方案(如需要，可有律师参与) | 1 ~ 10 个工作日 | 1. 准确、及时；2. 审核证据和材料的收集工作 | 法律意见书或签报 | 注意时效和材料的真实性和完整性 |

流程编号:中国人寿保险股份有限公司　地市－风控－法律－002

# 诉讼案件应对管理工作流程及要求

工作起始时间:收到县支公司报告、接到应诉通知书或者公司决定提起诉讼(仲裁)

工作时限:根据案件情况

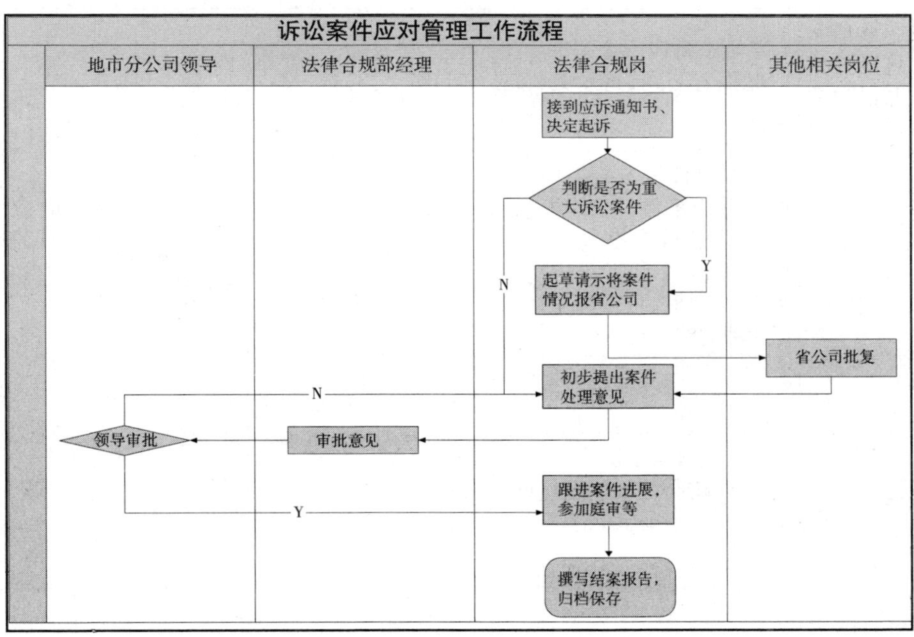

**法律合规岗工作内容及要求**

| 工作流程点 | 工作内容描述 | 时限要求 | 工作要求 | 形成的文档 | 风险提示 |
|---|---|---|---|---|---|
| 收到应诉通知书、决定起诉 | 1. 收到以地市公司或县公司为当事人的应诉通知书;2. 公司决定以地市公司名义提起诉讼(仲裁) | (工作起点) | | | |
| 判断是否为重大诉讼案件 | 根据公司关于重大案件标准,判断是否属于重大诉讼案件 | 1个工作日 | 应熟知公司标准、严格予以执行 | | |
| 起草请示将案件情况报省公司 | 起草请示将该重大案件情况报省公司,请示处理意见 | 1~7个工作日 | 上报情况应全面、真实 | 关于××的请示 | |
| 初步提出案件处理意见 | 1. 根据案件情况(如属重大诉讼案件,应按照省公司指示或批复意见),提出初步应对方案;2. 必要时,可咨询外部律师的法律意见 | 根据案情,1~20个工作日 | 1. 准确、及时;2. 做好证据搜集和材料准备工作 | 法律意见书草稿或签报草稿 | 注意时效和材料的真实性和完整性 |
| 跟进案件进展,参加庭审等 | 1. 跟进案件,随时汇报;2. 根据上级指示落实诉讼方案,进行起诉、应诉工作;3. 参与庭审工作。 | 根据案件进展情况 | 1. 掌握案件进度;2. 及时知悉案件最新进展情况;3. 对案件出现的新情况及时提出处理意见或方案 | 庭审记录、备忘录、签报草稿等 | 关注案件进展情况 |
| 撰写结案报告,案卷归档 | 完成结案后相应的案卷归档工作 | 1~3个工作日 | 1. 保证归档材料完整准确;2. 及时选取典型案例 | 归档文件 | 关注归档文件的完整性 |

**法律合规部经理工作内容及要求**

| 工作流程点 | 工作内容描述 | 时限要求 | 工作要求 | 形成的文档 | 风险提示 |
|---|---|---|---|---|---|
| 审批案件处理意见 | 1. 审核起诉(仲裁)或应诉思路或方案; 2. 如案情需要,组织集体讨论,制定起诉或应诉方案(如需要,可有律师参与) | 1~10个工作日 | 1. 准确、及时;2. 审核证据和材料的收集工作 | 法律意见书或签报 | 注意时效和材料的真实性和完整性 |

# 中华人民共和国保险法

（1995年6月30日第八届全国人民代表大会常务委员会第十四次会议通过　根据2002年10月28日第九届全国人民代表大会常务委员会第三十次会议《关于修改〈中华人民共和国保险法〉的决定》第一次修正　2009年2月28日第十一届全国人民代表大会常务委员会第七次会议修订　根据2014年8月31日第十二届全国人民代表大会常务委员会第十次会议《关于修改〈中华人民共和国保险法〉等五部法律的决定》第二次修正　根据2015年4月24日第十二届全国人民代表大会常务委员会第十四次会议《关于修改〈中华人民共和国计量法〉等五部法律的决定》第三次修正）

## 目　　录

第一章　总　　则
第二章　保险合同
　第一节　一般规定
　第二节　人身保险合同
　第三节　财产保险合同
第三章　保险公司
第四章　保险经营规则
第五章　保险代理人和保险经纪人
第六章　保险业监督管理
第七章　法律责任
第八章　附　　则

## 第一章　总　　则

**第一条**　为了规范保险活动，保护保险活动当事人的合法权益，加强对保险业的监督管理，维护社会经济秩序和社会公共利益，促进保险事业的健康发展，制定本法。

**第二条**　本法所称保险，是指投保人根据合同约定，向保险人支付保险费，保险人对于合同约定的可能发生的事故因其发生所造成的财产损失承担赔偿保险金责任，或者当被保险人死亡、伤残、疾病或者达到合同约定的年龄、期限等条件时承担给付保险金责任的商业保险行为。

**第三条**　在中华人民共和国境内从事保险活动，适用本法。

**第四条**　从事保险活动必须遵守法律、行政法规，尊重社会公德，不得损害社会公共利益。

**第五条**　保险活动当事人行使权

利、履行义务应当遵循诚实信用原则。

**第六条** 保险业务由依照本法设立的保险公司以及法律、行政法规规定的其他保险组织经营，其他单位和个人不得经营保险业务。

**第七条** 在中华人民共和国境内的法人和其他组织需要办理境内保险的，应当向中华人民共和国境内的保险公司投保。

**第八条** 保险业和银行业、证券业、信托业实行分业经营、分业管理，保险公司与银行、证券、信托业务机构分别设立。国家另有规定的除外。

**第九条** 国务院保险监督管理机构依法对保险业实施监督管理。

国务院保险监督管理机构根据履行职责的需要设立派出机构。派出机构按照国务院保险监督管理机构的授权履行监督管理职责。

## 第二章 保险合同

### 第一节 一般规定

**第十条** 保险合同是投保人与保险人约定保险权利义务关系的协议。

投保人是指与保险人订立保险合同，并按照合同约定负有支付保险费义务的人。

保险人是指与投保人订立保险合同，并按照合同约定承担赔偿或者给付保险金责任的保险公司。

**第十一条** 订立保险合同，应当协商一致，遵循公平原则确定各方的权利和义务。

除法律、行政法规规定必须保险的外，保险合同自愿订立。

**第十二条** 人身保险的投保人在保险合同订立时，对被保险人应当具有保险利益。

财产保险的被保险人在保险事故发生时，对保险标的应当具有保险利益。

人身保险是以人的寿命和身体为保险标的的保险。

财产保险是以财产及其有关利益为保险标的的保险。

被保险人是指其财产或者人身受保险合同保障，享有保险金请求权的人。投保人可以为被保险人。

保险利益是指投保人或者被保险人对保险标的具有的法律上承认的利益。

**第十三条** 投保人提出保险要求，经保险人同意承保，保险合同成立。保险人应当及时向投保人签发保险单或者其他保险凭证。

保险单或者其他保险凭证应当载明当事人双方约定的合同内容。当事人也可以约定采用其他书面形式载明合同内容。

依法成立的保险合同，自成立时生效。投保人和保险人可以对合同的效力约定附条件或者附期限。

**第十四条** 保险合同成立后，投保人按照约定交付保险费，保险人按照约定的时间开始承担保险责任。

**第十五条** 除本法另有规定或者

保险合同另有约定外，保险合同成立后，投保人可以解除合同，保险人不得解除合同。

**第十六条** 订立保险合同，保险人就保险标的或者被保险人的有关情况提出询问的，投保人应当如实告知。

投保人故意或者因重大过失未履行前款规定的如实告知义务，足以影响保险人决定是否同意承保或者提高保险费率的，保险人有权解除合同。

前款规定的合同解除权，自保险人知道有解除事由之日起，超过三十日不行使而消灭。自合同成立之日起超过二年的，保险人不得解除合同；发生保险事故的，保险人应当承担赔偿或者给付保险金的责任。

投保人故意不履行如实告知义务的，保险人对于合同解除前发生的保险事故，不承担赔偿或者给付保险金的责任，并不退还保险费。

投保人因重大过失未履行如实告知义务，对保险事故的发生有严重影响的，保险人对于合同解除前发生的保险事故，不承担赔偿或者给付保险金的责任，但应当退还保险费。

保险人在合同订立时已经知道投保人未如实告知的情况的，保险人不得解除合同；发生保险事故的，保险人应当承担赔偿或者给付保险金的责任。

保险事故是指保险合同约定的保险责任范围内的事故。

**第十七条** 订立保险合同，采用保险人提供的格式条款的，保险人向投保人提供的投保单应当附格式条款，保险人应当向投保人说明合同的内容。

对保险合同中免除保险人责任的条款，保险人在订立合同时应当在投保单、保险单或者其他保险凭证上作出足以引起投保人注意的提示，并对该条款的内容以书面或者口头形式向投保人作出明确说明；未作提示或者明确说明的，该条款不产生效力。

**第十八条** 保险合同应当包括下列事项：

（一）保险人的名称和住所；

（二）投保人、被保险人的姓名或者名称、住所，以及人身保险的受益人的姓名或者名称、住所；

（三）保险标的；

（四）保险责任和责任免除；

（五）保险期间和保险责任开始时间；

（六）保险金额；

（七）保险费以及支付办法；

（八）保险金赔偿或者给付办法；

（九）违约责任和争议处理；

（十）订立合同的年、月、日。

投保人和保险人可以约定与保险有关的其他事项。

受益人是指人身保险合同中由被保险人或者投保人指定的享有保险金请求权的人。投保人、被保险人可以为受益人。

保险金额是指保险人承担赔偿或者给付保险金责任的最高限额。

**第十九条** 采用保险人提供的格

式条款订立的保险合同中的下列条款无效：

（一）免除保险人依法应承担的义务或者加重投保人、被保险人责任的；

（二）排除投保人、被保险人或者受益人依法享有的权利的。

**第二十条** 投保人和保险人可以协商变更合同内容。

变更保险合同的，应当由保险人在保险单或者其他保险凭证上批注或者附贴批单，或者由投保人和保险人订立变更的书面协议。

**第二十一条** 投保人、被保险人或者受益人知道保险事故发生后，应当及时通知保险人。故意或者因重大过失未及时通知，致使保险事故的性质、原因、损失程度等难以确定的，保险人对无法确定的部分，不承担赔偿或者给付保险金的责任，但保险人通过其他途径已经及时知道或者应当及时知道保险事故发生的除外。

**第二十二条** 保险事故发生后，按照保险合同请求保险人赔偿或者给付保险金时，投保人、被保险人或者受益人应当向保险人提供其所能提供的与确认保险事故的性质、原因、损失程度等有关的证明和资料。

保险人按照合同的约定，认为有关的证明和资料不完整的，应当及时一次性通知投保人、被保险人或者受益人补充提供。

**第二十三条** 保险人收到被保险人或者受益人的赔偿或者给付保险金的请求后，应当及时作出核定；情形复杂的，应当在三十日内作出核定，但合同另有约定的除外。保险人应当将核定结果通知被保险人或者受益人；对属于保险责任的，在与被保险人或者受益人达成赔偿或者给付保险金的协议后十日内，履行赔偿或者给付保险金义务。保险合同对赔偿或者给付保险金的期限有约定的，保险人应当按照约定履行赔偿或者给付保险金义务。

保险人未及时履行前款规定义务的，除支付保险金外，应当赔偿被保险人或者受益人因此受到的损失。

任何单位和个人不得非法干预保险人履行赔偿或者给付保险金的义务，也不得限制被保险人或者受益人取得保险金的权利。

**第二十四条** 保险人依照本法第二十三条的规定作出核定后，对不属于保险责任的，应当自作出核定之日起三日内向被保险人或者受益人发出拒绝赔偿或者拒绝给付保险金通知书，并说明理由。

**第二十五条** 保险人自收到赔偿或者给付保险金的请求和有关证明、资料之日起六十日内，对其赔偿或者给付保险金的数额不能确定的，应当根据已有证明和资料可以确定的数额先予支付；保险人最终确定赔偿或者给付保险金的数额后，应当支付相应的差额。

**第二十六条** 人寿保险以外的其他保险的被保险人或者受益人，向保险人请求赔偿或者给付保险金的诉讼时效期间为二年，自其知道或者应当知道保险事故发生之日起计算。

人寿保险的被保险人或者受益人向保险人请求给付保险金的诉讼时效期间为五年，自其知道或者应当知道保险事故发生之日起计算。

**第二十七条** 未发生保险事故，被保险人或者受益人谎称发生了保险事故，向保险人提出赔偿或者给付保险金请求的，保险人有权解除合同，并不退还保险费。

投保人、被保险人故意制造保险事故的，保险人有权解除合同，不承担赔偿或者给付保险金的责任；除本法第四十三条规定外，不退还保险费。

保险事故发生后，投保人、被保险人或者受益人以伪造、变造的有关证明、资料或者其他证据，编造虚假的事故原因或者夸大损失程度的，保险人对其虚报的部分不承担赔偿或者给付保险金的责任。

投保人、被保险人或者受益人有前三款规定行为之一，致使保险人支付保险金或者支出费用的，应当退回或者赔偿。

**第二十八条** 保险人将其承担的保险业务，以分保形式部分转移给其他保险人的，为再保险。

应再保险接受人的要求，再保险分出人应当将其自负责任及原保险的有关情况书面告知再保险接受人。

**第二十九条** 再保险接受人不得向原保险的投保人要求支付保险费。

原保险的被保险人或者受益人不得向再保险接受人提出赔偿或者给付保险金的请求。

再保险分出人不得以再保险接受人未履行再保险责任为由，拒绝履行或者迟延履行其原保险责任。

**第三十条** 采用保险人提供的格式条款订立的保险合同，保险人与投保人、被保险人或者受益人对合同条款有争议的，应当按照通常理解予以解释。对合同条款有两种以上解释的，人民法院或者仲裁机构应当作出有利于被保险人和受益人的解释。

### 第二节 人身保险合同

**第三十一条** 投保人对下列人员具有保险利益：

（一）本人；

（二）配偶、子女、父母；

（三）前项以外与投保人有抚养、赡养或者扶养关系的家庭其他成员、近亲属；

（四）与投保人有劳动关系的劳动者。

除前款规定外，被保险人同意投保人为其订立合同的，视为投保人对被保险人具有保险利益。

订立合同时，投保人对被保险人不具有保险利益的，合同无效。

**第三十二条** 投保人申报的被保险人年龄不真实，并且其真实年龄不符合合同约定的年龄限制的，保险人可以解除合同，并按照合同约定退还保险单的现金价值。保险人行使合同解除权，适用本法第十六条第三款、第六款的规定。

投保人申报的被保险人年龄不真实，致使投保人支付的保险费少于应付保险费的，保险人有权更正并要求投保人补交保险费，或者在给付保险金时按照实付保险费与应付保险费的比例支付。

投保人申报的被保险人年龄不真实，致使投保人支付的保险费多于应付保险费的，保险人应当将多收的保险费退还投保人。

**第三十三条** 投保人不得为无民事行为能力人投保以死亡为给付保险金条件的人身保险，保险人也不得承保。

父母为其未成年子女投保的人身保险，不受前款规定限制。但是，因被保险人死亡给付的保险金总和不得超过国务院保险监督管理机构规定的限额。

**第三十四条** 以死亡为给付保险金条件的合同，未经被保险人同意并认可保险金额的，合同无效。

按照以死亡为给付保险金条件的合同所签发的保险单，未经被保险人书面同意，不得转让或者质押。

父母为其未成年子女投保的人身保险，不受本条第一款规定限制。

**第三十五条** 投保人可以按照合同约定向保险人一次支付全部保险费或者分期支付保险费。

**第三十六条** 合同约定分期支付保险费，投保人支付首期保险费后，除合同另有约定外，投保人自保险人催告之日起超过三十日未支付当期保险费，或者超过约定的期限六十日未支付当期保险费的，合同效力中止，或者由保险人按照合同约定的条件减少保险金额。

被保险人在前款规定期限内发生保险事故的，保险人应当按照合同约定给付保险金，但可以扣减欠交的保险费。

**第三十七条** 合同效力依照本法第三十六条规定中止的，经保险人与投保人协商并达成协议，在投保人补交保险费后，合同效力恢复。但是，自合同效力中止之日起满二年双方未达成协议的，保险人有权解除合同。

保险人依照前款规定解除合同的，应当按照合同约定退还保险单的现金价值。

**第三十八条** 保险人对人寿保险的保险费，不得用诉讼方式要求投保人支付。

**第三十九条** 人身保险的受益人由被保险人或者投保人指定。

投保人指定受益人时须经被保险人同意。投保人为与其有劳动关系的劳动者投保人身保险，不得指定被保险人及其近亲属以外的人为受益人。

被保险人为无民事行为能力人或者限制民事行为能力人的，可以由其监护人指定受益人。

**第四十条** 被保险人或者投保人可以指定一人或者数人为受益人。

受益人为数人的，被保险人或者投保人可以确定受益顺序和受益份额；未确定受益份额的，受益人按照相等份额享有受益权。

**第四十一条** 被保险人或者投保人可以变更受益人并书面通知保险人。保险人收到变更受益人的书面通知后，应当在保险单或者其他保险凭证上批注或者附贴批单。

投保人变更受益人时须经被保险人同意。

**第四十二条** 被保险人死亡后，有下列情形之一的，保险金作为被保险人的遗产，由保险人依照《中华人民共和国继承法》的规定履行给付保险金的义务：

（一）没有指定受益人，或者受益人指定不明无法确定的；

（二）受益人先于被保险人死亡，没有其他受益人的；

（三）受益人依法丧失受益权或者放弃受益权，没有其他受益人的。

受益人与被保险人在同一事件中死亡，且不能确定死亡先后顺序的，推定受益人死亡在先。

**第四十三条** 投保人故意造成被保险人死亡、伤残或者疾病的，保险人不承担给付保险金的责任。投保人已交足二年以上保险费的，保险人应当按照合同约定向其他权利人退还保险单的现金价值。

受益人故意造成被保险人死亡、伤残、疾病的，或者故意杀害被保险人未遂的，该受益人丧失受益权。

**第四十四条** 以被保险人死亡为给付保险金条件的合同，自合同成立或者合同效力恢复之日起二年内，被保险人自杀的，保险人不承担给付保险金的责任，但被保险人自杀时为无民事行为能力人的除外。

保险人依照前款规定不承担给付保险金责任的，应当按照合同约定退还保险单的现金价值。

**第四十五条** 因被保险人故意犯罪或者抗拒依法采取的刑事强制措施导致其伤残或者死亡的，保险人不承担给付保险金的责任。投保人已交足二年以上保险费的，保险人应当按照合同约定退还保险单的现金价值。

**第四十六条** 被保险人因第三者的行为而发生死亡、伤残或者疾病等保险事故的，保险人向被保险人或者受益人给付保险金后，不享有向第三者追偿的权利，但被保险人或者受益人仍有权向第三者请求赔偿。

**第四十七条** 投保人解除合同的，保险人应当自收到解除合同通知之日起三十日内，按照合同约定退还保险单的现金价值。

### 第三节 财产保险合同

**第四十八条** 保险事故发生时，被保险人对保险标的不具有保险利益的，不得向保险人请求赔偿保险金。

**第四十九条** 保险标的转让的，保险标的的受让人承继被保险人的权利和义务。

保险标的转让的，被保险人或者受让人应当及时通知保险人，但货物运输保险合同和另有约定的合同除外。

因保险标的转让导致危险程度显著增加的，保险人自收到前款规定的通知之日起三十日内，可以按照合同约定增加保险费或者解除合同。保险人解除合同的，应当将已收取的保险费，按照合同约定扣除自保险责任开始之日起至合同解除之日止应收的部分后，退还投保人。

被保险人、受让人未履行本条第二款规定的通知义务的，因转让导致保险标的危险程度显著增加而发生的保险事故，保险人不承担赔偿保险金的责任。

**第五十条** 货物运输保险合同和运输工具航程保险合同，保险责任开始后，合同当事人不得解除合同。

**第五十一条** 被保险人应当遵守国家有关消防、安全、生产操作、劳动保护等方面的规定，维护保险标的的安全。

保险人可以按照合同约定对保险标的的安全状况进行检查，及时向投保人、被保险人提出消除不安全因素和隐患的书面建议。

投保人、被保险人未按照约定履行其对保险标的的安全应尽责任的，保险人有权要求增加保险费或者解除合同。

保险人为维护保险标的的安全，经被保险人同意，可以采取安全预防措施。

**第五十二条** 在合同有效期内，保险标的的危险程度显著增加的，被保险人应当按照合同约定及时通知保险人，保险人可以按照合同约定增加保险费或者解除合同。保险人解除合同的，应当将已收取的保险费，按照合同约定扣除自保险责任开始之日起至合同解除之日止应收的部分后，退还投保人。

被保险人未履行前款规定的通知义务的，因保险标的的危险程度显著增加而发生的保险事故，保险人不承担赔偿保险金的责任。

**第五十三条** 有下列情形之一的，除合同另有约定外，保险人应当降低保险费，并按日计算退还相应的保险费：

（一）据以确定保险费率的有关情况发生变化，保险标的的危险程度明显减少的；

（二）保险标的的保险价值明显减少的。

**第五十四条** 保险责任开始前，投保人要求解除合同的，应当按照合同约定向保险人支付手续费，保险人应当退还保险费。保险责任开始后，投保人要求解除合同的，保险人应当将已收取的保险费，按照合同约定扣除自保险责任开始之日起至合同解除之日止应收的部分后，退还投保人。

**第五十五条** 投保人和保险人约定保险标的的保险价值并在合同中载

明的，保险标的发生损失时，以约定的保险价值为赔偿计算标准。

投保人和保险人未约定保险标的的保险价值的，保险标的发生损失时，以保险事故发生时保险标的的实际价值为赔偿计算标准。

保险金额不得超过保险价值。超过保险价值的，超过部分无效，保险人应当退还相应的保险费。

保险金额低于保险价值的，除合同另有约定外，保险人按照保险金额与保险价值的比例承担赔偿保险金的责任。

**第五十六条** 重复保险的投保人应当将重复保险的有关情况通知各保险人。

重复保险的各保险人赔偿保险金的总和不得超过保险价值。除合同另有约定外，各保险人按照其保险金额与保险金额总和的比例承担赔偿保险金的责任。

重复保险的投保人可以就保险金额总和超过保险价值的部分，请求各保险人按比例返还保险费。

重复保险是指投保人对同一保险标的、同一保险利益、同一保险事故分别与两个以上保险人订立保险合同，且保险金额总和超过保险价值的保险。

**第五十七条** 保险事故发生时，被保险人应当尽力采取必要的措施，防止或者减少损失。

保险事故发生后，被保险人为防止或者减少保险标的的损失所支付的必要的、合理的费用，由保险人承担；保险人所承担的费用数额在保险标的的损失赔偿金额以外另行计算，最高不超过保险金额的数额。

**第五十八条** 保险标的发生部分损失的，自保险人赔偿之日起三十日内，投保人可以解除合同；除合同另有约定外，保险人也可以解除合同，但应当提前十五日通知投保人。

合同解除的，保险人应当将保险标的的未受损失部分的保险费，按照合同约定扣除自保险责任开始之日起至合同解除之日止应收的部分后，退还投保人。

**第五十九条** 保险事故发生后，保险人已支付了全部保险金额，并且保险金额等于保险价值的，受损保险标的的全部权利归于保险人；保险金额低于保险价值的，保险人按照保险金额与保险价值的比例取得受损保险标的的部分权利。

**第六十条** 因第三者对保险标的的损害而造成保险事故的，保险人自向被保险人赔偿保险金之日起，在赔偿金额范围内代位行使被保险人对第三者请求赔偿的权利。

前款规定的保险事故发生后，被保险人已经从第三者取得损害赔偿的，保险人赔偿保险金时，可以相应扣减被保险人从第三者已取得的赔偿金额。

保险人依照本条第一款规定行使代位请求赔偿的权利，不影响被保险人就未取得赔偿的部分向第三者请求赔偿的权利。

**第六十一条** 保险事故发生后,保险人未赔偿保险金之前,被保险人放弃对第三者请求赔偿的权利的,保险人不承担赔偿保险金的责任。

保险人向被保险人赔偿保险金后,被保险人未经保险人同意放弃对第三者请求赔偿的权利的,该行为无效。

被保险人故意或者因重大过失致使保险人不能行使代位请求赔偿的权利的,保险人可以扣减或者要求返还相应的保险金。

**第六十二条** 除被保险人的家庭成员或者其组成人员故意造成本法第六十条第一款规定的保险事故外,保险人不得对被保险人的家庭成员或者其组成人员行使代位请求赔偿的权利。

**第六十三条** 保险人向第三者行使代位请求赔偿的权利时,被保险人应当向保险人提供必要的文件和所知道的有关情况。

**第六十四条** 保险人、被保险人为查明和确定保险事故的性质、原因和保险标的的损失程度所支付的必要的、合理的费用,由保险人承担。

**第六十五条** 保险人对责任保险的被保险人给第三者造成的损害,可以依照法律的规定或者合同的约定,直接向该第三者赔偿保险金。

责任保险的被保险人给第三者造成损害,被保险人对第三者应负的赔偿责任确定的,根据被保险人的请求,保险人应当直接向该第三者赔偿保险金。被保险人怠于请求的,第三者有权就其应获赔偿部分直接向保险人请求赔偿保险金。

责任保险的被保险人给第三者造成损害,被保险人未向该第三者赔偿的,保险人不得向被保险人赔偿保险金。

责任保险是指以被保险人对第三者依法应负的赔偿责任为保险标的的保险。

**第六十六条** 责任保险的被保险人因给第三者造成损害的保险事故而被提起仲裁或者诉讼的,被保险人支付的仲裁或者诉讼费用以及其他必要的、合理的费用,除合同另有约定外,由保险人承担。

## 第三章 保险公司

**第六十七条** 设立保险公司应当经国务院保险监督管理机构批准。

国务院保险监督管理机构审查保险公司的设立申请时,应当考虑保险业的发展和公平竞争的需要。

**第六十八条** 设立保险公司应当具备下列条件:

(一)主要股东具有持续盈利能力,信誉良好,最近三年内无重大违法违规记录,净资产不低于人民币二亿元;

(二)有符合本法和《中华人民共和国公司法》规定的章程;

(三)有符合本法规定的注册资本;

(四)有具备任职专业知识和业务

工作经验的董事、监事和高级管理人员；

（五）有健全的组织机构和管理制度；

（六）有符合要求的营业场所和与经营业务有关的其他设施；

（七）法律、行政法规和国务院保险监督管理机构规定的其他条件。

**第六十九条** 设立保险公司，其注册资本的最低限额为人民币二亿元。

国务院保险监督管理机构根据保险公司的业务范围、经营规模，可以调整其注册资本的最低限额，但不得低于本条第一款规定的限额。

保险公司的注册资本必须为实缴货币资本。

**第七十条** 申请设立保险公司，应当向国务院保险监督管理机构提出书面申请，并提交下列材料：

（一）设立申请书，申请书应当载明拟设立的保险公司的名称、注册资本、业务范围等；

（二）可行性研究报告；

（三）筹建方案；

（四）投资人的营业执照或者其他背景资料，经会计师事务所审计的上一年度财务会计报告；

（五）投资人认可的筹备组负责人和拟任董事长、经理名单及本人认可证明；

（六）国务院保险监督管理机构规定的其他材料。

**第七十一条** 国务院保险监督管理机构应当对设立保险公司的申请进行审查，自受理之日起六个月内作出批准或者不批准筹建的决定，并书面通知申请人。决定不批准的，应当书面说明理由。

**第七十二条** 申请人应当自收到批准筹建通知之日起一年内完成筹建工作；筹建期间不得从事保险经营活动。

**第七十三条** 筹建工作完成后，申请人具备本法第六十八条规定的设立条件的，可以向国务院保险监督管理机构提出开业申请。

国务院保险监督管理机构应当自受理开业申请之日起六十日内，作出批准或者不批准开业的决定。决定批准的，颁发经营保险业务许可证；决定不批准的，应当书面通知申请人并说明理由。

**第七十四条** 保险公司在中华人民共和国境内设立分支机构，应当经保险监督管理机构批准。

保险公司分支机构不具有法人资格，其民事责任由保险公司承担。

**第七十五条** 保险公司申请设立分支机构，应当向保险监督管理机构提出书面申请，并提交下列材料：

（一）设立申请书；

（二）拟设机构三年业务发展规划和市场分析材料；

（三）拟任高级管理人员的简历及相关证明材料；

（四）国务院保险监督管理机构规

定的其他材料。

**第七十六条** 保险监督管理机构应当对保险公司设立分支机构的申请进行审查,自受理之日起六十日内作出批准或者不批准的决定。决定批准的,颁发分支机构经营保险业务许可证;决定不批准的,应当书面通知申请人并说明理由。

**第七十七条** 经批准设立的保险公司及其分支机构,凭经营保险业务许可证向工商行政管理机关办理登记,领取营业执照。

**第七十八条** 保险公司及其分支机构自取得经营保险业务许可证之日起六个月内,无正当理由未向工商行政管理机关办理登记的,其经营保险业务许可证失效。

**第七十九条** 保险公司在中华人民共和国境外设立子公司、分支机构,应当经国务院保险监督管理机构批准。

**第八十条** 外国保险机构在中华人民共和国境内设立代表机构,应当经国务院保险监督管理机构批准。代表机构不得从事保险经营活动。

**第八十一条** 保险公司的董事、监事和高级管理人员,应当品行良好,熟悉与保险相关的法律、行政法规,具有履行职责所需的经营管理能力,并在任职前取得保险监督管理机构核准的任职资格。

保险公司高级管理人员的范围由国务院保险监督管理机构规定。

**第八十二条** 有《中华人民共和国公司法》第一百四十六条规定的情形或者下列情形之一的,不得担任保险公司的董事、监事、高级管理人员:

(一)因违法行为或者违纪行为被金融监督管理机构取消任职资格的金融机构的董事、监事、高级管理人员,自被取消任职资格之日起未逾五年的;

(二)因违法行为或者违纪行为被吊销执业资格的律师、注册会计师或者资产评估机构、验证机构等机构的专业人员,自被吊销执业资格之日起未逾五年的。

**第八十三条** 保险公司的董事、监事、高级管理人员执行公司职务时违反法律、行政法规或者公司章程的规定,给公司造成损失的,应当承担赔偿责任。

**第八十四条** 保险公司有下列情形之一的,应当经保险监督管理机构批准:

(一)变更名称;

(二)变更注册资本;

(三)变更公司或者分支机构的营业场所;

(四)撤销分支机构;

(五)公司分立或者合并;

(六)修改公司章程;

(七)变更出资额占有限责任公司资本总额百分之五以上的股东,或者变更持有股份有限公司股份百分之五以上的股东;

(八)国务院保险监督管理机构规定的其他情形。

**第八十五条** 保险公司应当聘用专业人员，建立精算报告制度和合规报告制度。

**第八十六条** 保险公司应当按照保险监督管理机构的规定，报送有关报告、报表、文件和资料。

保险公司的偿付能力报告、财务会计报告、精算报告、合规报告及其他有关报告、报表、文件和资料必须如实记录保险业务事项，不得有虚假记载、误导性陈述和重大遗漏。

**第八十七条** 保险公司应当按照国务院保险监督管理机构的规定妥善保管业务经营活动的完整账簿、原始凭证和有关资料。

前款规定的账簿、原始凭证和有关资料的保管期限，自保险合同终止之日起计算，保险期间在一年以下的不得少于五年，保险期间超过一年的不得少于十年。

**第八十八条** 保险公司聘请或者解聘会计师事务所、资产评估机构、资信评级机构等中介服务机构，应当向保险监督管理机构报告；解聘会计师事务所、资产评估机构、资信评级机构等中介服务机构，应当说明理由。

**第八十九条** 保险公司因分立、合并需要解散，或者股东会、股东大会决议解散，或者公司章程规定的解散事由出现，经国务院保险监督管理机构批准后解散。

经营有人寿保险业务的保险公司，除因分立、合并或者被依法撤销外，不得解散。

保险公司解散，应当依法成立清算组进行清算。

**第九十条** 保险公司有《中华人民共和国企业破产法》第二条规定情形的，经国务院保险监督管理机构同意，保险公司或者其债权人可以依法向人民法院申请重整、和解或者破产清算；国务院保险监督管理机构也可以依法向人民法院申请对该保险公司进行重整或者破产清算。

**第九十一条** 破产财产在优先清偿破产费用和共益债务后，按照下列顺序清偿：

（一）所欠职工工资和医疗、伤残补助、抚恤费用，所欠应当划入职工个人账户的基本养老保险、基本医疗保险费用，以及法律、行政法规规定应当支付给职工的补偿金；

（二）赔偿或者给付保险金；

（三）保险公司欠缴的除第（一）项规定以外的社会保险费用和所欠税款；

（四）普通破产债权。

破产财产不足以清偿同一顺序的清偿要求的，按照比例分配。

破产保险公司的董事、监事和高级管理人员的工资，按照该公司职工的平均工资计算。

**第九十二条** 经营有人寿保险业务的保险公司被依法撤销或者被依法宣告破产的，其持有的人寿保险合同及责任准备金，必须转让给其他经营有人寿保险业务的保险公司；不能同其他保险公司达成转让协议的,由国务院保险监督管理机构指定经营有人寿保险业务的保险公司接受转让。

转让或者由国务院保险监督管理机构指定接受转让前款规定的人寿保险合同及责任准备金的,应当维护被保险人、受益人的合法权益。

**第九十三条** 保险公司依法终止其业务活动,应当注销其经营保险业务许可证。

**第九十四条** 保险公司,除本法另有规定外,适用《中华人民共和国公司法》的规定。

## 第四章 保险经营规则

**第九十五条** 保险公司的业务范围:

(一)人身保险业务,包括人寿保险、健康保险、意外伤害保险等保险业务;

(二)财产保险业务,包括财产损失保险、责任保险、信用保险、保证保险等保险业务;

(三)国务院保险监督管理机构批准的与保险有关的其他业务。

保险人不得兼营人身保险业务和财产保险业务。但是,经营财产保险业务的保险公司经国务院保险监督管理机构批准,可以经营短期健康保险业务和意外伤害保险业务。

保险公司应当在国务院保险监督管理机构依法批准的业务范围内从事保险经营活动。

**第九十六条** 经国务院保险监督管理机构批准,保险公司可以经营本法第九十五条规定的保险业务的下列再保险业务:

(一)分出保险;

(二)分入保险。

**第九十七条** 保险公司应当按照其注册资本总额的百分之二十提取保证金,存入国务院保险监督管理机构指定的银行,除公司清算时用于清偿债务外,不得动用。

**第九十八条** 保险公司应当根据保障被保险人利益、保证偿付能力的原则,提取各项责任准备金。

保险公司提取和结转责任准备金的具体办法,由国务院保险监督管理机构制定。

**第九十九条** 保险公司应当依法提取公积金。

**第一百条** 保险公司应当缴纳保险保障基金。

保险保障基金应当集中管理,并在下列情形下统筹使用:

(一)在保险公司被撤销或者被宣告破产时,向投保人、被保险人或者受益人提供救济;

(二)在保险公司被撤销或者被宣告破产时,向依法接受其人寿保险合同的保险公司提供救济;

(三)国务院规定的其他情形。

保险保障基金筹集、管理和使用的具体办法,由国务院制定。

**第一百零一条** 保险公司应当具

有与其业务规模和风险程度相适应的最低偿付能力。保险公司的认可资产减去认可负债的差额不得低于国务院保险监督管理机构规定的数额;低于规定数额的,应当按照国务院保险监督管理机构的要求采取相应措施达到规定的数额。

**第一百零二条** 经营财产保险业务的保险公司当年自留保险费,不得超过其实有资本金加公积金总和的四倍。

**第一百零三条** 保险公司对每一危险单位,即对一次保险事故可能造成的最大损失范围所承担的责任,不得超过其实有资本金加公积金总和的百分之十;超过的部分应当办理再保险。

保险公司对危险单位的划分应当符合国务院保险监督管理机构的规定。

**第一百零四条** 保险公司对危险单位的划分方法和巨灾风险安排方案,应当报国务院保险监督管理机构备案。

**第一百零五条** 保险公司应当按照国务院保险监督管理机构的规定办理再保险,并审慎选择再保险接受人。

**第一百零六条** 保险公司的资金运用必须稳健,遵循安全性原则。

保险公司的资金运用限于下列形式:

(一)银行存款;

(二)买卖债券、股票、证券投资基金份额等有价证券;

(三)投资不动产;

(四)国务院规定的其他资金运用形式。

保险公司资金运用的具体管理办法,由国务院保险监督管理机构依照前两款的规定制定。

**第一百零七条** 经国务院保险监督管理机构会同国务院证券监督管理机构批准,保险公司可以设立保险资产管理公司。

保险资产管理公司从事证券投资活动,应当遵守《中华人民共和国证券法》等法律、行政法规的规定。

保险资产管理公司的管理办法,由国务院保险监督管理机构会同国务院有关部门制定。

**第一百零八条** 保险公司应当按照国务院保险监督管理机构的规定,建立对关联交易的管理和信息披露制度。

**第一百零九条** 保险公司的控股股东、实际控制人、董事、监事、高级管理人员不得利用关联交易损害公司的利益。

**第一百一十条** 保险公司应当按照国务院保险监督管理机构的规定,真实、准确、完整地披露财务会计报告、风险管理状况、保险产品经营情况等重大事项。

**第一百一十一条** 保险公司从事保险销售的人员应当品行良好,具有保险销售所需的专业能力。保险销售人员的行为规范和管理办法,由国务院保险监督管理机构规定。

**第一百一十二条** 保险公司应当建立保险代理人登记管理制度,加强对保险代理人的培训和管理,不得唆使、诱导保险代理人进行违背诚信义务的活动。

**第一百一十三条** 保险公司及其分支机构应当依法使用经营保险业务许可证,不得转让、出租、出借经营保险业务许可证。

**第一百一十四条** 保险公司应当按照国务院保险监督管理机构的规定,公平、合理拟订保险条款和保险费率,不得损害投保人、被保险人和受益人的合法权益。

保险公司应当按照合同约定和本法规定,及时履行赔偿或者给付保险金义务。

**第一百一十五条** 保险公司开展业务,应当遵循公平竞争的原则,不得从事不正当竞争。

**第一百一十六条** 保险公司及其工作人员在保险业务活动中不得有下列行为:

(一)欺骗投保人、被保险人或者受益人;

(二)对投保人隐瞒与保险合同有关的重要情况;

(三)阻碍投保人履行本法规定的如实告知义务,或者诱导其不履行本法规定的如实告知义务;

(四)给予或者承诺给予投保人、被保险人、受益人保险合同约定以外的保险费回扣或者其他利益;

(五)拒不依法履行保险合同约定的赔偿或者给付保险金义务;

(六)故意编造未曾发生的保险事故、虚构保险合同或者故意夸大已经发生的保险事故的损失程度进行虚假理赔,骗取保险金或者牟取其他不正当利益;

(七)挪用、截留、侵占保险费;

(八)委托未取得合法资格的机构从事保险销售活动;

(九)利用开展保险业务为其他机构或者个人牟取不正当利益;

(十)利用保险代理人、保险经纪人或者保险评估机构,从事以虚构保险中介业务或者编造退保等方式套取费用等违法活动;

(十一)以捏造、散布虚假事实等方式损害竞争对手的商业信誉,或者以其他不正当竞争行为扰乱保险市场秩序;

(十二)泄露在业务活动中知悉的投保人、被保险人的商业秘密;

(十三)违反法律、行政法规和国务院保险监督管理机构规定的其他行为。

## 第五章 保险代理人和保险经纪人

**第一百一十七条** 保险代理人是根据保险人的委托,向保险人收取佣金,并在保险人授权的范围内代为办理保险业务的机构或者个人。

保险代理机构包括专门从事保险代理业务的保险专业代理机构和兼营保险代理业务的保险兼业代理机构。

**第一百一十八条** 保险经纪人是

基于投保人的利益，为投保人与保险人订立保险合同提供中介服务，并依法收取佣金的机构。

**第一百一十九条** 保险代理机构、保险经纪人应当具备国务院保险监督管理机构规定的条件，取得保险监督管理机构颁发的经营保险代理业务许可证、保险经纪业务许可证。

**第一百二十条** 以公司形式设立保险专业代理机构、保险经纪人，其注册资本最低限额适用《中华人民共和国公司法》的规定。

国务院保险监督管理机构根据保险专业代理机构、保险经纪人的业务范围和经营规模，可以调整其注册资本的最低限额，但不得低于《中华人民共和国公司法》规定的限额。

保险专业代理机构、保险经纪人的注册资本或者出资额必须为实缴货币资本。

**第一百二十一条** 保险专业代理机构、保险经纪人的高级管理人员，应当品行良好，熟悉保险法律、行政法规，具有履行职责所需的经营管理能力，并在任职前取得保险监督管理机构核准的任职资格。

**第一百二十二条** 个人保险代理人、保险代理机构的代理从业人员、保险经纪人的经纪从业人员，应当品行良好，具有从事保险代理业务或者保险经纪业务所需的专业能力。

**第一百二十三条** 保险代理机构、保险经纪人应当有自己的经营场所，设立专门账簿记载保险代理业务、经纪业务的收支情况。

**第一百二十四条** 保险代理机构、保险经纪人应当按照国务院保险监督管理机构的规定缴存保证金或者投保职业责任保险。

**第一百二十五条** 个人保险代理人在代为办理人寿保险业务时，不得同时接受两个以上保险人的委托。

**第一百二十六条** 保险人委托保险代理人代为办理保险业务，应当与保险代理人签订委托代理协议，依法约定双方的权利和义务。

**第一百二十七条** 保险代理人根据保险人的授权代为办理保险业务的行为，由保险人承担责任。

保险代理人没有代理权、超越代理权或者代理权终止后以保险人名义订立合同，使投保人有理由相信其有代理权的，该代理行为有效。保险人可以依法追究越权的保险代理人的责任。

**第一百二十八条** 保险经纪人因过错给投保人、被保险人造成损失的，依法承担赔偿责任。

**第一百二十九条** 保险活动当事人可以委托保险公估机构等依法设立的独立评估机构或者具有相关专业知识的人员，对保险事故进行评估和鉴定。

接受委托对保险事故进行评估和鉴定的机构和人员，应当依法、独立、客观、公正地进行评估和鉴定，任何单位和个人不得干涉。

前款规定的机构和人员，因故意或者过失给保险人或者被保险人造成损失的，依法承担赔偿责任。

**第一百三十条** 保险佣金只限于向保险代理人、保险经纪人支付，不得向其他人支付。

**第一百三十一条** 保险代理人、保险经纪人及其从业人员在办理保险业务活动中不得有下列行为：

（一）欺骗保险人、投保人、被保险人或者受益人；

（二）隐瞒与保险合同有关的重要情况；

（三）阻碍投保人履行本法规定的如实告知义务，或者诱导其不履行本法规定的如实告知义务；

（四）给予或者承诺给予投保人、被保险人或者受益人保险合同约定以外的利益；

（五）利用行政权力、职务或者职业便利以及其他不正当手段强迫、引诱或者限制投保人订立保险合同；

（六）伪造、擅自变更保险合同，或者为保险合同当事人提供虚假证明材料；

（七）挪用、截留、侵占保险费或者保险金；

（八）利用业务便利为其他机构或者个人牟取不正当利益；

（九）串通投保人、被保险人或者受益人，骗取保险金；

（十）泄露在业务活动中知悉的保险人、投保人、被保险人的商业秘密。

**第一百三十二条** 本法第八十六条第一款、第一百一十三条的规定，适用于保险代理机构和保险经纪人。

## 第六章 保险业监督管理

**第一百三十三条** 保险监督管理机构依照本法和国务院规定的职责，遵循依法、公开、公正的原则，对保险业实施监督管理，维护保险市场秩序，保护投保人、被保险人和受益人的合法权益。

**第一百三十四条** 国务院保险监督管理机构依照法律、行政法规制定并发布有关保险业监督管理的规章。

**第一百三十五条** 关系社会公众利益的保险险种、依法实行强制保险的险种和新开发的人寿保险险种等的保险条款和保险费率，应当报国务院保险监督管理机构批准。国务院保险监督管理机构审批时，应当遵循保护社会公众利益和防止不正当竞争的原则。其他保险险种的保险条款和保险费率，应当报保险监督管理机构备案。

保险条款和保险费率审批、备案的具体办法，由国务院保险监督管理机构依照前款规定制定。

**第一百三十六条** 保险公司使用的保险条款和保险费率违反法律、行政法规或者国务院保险监督管理机构的有关规定的，由保险监督管理机构责令停止使用，限期修改；情节严重的，可以在一定期限内禁止申报新的保险条款和保险费率。

**第一百三十七条** 国务院保险监督管理机构应当建立健全保险公司偿付能力监管体系,对保险公司的偿付能力实施监控。

**第一百三十八条** 对偿付能力不足的保险公司,国务院保险监督管理机构应当将其列为重点监管对象,并可以根据具体情况采取下列措施:

(一)责令增加资本金、办理再保险;

(二)限制业务范围;

(三)限制向股东分红;

(四)限制固定资产购置或者经营费用规模;

(五)限制资金运用的形式、比例;

(六)限制增设分支机构;

(七)责令拍卖不良资产、转让保险业务;

(八)限制董事、监事、高级管理人员的薪酬水平;

(九)限制商业性广告;

(十)责令停止接受新业务。

**第一百三十九条** 保险公司未依照本法规定提取或者结转各项责任准备金,或者未依照本法规定办理再保险,或者严重违反本法关于资金运用的规定的,由保险监督管理机构责令限期改正,并可以责令调整负责人及有关管理人员。

**第一百四十条** 保险监督管理机构依照本法第一百三十九条的规定作出限期改正的决定后,保险公司逾期未改正的,国务院保险监督管理机构可以决定选派保险专业人员和指定该保险公司的有关人员组成整顿组,对公司进行整顿。

整顿决定应当载明被整顿公司的名称、整顿理由、整顿组成员和整顿期限,并予以公告。

**第一百四十一条** 整顿组有权监督被整顿保险公司的日常业务。被整顿公司的负责人及有关管理人员应当在整顿组的监督下行使职权。

**第一百四十二条** 整顿过程中,被整顿保险公司的原有业务继续进行。但是,国务院保险监督管理机构可以责令被整顿公司停止部分原有业务、停止接受新业务,调整资金运用。

**第一百四十三条** 被整顿保险公司经整顿已纠正其违反本法规定的行为,恢复正常经营状况的,由整顿组提出报告,经国务院保险监督管理机构批准,结束整顿,并由国务院保险监督管理机构予以公告。

**第一百四十四条** 保险公司有下列情形之一的,国务院保险监督管理机构可以对其实行接管:

(一)公司的偿付能力严重不足的;

(二)违反本法规定,损害社会公共利益,可能严重危及或者已经严重危及公司的偿付能力的。

被接管的保险公司的债权债务关系不因接管而变化。

**第一百四十五条** 接管组的组成和接管的实施办法,由国务院保险监督管理机构决定,并予以公告。

**第一百四十六条** 接管期限届满,国务院保险监督管理机构可以决定延长接管期限,但接管期限最长不得超过二年。

**第一百四十七条** 接管期限届满,被接管的保险公司已恢复正常经营能力的,由国务院保险监督管理机构决定终止接管,并予以公告。

**第一百四十八条** 被整顿、被接管的保险公司有《中华人民共和国企业破产法》第二条规定情形的,国务院保险监督管理机构可以依法向人民法院申请对该保险公司进行重整或者破产清算。

**第一百四十九条** 保险公司因违法经营被依法吊销经营保险业务许可证的,或者偿付能力低于国务院保险监督管理机构规定标准,不予撤销将严重危害保险市场秩序、损害公共利益的,由国务院保险监督管理机构予以撤销并公告,依法及时组织清算组进行清算。

**第一百五十条** 国务院保险监督管理机构有权要求保险公司股东、实际控制人在指定的期限内提供有关信息和资料。

**第一百五十一条** 保险公司的股东利用关联交易严重损害公司利益,危及公司偿付能力的,由国务院保险监督管理机构责令改正。在按照要求改正前,国务院保险监督管理机构可以限制其股东权利;拒不改正的,可以责令其转让所持的保险公司股权。

**第一百五十二条** 保险监督管理机构根据履行监督管理职责的需要,可以与保险公司董事、监事和高级管理人员进行监督管理谈话,要求其就公司的业务活动和风险管理的重大事项作出说明。

**第一百五十三条** 保险公司在整顿、接管、撤销清算期间,或者出现重大风险时,国务院保险监督管理机构可以对该公司直接负责的董事、监事、高级管理人员和其他直接责任人员采取以下措施:

(一)通知出境管理机关依法阻止其出境;

(二)申请司法机关禁止其转移、转让或者以其他方式处分财产,或者在财产上设定其他权利。

**第一百五十四条** 保险监督管理机构依法履行职责,可以采取下列措施:

(一)对保险公司、保险代理人、保险经纪人、保险资产管理公司、外国保险机构的代表机构进行现场检查;

(二)进入涉嫌违法行为发生场所调查取证;

(三)询问当事人及与被调查事件有关的单位和个人,要求其对与被调查事件有关的事项作出说明;

(四)查阅、复制与被调查事件有关的财产权登记等资料;

(五)查阅、复制保险公司、保险代理人、保险经纪人、保险资产管理公司、外国保险机构的代表机构以及与被调查事件有关的单位和个人的财务会计资料及其他相关文件和资料;对可能被转移、隐匿或者毁损的文件和资料予以封存;

（六）查询涉嫌违法经营的保险公司、保险代理人、保险经纪人、保险资产管理公司、外国保险机构的代表机构以及与涉嫌违法事项有关的单位和个人的银行账户;

（七）对有证据证明已经或者可能转移、隐匿违法资金等涉案财产或者隐匿、伪造、毁损重要证据的,经保险监督管理机构主要负责人批准,申请人民法院予以冻结或者查封。

保险监督管理机构采取前款第（一）项、第（二）项、第（五）项措施的,应当经保险监督管理机构负责人批准;采取第（六）项措施的,应当经国务院保险监督管理机构负责人批准。

保险监督管理机构依法进行监督检查或者调查,其监督检查、调查的人员不得少于二人,并应当出示合法证件和监督检查、调查通知书;监督检查、调查的人员少于二人或者未出示合法证件和监督检查、调查通知书的,被检查、调查的单位和个人有权拒绝。

**第一百五十五条** 保险监督管理机构依法履行职责,被检查、调查的单位和个人应当配合。

**第一百五十六条** 保险监督管理机构工作人员应当忠于职守,依法办事,公正廉洁,不得利用职务便利牟取不正当利益,不得泄露所知悉的有关单位和个人的商业秘密。

**第一百五十七条** 国务院保险监督管理机构应当与中国人民银行、国务院其他金融监督管理机构建立监督管理信息共享机制。

保险监督管理机构依法履行职责,进行监督检查、调查时,有关部门应当予以配合。

## 第七章 法律责任

**第一百五十八条** 违反本法规定,擅自设立保险公司、保险资产管理公司或者非法经营商业保险业务的,由保险监督管理机构予以取缔,没收违法所得,并处违法所得一倍以上五倍以下的罚款;没有违法所得或者违法所得不足二十万元的,处二十万元以上一百万元以下的罚款。

**第一百五十九条** 违反本法规定,擅自设立保险专业代理机构、保险经纪人,或者未取得经营保险代理业务许可证、保险经纪业务许可证从事保险代理业务、保险经纪业务的,由保险监督管理机构予以取缔,没收违法所得,并处违法所得一倍以上五倍以下的罚款;没有违法所得或者违法所得不足五万元的,处五万元以上三十万元以下的罚款。

**第一百六十条** 保险公司违反本法规定,超出批准的业务范围经营的,由保险监督管理机构责令限期改正,没收违法所得,并处违法所得一倍以上五倍以下的罚款;没有违法所得或者违法所得不足十万元的,处十万元以上五十万元以下的罚款。逾期不改正或者造成严重后果的,责令停业整顿或者吊销业务许可证。

**第一百六十一条** 保险公司有本法第一百一十六条规定行为之一的,由保险监督管理机构责令改正,处五万元以上三十万元以下的罚款;情节严重的,限制其业务范围、责令停止接受新业务或者吊销业务许可证。

**第一百六十二条** 保险公司违反本法第八十四条规定的,由保险监督管理机构责令改正,处一万元以上十万元以下的罚款。

**第一百六十三条** 保险公司违反本法规定,有下列行为之一的,由保险监督管理机构责令改正,处五万元以上三十万元以下的罚款:

(一)超额承保,情节严重的;

(二)为无民事行为能力人承保以死亡为给付保险金条件的保险的。

**第一百六十四条** 违反本法规定,有下列行为之一的,由保险监督管理机构责令改正,处五万元以上三十万元以下的罚款;情节严重的,可以限制其业务范围、责令停止接受新业务或者吊销业务许可证:

(一)未按照规定提存保证金或者违反规定动用保证金的;

(二)未按照规定提取或者结转各项责任准备金的;

(三)未按照规定缴纳保险保障基金或者提取公积金的;

(四)未按照规定办理再保险的;

(五)未按照规定运用保险公司资金的;

(六)未经批准设立分支机构的;

(七)未按照规定申请批准保险条款、保险费率的。

**第一百六十五条** 保险代理机构、保险经纪人有本法第一百三十一条规定行为之一的,由保险监督管理机构责令改正,处五万元以上三十万元以下的罚款;情节严重的,吊销业务许可证。

**第一百六十六条** 保险代理机构、保险经纪人违反本法规定,有下列行为之一的,由保险监督管理机构责令改正,处二万元以上十万元以下的罚款;情节严重的,责令停业整顿或者吊销业务许可证:

(一)未按照规定缴存保证金或者投保职业责任保险的;

(二)未按照规定设立专门账簿记载业务收支情况的。

**第一百六十七条** 违反本法规定,聘任不具有任职资格的人员的,由保险监督管理机构责令改正,处二万元以上十万元以下的罚款。

**第一百六十八条** 违反本法规定,转让、出租、出借业务许可证的,由保险监督管理机构处一万元以上十万元以下的罚款;情节严重的,责令停业整顿或者吊销业务许可证。

**第一百六十九条** 违反本法规定,有下列行为之一的,由保险监督管理机

构责令限期改正;逾期不改正的,处一万元以上十万元以下的罚款:

(一)未按照规定报送或者保管报告、报表、文件、资料的,或者未按照规定提供有关信息、资料的;

(二)未按照规定报送保险条款、保险费率备案的;

(三)未按照规定披露信息的。

**第一百七十条** 违反本法规定,有下列行为之一的,由保险监督管理机构责令改正,处十万元以上五十万元以下的罚款;情节严重的,可以限制其业务范围、责令停止接受新业务或者吊销业务许可证:

(一)编制或者提供虚假的报告、报表、文件、资料的;

(二)拒绝或者妨碍依法监督检查的;

(三)未按照规定使用经批准或者备案的保险条款、保险费率的。

**第一百七十一条** 保险公司、保险资产管理公司、保险专业代理机构、保险经纪人违反本法规定的,保险监督管理机构除分别依照本法第一百六十条至第一百七十条的规定对该单位给予处罚外,对其直接负责的主管人员和其他直接责任人员给予警告,并处一万元以上十万元以下的罚款;情节严重的,撤销任职资格。

**第一百七十二条** 个人保险代理人违反本法规定的,由保险监督管理机构给予警告,可以并处二万元以下的罚款;情节严重的,处二万元以上十万元以下的罚款。

**第一百七十三条** 外国保险机构未经国务院保险监督管理机构批准,擅自在中华人民共和国境内设立代表机构的,由国务院保险监督管理机构予以取缔,处五万元以上三十万元以下的罚款。

外国保险机构在中华人民共和国境内设立的代表机构从事保险经营活动的,由保险监督管理机构责令改正,没收违法所得,并处违法所得一倍以上五倍以下的罚款;没有违法所得或者违法所得不足二十万元的,处二十万元以上一百万元以下的罚款;对其首席代表可以责令撤换;情节严重的,撤销其代表机构。

**第一百七十四条** 投保人、被保险人或者受益人有下列行为之一,进行保险诈骗活动,尚不构成犯罪的,依法给予行政处罚:

(一)投保人故意虚构保险标的,骗取保险金的;

(二)编造未曾发生的保险事故,或者编造虚假的事故原因或者夸大损失程度,骗取保险金的;

(三)故意造成保险事故,骗取保险金的。

保险事故的鉴定人、评估人、证明人故意提供虚假的证明文件,为投保人、被保险人或者受益人进行保险诈骗提供条件的,依照前款规定给予处罚。

**第一百七十五条** 违反本法规定,给他人造成损害的,依法承担民事责任。

**第一百七十六条** 拒绝、阻碍保险监督管理机构及其工作人员依法行使监督检查、调查职权，未使用暴力、威胁方法的，依法给予治安管理处罚。

**第一百七十七条** 违反法律、行政法规的规定，情节严重的，国务院保险监督管理机构可以禁止有关责任人员一定期限直至终身进入保险业。

**第一百七十八条** 保险监督管理机构从事监督管理工作的人员有下列情形之一的，依法给予处分：

（一）违反规定批准机构的设立的；

（二）违反规定进行保险条款、保险费率审批的；

（三）违反规定进行现场检查的；

（四）违反规定查询账户或者冻结资金的；

（五）泄露其知悉的有关单位和个人的商业秘密的；

（六）违反规定实施行政处罚的；

（七）滥用职权、玩忽职守的其他行为。

**第一百七十九条** 违反本法规定，构成犯罪的，依法追究刑事责任。

## 第八章　附　　则

**第一百八十条** 保险公司应当加入保险行业协会。保险代理人、保险经纪人、保险公估机构可以加入保险行业协会。

保险行业协会是保险业的自律性组织，是社会团体法人。

**第一百八十一条** 保险公司以外的其他依法设立的保险组织经营的商业保险业务，适用本法。

**第一百八十二条** 海上保险适用《中华人民共和国海商法》的有关规定；《中华人民共和国海商法》未规定的，适用本法的有关规定。

**第一百八十三条** 中外合资保险公司、外资独资保险公司、外国保险公司分公司适用本法规定；法律、行政法规另有规定的，适用其规定。

**第一百八十四条** 国家支持发展为农业生产服务的保险事业。农业保险由法律、行政法规另行规定。

强制保险，法律、行政法规另有规定的，适用其规定。

**第一百八十五条** 本法自 2009 年 10 月 1 日起施行。

# 最高人民法院关于适用《中华人民共和国保险法》若干问题的解释(一)

(2009 年 9 月 14 日最高人民法院审判委员会第 1473 次会议通过
2009 年 9 月 21 日公布　法释〔2009〕12 号
自 2009 年 10 月 1 日起施行)

为正确审理保险合同纠纷案件,切实维护当事人的合法权益,现就人民法院适用 2009 年 2 月 28 日第十一届全国人大常委会第七次会议修订的《中华人民共和国保险法》(以下简称保险法)的有关问题规定如下:

**第一条**　保险法施行后成立的保险合同发生的纠纷,适用保险法的规定。保险法施行前成立的保险合同发生的纠纷,除本解释另有规定外,适用当时的法律规定;当时的法律没有规定的,参照适用保险法的有关规定。

认定保险合同是否成立,适用合同订立时的法律。

**第二条**　对于保险法施行前成立的保险合同,适用当时的法律认定无效而适用保险法认定有效的,适用保险法的规定。

**第三条**　保险合同成立于保险法施行前而保险标的转让、保险事故、理赔、代位求偿等行为或事件,发生于保险法施行后的,适用保险法的规定。

**第四条**　保险合同成立于保险法施行前,保险法施行后,保险人以投保人未履行如实告知义务或者申报被保险人年龄不真实为由,主张解除合同的,适用保险法的规定。

**第五条**　保险法施行前成立的保险合同,下列情形下的期间自 2009 年 10 月 1 日起计算:

(一)保险法施行前,保险人收到赔偿或者给付保险金的请求,保险法施行后,适用保险法第二十三条规定的三十日的;

(二)保险法施行前,保险人知道解除事由,保险法施行后,按照保险法第十六条、第三十二条的规定行使解除权,适用保险法第十六条规定的三十日的;

(三)保险法施行后,保险人按照保险法第十六条第二款的规定请求解除合同,适用保险法第十六条规定的二年的;

(四)保险法施行前,保险人收到保险标的转让通知,保险法施行后,以保险标的转让导致危险程度显著增加为由请求按照合同约定增加保险费或者解除合同，适用保险法第四十九条规定的三十日的。

**第六条** 保险法施行前已经终审的案件，当事人申请再审或者按照审判监督程序提起再审的案件，不适用保险法的规定。

# 最高人民法院关于适用《中华人民共和国保险法》若干问题的解释（二）

（2013年5月6日最高人民法院审判委员会第1577次会议通过
2013年5月31日公布 法释〔2013〕14号
自2013年6月8日起施行）

为正确审理保险合同纠纷案件，切实维护当事人的合法权益，根据《中华人民共和国保险法》、《中华人民共和国合同法》、《中华人民共和国民事诉讼法》等法律规定，结合审判实践，就保险法中关于保险合同一般规定部分有关法律适用问题解释如下：

**第一条** 财产保险中，不同投保人就同一保险标的分别投保，保险事故发生后，被保险人在其保险利益范围内依据保险合同主张保险赔偿的，人民法院应予支持。

**第二条** 人身保险中，因投保人对被保险人不具有保险利益导致保险合同无效，投保人主张保险人退还扣减相应手续费后的保险费的，人民法院应予支持。

**第三条** 投保人或者投保人的代理人订立保险合同时没有亲自签字或者盖章，而由保险人或者保险人的代理人代为签字或者盖章的，对投保人不生效。但投保人已经交纳保险费的，视为其对代签字或者盖章行为的追认。

保险人或者保险人的代理人代为填写保险单证后经投保人签字或者盖章确认的，代为填写的内容视为投保人的真实意思表示。但有证据证明保险人或者保险人的代理人存在保险法第一百一十六条、第一百三十一条相关规定情形的除外。

**第四条** 保险人接受了投保人提交的投保单并收取了保险费，尚未作出是否承保的意思表示，发生保险事故，被保险人或者受益人请求保险人按照保险合同承担赔偿或者给付保险金责任，符合承保条件的，人民法院应予支持;不符合承保条件的,保险人不承担保险责任,但应当退还已经收取的保险费。

保险人主张不符合承保条件的,应承担举证责任。

**第五条** 保险合同订立时,投保人明知的与保险标的或者被保险人有关的情况,属于保险法第十六条第一款规定的投保人"应当如实告知"的内容。

**第六条** 投保人的告知义务限于保险人询问的范围和内容。当事人对询问范围及内容有争议的,保险人负举证责任。

保险人以投保人违反了对投保单询问表中所列概括性条款的如实告知义务为由请求解除合同的,人民法院不予支持。但该概括性条款有具体内容的除外。

**第七条** 保险人在保险合同成立后知道或者应当知道投保人未履行如实告知义务,仍然收取保险费,又依照保险法第十六条第二款的规定主张解除合同的,人民法院不予支持。

**第八条** 保险人未行使合同解除权,直接以存在保险法第十六条第四款、第五款规定的情形为由拒绝赔偿的,人民法院不予支持。但当事人就拒绝赔偿事宜及保险合同存续另行达成一致的情况除外。

**第九条** 保险人提供的格式合同文本中的责任免除条款、免赔额、免赔率、比例赔付或者给付等免除或者减轻保险人责任的条款,可以认定为保险法第十七条第二款规定的"免除保险人责任的条款"。

保险人因投保人、被保险人违反法定或者约定义务,享有解除合同权利的条款,不属于保险法第十七条第二款规定的"免除保险人责任的条款"。

**第十条** 保险人将法律、行政法规中的禁止性规定情形作为保险合同免责条款的免责事由,保险人对该条款作出提示后,投保人、被保险人或者受益人以保险人未履行明确说明义务为由主张该条款不生效的,人民法院不予支持。

**第十一条** 保险合同订立时,保险人在投保单或者保险单等其他保险凭证上,对保险合同中免除保险人责任的条款,以足以引起投保人注意的文字、字体、符号或者其他明显标志作出提示的,人民法院应当认定其履行了保险法第十七条第二款规定的提示义务。

保险人对保险合同中有关免除保险人责任条款的概念、内容及其法律后果以书面或者口头形式向投保人作出常人能够理解的解释说明的,人民法院应当认定保险人履行了保险法第十七条第二款规定的明确说明义务。

**第十二条** 通过网络、电话等方式订立的保险合同,保险人以网页、音频、视频等形式对免除保险人责任条款予以提示和明确说明的,人民法院可以认定其履行了提示和明确说明义务。

**第十三条** 保险人对其履行了明确说明义务负举证责任。

投保人对保险人履行了符合本解

释第十一条第二款要求的明确说明义务在相关文书上签字、盖章或者以其他形式予以确认的,应当认定保险人履行了该项义务。但另有证据证明保险人未履行明确说明义务的除外。

**第十四条** 保险合同中记载的内容不一致的,按照下列规则认定:

(一)投保单与保险单或者其他保险凭证不一致的,以投保单为准。但不一致的情形系经保险人说明并经投保人同意的,以投保人签收的保险单或者其他保险凭证载明的内容为准;

(二)非格式条款与格式条款不一致的,以非格式条款为准;

(三)保险凭证记载的时间不同的,以形成时间在后的为准;

(四)保险凭证存在手写和打印两种方式的,以双方签字、盖章的手写部分的内容为准。

**第十五条** 保险法第二十三条规定的三十日核定期间,应自保险人初次收到索赔请求及投保人、被保险人或者受益人提供的有关证明和资料之日起算。

保险人主张扣除投保人、被保险人或者受益人补充提供有关证明和资料期间的,人民法院应予支持。扣除期间自保险人根据保险法第二十二条规定作出的通知到达投保人、被保险人或者受益人之日起,至投保人、被保险人或者受益人按照通知要求补充提供的有关证明和资料到达保险人之日止。

**第十六条** 保险人应以自己的名义行使保险代位求偿权。

根据保险法第六十条第一款的规定,保险人代位求偿权的诉讼时效期间应自其取得代位求偿权之日起算。

**第十七条** 保险人在其提供的保险合同格式条款中对非保险术语所作的解释符合专业意义,或者虽不符合专业意义,但有利于投保人、被保险人或者受益人的,人民法院应予认可。

**第十八条** 行政管理部门依据法律规定制作的交通事故认定书、火灾事故认定书等,人民法院应当依法审查并确认其相应的证明力,但有相反证据能够推翻的除外。

**第十九条** 保险事故发生后,被保险人或者受益人起诉保险人,保险人以被保险人或者受益人未要求第三者承担责任为由抗辩不承担保险责任的,人民法院不予支持。

财产保险事故发生后,被保险人就其所受损失从第三者取得赔偿后的不足部分提起诉讼,请求保险人赔偿的,人民法院应予依法受理。

**第二十条** 保险公司依法设立并取得营业执照的分支机构属于《中华人民共和国民事诉讼法》第四十八条规定的其他组织,可以作为保险合同纠纷案件的当事人参加诉讼。

**第二十一条** 本解释施行后尚未终审的保险合同纠纷案件,适用本解释;本解释施行前已经终审,当事人申请再审或者按照审判监督程序决定再审的案件,不适用本解释。

# 最高人民法院关于适用《中华人民共和国保险法》若干问题的解释(三)

(2015年9月21日最高人民法院审判委员会第1661次会议通过
2015年11月25日公布 法释〔2015〕21号
自2015年12月1日起施行)

为正确审理保险合同纠纷案件,切实维护当事人的合法权益,根据《中华人民共和国保险法》《中华人民共和国合同法》《中华人民共和国民事诉讼法》等法律规定,结合审判实践,就保险法中关于保险合同章人身保险部分有关法律适用问题解释如下:

**第一条** 当事人订立以死亡为给付保险金条件的合同,根据保险法第三十四条的规定,“被保险人同意并认可保险金额”可以采取书面形式、口头形式或者其他形式;可以在合同订立时作出,也可以在合同订立后追认。

有下列情形之一的,应认定为被保险人同意投保人为其订立保险合同并认可保险金额:

(一)被保险人明知他人代其签名同意而未表示异议的;

(二)被保险人同意投保人指定的受益人的;

(三)有证据足以认定被保险人同意投保人为其投保的其他情形。

**第二条** 被保险人以书面形式通知保险人和投保人撤销其依据保险法第三十四条第一款规定所作出的同意意思表示的,可认定为保险合同解除。

**第三条** 人民法院审理人身保险合同纠纷案件时,应主动审查投保人订立保险合同时是否具有保险利益,以及以死亡为给付保险金条件的合同是否经过被保险人同意并认可保险金额。

**第四条** 保险合同订立后,因投保人丧失对被保险人的保险利益,当事人主张保险合同无效的,人民法院不予支持。

**第五条** 保险合同订立时,被保险人根据保险人的要求在指定医疗服务机构进行体检,当事人主张投保人如实告知义务免除的,人民法院不予支持。

保险人知道被保险人的体检结果,仍以投保人未就相关情况履行如实告知义务为由要求解除合同的,人民法院不予支持。

**第六条** 未成年人父母之外的其

他履行监护职责的人为未成年人订立以死亡为给付保险金条件的合同，当事人主张参照保险法第三十三条第二款、第三十四条第三款的规定认定该合同有效的，人民法院不予支持，但经未成年人父母同意的除外。

**第七条** 当事人以被保险人、受益人或者他人已经代为支付保险费为由，主张投保人对应的交费义务已经履行的，人民法院应予支持。

**第八条** 保险合同效力依照保险法第三十六条规定中止，投保人提出恢复效力申请并同意补交保险费的，除被保险人的危险程度在中止期间显著增加外，保险人拒绝恢复效力的，人民法院不予支持。

保险人在收到恢复效力申请后，三十日内未明确拒绝的，应认定为同意恢复效力。

保险合同自投保人补交保险费之日恢复效力。保险人要求投保人补交相应利息的，人民法院应予支持。

**第九条** 投保人指定受益人未经被保险人同意的，人民法院应认定指定行为无效。

当事人对保险合同约定的受益人存在争议，除投保人、被保险人在保险合同之外另有约定外，按照以下情形分别处理：

（一）受益人约定为“法定”或者“法定继承人”的，以继承法规定的法定继承人为受益人；

（二）受益人仅约定为身份关系，投保人与被保险人为同一主体的，根据保险事故发生时与被保险人的身份关系确定受益人；投保人与被保险人为不同主体的，根据保险合同成立时与被保险人的身份关系确定受益人；

（三）受益人的约定包括姓名和身份关系，保险事故发生时身份关系发生变化的，认定为未指定受益人。

**第十条** 投保人或者被保险人变更受益人，当事人主张变更行为自变更意思表示发出时生效的，人民法院应予支持。

投保人或者被保险人变更受益人未通知保险人，保险人主张变更对其不发生效力的，人民法院应予支持。

投保人变更受益人未经被保险人同意的，人民法院应认定变更行为无效。

**第十一条** 投保人或者被保险人在保险事故发生后变更受益人，变更后的受益人请求保险人给付保险金的，人民法院不予支持。

**第十二条** 投保人或者被保险人指定数人为受益人，部分受益人在保险事故发生前死亡、放弃受益权或者依法丧失受益权的，该受益人应得的受益份额按照保险合同的约定处理；保险合同没有约定或者约定不明的，该受益人应得的受益份额按照以下情形分别处理：

（一）未约定受益顺序和受益份额的，由其他受益人平均享有；

（二）未约定受益顺序但约定受益份额的，由其他受益人按照相应比例享有；

（三）约定受益顺序但未约定受益份额的，由同顺序的其他受益人平均享有；同一顺序没有其他受益人的，由后一顺序的受益人平均享有；

（四）约定受益顺序和受益份额的，由同顺序的其他受益人按照相应比例享有；同一顺序没有其他受益人的，由后一顺序的受益人按照相应比例享有。

**第十三条**　保险事故发生后，受益人将与本次保险事故相对应的全部或者部分保险金请求权转让给第三人，当事人主张该转让行为有效的，人民法院应予支持，但根据合同性质、当事人约定或者法律规定不得转让的除外。

**第十四条**　保险金根据保险法第四十二条规定作为被保险人的遗产，被保险人的继承人要求保险人给付保险金，保险人以其已向持有保险单的被保险人的其他继承人给付保险金为由抗辩的，人民法院应予支持。

**第十五条**　受益人与被保险人存在继承关系，在同一事件中死亡且不能确定死亡先后顺序的，人民法院应根据保险法第四十二条第二款的规定推定受益人死亡在先，并按照保险法及本解释的相关规定确定保险金归属。

**第十六条**　保险合同解除时，投保人与被保险人、受益人为不同主体，被保险人或者受益人要求退还保险单的现金价值的，人民法院不予支持，但保险合同另有约定的除外。

投保人故意造成被保险人死亡、伤残或者疾病，保险人依照保险法第四十三条规定退还保险单的现金价值的，其他权利人按照被保险人、被保险人继承人的顺序确定。

**第十七条**　投保人解除保险合同，当事人以其解除合同未经被保险人或者受益人同意为由主张解除行为无效的，人民法院不予支持，但被保险人或者受益人已向投保人支付相当于保险单现金价值的款项并通知保险人的除外。

**第十八条**　保险人给付费用补偿型的医疗费用保险金时，主张扣减被保险人从公费医疗或者社会医疗保险取得的赔偿金额的，应当证明该保险产品在厘定医疗费用保险费率时已经将公费医疗或者社会医疗保险部分相应扣除，并按照扣减后的标准收取保险费。

**第十九条**　保险合同约定按照基本医疗保险的标准核定医疗费用，保险人以被保险人的医疗支出超出基本医疗保险范围为由拒绝给付保险金的，人民法院不予支持；保险人有证据证明被保险人支出的费用超过基本医疗保险同类医疗费用标准，要求对超出部分拒绝给付保险金的，人民法院应予支持。

**第二十条**　保险人以被保险人未在保险合同约定的医疗服务机构接受治疗为由拒绝给付保险金的，人民法院应予支持，但被保险人因情况紧急必须立即就医的除外。

**第二十一条**　保险人以被保险人

自杀为由拒绝给付保险金的，由保险人承担举证责任。

受益人或者被保险人的继承人以被保险人自杀时无民事行为能力为由抗辩的，由其承担举证责任。

**第二十二条** 保险法第四十五条规定的“被保险人故意犯罪”的认定，应当以刑事侦查机关、检察机关和审判机关的生效法律文书或者其他结论性意见为依据。

**第二十三条** 保险人主张根据保险法第四十五条的规定不承担给付保险金责任的，应当证明被保险人的死亡、伤残结果与其实施的故意犯罪或者抗拒依法采取的刑事强制措施的行为之间存在因果关系。

被保险人在羁押、服刑期间因意外或者疾病造成伤残或者死亡，保险人主张根据保险法第四十五条的规定不承担给付保险金责任的，人民法院不予支持。

**第二十四条** 投保人为被保险人订立以死亡为给付保险金条件的保险合同，被保险人被宣告死亡后，当事人要求保险人按照保险合同约定给付保险金的，人民法院应予支持。

被保险人被宣告死亡之日在保险责任期间之外，但有证据证明下落不明之日在保险责任期间之内，当事人要求保险人按照保险合同约定给付保险金的，人民法院应予支持。

**第二十五条** 被保险人的损失系由承保事故或者非承保事故、免责事由造成难以确定，当事人请求保险人给付保险金的，人民法院可以按照相应比例予以支持。

**第二十六条** 本解释自2015年12月1日起施行。本解释施行后尚未终审的保险合同纠纷案件，适用本解释；本解释施行前已经终审，当事人申请再审或者按照审判监督程序决定再审的案件，不适用本解释。

**图书在版编目(CIP)数据**

保险合同诉讼案件应对要点指南与典型案例解析/林岱仁主编. —北京:法律出版社,2015.12(2016.3 重印)
ISBN 978-7-5118-8901-0

Ⅰ.①保… Ⅱ.①林… Ⅲ.①保险合同—合同法—诉讼—研究—中国 Ⅳ.①D923.64

中国版本图书馆 CIP 数据核字(2015)第 300164 号

**保险合同诉讼案件应对要点指南与典型案例解析**
林岱仁 主编

编辑统筹 法律应用出版分社
策划编辑 李 群
责任编辑 李 群 李 璐
装帧设计 汪奇峰



**出版** 法律出版社
**总发行** 中国法律图书有限公司
**经销** 新华书店
**印刷** 固安华明印业有限公司
**责任印制** 翟国磊

**开本** 720 毫米×960 毫米 1/16
**印张** 27.5
**字数** 390 千
**版本** 2016 年 1 月第 1 版
**印次** 2016 年 3 月第 2 次印刷

法律出版社/北京市丰台区莲花池西里 7 号(100073)
电子邮件/info@ lawpress. com. cn
网址/www. lawpress. com. cn
销售热线/010-63939792/9779
咨询电话/010-63939796

中国法律图书有限公司/北京市丰台区莲花池西里 7 号(100073)
全国各地中法图分、子公司电话:
第一法律书店/010-63939781/9782
重庆公司/023-65382816/2908
北京分公司/010-62534456
西安分公司/029-85388843
上海公司/021-62071010/1636
深圳公司/0755-83072995

**书号**:ISBN 978-7-5118-8901-0
**定价**:68.00 元
(如有缺页或倒装,中国法律图书有限公司负责退换)